Die große internationale

SPEISE
KAMMER

Die große internationale
SPEISE KAMMER

Die umfassende Enzyklopädie der Lebensmittel

von Adrian Bailey, Elisabeth Lambert Ortiz
und Helena Radecka

Mit einem Vorwort von Klaus Besser

Fotos von Philip Dowell

GONDROM

Ein Dorling Kindersley Buch **DK**
Originaltitel: The Book of Ingredients
Copyright © 1980 by Dorling Kindersley Limited, London
Copyright der deutschen Übersetzung © 1981 by Christian Verlag, München
Genehmigte Sonderausgabe für Gondrom Verlag GmbH, Bindlach 2003

Aus dem Englischen übersetzt von Andrea Spingler
Fachberatung der deutschsprachigen Ausgabe: Holger Hofmann

Redaktion: Ulla Dornberg
Korrekturen, Register: Irmgard Perkounigg
Textlayout: Dieter Lidl
Satz: Schwanke + Holzmann, München
Covergestaltung: Constanze Ordnung
Umschlagfoto: IFA Bilderteam

Der Umwelt zuliebe gedruckt auf chlorfrei gebleichtem Papier.

Wichtiger Hinweis:

Die Ratschläge in diesem Buch sind vom Verlag sorgfältig erwogen und geprüft, dennoch
kann eine Garantie nicht übernommen werden. Eine Haftung des Verlages und seiner
Beauftragten für Personen-, Sach- und Vermögensschäden ist ausgeschlossen.

ISBN 3-8112-2138-8

Inhalt

Vorwort **6**

Kräuter **9–16,** 210–213

Gewürze und Samen **16–21,** 213–215

Aromastoffe **22–25,** 215–216

Würzstoffe, Konservierungsmittel und Extrakte **26–27,** 217–218

Essiggemüse, Eingelegtes, Chutneys und Pasten **28–29,** 218–219

Senf **30–31,** 219–220

Öle **32–33,** 220–221

Essig **34–35,** 222

Würz- und Salatsaucen **36–37,** 223–224

Zucker und Sirup **38–39,** 224–226

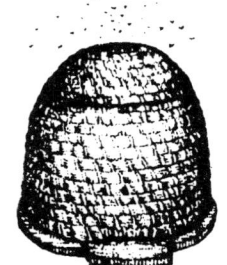

Honig **40–41,** 226–227

Konfitüren, Marmeladen und Gelees, **42–43,** 227

Fette und Milchprodukte **44–45,** 228–230

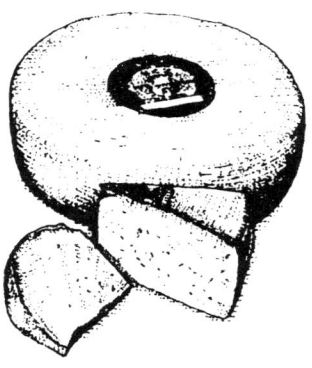

Käse **46–59,** 230–235
Frisch- und Weichkäse, Halbfeste Käse, Hart-, Edelpilz- und Räucherkäse

Eier **60–61,** 236–237

Gemüse **62–91,** 237–243
Blattgemüse, Kohl, Sproßgemüse, Gurken und Kürbisse, Zwiebeln und Wurzelgemüse, Knollen und Samengemüse

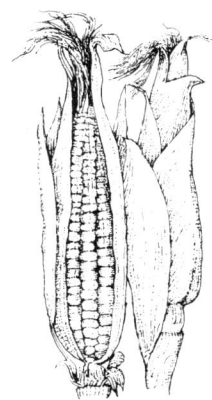

Getrocknete Hülsenfrüchte **92–95,** 244–246
Erbsen, Linsen und Bohnen

Pilze und Trüffeln **96–97,** 246–247

Obst **98–117,** 248–253
Steinobst, Beeren, Zitrusfrüchte, Birnen, Äpfel, Tafelweintrauben, Melonen, tropische und andere Früchte

Getrocknete Früchte **118–119,** 253–254

Nüsse **120–121,** 254–256

Getreide **122–125,** 256–257
Getreidekörner und Getreideprodukte

Backzutaten **126–129,** 258–259
Treib- und Dickmittel, Farbstoffe, Backverzierungen

Pasta **130–137,** 259–260

Nudeln und Knödel **138–141,** 260–261
Eiernudeln, Reis-, Glas- und Weizennudeln

Fisch **142–155,** 261–264
Süß- und Salzwasserfische

Meeresfrüchte **156–166,** 264–267
Krustentiere, Froschschenkel und Weichtiere, Seetang

Konservierter Fisch **167–173,** 267–269
Marinierter und Räucherfisch, getrockneter Fisch, Rogen

Geflügel **174–177,** 269–271

Wild **178–181,** 271–272
Feder- und Haarwild

Fleisch 273–281

Innereien **182–189,** 281–282

Würste und Rauch- und Pökelfleisch **190–203,** 282–286
Frisch- und Kochwürste, Kochwurst und leicht geräucherte Würste, Geräucherte Würste, Andere Dauerfleischwaren und Speck, Schinken

Kaffee **204,** 286–287

Tee **205,** 288

Wein, Bier und Spirituosen **206–208,**
Liköre und andere alkoholische Getränke

Register 291–296

Fettgedruckte Seitenzahlen verweisen auf Farbfotos, normal gedruckte auf beschreibenden Text.

Vorwort

Wenn ich vormittags die Einkäufe für meine Katzen, meine Frau und mich für das Mittag- und Abendesse mache, erfahre ich viel über die Unwissenheit der deutschen Hausfrau. Für meine Arbeit als Gastronomie-Kritiker ist das sehr nützlich, denn so weiß ich wenigstens, was ich voraussetzen darf, wenn ich über Gourmetprodukte und -rezepte schreibe. Und das ist bisher leider immer noch sehr wenig.

Allzu häufig treffe ich in meinem Kölner Vorort, wo vornehmlich wohlhabende Mitbürger leben, Damen, die offensichtlich von Schmuck, Pelzen und flotten Autos mehr verstehen als von Lebensmitteln, die sie vormittags für ihre Familien einkaufen. So gelang es mir erst nach fleißigen Überredungsversuchen, meinen Gemüsehändler dazu zu bewegen, außer Petersilie, Schnittlauch und Dill auch noch Basilikum, Estragon, Kerbel und frischen Thymian zu besorgen. »Das läuft doch hier nicht,« klagte er, »die Hausfrauen kennen doch nur Schnittlauch und Petersilie!«

In der Tat fiel ich als Hausmann meistens recht unangenehm auf, wenn ich mit mutiger Stimme Estragon oder Basilikum verlangte. Eine besonders feine Dame fragte mich doch tatsächlich eines Tages ganz irritiert und entrüstet, wozu denn das gut sei. »Für Saucen«, war meine karge Antwort.

Kaum anders erging es mir bei meinem Metzger. Zwar gelang es mir, ihn zu überreden, auch einmal Wachteln, Tauben und Bressegeflügel anzubieten; aber die köstlichen Tiere blieben ihm wochenlang liegen. »Wir essen zu Hause nur noch dieses verdammte Geflügel«, fauchte er mich eines Tages an. Doch das hat sich zum Glück inzwischen etwas geändert. Seit allgemein bekannt wurde, daß Kälber, Rinder und Schweine häufig mit unerlaubten Hormonen und Medikamenten gefüttert werden, sind doch wesentlich mehr Menschen als früher an Produkten interessiert, von denen man annehmen kann, daß sie »ohne Reue« genießbar sind.

Wichtig ist allerdings, daß man weiß, was solche Produkte sind, wie sie aussehen und was sie geschmacklich hergeben. Über die Verarbeitung solcher Köstlichkeiten in der Küche gibt es heute eine umfangreiche Literatur: Kochbücher und Rezeptsammlungen berühmter Meisterköche und bekannter Kochschriftsteller sowie Sammelwerke aus nahezu allen Ländern der Erde werden in den Buchhandlungen in reicher Aus-

wahl angeboten. Was bisher aber fehlte, war eine gut illustrierte Produktkunde, die jedem Kochbuch eigentlich vorangehen müßte.

Mit dem Buch *Die Speisekammer* ist nun diese Lebensmittelenzyklopädie erschienen: übersichtlich, klar verständlich, großartig fotografiert und mit Zeichnungen bestens illustriert. Ein Werk, das in jeder Küche zur Hand sein sollte. Hier finden wir sie alle, die Kräuter und Gewürze, Essenzen, Senf- und Ölsorten, Honig, die wichtigsten Käse aus aller Welt, Gemüse, Obst und Nüsse, Teigwaren und Hülsenfrüchte, Fische und Meeresfrüchte, Wild und Geflügel, die Fleischsorten mit Innereien und Würsten. Und all das mustergültig fotografiert, so daß jeder Interessierte mühelos lernen kann, wie und woran man gute Produkte erkennt und unterscheidet.

Der klar gegliederte Textteil gibt zu jedem Produkt Hinweise über Verwendung und Zubereitung und worauf beim Einkauf zu achten ist. Mit Hilfe eines ausführlichen Registers lassen sich alle Lebensmittel rasch nachschlagen.

Eine solche übersichtliche, illustrierte Produktkunde habe ich mir schon immer gewünscht in unserem Lande, wo eine falsche Lebensphilosophie die Entstehung einer hohen kulinarischen Kultur verhindert hat. Würden wir uns um die Details unserer Nahrung ebenso sorgsam kümmern wie um die technische Ausrüstung unserer Autos und unserer Wohnungen, wäre es um unsere Eßkultur vermutlich besser bestellt. Vielleicht wären wir dann ein etwas fröhlicheres Volk, weniger bierernst, weniger gestreßt und etwas liebenswürdiger; denn gutes Essen und Trinken hält nicht nur Körper und Seele zusammen, es macht auch liebenswürdiger, toleranter und sicherlich auch weniger aggressiv.

Doch ich eile hoffentlich einer kommenden Entwicklung in unserem Lande voraus. Ich empfehle den Lesern dieses ungemein praktische Buch, weil wir gut daran tun, unserem Körper nur das Beste zuzuführen. Und das Beste heißt hier: die frischsten, unverfälschtesten Produkte, die man auf dem Markt erhalten kann.

Ich hoffe, daß *Die Speisekammer* hilft, das für eine gesunde Ernährung und gute Küche notwendige Urteilsvermögen zu schärfen.

Klaus Besser

Klaus Besser, einer der profiliertesten deutschen Restaurantkritiker und Autor verschiedener Restaurantführer und Gourmet-Rezeptsammlungen, ist ständiger Gastronomiekolumnist für die BUNTE ILLUSTRIERTE, PLAYBOY und andere Zeitschriften. Nach einer journalistischen Laufbahn als Mitglied der politischen Redaktionen von WELT AM SONNTAG, NEUE RUHR- UND RHEINZEITUNG, der Münchner ABENDZEITUNG, der WELT DER ARBEIT und anderer Blätter setzte er seine bereits nach dem Abitur eingeschlagene private Feinschmeckerlaufbahn auf ausgedehnten Reisen durch Deutschland und Westeuropa hauptberuflich fort; er gehört heute zu den gesuchtesten Kennern der deutschen Gastronomieszene.

DIE
FARBTAFELN

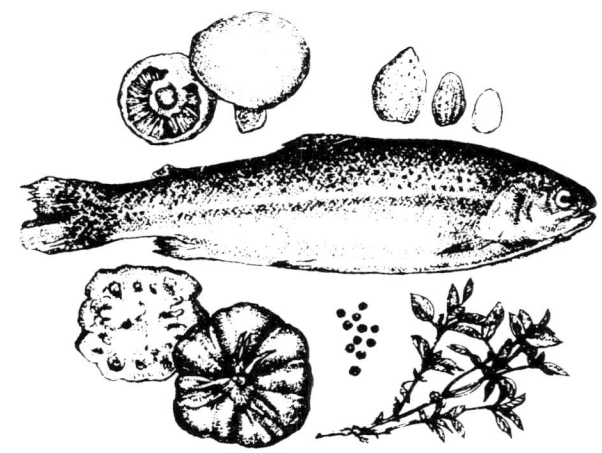

Falls nicht anders vermerkt, sind die abgebildeten Produkte in ihrer
natürlichen Größe wiedergegeben.

Kräuter

RAINFARN *(Chrysanthemum vulgare)*
In Europa beheimatet, wird der würzig-bittere Rainfarn in alten Kochbüchern häufig für Hammel und Wild sowie Puddings und Kuchen verlangt. Die Blätter werden frisch gehackt verwendet.

Getrockneter Estragon

ESTRAGON *(Artemisia dracunculus)*
Das aus Südeuropa stammende Würzkraut ist in der französischen Küche besonders beliebt. Man verwendet die Blätter für Saucen, Senf und Essig.

RINGELBLUME *(Calendula officinalis)*
Eine einjährige, in Südeuropa und Asien beheimatete Pflanze, deren Blütenblätter entweder frisch oder getrocknet als Würzkraut oder Lebensmittelfarbstoff verwendet werden.

Getrockneter Borretsch

KORIANDER *(Coriandrum sativum)*
Diese in Südeuropa und dem Mittleren Osten heimische Pflanze ist jetzt weltweit erhältlich. Verwendet werden die frischen Blätter und die Samen (S. 19). Das Kraut hat einen frischen, orange-ähnlichen Geschmack und ist eine wichtige Zutat in Curry.

HOPFEN *(Humulus lupulus)*
Heimisch in gemäßigten nördlichen Regionen und Südeuropa. Die Blüten und Triebe dieser einjährigen Kletterpflanze werden frisch oder getrocknet verwendet.

BORRETSCH *(Borago officinalis)*
Gurkenkraut
Eine einjährige Pflanze aus Südeuropa. Mit den Blüten wird Kräuteressig aromatisiert, mit den Blättern würzt man Saucen und Salate.

Kräuter

Siehe auch S. 210

**Getrocknete
Zitronenmelisse**

**Getrocknetes
Basilikum**

BASILIKUM *(Ocimum basilicum)*
Eine einjährige Pflanze, die aus Indien stammt. Die Blätter werden frisch oder getrocknet verwendet: die frischen Blätter haben einen nelkenähnlichen Geschmack, doch getrocknet schmecken sie eher nach Curry. Eine wichtige Zutat der italienischen Pesto-Sauce.

ZITRONENMELISSE *(Melissa officinalis);* **Melisse**
Eine winterliche Pflanze, die aus dem Orient stammt. Die Blätter werden frisch (in Salaten oder zu anderen Gemüsen) oder getrocknet (vor allem als Tee) verwendet. Wie der Name besagt, schmeckt sie nach Zitrone.

Bowles Mint
(Mentha villosa alopecuroides)

Krause Minze
(Mentha spicata)

Apfelminze
(Mentha rotundifolia)

**Getrocknete
Frauenminze**

MINZE
Von dieser im Mittelmeerraum und dem westlichen Asien heimischen Pflanze gibt es viele Varietäten, die heute weltweit verfügbar sind. Die Blätter werden frisch oder getrocknet vorwiegend zum Würzen von Lammfleisch verwendet.

Eau-de-Cologne-Minze
(Mentha citrata)
Orangeminze

Getrockneter Waldmeister

Goldsalbei
(*Salvia officinalis aureum*)

WALDMEISTER (*Asperula odorata*)
Eine in Europa und Nordamerika heimische
winterharte Pflanze mit einem ausgeprägten,
arteigenen Geschmack. Die frischen Blätter werden vor allem für Waldmeisterbowle sowie für
Kräuterlikör und Geleespeisen genommen.

PIMPINELLE
(*Poterium sanquisorba*)
Pimpernell
In Europa heimisch und
vor allem in der franzö-
sischen und italieni-
schen Küche beliebt.
Die Blätter werden
frisch oder getrocknet
für Salate, Suppen, Ein-
topfgerichte und Cock-
tails verwendet.

SALBEI (*Salvia officinalis*)
Es gibt viele Sorten dieses Krauts,
das von den nördlichen Mittelmeerküsten stammt. Mit den Blättern (frisch oder getrocknet) würzt
man Fleischfüllungen.

Getrockneter Salbei

WINTERBOHNENKRAUT
(*Satureja montana*)
Winterfest und im Mittelmeer-
raum beheimatet; die Blätter eig-
nen sich durch den pfefferartigen
Geschmack gut zum Würzen.

Getrockneter Lorbeer

LORBEER (*Laurus nobilis*)
Ein aus Kleinasien stammender
Baum, der jetzt aber in fast allen
Teilen Europas wächst. Seine Blätter werden (gewöhnlich getrocknet) in Saucen und im *Bouquet
garni* verwendet.

Kräuter

Siehe auch S. 210

PETERSILIE
(Petroselinum crispum)
Es gibt viele Arten dieses aus dem Mittelmeerraum stammenden Krauts. Die Blätter werden vorwiegend frisch für Salate, Saucen und Kräutermischungen verwendet.

Getrockneter Thymian

Getrocknete Petersilie

Gartenthymian
(Thymus vulgaris)

Zitronenthymian
(Thymus citriodorus)

Kriechender Zitronenthymian
(Thymus azoricus)

Getrockneter
Schnittlauch

THYMIAN
Es gibt viele Arten dieses winterfesten Krauts, das aus dem westlichen Mittelmeerraum stammt. Die Blätter (frisch oder getrocknet) sind vielseitig verwendbar und bilden den Grundstock des *Bouquet garni*. Thymian hat einen kräftigen, scharfen Geschmack, so daß an seiner Stelle oft Zitronenthymian verwendet wird, der weniger streng und leicht nach Zitrone schmeckt.

ZITRONENVERBENE
(Lippia citriodora)
Dieses Kraut stammt aus Südamerika. Die Blätter werden frisch oder getrocknet zum Würzen oder als Tee verwendet.

SCHNITTLAUCH
(Allium schoenoprasum)
In den gemäßigten Zonen Europas und Nordamerikas heimisch; zum Würzen eignen sich nur die frischen jungen Triebe: ihre appetitliche grüne Farbe und der lauchartige Geschmack sind ideal in Suppen und Salaten.

Getrockneter
Majoran

MAJORAN *(Origanum majorana)*
In der gemäßigten Zone Europas heimisch;
die Blätter werden frisch oder getrocknet
hauptsächlich für Fleischgerichte und
Füllungen verwendet.

Getrockneter
Oregano

OREGANO *(Origanum vulgare)*
Wilder Majoran
In Asien, Südeuropa und Nordafrika heimisch und jetzt weltweit verbreitet. Die
Blätter werden gewöhnlich getrocknet und
vorwiegend in der Mittelmeerküche verwendet, ganz besonders für Pizzas.

Getrockneter
Liebstöckel

LIEBSTÖCKEL *(Levisticum officinalis)*
Ein im Mittelmeergebiet heimisches, winterhartes Kraut, von dem die gesamte Pflanze (Blatt, Samen und Wurzel) verwendet werden kann. Die
frischen, sellerieartig riechenden Blätter eignen sich besonders für Suppen
und Salate, getrocknet sind sie zum Würzen von Lamm- und Hammelfleisch beliebt.

ROSMARIN
(Rosmarinus officinalis)
Ein aromatisches Kraut, das aus dem Mittelmeerraum stammt.
Man verwendet die Blätter frisch oder getrocknet, besonders
in der Mittelmeerküche und zu Lamm.

Kräuter

Siehe auch S. 210

SCHARLACHMONARDE
(Monarda didyma)
Es gibt viele Arten dieses in Amerika heimischen Krauts, das jetzt auch in Europa angebaut wird. Die Blüten und Blätter werden frisch oder getrocknet für Kräutertee und Aufgüsse verwendet.

Dillkraut

Getrocknetes Dillkraut

Dillsamen

DILL *(Anethum graveolens)*
Dieses Doldengewächs ist in der nordeuropäischen Küche unentbehrlich. Die Blätter werden frisch oder getrocknet verwendet, ebenso die Samen. Am häufigsten gebraucht man Dillkraut für Essiggemüse, doch ist es auch in Salaten und Fischgerichten köstlich. Auch Essig wird mit Dill aromatisiert.

Beinwell-Wurzeln

Getrockneter Bockshornklee

GEMEINER BOCKSHORNKLEE
(Trigonella foenum-graecum)
Ursprünglich vermutlich in Westasien beheimatet; die etwas bitteren Blätter werden frisch oder getrocknet verwendet, ebenso die steinharten Samen, die in Currypulver eine wichtige Rolle spielen.

Getrocknetes Beinwell

Getrocknete Curryblätter

GROSSE KAPUZINERKRESSE
(Tropolaeolum majus)
Ein in Südamerika heimisches, in Europa als Gartenpflanze gezogenes Kraut; die jungen Triebe werden kleingehackt als Würze zu Salaten, Fleisch und Eiern gegeben, die Blätter als Salat angerichtet. Die unreifen Früchte, in Essig und Salz eingelegt, sind ein Kapernersatz.

BEINWELL *(Symphytum officinale)*, **Wallwurz**
In Europa und Asien heimisch. Die Blätter dieser dem Borretsch verwandten Pflanze werden frisch (in Salaten) oder getrocknet und pulverisiert (im Tee) verwendet. Mit der getrockneten Wurzel wird Landwein gern aromatisiert.

CURRY *(Chalcas kœnigii)*
Mit den Blättern dieser vorderasiatischen Pflanze würzt man die gleichnamigen Gerichte.

Frische Kamille

Getrocknete Kamille

KAMILLE *(Matricaria recutita)*
Es gibt zahlreiche Arten dieser aus
Europa stammenden Pflanze, die heute
auch in Amerika, England und Asien
wächst. Die getrockneten Blütenköpfe
werden als Tee aufgebrüht.

KERBEL
(Anthriscus cerefolium)
Eine in Südrußland und dem Mittleren
Osten heimische einjährige Pflanze, die
jetzt vor allem in Frankreich angebaut
wird. Die Blätter werden frisch oder getrocknet verwendet.

**Getrockneter
Kerbel**

ENGELWURZ
(Angelica, spp.),
Angelika
Diese Pflanze wächst in den nörd-
lichen Teilen Eurasiens; man ver-
wendet sowohl Blätter als auch
Stengel (vorwiegend in der Likör-
und Konfektherstellung).

YSOP
(Hyssopus officinalis)
Eine winterharte Pflanze, die in Südeuropa, im Mittle-
ren Osten und in Südrußland heimisch ist. Sowohl die
Blüten als auch die nach Pfefferminz schmeckenden
Blätter werden frisch oder getrocknet verwendet (vor
allem in Likörs).

**Getrocknete
Schafgarbe**

SCHAFGARBE *(Achillea millefolium)*
Eine winterfeste Pflanze, die in vielen Ländern der gemäßigten Zone heimisch ist. Man verwendet die Blätter (frisch oder getrocknet), die Samen und Wurzeln.

Getrockneter Fenchel

FENCHEL *(Foeniculum vulgare)*
Eine winterfeste Pflanze, die in vielen Ländern der gemäßigten Zone gedeiht. Die
nach Anis schmeckenden Blätter (frisch oder getrocknet) eignen sich besonders für
Salate, Kräuterbutter und Fischgerichte, mit den Samen würzt man Backwerk und
Saucen.

**Fenchel-
samen**

Kräuter, Gewürze und Samen

Siehe auch S. 210, 213

CHINAWÜRZE
Eine chinesische Gewürzmischung aus feingemahlenem Anispfeffer, Sternanis, Kassienrinde oder Zimt, Nelken und Fenchelsamen. Sie hat ein subtiles Aroma und kann in der orientalischen Küche und für alle Schwein- und Rindfleischgerichte genommen werden.

CURRYPULVER
Eine aus verschiedenen Gewürzen kommerziell hergestellte milde bis sehr scharfe Mischung, die hauptsächlich in Europa (für Currygerichte) verwendet wird.

ANNATTOSAMEN
(Bixa orellana), **Orleansamen**
Die getrockneten Samen eines kleinen blühenden, im tropischen Amerika heimischen Baums, die in der lateinamerikanischen Küche ausgiebig verwendet werden. Die orangefarbene Samenhülle wird zu Lebensmittelfarbstoff verarbeitet.

EINMACH-GEWÜRZ
Eine Gewürzmischung aus schwarzen Pfefferkörnern, roten Chillies und unterschiedlichen Mengen Senfkörnern, Nelkenpfeffer, Nelken, Ingwer, Muskat und Koriandersamen. Sie wird für Essiggemüse, Chutney und Essig verwendet.

KRÄUTERMISCHUNG
Eine fertige Mischung aus getrockneten Kräutern, die gewöhnlich aus Thymian, Majoran, Petersilie, Rosmarin und Basilikum besteht.

FRISCHER GERIEBENER MEERRETTICH
(Armoracia rusticana)
Der geriebene äußere Teil der stechend scharfen, in Südosteuropa heimischen Pflanze wird meist zu Saucen oder Senf verarbeitet.

BOUQUET GARNI
Verschiedene getrocknete Kräuter wie Thymian, Petersilie und Lorbeer, die in Suppen, Eintopfgerichten und Saucen mitgekocht werden. Man bindet die Kräuter gewöhnlich in ein Stück Musseline ein.

GARAM MASALA
Der Name bezeichnet eine Kombination gerösteter, zu Pulver gemahlener Gewürze (wie Koriandersamen, Chilli und schwarzer Pfeffer). Obwohl es in Ostasien frisch gemischt wird, kauft man es in Europa fertig. Es ist ein Grundgewürz für viele indische Gerichte.

GALGANT
(Alpinia officinarum)
Die gemahlene, getrocknete Wurzel einer in Ostasien heimischen Pflanze, die leicht nach Ingwer und Pfeffer schmeckt und vor allem in der indonesischen Küche Verwendung findet.

GETROCKNETER, GEMAHLENER MEERRETTICH
Die getrocknete, gemahlene Wurzel ist weniger scharf als die frische und muß vor Gebrauch in Wasser eingeweicht werden. Kann ebenfalls für die Zubereitung von Saucen verwendet werden.

SESAMKÖRNER *(Sesamum indicum)*
Die getrockneten Samen des Sesamkrautes, das fast überall in den Tropen und Subtropen kultiviert wird, dessen Heimat jedoch nicht gesichert ist. Bekannt sind sie vor allem als Lieferant für Sesamöl. Im Mittleren Osten werden sie gemahlen und zur Herstellung von *Tahina* und *Halwa* verwendet, in Europa sind sie in Brot und Kuchen beliebt.

Schwarze Sesamkörner

Kassiarinde

Gemahlene
Kassiarinde

FENCHELSAMEN *(Foeniculum vulgare)*
Die getrockneten, nach Anis schmeckenden Samen der aus dem Mittelmeerraum stammenden Fenchelpflanze können für Curry- und Fischgerichte sowie Backwaren, Brot und Saucen verwendet werden.

Weiße Sesamkörner

KASSIAZIMT *(Cinnamomum cassia)*,
Chinesischer Zimt wird aus der getrockneten Rinde des in Südostasien heimischen Chinesischen Zimtbaumes gewonnen. Etwas weniger aromatisch als der echte Zimt, wird er in der orientalischen Küche häufig verwendet.

SONNENBLUMENKERNE *(Helianthus annus)*
Die getrockneten Samen der aus Peru stammenden Sonnenblume, die man vorwiegend zu Speiseöl (S. 33) verarbeitet, werden auch zum Würzen kräftiger Brotsorten verwendet.

KÜRBISKERNE *(Cucurbita maxima)*
Die Samen der aus Amerika stammenden Pflanze werden zur Ölherstellung verwendet, können aber auch geröstet gegessen werden.

SCHWARZKÜMMEL *(Nigella sativa)*
Mit den pfefferscharfen Samen der im Mittleren Osten heimischen Pflanze würzt man fette Gerichte und Brot.

TAMARINDENSAMEN
(Tamarindus indica)
Die getrocknete Frucht des vermutlich im tropischen Afrika heimischen Tamarindenbaumes. Obwohl als Samen bezeichnet, wird auch das getrocknete Fruchtfleisch verwendet (vor allem in Currygerichten).

DILLSAMEN *(Anethum graveolens)*
Die getrockneten Samen der in Westasien und Südeuropa heimischen Dillpflanze werden vor allem zum Einlegen und für Fischgerichte verwendet.

SELLERIESAMEN *(Apium graveolens)*
Mit den getrockneten bitteren Samen der in Europa, Asien und Afrika heimischen Selleriepflanze würzt man Suppen und Eintopfgerichte.

Gewürze und Samen

Siehe auch S. 213

CAYENNEPFEFFER *(Capsicum annuum, var. frutescens)*
Die getrockneten, gemahlenen Schoten einer in Zentralamerika beheimateten Chillisorte von scharfem, stechendem Geschmack.

ANISPFEFFER
(Xanthoxylum pipesitum) Szechuan-Pfeffer
Die getrockneten Beeren eines chinesischen Baumes ergeben ein scharfes, aromatisches, in der orientalischen Küche beliebtes Gewürz.

Gemahlene Muskatnuß

MUSKATNUSS *(Myristica fragrans)*
Der getrocknete Samenkern einer immergrünen, in Indonesien heimischen Pflanze. Das aprikosenartige Fruchtfleisch soll in kleinen Mengen schlaf- und verdauungsfördernd wirken. Mit Muskat würzt man Gemüse- und Fleischgerichte.

Muskatnuß

WEISSE PFEFFERKÖRNER
Der getrocknete Fruchtkern des Pfefferstrauchs wird ganz oder gemahlen verwendet.

Gemahlener weißer Pfeffer

SCHWARZE PFEFFERKÖRNER
Die unreif geernteten und sonnengetrockneten Körner sind schärfer als weiße Pfefferkörner.

Gemahlener schwarzer Pfeffer

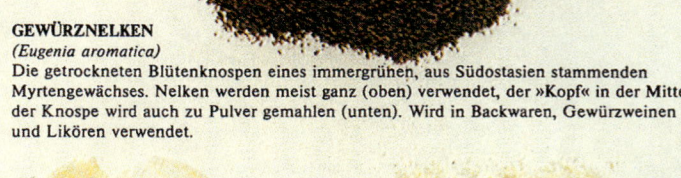

GEWÜRZNELKEN
(Eugenia aromatica)
Die getrockneten Blütenknospen eines immergrünen, aus Südostasien stammenden Myrtengewächses. Nelken werden meist ganz (oben) verwendet, der »Kopf« in der Mitte der Knospe wird auch zu Pulver gemahlen (unten). Wird in Backwaren, Gewürzweinen und Likören verwendet.

Grüne eingelegte Pfefferkörner

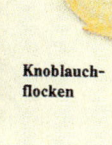

Knoblauch-flocken

Gemahlener Knoblauch

PFEFFER *(Piper nigrum)*
Schwarzer und weißer Pfeffer wird aus den grünen beerenartigen Früchten des in Asien beheimateten Pfefferstrauchs gewonnen. Am besten ist er frisch gemahlen.

KNOBLAUCH *(Allium sativum)*
Die Knolle einer winterfesten, im Orient beheimateten Pflanze. Knoblauch kann getrocknet und zu Flocken gerieben oder zu Pulver gemahlen werden. Er hat einen durchdringenden Geschmack und sollte sparsam verwendet werden.

Gemahlene Muskatblüte (Macisblüte)

Gemahlener Koriander

PAPRIKA *(Capsicum tetragonum)*
Aus einer in Südamerika beheimateten Paprikaschotensorte gewonnen, kann Paprika von scharf bis edelsüß schmecken und farblich
von braunrosa bis kräftig rot variieren.

Muskatblüte

MUSKATBLÜTE *(Myristica fragrans)*; **Macis**
Der blattförmige Samenmantel, der die Muskatnuß
umhüllt, wird vor der Verwendung flachgepreßt und getrocknet, kann aber auch gemahlen werden.

Koriander-samen

Weißer Mohn

KORIANDER *(Coriandrum sativum)*
Die getrockneten, gerösteten Samen eines im Vorderen Orient heimischen Krauts können ganz oder gemahlen verwendet werden.

Blauer Mohn

Zimtrinde

Stangenzimt, Kaneel

MOHN *(Papaver somniferum)*
Samen der im Mittleren Osten beheimateten
Mohnblume gibt es weiß und schwarzblau. Sie
werden zum Backen und in der indischen und
jüdischen Küche verwendet. Die getrockneten,
gerösteten Samen eines im Vorderen Orient heimischen Krauts können ganz oder gemahlen verwendet werden.

SAFRAN *(Crocus sativus)*
Die getrockneten, aromatischen Blütennarben einer in
Südeuropa beheimateten Krokusart zählen zu den
teuersten Gewürzen der Welt und dienen als Gewürz
und Lebensmittelfarbstoff.

Gemahlener Zimt

ZIMT *(Cinnamomum zeylanicum)*
Die getrocknete, aromatische Rinde eines aus Ceylon stammenden,
immergrünen Lorbeergewächses wird als Stange, Rinde und gemahlen
angeboten.

KREUZKÜMMEL *(Cuminum cyminum)* **Römischer Kümmel**
Die getrocknete Frucht einer einjährigen, Pflanze, die am Oberen Nil beheimatet ist. Kreuzkümmel hat
einen kräftig-scharfen Geschmack und ist ein in östlichen Ländern, Mexiko und Nordafrika sehr beliebtes
Gewürz. Er wird ganz (links) oder gemahlen (rechts) verwendet.

Gewürze und Samen

Siehe auch S. 213

Schwarze Kardamomschoten

Weiße Kardamomschoten

Grüne Kardamomschoten

Kardamomsamen

Gemahlene Gelbwurzel

Kurkuma oder Gelbwurzel

GELBWURZEL
(Curcuma longa)
Kurkuma
Die Wurzelstöcke dieser winterharten Pflanze aus der Ingwerfamilie werden getrocknet und dann zu dem leuchtendgelben Pulver gemahlen. Es ist ein Grundgewürz für Curry.

KARDAMOM *(Elettaria cardamomum)*
Die getrockneten Schoten eines winterfesten, in Indien beheimateten Ingwergewächses können farblich von grün bis schwarz variieren und sind in Weihnachtsgebäck beliebt.

Schwarze Senfkörner
(Brassica nigra juncea)

KÜMMEL
(Carum carvi)
Die sichelförmigen Samen der weitverbreiteten Kümmelpflanze werden hauptsächlich zu fetten Gerichten und zum Backen verwendet.

Sternanissamen

Gemahlener Nelkenpfeffer

Weiße Senfkörner
(Brassica alba)

Senfpulver

NELKENPFEFFER *(Pimenta ...)*,
Die getrockneten Beeren eines auf den Westindischen Inseln heimischen immergrünen Baums werden vorwiegend für Essiggemüse verwendet.

SENF
Die Körner von drei Pflanzen der Kohlfamilie; die schwarzen sind schärfer als die weißen; das Pulver ist eine Mischung aus beiden.

STERNANIS *(Illicum verum)*
Die getrocknete, Sammelfrucht eines in China heimischen Baums. Die Samen (oben) sind in den Schoten enthalten.

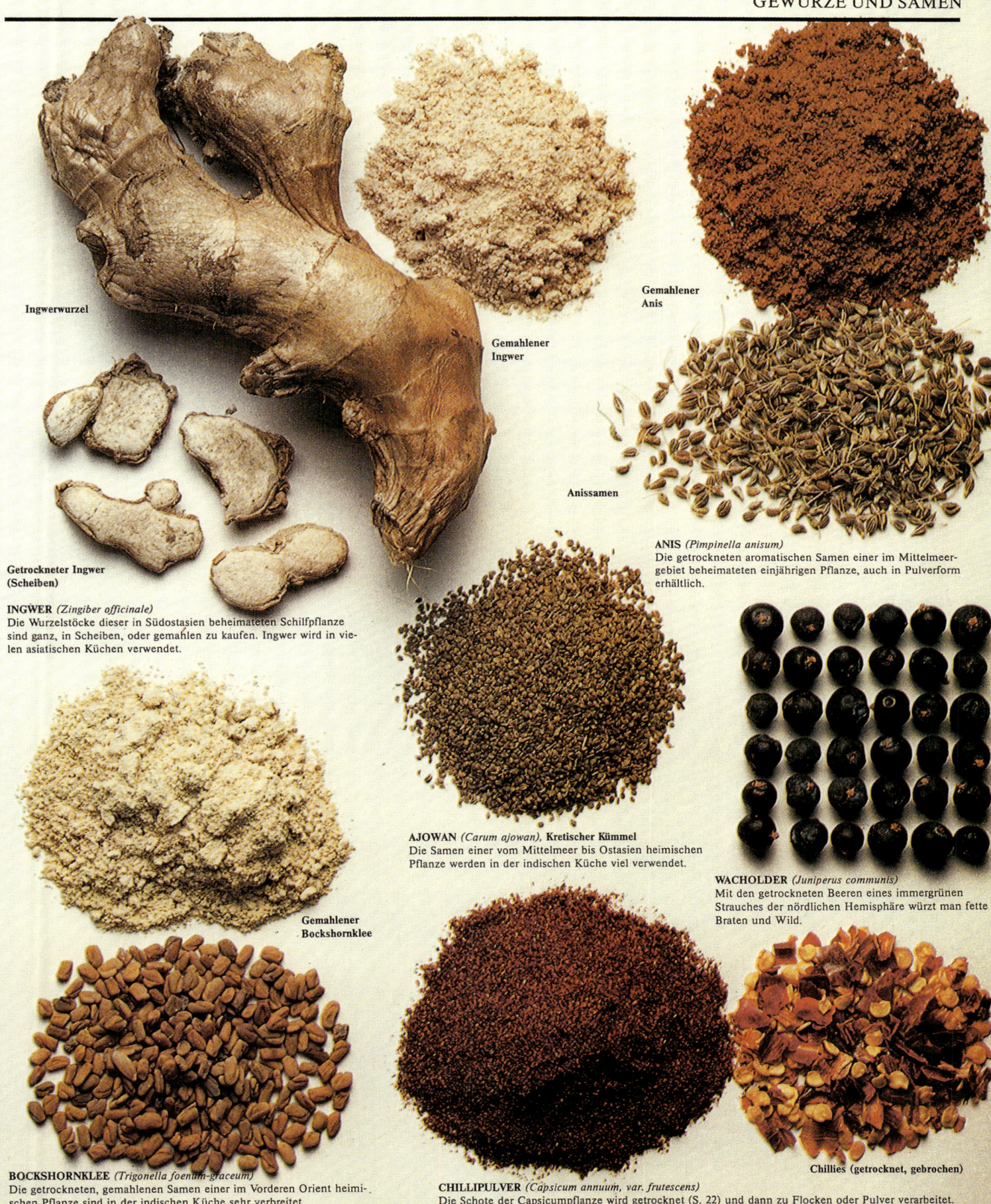

Ingwerwurzel

Getrockneter Ingwer
(Scheiben)

Gemahlener
Ingwer

Gemahlener
Anis

Anissamen

INGWER *(Zingiber officinale)*
Die Wurzelstöcke dieser in Südostasien beheimateten Schilfpflanze
sind ganz, in Scheiben, oder gemahlen zu kaufen. Ingwer wird in vielen asiatischen Küchen verwendet.

ANIS *(Pimpinella anisum)*
Die getrockneten aromatischen Samen einer im Mittelmeergebiet beheimateten einjährigen Pflanze, auch in Pulverform
erhältlich.

Gemahlener
Bockshornklee

AJOWAN *(Carum ajowan)*, **Kretischer Kümmel**
Die Samen einer vom Mittelmeer bis Ostasien heimischen
Pflanze werden in der indischen Küche viel verwendet.

WACHOLDER *(Juniperus communis)*
Mit den getrockneten Beeren eines immergrünen
Strauches der nördlichen Hemisphäre würzt man fette
Braten und Wild.

Chillies (getrocknet, gebrochen)

BOCKSHORNKLEE *(Trigonella foenum-graecum)*
Die getrockneten, gemahlenen Samen einer im Vorderen Orient heimischen Pflanze sind in der indischen Küche sehr verbreitet.

CHILLIPULVER *(Capsicum annuum, var. frutescens)*
Die Schote der Capsicumpflanze wird getrocknet (S. 22) und dann zu Flocken oder Pulver verarbeitet.

21

PASILLA-PFEFFERSCHOTE
(Capsicum frutescens)
Eine scharfe, getrocknete Pfeffer-
schotensorte, die aus Zentralamerika stammt und in der lateinamerikanischen (und insbesondere
mexikanischen) Küche verwendet
wird.

**MULATOPFEFFER-
SCHOTE**
(Capsicum frutescens)
Eine stechend scharfe, ge-
trocknete, in Südamerika hei-
mische Pfefferschote, die in
der lateinamerikanischen
Küche weitverbreitet ist.

ANCHOPFEFFERSCHOTEN
(Capsicum frutescens)
Diese aus Südamerika stammende getrocknete Pfefferschote ist die populärste aller in der mexikanischen Küche
verwendeten getrockneten Chillisorten
und hat einen vollen Geschmack.

VANILLE
(Vanilla planifolia)
Die behandelte Schote einer
in Mittelamerika heimischen
Kletterorchidee, wird als Aromastoff für Backwaren, Süßspeisen und Konfekt verwendet.

**GETROCKNETE
CHILLIES**
(Capsicum frutescens)
Diese stechend scharfe, in Südamerika heimische Pfefferschote wird sonnengetrocknet und in
vielen lateinamerikanischen Gerichten verwendet. Die Samen werden manchmal zu Pulver
zerstoßen und die äußere Haut zu Flocken gehobelt (S. 21).

GETROCKNETER MANGO
(Mangifera indica)
Die in Indien heimische Mangofrucht
(S. 114) wird oft, wie abgebildet, in
Scheiben geschnitten und für Curry-
gerichte verwendet.

**Getrocknete
Lakritzenscheiben
(Süßholz)**

Lakritzenwurzel

GRENADINE
Ein sirupähnliches, kommerziell hergestelltes
französisches Produkt aus dem eingedickten Saft
des Granatapfels, das zum Süßen von Cocktails
und Nachspeisen verwendet wird.

**Gemahlene
Lakritze**

LAKRITZE *(Glycyrrhiza glabra)*
Die bittersüße Wurzel eines kleinen, winterharten Strauches, der in Südeuropa und im Mittleren Osten wächst, ist eines der ältesten Gewürze
der Welt und wird für Bonbons und Getränke
verwendet.

ANGOSTURA BITTERS
Dieser Aromastoff wird ... ... hergestellt und
besteht aus Nelken, Zimt, ... Strauß, Pflaumen,
Rum und Enzian. Er wird für Cocktails und zum Abschmecken
von Saucen gebraucht.

ANGOSTURA
AROMATIC BITTERS
A skilfully blended
aromatic prepara-
tion of gentian in
combination with a
variety of harmless
vegetable spices
and vegetable col-
ouring matter. Made
with the same in-
gredients since 1824

Produced under licence from
ANGOSTURA INTERNATIONAL LTD.
By ANGOSTURA BITTERS
(Dr. J. G. B. Siegert & Sons) Ltd.
Trinidad, W.I.

8 fl oz
230 ml

PRODUCTO DE TRINIDAD

PRODUCT OF TRINIDAD

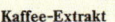

Kaffee-Extrakt

Rosenwasser

Butterscotcharoma

Himbeeressenz

AROMASTOFFE UND ESSENZEN

Aromastoffe werden vor allem in angelsächsischen Ländern als Essenzen oder konzentrierte Extrakte von Früchten und Pflanzen vertrieben. Andere als Aroma bezeichnete Produkte umfassen zahlreiche Geschmacksrichtungen. Alle werden sparsam in Rezepten für Süßspeisen, Kuchen, Eingemachtes und Konfekt verwendet.

Pfefferminzessenz

Ananasessenz

Brandyaroma

Rumaroma

Mandelaroma   Birnenessenz   Erdbeeressenz   Zitronenessenz

Vanilleessenz   Orangenblütenessenz   Orangenblütenwasser   Maraschinoaroma

Würzstoffe und Konservierungsmittel Siehe auch S. 216

GEWÜRZSALZ
Raffiniertes Salz, das verschiedene Gewürze, darunter Oregano und schwarzen Pfeffer, enthält. Für herzhafte Gerichte geeignet.

SETO FUUMI
Eine japanische Würzmischung aus getrockneten Algen, indianischer Feige, Sesamsamen und Glutamat, die in der orientalischen Küche weitverbreitet ist.

GEKÖRNTE BRÜHE
Ein pulverisierter, dehydrierter Fleischextrakt mit Kräutern, mit dem man Brühe, Bratensaft, Suppen und gelegentlich auch Saucen würzt.

KNOBLAUCHSALZ
Es wird aus raffinierten Salzkristallen hergestellt, die mit Knoblauch vermischt und zerstoßen werden, und eignet sich für alle herzhaften Gerichte.

BENTOO NO TOMO
Eine japanische Würzmischung, die aus getrocknetem Fisch, Salz, Sojasauce, Algen und Glutamat besteht und in der orientalischen Küche verwendet wird.

BRATENSAUCENPULVER
Ein Fleischextrakt mit einem Bindemittel wie Maisstärkemehl oder Weizenmehl. Er wird für Eintopfgerichte und Braten verwendet.

SELLERIESALZ
Ein Produkt aus zerstoßenem Selleriesamen und raffiniertem Salz, das für jedes Gericht verwendet werden kann, wo Selleriegeschmack erwünscht ist.

TAFELSALZ
Tafelsalz ist Steinsalz, das unter Tag abgebaut und durch ein spezielles Verfahren streufähig gemacht wird.

GLUTAMAT; Ve-tsin
Pulverisierte Glutaminsäurekristalle zur Geschmacksbetonung. Vorsicht vor Bittergeschmack bei zu starker Dosierung!

STEINSALZKRISTALLE
Dieses Salz wird unter Tag abgebaut und ist weniger stark raffiniert als Tafelsalz.

MEERSALZ
Die Kristalle werden durch Verdampfen von Meerwasser gewonnen. Meersalz gilt vielerorts als das beste Salz.

KÜCHENSALZ, Blocksalz
Es handelt sich um raffiniertes Steinsalz ohne Zusätze.

HEFEEXTRAKT
Ein Reformhausprodukt aus frischer Hefe, der die Flüssigkeit entzogen wird und mit Gemüseextrakt vermischt als Würzstoff beliebt ist.

ASANT *(Ferula asa)*
Ein aus den Stengeln einer asiatischen Pflanze gewonnenes Gummiharz, das in Stücken oder pulverisiert erhältlich ist und in der indischen Küche eine Rolle spielt.

BRÜHWÜRFEL
Extrakte aus Fleisch, Hefe und Gemüse, die für Saucen und Suppen verwendet werden.

FLEISCHEXTRAKT
Eine konzentrierte Fleischsuppe, die durch Verdampfen zu einer salzigen Paste eingedickt und für Eintopfgerichte genommen wird.

FERMENTIERTE SOJAPASTE, Miso
Diese Paste wird in China und Japan verwendet und besteht aus Sojabohnen, Wasser und Meersalz. Abgebildet sind Extrakte aus roten, gelben und schwarzen Sojabohnen.

ZUCKERCOULEUR
Wird aus eingekochtem Karamel, Wasser und anderen Würzstoffen hergestellt und zum Bräunen von Saucen und Braten gebraucht.

MALZEXTRAKT
Eingedickter, zähflüssiger Gerstenmalzauszug, der vorwiegend zum Backen und für heiße und kalte Milchgetränke verwendet wird.

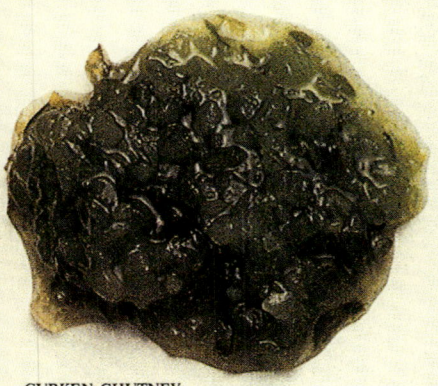

GURKEN-CHUTNEY
Eine süßschmeckende Mischung aus Gurken, Senfkörnern, Zucker, Essig, Zwiebel, Pfeffer und Gewürzen, die gut zu kaltem Fleisch, Käse und Grillspezialitäten paßt.

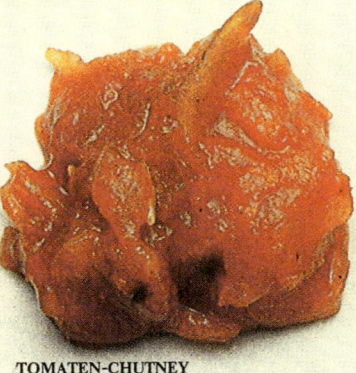

TOMATEN-CHUTNEY
Eine gehaltvolle Mischung aus Tomaten, Gewürzgurken, Chillies und Gewürzen, die zu kaltem Fleisch und Käse gegessen wird.

MANGO-CHUTNEY
Dieser milde, süßschmeckende Chutney enthält Mango und Gewürze und bildet eine ausgezeichnete Ergänzung zu stark gewürzten Speisen wie z. B. Currygerichten.

MEERRETTICHSAUCE
Dieses kommerzielle Produkt besteht aus gemahlener Meerrettichwurzel gemischt mit Sahne, Agar-agar, Essig und Salz und wird zu warmem oder kalten Fleisch und Fisch gereicht.

SWEET-PICKLE
Trotz des Namens ist dies ein eher süßer Chutney. Er enthält viele verschiedene Früchte und Gemüse und schmeckt am besten zu Käse und kaltem Fleisch.

KAPERN *(Capparis spinosa, var. rupestris)*
Kapern sind die ungeöffneten Knospen des im Mittelmeerraum beheimateten Kapernstrauchs. Sie werden nur eingelegt verwendet.

Entsteinte Oliven

Oliven mit Mandeln

OLIVE *(Olea europea)*
Frucht des an den Mittelmeerküsten beheimateten Ölbaums. Wie hier abgebildet, gibt es verschiedene Olivensorten, die nie frisch, sondern nur eingelegt zum Kochen und als Beilage verwendet werden.

Spanische Sevillano-Oliven

Schwarze Oliven

Oliven, mit Paprika oder Pimiento gefüllt.

Getrocknete Oliven

MANGO PICKLE
Eine würzige Mischung aus Mango, Chilis, Gewürzen und Essig, die zu jedem milden Gericht gegessen werden kann.

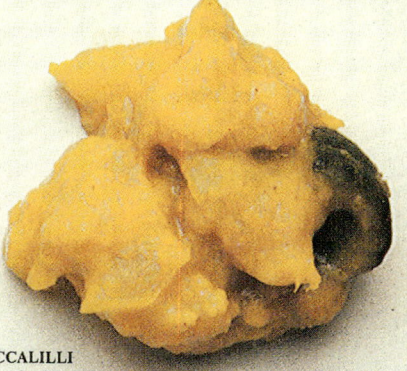

PICCALILLI
Ähnelt einem Chutney und besteht aus Blumenkohl, Gewürzgurken und Zwiebeln, die in eine Senfsauce eingelegt sind. Wird hauptsächlich zu Käse und kaltem Fleisch gegessen.

ERDNUSSBUTTER
Eine aus Erdnußkernen hergestellte Paste, die vorwiegend als Aufstrich verwendet wird. In Indonesien wird sie zum Andicken von Saucen gebraucht.

MIXED PICKLES
Eine Mischung aus Blumenkohl, Zwiebeln und Gurken in einer Essigmarinade, die zu Schinken und kaltem Fleisch gegessen werden kann.

INDONESISCHER RELISH
Eigentlich eine eingelegte Gemüsemischung, z. B. aus Kohl, Zwiebeln, Lauch, Karotten und Gurken; sie schmeckt mild und wird zu geräuchertem Fisch gegessen.

EINGELEGTER JAPANISCHER RETTICH
Der japanische *Daikon*-Rettich wird in einer Lösung aus Sojasauce und Zucker eingelegt und oft zu Fisch gegessen.

EINGELEGTE WALNÜSSE
Diese Walnüsse werden in einer Essiglösung mit Karamel, schwarzem Pfeffer und anderen Gewürzen eingelegt und zu kaltem Fleisch und Käse gegessen.

EINGELEGTER ROTKOHL
Dieser Kohl wird maschinell gehobelt, in Essiglake eingelegt und abgeschmeckt.

TAHINA-PASTE
Eine Paste aus zerstampften Sesamkörnern, die im Mittleren Osten und in Lateinamerika eine beliebte Küchenwürze ist.

EINGELEGTE ZWIEBELN
Diese Zwiebeln, die erst in Lake, dann in Essig eingelegt werden, schmecken am besten zu Käse.

GEWÜRZGURKEN
Diese kleinen Gurken werden ausschließlich zum Einlegen angebaut und vorwiegend als Beilage gereicht.

PATUM PEPERIUM,
Anchovisbutter
Eine Paste auf der Grundlage von Sardellen und Butter, die hauptsächlich als Aufstrich gegessen wird.

Senf

Siehe auch S. 219

GRÜNER KRÄUTERSENF
Ein sehr milder Senf mit einer delikaten Kräutermischung, der gut zu kaltem Fleisch und Würsten paßt.

SENF MIT GRÜNEN PFEFFERKÖRNERN
Dieser Senf, der zerstoßene grüne Pfefferkörner enthält, ist eine der Dijoner Sorten aus Burgund. Er ist recht scharf und paßt daher am besten zu milden Speisen, deren Eigengeschmack betont werden soll, z. B. gebratene oder gegrillte Steaks und Fleischbällchen.

DIJONER SENF MIT WEISSWEIN
Dies ist ein scharfer Senf, der am besten zu milden Speisen gereicht wird. Durch seinen Weingeschmack eignet er sich auch für viele Saucen und Salatsaucen.

FRANZÖSISCHER ESTRAGONSENF
Eine der dunkleren Bordeaux-Senfsorten; diese enthält Estragon, ist mild und daher köstlich zu kaltem Fleisch und stark gewürzten Speisen.

MOUTARDE DE MEAUX
Ein Dijoner Senf, der aus ganzen *Brassica-nigra*-Körnern hergestellt wird. Er ist ziemlich scharf und eignet sich daher am besten zu milden Speisen.

GROBKÖRNIGER SENF
Dies ist eine grobkörnige *Moutarde-de-Meaux*-Sorte und enthält Weißwein. Er paßt gut zu milden Speisen.

ENGLISCHER GANZKÖRNIGER SENF
Dies ist ein stechend-scharfer Senf, der aus ganzen Senfkörnern, Weißwein, Nelkenpfeffer und schwarzem Pfeffer zubereitet wird. Er paßt zu milden Speisen.

GEWÖHNLICHER DIJONER SENF
Wird aus *Brassica nigra*, den schärferen Senfkörnern, hergestellt und ist ideal zu milden Speisen.

AMERIKANISCHER SENF
Dieser milde Senf aus *Sinapis-alba*-Körnern ist eine ausgezeichnete Beigabe zu Hot Dogs und Hamburgers.

ENGLISCHER SENF
Dieser scharfe Senf aus *Brassica nigra* und *Sinapis alba* mit Weizenmehl und Gelbwurzel ist auch als Pulver erhältlich und wegen seiner Schärfe sparsam zu verwenden.

FRANZÖSISCHER Ein einfacher, milder Senf, der am besten zu würzigen Speisen schmeckt.

BAYRISCHER KRÄUTERSENF
Dieser süßsaure milde Senf enthält Kräuter, Gewürze und Karamel. Er ist leichter als der gewöhnliche Düsseldorfer Senf (siehe links) und wird am besten zu kaltem Fleisch und verschiedenen Wurstsorten gegessen.

DÜSSELDORFER SENF
Dieser mittelscharfe, den Bordeauxsenfsorten ähnliche Senf paßt besonders gut zu herzhaften Speisen.

FLORIDASENF
Dieser milde Senf wird mit Wein aus der Champagne hergestellt. Wie Bordeauxsenf schmeckt er am besten zu würzigen Speisen.

Verkleinerung ca. 20%

WALNUSSÖL
Die Kerne des aus Südosteuropa und Asien stammenden Walnußbaums enthalten ein eßbares Öl, das vor allem für Salate verwendet wird.

OLIVENÖL MIT FENCHEL
Dieses Öl wurde aus schwarzen Oliven gepreßt; durch den Zusatz von Fenchel ist es für Fischgerichte gut.

AVOCADOÖL
Aus dem Fruchtfleisch beschädigter Avocados wird ein gutes Speiseöl gewonnen.

SESAMÖL
Dieses Tafel- und Kochöl wird aus den Samenkapseln der vermutlich aus Afrika stammenden Sesampflanze gewonnen.

SONNENBLUMENÖL
Die Samen der aus Nordamerika stammenden Sonnenblume enthalten ein hochwertiges Öl, das als Salat- und Kochöl und zur Margarineherstellung verwendet wird.

OLIVENÖL
Gutes Olivenöl ist gelbgrün und gut für Salate und zum Kochen geeignet.

TRAUBENKERNÖL
Aus Traubenkernen gewonnenes Öl, das speziell zu frischen Salaten paßt.

MAISÖL
Dieses Öl der Maispflanze wird als Salatöl, für Margarine und zum Kochen verwendet.

ERDNUSSÖL
Das Öl der aus Südamerika stammenden Erdnuß eignet sich für Salate und zum Kochen ebenso wie zur Margarineherstellung und für Fischkonserven.

Verkleinerung ca. 20%

KNOBLAUCHESSIG

DESTILLIERTER MALZESSIG

CHILLIEESSIG

WEISSWEINESSIG
MIT ROSMARIN

WEISSWEINESSIG MIT
GRÜNEN PFEFFERKÖRNERN

DILLESSIG

ROTWEINESSIG

WEISSWEINESSIG
MIT ESTRAGON

BRANNTWEINESSIG MIT ZITRONE

WEISSWEINESSIG

MALZESSIG

APFELESSIG

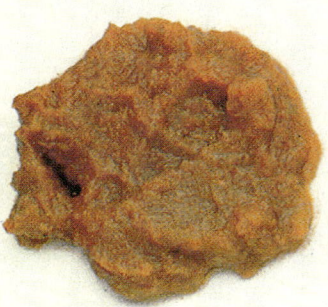

CHILLISAUCE
Eine milde, aber würzige Sauce, die rote Pfefferschoten, Tomaten und Gewürze enthält und hauptsächlich
mit gekochtem Fleisch und für Marinaden und Barbecuesauce verwendet wird.

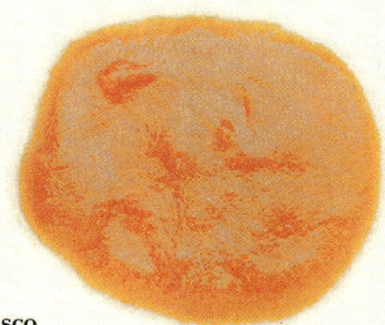

TABASCO
Eine sehr scharfe Sauce aus Chillies mit Essig, die nach der
gleichnamigen mexikanischen Region benannt ist. Sie wird
sparsam, aber mit großer Wirkung besonders in der kreolischen Küche verwendet.

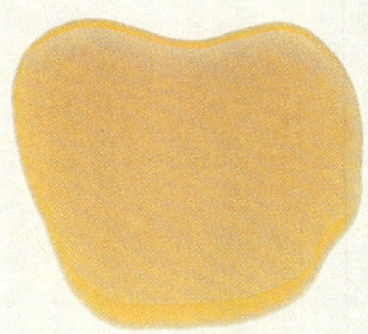

WORCESTERSHIRESAUCE
Ein scharfes Produkt, mit dem eine ganze Reihe von
Gerichten sparsam gewürzt wird. Nach einem alten
indischen Rezept enthält sie Sojasauce, Essig, Melasse, Chillies und tropische Früchte und Gewürze.

MAYONNAISE
Eine Emulsion aus Öl, Eiern, Zitronensaft und Gewürzen, die für viele Salate und kalte Speisen verwendet wird und durch Hinzufügen von Zutaten variiert
werden kann – mit Sardellenfilets wird Remouladensauce daraus.

SOJASAUCE
Sie wird aus Sojabohnen gemacht und ist in der chinesischen und japanischen Küche sehr populär. Inzwischen
sehr beliebt, verfeinert sie jetzt viele andere Gerichte –
meist Saucen, Schmorgerichte und Suppen.

SAMBALAS
Eine gewöhnlich sehr scharfe Art indonesischer Würzpaste, die in orientalischen Reis- und Nudelgerichten
gebraucht wird; die abgebildete enthält Zwiebeln, rote
Pfefferschoten und verschiedene Gewürze.

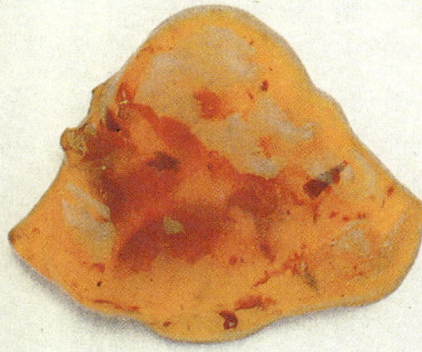

SWEET-AND-SOUR-SAUCE
Eine süßsaure chinesische Mischung aus Sojasauce,
Zucker und Essig.

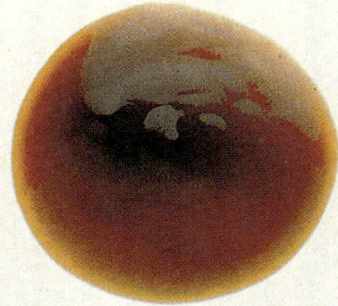

AUSTERNSAUCE
Eine dicke Sauce aus pürierten Austern, die in Flaschen
verkauft wird. Sie ist in der chinesischen Küche wichtig
und im Kühlschrank unbegrenzt haltbar.

PESTO, Basilikumsauce
Diese in der italienischen Küche beliebte Sauce
stammt aus Genua. Sie wird zu Pasta und Minestrone
serviert und besteht aus feingehacktem Basilikum, zer-
drücktem Knoblauch, Pinienkernen und Hartkäse.

MINT SAUCE
Eine englische Pfefferminzsauce aus frischer Minze, Gewürzen und Essig, die zu Lamm gereicht wird.

MINT JELLY
Ein englisches Rezept aus Apfelgelee und Minzblättern.

ANCHOVISSAUCE
Es gibt viele Sorten, doch die Grundlage ist immer eine
weiße Sauce mit Sardellenpaste.

FRUCHTSAUCE
Tomaten, Essig, Rosinen und Früchte sind die Hauptbestandteile dieser Sauce. Sie ist von ähnlicher Beschaffenheit wie Ketchup, aber dunkler und wird gern zu gekochten Fisch- und Fleischgerichten gereicht.

MELBASAUCE
Eine Himbeersauce, bekannt durch Pfirsich Melba, einer
Nachspeise aus Eis, Pfirsichen und Melbasauce (benannt
nach der australischen Sopranistin Nellie Melba).

SENFSAUCE
Eine Art Hollandaise aus Eigelb, Butter, Pfefferkörnern und Zitronensaft und mit Dijon- oder engli-
schem Senf ziemlich scharf gewürzt.

KETCHUP
Von dieser in der angelsächsischen Küche viel verwendeten
Würzsauce gibt es zahlreiche Variationen, aber gewöhnlich
enthält sie Tomaten.

APFELMUS, Apple Sauce
Gekochtes gezuckertes Apfelpüree, das mit Muskat, Zimt,
Macis oder Ingwer verfeinert werden kann. Gut zu Schwei-
nefleisch und als Dessert.

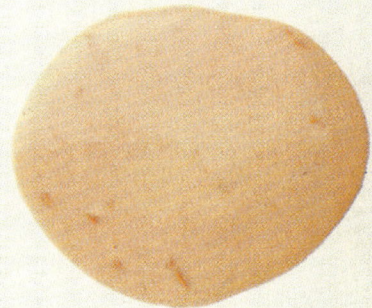

THOUSAND ISLAND DRESSING
Diese Fertigsauce besteht hauptsächlich aus Mayonnaise und verschiedenen Gewürzen.

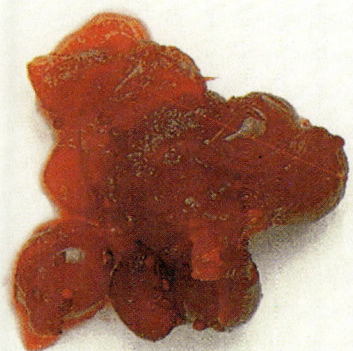

PREISELBEERSAUCE, Cranberry Sauce
Diese traditionelle englische Beilage zu Truthahn wird
in Deutschland hauptsächlich zu Wild gereicht.

BARBECUESAUCE
Es gibt viele kommerzielle Produkte, die meist dick,
scharf und sehr würzig sind.

MEERRETTICHSAUCE
Eine angedickte Sauce mit geriebenem Meerrettich
und eventuell Sahne, die meist zu gekochtem Rindfleisch serviert wird.

TATARSAUCE
Mayonnaise mit hartgekochten Eiern und Schnittlauch, zu
kaltem Fleisch passend.

SAUCE BÉARNAISE
Eine feine Buttersauce aus einem Sud aus Weißwein, Estragon, Schalotten, mit Eigelb eingedickt.

COCKTAIL SEAFOOD SAUCE
Eine scharfe Mayonnaisesauce für Meeresfrüchte, die
oft Tomaten enthält.

Zucker und Sirup

BRAUNER ZUCKER (hell)
Braune Zucker sind gelblich bis braun und leicht feucht; sie unterscheiden sich – je nach Herstellerfirma – in Farbe und Beschaffenheit und sind eine Vorstufe der weißen Kristallraffinade aus Zuckerrüben, können aber auch aus Rohrzuckermelasse hergestellt werden.

KANDISZUCKER
Diese recht großen braunen Kristalle, die sich langsam auflösen, werden von Kaffee- und Teekennern geschätzt, da die Getränke ihren Eigengeschmack behalten; ein traditioneller Zucker für Ostfriesentee.

BUNTER ZUCKER
Weißer Zucker, mit Pflanzenfarbstoff gefärbt. Vor allem in den angelsächsischen Ländern wird er zu Kaffee, Gebäck und Konfekt verwendet.

DEMERARAZUCKER
Eine Rohzuckersorte, die schon in ihrem Herkunftsland einem Reinigungsprozeß unterworfen wurde und fertig abgepackt exportiert wird; vor allem für dunkle, schwere Früchtekuchen geeignet.

STREUZUCKER
(extra fein)
Feiner als andere Streuzucker und zum Backen gut geeignet. Weil er sich schnell auflöst, wird er gern zum Süßen von Früchten und Frühstücksflocken genommen.

BRAUNER ZUCKER (dunkel)
Eine dunkle, feinkörnige Raffinade; beide Sorten (hell und dunkel) werden zu Frühstücksflocken und Kaffee wie auch für Obst und Lebkuchen verwendet. Englische braune Zucker werden häufig mit Melasse behandelt.

TRAUBENZUCKER
Natürlicher Traubenzucker kömmt in großen Mengen in Trauben und Honig vor. Das kommerzielle Produkt wird in Pulverform angeboten und für Konfitüren und Süßigkeiten gebraucht. Da er leicht absorbiert wird, ist er auch als Energiespender für Sportler geeignet.

KRISTALLRAFFINADE
Es gibt verschieden fein raffinierten Streuzucker; am gebräuchlichsten ist die mittelfeine Raffinade, die bei Tisch und zum Kochen verwendet wird.

PUDERZUCKER
Ein feingemahlener Staubzucker, der für Zuckerguß und Baisers verwendet wird.

EINMACHZUCKER
Eine grobe Raffinade, die zum Einlegen und Einmachen geeignet ist.

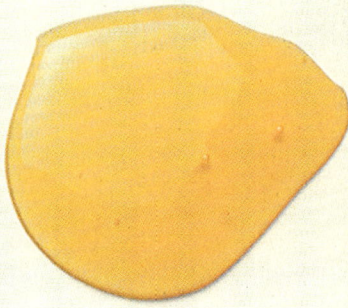

GOLDEN SYRUP
Geklärter Melasserück-
stand (engl. Markenpro-
dukt).

MELASSEZUCKER
Ein in angelsächsischen Ländern gebräuchlicher Zucker,
der meist für schwere, dicke Früchtekuchen verwendet
wird.

ENGLISCHER BLOCKZUCKER
Diese großen goldgelben Kristalle sind bei chinesischen Köchen sehr beliebt und werden für Desserts
und Getränke genommen.

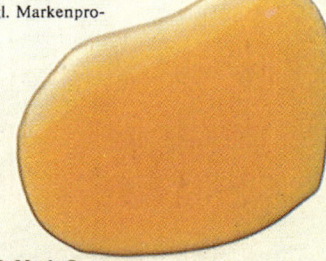

AHORNSIRUP, Maple Syrup
Aus dem Saft des Ahornbaums gewonnen, hat er
ein ganz eigenes Aroma.

FARINZUCKER, Muskovade
Heller als Melassezucker, aber auch feucht und weich. Er
wird für Früchtekuchen verwendet; eine bestimmte Sorte
ist ein wichtiger Bestandteil vieler indischer Gerichte.

ENGLISCHER BLOCKZUCKER (dunkel)
Blöcke von dunkelbraunem konzentriertem Zucker,
wichtig in der chinesischen und indischen Küche.

ZUCKERROHRSIRUP
Der konzentrierte Zuckerrohrsaft ersetzt manchmal Melasse.

HAGEBUTTENSIRUP
Sirup aus dem
Fruchtfleisch wei-
cher Hagebutten.

SCHWARZER ZUCKERSIRUP
Ein dunkler, dicker Melassesirup, der für Früchtekuchen und aromatische Saucen verwendet
wird.

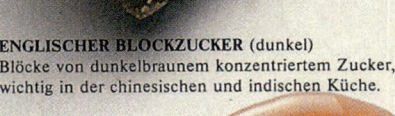

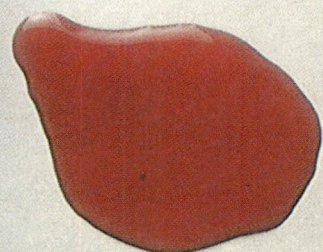

WÜRFELZUCKER
Raffinierter, in Würfel gepreßter Kristallzucker, mit dem
heiße Getränke gesüßt werden.

**SCHWARZER
JOHANNISBEERSIRUP**
Ein voller, fruchtiger Sirup aus Zucker und dem
Saft Schwarzer Johannisbeeren.

MELASSE
Ein Abfallprodukt in der Zuckerherstellung;
macht Brot und Kuchen länger haltbar und ist
eisenhaltig.

HONIG MIT WABE
Dieses Luxusprodukt besteht aus einem Glas hellem Honig, das ein Stück Wabe enthält.

WABE
Die natürliche Form, in der die Honigbiene ihren Honig deponiert. Die Waben können gegessen werden. Normalerweise werden sie von Hand aufgeschnitten (bei der kommerziellen Honiggewinnung maschinell).

ENGLISCHER HONIG
Eine Mischung aus verschiedenen englischen Blütenhonigsorten. Er ist auch in festerer Form erhältlich und gilt als unentbehrlich für einen »richtigen« Nachmittagstee.

MANUKAHONIG
Ein dunkler, cremiger Honig aus Neuseeland. Sein voller Geschmack eignet sich besonders zum Kochen.

REINER ORANGEN-BLÜTENHONIG
Dieser helle Honig mit feinem Zitronenaroma wird hauptsächlich in Spanien, aber auch in Kalifornien, Mexiko, Südafrika und Israel produziert und ist besonders gut in Puddings.

JAMAIKA-HONIG
Dieser dicke, klare und dunkle Honig mit dem exotischen Aroma tropischer Blumen ist besonders zum Kochen geeignet.

UNGARISCHER AKAZIENHONIG
Auch in Rumänien, Frankreich und Italien wird dieser milde Honig, der fast immer flüssig bleibt, produziert.

EUKALYPTUSHONIG
Ein cremiger australischer Honig, der hell oder dunkel und mittel- bis sehr süß sein kann, je nach der Art des Eukalyptusnektars, den die Bienen gesammelt haben.

HEIDEKRAUTHONIG
Heidekraut liefert einen cremigen Honig, der durch Rühren wieder flüssig wird.

HYMETUSHONIG
Dieser dunkle, klare und dickflüssige Honig von Thymian-, Majoran- und anderen Kräuterblüten, die auf dem griechischen Berg Hymetus wachsen, ist weltberühmt. Er ist köstlich mit saurem Naturjoghurt und wird für *Baklava* verwendet.

KLEEHONIG
Die verbreitetste Honigsorte in Amerika, die auch klar erhältlich ist. Sein milder Geschmack macht ihn ideal zum Kochen.

SONNENBLUMENHONIG
Der hauptsächlich in Griechenland, der Türkei und Südrußland produzierte Sonnenblumenhonig verliert seinen köstlichen Duft, wenn man ihn kocht.

TASMANISCHER LEDERHOLZ-HONIG
Dieser aus dem Blütennektar eines australischen Seidelbastgewächses gewonnene cremige Honig mit einem ausgeprägten Aroma hat einen hohen Traubenzuckergehalt. Falls notwendig, kann man ihn im Wasserbad dünnflüssig machen. Zum Kochen geeignet.

ROSMARINHONIG
Dieser kräftig-aromatische Kräuterhonig aus den kleinen, blauen Rosmarinblüten, die einst mit der Jungfrau Maria assoziiert wurden, wird vor allem in den Mittelmeerländern produziert.

Konfitüren, Marmeladen und Gelees Siehe auch S. 227

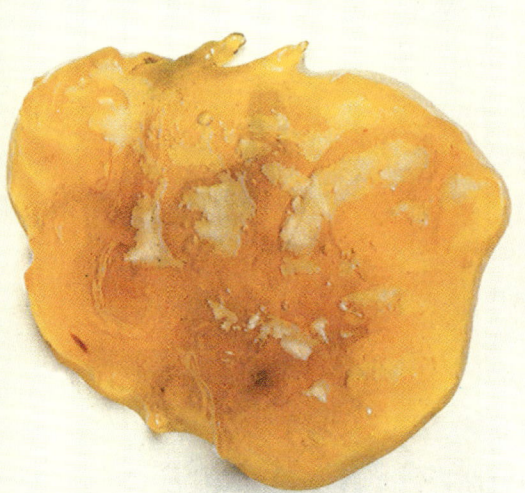

Mirabellenkonfitüre

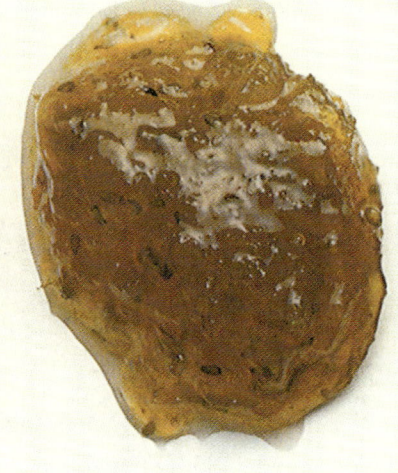

Stachelbeerkonfitüre

Schwarzkirschenkonfitüre

Ananaskonfitüre

Pflaumenkonfitüre

KONFITÜREN

Konfitüre, Gelee und Marmelade kann man aus fast allen Früchten herstellen; auf diese Weise wurde einst die überschüssige Ernte für den späteren Verzehr haltbar gemacht. Heute sind zahlreiche Fertigprodukte im Handel, die im wesentlichen immer aus Früchten, Zucker und Wasser bestehen (für Konfitüre wird die ganze Frucht verwendet). Konfitüre wird gern zu Toast und Brötchen gegessen, eignet sich aber auch zum Süßen von Nachspeisen.

Reineclaudenkonfitüre

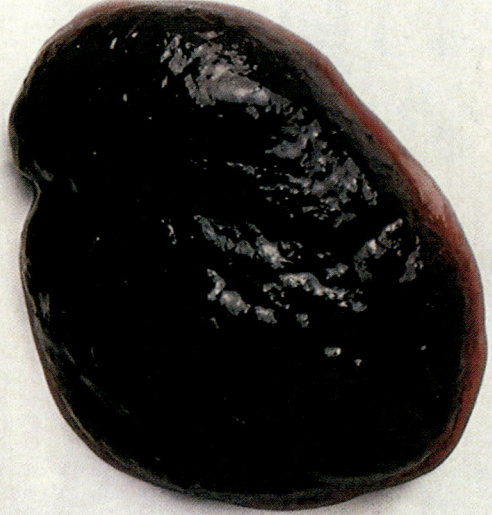

Zwetschgenkonfitüre

Molte- oder Lakkabeerenkonfitüre

Himbeerkonfitüre

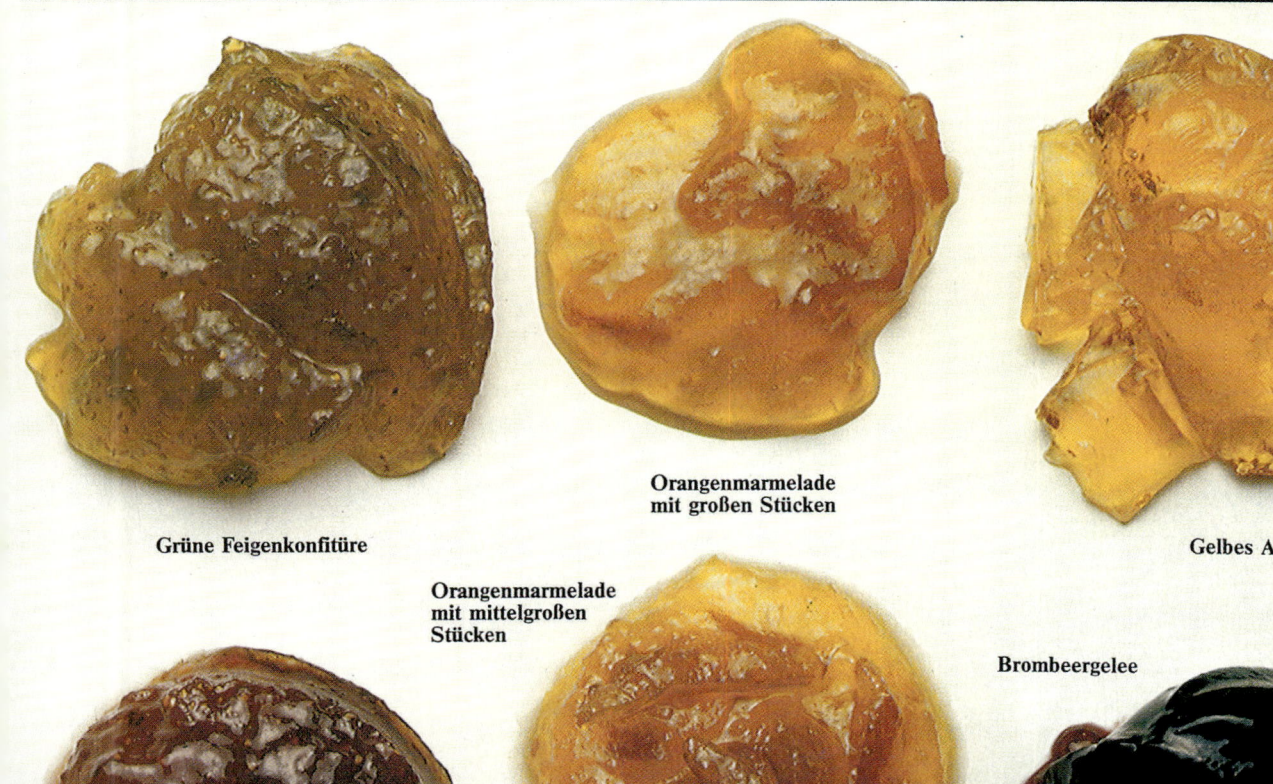

Grüne Feigenkonfitüre

**Orangenmarmelade
mit großen Stücken**

Gelbes Apfelgelee

**Orangenmarmelade
mit mittelgroßen
Stücken**

Brombeergelee

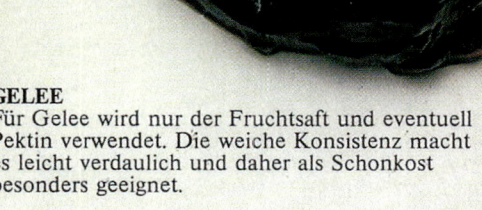

Erdbeerkonfitüre

MARMELADE
Sie wird aus durchpassiertem Fruchtfleisch gemacht und wie Konfitüre verwendet, besonders gern auf Frühstückstoast. Marmelade wird auf Kuchen und Torten oft als Haftmasse für einen Mandelüberzug verwendet.

GELEE
Für Gelee wird nur der Fruchtsaft und eventuell Pektin verwendet. Die weiche Konsistenz macht es leicht verdaulich und daher als Schonkost besonders geeignet.

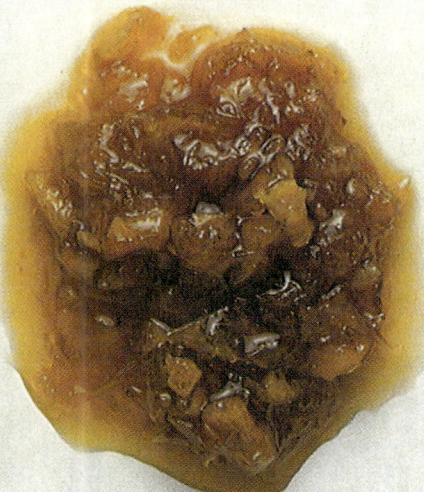

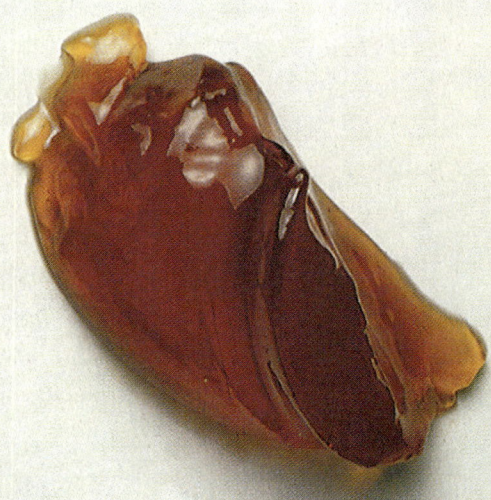

**Orangen-Zitronenmarmelade
mit dicken Stücken**

**Orangenmarmelade
mit kleinen Stücken**

Holzapfelgelee

Fette und Milchprodukte

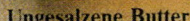

Ungesalzene Butter

Gesalzene Butter

BUTTER
Ein natürliches Milchprodukt aus Rahm, das gesalzen oder ungesalzen sein kann. Gesalzene Butter hält sich besser.

SCHMALZ
Ein aus tierischem Fettgewebe gewonnenes weiches Fett.

TAFELMARGARINE
Ein aus hochwertigen Ölen nach besonderen Methoden hergestelltes Tafelfett. Es ist streichfähiger als Würfelmargarine.

SCHWEINESCHMALZ
Geschmolzenes und geklärtes Schweinefett. Es ist weicher als Butter und Margarine und eignet sich zum Backen und Braten.

MARGARINE
Pflanzliches oder tierisches Fett mit Milch- und Wasserzusatz.

TALG
Das Nierenfett bestimmter Tiere, das z.B. Bestandteil des englischen Christmas-Puddings ist. Der abgebildete Talg ist bereits gerieben.

BUTTERSCHMALZ
Ausgelassene, wasserfreie und von Eiweißstoffen gereinigte, gut haltbare Butter. Entspricht dem indischen *Ghee* und eignet sich besonders zum Braten und Sautieren.

MILCH
Die Basis aller Milchprodukte ist in vielen Formen erhältlich: homogenisiert, entrahmt, evaporiert, kondensiert und getrocknet und von unterschiedlichem Fettgehalt.

TROCKENMILCH
Ein nützlicher Frischmilchersatz, der aus pasteurisierten, luftgetrockneten Milchpartikeln besteht, die mit Wasser angerührt werden müssen. Abgebildet ist Magermilchpulver.

JOGHURT
Ein Produkt aus mit Bakterien versetzter geronnener Milch; kommerziell wird Joghurt zum Teil aus evaporierter Milch hergestellt und enthält oft Früchte.

GERONNENE SAHNE, Clotted cream
Eine englische Spezialität: gekochte Milch wird entrahmt, der Rahm bei geringer Hitze erwärmt und dann abgekühlt.

BUTTERMILCH
Eigentlich die beim Buttern abfließende Magermilch, heute wird sie aber meist aus pasteurisierter Magermilch hergestellt, die durch Zusatz einer Kultur eingedickt wird. Buttermilch eignet sich zum Backen und für Nachspeisen und ist ein guter Sauermilchersatz.

SCHLAGSAHNE
Der gesetzlich vorgeschriebene Mindestfettgehalt für diese Sahneart liegt in Deutschland bei 30%. Sie wird fest, wenn die mit einem feinen Häutchen überzogenen Milchkügelchen beim Schlagen aufgebrochen werden, das Butteröl ausfließt und beim Festwerden Luft einschließt.

CRÈME DOUBLE
Die von verschiedenen Herstellern produzierte fettreichste Sahnesorte hat einen Fettanteil, der zwischen 40% und 70% liegt, und ist in der feinen Küche zur Zubereitung von Saucen sehr beliebt.

RICOTTA
Ein italienischer Frischkäse aus Kuhmolke. Er ist weich und
mild und wird für viele süße und würzige Speisen, u.a. Pizza,
verwendet. Er wird in verschiedenen Formen und Größen
abgepackt.

MOZZARELLA
Ein italienischer Frischkäse, ursprünglich aus Büffelmilch, aber jetzt
ausschließlich aus Kuhmilch. Er wird in runden oder rechteckigen
Stücken oder in Streifen geschnitten angeboten. Der weiche, ziemlich feuchte Käse mit mildem, sahnigen Geschmack wird vorwiegend zum Kochen verwendet (Pizza, Lasagne und Toasts).

QUARK
Quark ist ein säuerlicher Frischkäse, der beim Gerinnen von Kuh- oder Ziegenmilch entsteht; sein Fettgehalt hängt von der verwendeten Milch ab. Quark
wird für Käsekuchen und süße und salzige Füllungen
verwendet und ist ein beliebter Brotaufstrich.

HÜTTENKÄSE
Ein Sauermilchkäse mit gleichmäßig geformten Bruch-
körnern. Die Masse ist feucht und wird gewöhnlich in
Töpfen verkauft. Er ist in den meisten Ländern erhältlich
und wird für Desserts, Käsekuchen und Salate verwendet.

COLWICK
Ein traditioneller Kuhmilchkäse aus England. Normalerweise ist er
zylindrisch; häufig hat er eine Vertiefung, die mit Sahne und Früchten gefüllt werden kann. Dieser Käse wird gewöhnlich ungesalzen
verkauft und als Dessert serviert, man kann ihn aber auch würzig zubereiten.

COULOMMIERS
Ein französischer Dessertkäse aus Kuhmilch, mit weißer Rinde und weichem Inneren wie Brie und Camembert. Er ist gehaltvoll und sahnig und hat meist die Form eines kleinen Rades.

CAMEMBERT
Von diesem weltberühmten französischen Kuhmilchkäse gibt es mehrere Sorten. Sein ausgeprägter, anfangs milder Geschmack wird mit zunehmendem Alter schärfer. Ein ausgezeichneter Dessertkäse in Form kleiner, flacher Zylinder.

BRIE
Ein tortenförmiger französischer Weichkäse aus Kuhmilch von sahnigem Geschmack; köstlich als Brotbelag und Füllung für Brioches. Die dünne Rinde ist eßbar.

Frisch- und Weichkäse

Siehe auch S. 2

TOMME AU RAISIN
Ein französischer Käse aus Kuhmilch, der mit zerdrückten Weintrauben (Schalen und Kernen) überzogen ist. Das Wort *tomme* bedeutet in Savoyen lediglich Käse, und *tommes* gibt es in vielen Variationen. Sie haben einen unverwechselbaren Geschmack und sind ausgezeichnete Dessertkäse (von flacher, zylindrischer Form).

PETIT MUNSTER
Ein Kuhmilchkäse aus dem Elsaß, der auch in Deutschland hergestellt wird. Er kommt in kleinen Laibern und wird gern als Imbiß serviert.

DOPPELRAHMKÄSE
Ein gehaltvoller sahniger Frischkäse, meist in Folie verpackt.

BOURSIN AUX FINES HERBES
Ein weicher, sehr fetter französischer Käse. Die abgebildete Sorte enthält Rosmarin, Fenchel und Schnittlauch. Man serviert ihn meistens mit Crackers.

NEUFCHÂTEL
Ein milder französischer Kuhmilchfrischkäse aus der Normandie (nach Neufchâtel-en-Bray). Er wird in verschiedenen Sorten und Formen verkauft und als Dessert oder Imbiß gegessen.

CABOC
Ein schottischer Doppelrahmkäse (60% Fettgehalt) aus Kuhmilch, der in grobem Haferschrot gewälzt wird. Er schmeckt süßlich und paßt gut zu frischem Obst. Er wird zu kleinen Rollen oder Zylindern geformt.

BOURSIN AU POIVRE
Eine Boursinart, die mit gebrochenen schwarzen Pfefferkörnern bedeckt ist, die dem Käse als Ergänzung zu dem sahnigen Inneren einen würzigen Geschmack geben. Wird im Ganzen gekauft.

FETA
Ein weicher griechischer Schafkäse (manchmal auch aus Ziegenmilch). Er ist pikant und salzig und wird für würzige Füllungen und Salate verwendet.

Halbfeste Käse

Siehe auch S. 230

MANCHEGO
Spaniens berühmtester Käse wird aus Schafmilch gemacht; er ist zylinderförmig, sahnig-fest und hat manchmal Löcher. Von kräftigem Geschmack und ideal für Snacks.

DUNLOP
Ein zylinderförmiger schottischer Kuhmilchkäse, dem Cheddar ähnlich, von mildem Buttergeschmack. In Schottland ißt man ihn oft zu butterbestrichenen Hafercrackers; er eignet sich als Brotbelag und zum Toasten.

PORT SALUT
Ein französischer Kuhmilchkäse mit Rinde, gut als Dessert und zum Imbiß.

CABRALES
Ein traditionell aus Ziegenmilch (heute auch zum Teil aus Schafmilch) gemachter, zylindrisch geformter Käse aus den nordspanischen Bergen. Er hat einen kräftigen, ausgeprägten Geschmack und ist gut als Imbiß.

COLBY
Eine beliebte amerikanische Cheddarart aus Colby, Wisconsin. Bei der Herstellung wird die Rohmasse gewaschen, und dadurch erhöht sich der Feuchtigkeitsgehalt des Käses und er reift schneller. Colby wird in verschiedenen Formen hergestellt, ist mild, von leicht körniger Konsistenz und als Imbiß und in Salaten beliebt.

MONTEREY JACK
Eine Cheddarart aus Monterey, Kalifornien, der jetzt aber auch in anderen Gegenden Amerikas gemacht wird; er ist aus Kuhmilch, ziemlich mild im Geschmack, glatt und ohne Rinde. Er wird in Blockform oder in großen Rädern produziert und als Brotbelag und zum Kochen verwendet.

SAINT PAULIN
Ein französischer Kuhmilchkäse mit Rinde; je nach Reifegrad ist er mild oder pikant, der Geschmack erinnert an Port Salut. Ein guter Dessertkäse in der Form kleiner Räder.

Halbfeste Käse

Siehe auch S. 230

DOUBLE GLOUCESTER
Dieser Kuhmilchkäse von kräftigem Geschmack gilt als einer der großen englischen Käse. Er hat zylindrische Form und ist gut als Dessert und Imbiß.

TILSITER
Ein fester Kuhmilchkäse, ursprünglich aus Ostpreußen, der jetzt in vielen Ländern hergestellt wird. Er ist ziemlich scharf und gut als Dessert oder Brotbelag. Er wird in Rad- oder Blockform hergestellt.

CHEDDAR
Englands berühmtester Käse ist aus Kuhmilch und kann mild bis sehr scharf sein.

GJETOST
Ein norwegischer Molkekäse aus Kuh- oder Ziegenmilch. In Farbe, Geschmack und Konsistenz erinnert er an Karamellen; die rechteckigen Blökke sind gewöhnlich in Folie verpackt. Er wird für Saucen, Desserts und Imbißhappen verwendet.

GRUYÈRE
Dieser berühmte Schweizer Kuhmilchkäse in Form eines großen Rades ähnelt im Aussehen und Nußgeschmack dem Emmentaler. Außer als Tafelkäse wird er für Fondues, Saucen und *Quiche*-Rezepte verwendet.

CANTAL
Ein zylinderförmiger Kuhmilchkäse aus Frankreich, der dem
Cheddar ähnelt. Sein leicht salziger Geschmack macht ihn
zum idealen Imbißhappen.

RED CHESHIRE
Ein zylinderförmiger Kuhmilchkäse aus England, von bröckeliger Konsistenz und mit Annattosamen gefärbt. Sein leicht salziger Geschmack
macht ihn als Imbißkäse geeignet.

LANCASHIRE
Ein milder Kuhmilchkäse aus England, der gut schmilzt und
sich daher zum Kochen und Toasten anbietet. Er hat Zylin-
der- oder Blockform und wird in Stücken verkauft.

FONTINA
Ein Kuhmilchkäse in Form eines flachen Rades aus dem italienischen Piemont; er schmeckt leicht geräuchert, zart nach Nuß und
wird für *fonduta* (eine italienische Version des Schweizer Fondues)
verwendet.

LEIDEN
Ein zylindrischer holländischer Schnittkäse mit einer dunkelgelben Rinde und roter Wachsschicht. Er wird aus Kuhmilch hergestellt und enthält Kümmel und Kreuzkümmelsamen. Gut zu Gin und Cocktails und als Appetithappen.

GOUDA
Ein weltberühmter holländischer Käse aus Kuhmilch, der jung oder reif gegessen werden kann; er hat Radform.

JARLSBERG
Ein radförmiger norwegischer, weißer bis hellgelber Kuhmilchkäse mit großen Löchern, er ist innen fest und geschmeidig und schmeckt mild und nussig. Die dicke Rinde ist mit einer gelben Wachsschicht überzogen. Ein guter Universalkäse, der in Norwegen für *landgang* (einen Sandwich) verwendet wird.

EDAMER
Ein berühmter holländischer Käse aus Kuhmilch in Kugelform mit roter Wachsschicht.

RACLETTE
Ein radförmiger Kuhmilchkäse aus der Schweiz mit mildem Nußgeschmack in der Art von Tomme; wird besonders für das gleichnamige Gericht verwendet.

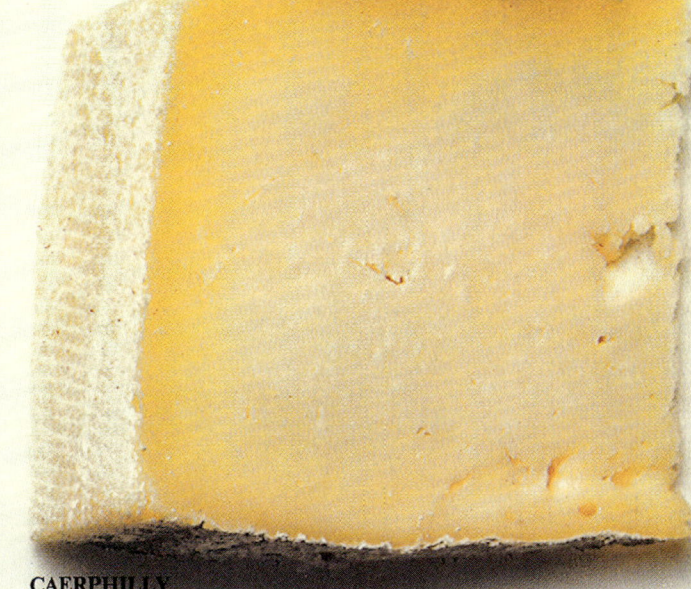

CAERPHILLY
Der meist zylinderförmige Kuhmilchkäse aus Wales von mildem, leicht saurem Geschmack ist ein guter Dessertkäse.

LEICESTER
Ein zylinderförmiger englischer Käse aus Kuhmilch, mit Annattosamen gefärbt; er eignet sich gut für Snacks.

WENSLEYDALE
Ein englischer Kuhmilchkäse, der auch als Schimmelpilzkäse angeboten wird. Weißer Wensleydale wird traditionell mit *apple pie* gegessen und hat Zylinder- oder Blockform.

EMMENTALER
Dieser weltberühmte Schweizer Käse aus Kuhmilch hat ein nußkernartiges Aroma und kann für Fondues und Toasts verwendet werden. Er hat die Form eines großen Rades und wird in Stücken, Segmenten und Scheiben verkauft.

Hart-, Edelpilz- und Räucherkäse

Siehe auch S. 230

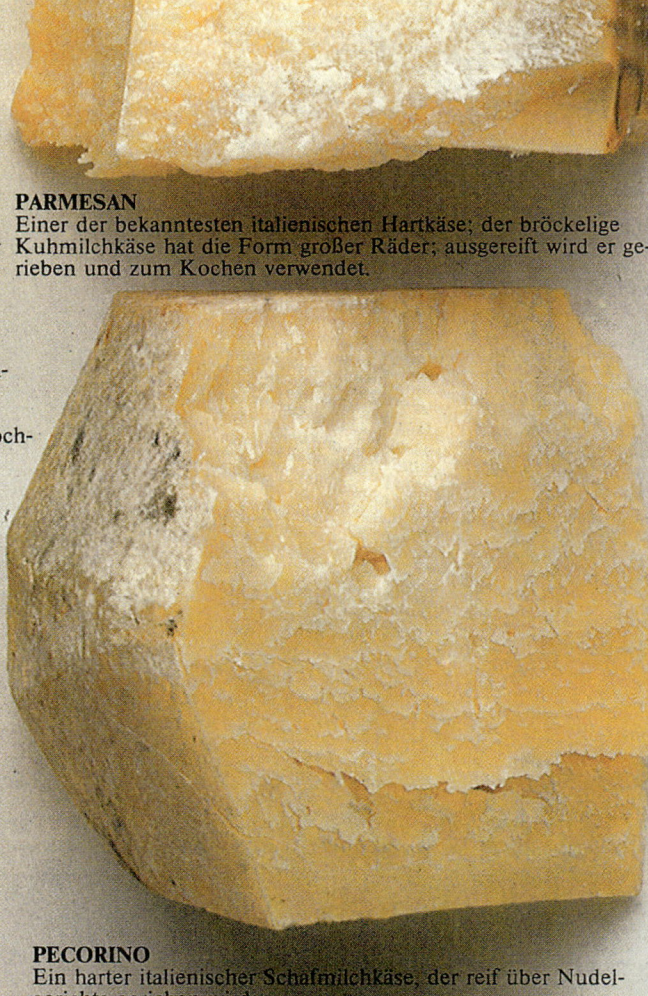

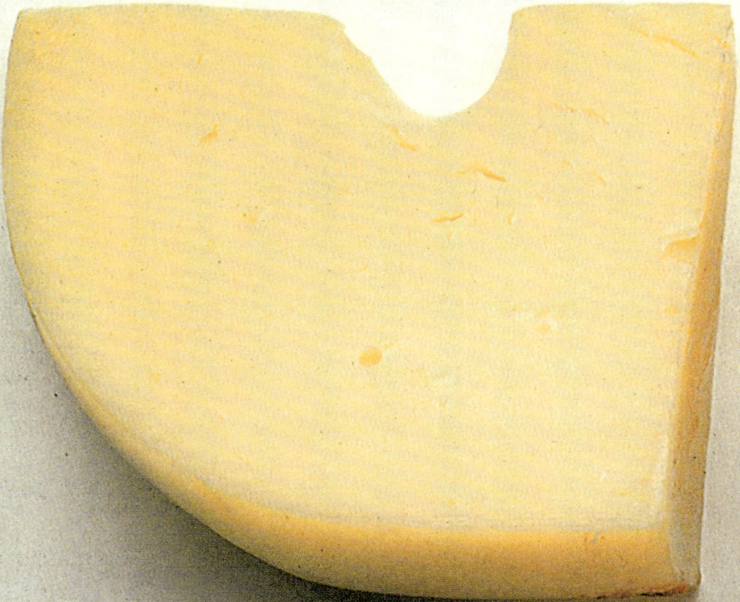

PROVOLONE
Ein italienischer Käse aus Kuhmilch, der in vielen Formen, darunter »Birne« und Zylinder, verkauft wird. Ein beliebter Kochkäse, wird gern für Cannelloni und Ravioli verwendet.

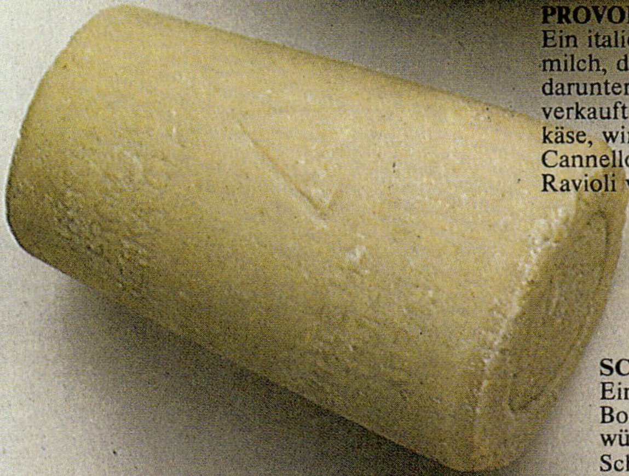

SCHABZIGER
Ein hellgrüner, mit Bockshornklee gewürzter halbfester Schweizer Kuhmilchkäse, der normalerweise gerieben wird und sich zum Kochen eignet.

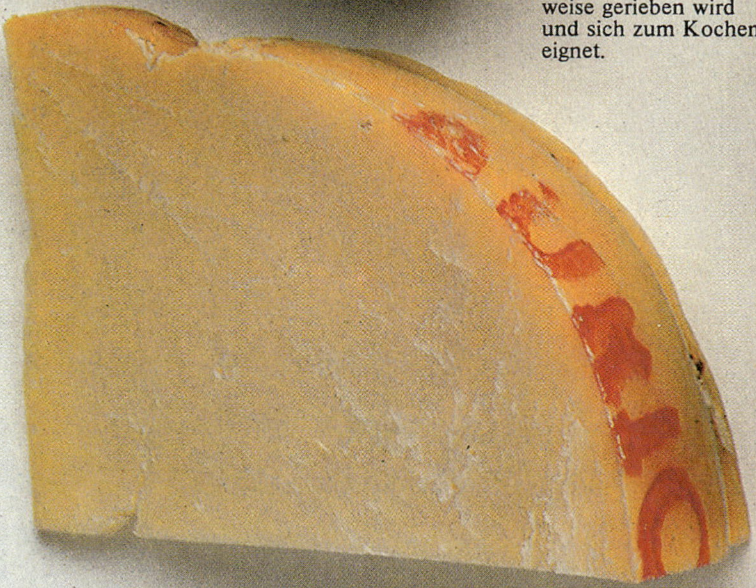

CACIOCAVALLO
Ein italienischer Käse aus Kuhmilch, wie Provolone ein *pasta-filata*-Käse, d.h., der Bruch wird mit heißem Wasser aufgeweicht, so daß der Käse leicht mit der Hand geformt werden kann. Der kürbisförmige Käse wird jung als Dessertkäse gegessen; ältere Käse werden hart und brüchig und dann gerieben und zum Kochen genommen.

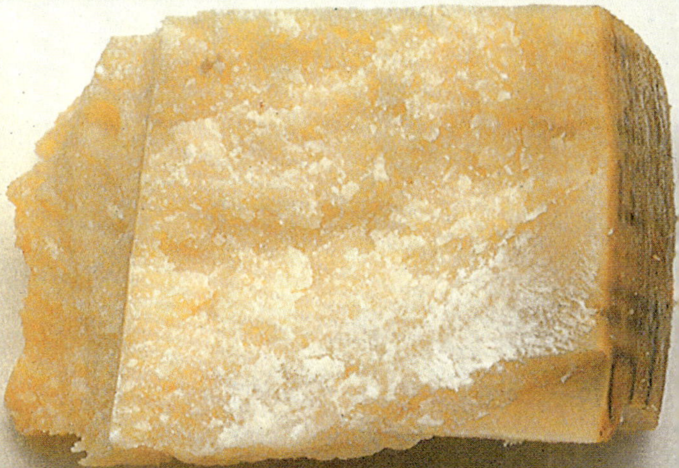

PARMESAN
Einer der bekanntesten italienischen Hartkäse; der bröckelige Kuhmilchkäse hat die Form großer Räder; ausgereift wird er gerieben und zum Kochen verwendet.

PECORINO
Ein harter italienischer Schafmilchkäse, der reif über Nudelgerichte gerieben wird.

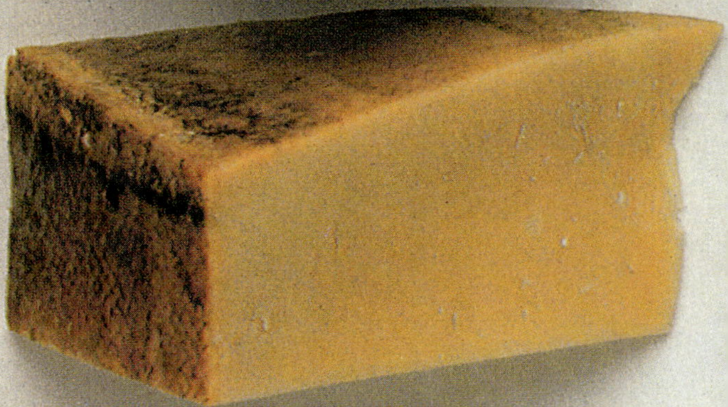

SBRINZ
Ein Schweizer Reibkäse aus Kuhmilch in der Form großer Räder; besonders zum Kochen geeignet.

GORGONZOLA

Italiens berühmtester blaugeäderter Edelpilzkäse und einer der besten Edelpilzkäse der Welt. Die Adern, die den zylindrischen Käse durchziehen, sind eher grün als blau; der Käse hat einen pikant-süßen und vollen Geschmack. Er ist gut als Dessert, Brotbelag und in Salatsaucen.

GERÄUCHERTER EMMENTALER

Traditionell in Form langer Würste, wird dieser Käse hauptsächlich als Brotbelag verwendet. Auch andere Räucherkäse werden in dieser Form angeboten, meist handelt es sich aber um Cheddar.

ROQUEFORT

Der zylinderförmige Schafskäse aus den französischen Cevennen mit dem scharfen, aromatischen Geschmack gilt bei vielen als der König der Edelpilzkäse. Beliebt als Dessert und in Salatsaucen.

MYCELLA

Ein dänischer Kuhmilchkäse mit blaugrünen Adern. Er wird in hohen zylindrischen Formen hergestellt, oft werden kleinere Stücke in Folie abgepackt. Er wird vor allem als Tafelkäse serviert, ist auch in Salaten und Salatsaucen beliebt.

Edelpilzkäse

Siehe auch S. 230

BLEU DE BRESSE
Ein sahniger, blaugeäderter französischer Edelpilzkäse aus Kuhmilch, der weich und geschmackvoll ist. Die kleinen zylindrischen Käse sind oft in Folie verpackt. Es ist ein guter Dessertkäse.

DOLCELATTE
Eine Gorgonzolaart aus Kuhmilch in zylindrischer Form.

BLUE CASTELLO
Ein weicher dänischer Doppelrahmedelpilzkäse aus Kuhmilch.

PIPO CREM'
Ein beliebter französischer Edelpilzkäse aus Kuhmilch in großen zylindrischen Formen.

FOURME D'AMBERT
Ein französischer blaugeäderter Kuhmilchkäse in der Form eines hohen Zylinders.

BLUE CHESHIRE
Ein halbfester englischer Edelpilzkäse aus Kuhmilch, der mit dem Stilton konkurrieren kann. Er hat einen kräftigen Geschmack und ist als Dessertkäse am besten. Er wird in zylindrischer Form hergestellt.

DANABLU
Ein dänischer Edelpilzkäse aus homogenisierter Kuhmilch von recht kräftigem Geschmack. Ein guter Dessertkäse. Er hat die Form eines flachen Zylinders.

BAVARIA BLUE
Ein weicher bayerischer Doppelrahmedelpilzkäse aus Kuhmilch, von cremiger Konsistenz und sehr streichfähig. Er hat die Form eines kleinen Rades und wird in Portionsecken verkauft.

BLUE STILTON
Ein halbfester englischer Edelpilzkäse aus Kuhmilch in Form großer Zylinder.

BLUE SHROPSHIRE
Ein neuerer zylinderförmiger Schimmelkäse, nicht aus Shropshire in England, sondern aus Schottland.

Eier

Siehe auch S. 236

HÜHNEREIER
Braune und weiße Eier haben den gleichen Nährwert, und es ist eine Frage des persönlichen Geschmacks, welche man wählt. Es sind die einzigen Eier, die in großem Umfang kommerziell produziert werden, und sie sind der Standard, an dem andere Eier gemessen werden; das mittlere Gewicht beträgt etwa 50 g.

1000-JAHRE-ALTE CHINESISCHE EIER
Rohe Enteneier werden in Kalk, Pinienasche und Salz 50–100 Tage konserviert, dann sind sie von durchsichtigem Blau und Grün und sehen viel älter aus, als sie tatsächlich sind.

FASAN- UND REBHUHNEI
Diese Eier sind gewöhnlich weiß, leder- oder olivfarben; manche Vögel nisten im offenen Feld, und ihre Eier sind zum Schutz gegen Räuber braun oder schwarz gefleckt. Diese Eier werden meistens hartgekocht serviert oder geschält in Salate gegeben, eingelegt oder in Aspik gesetzt.

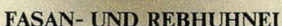

GÄNSEEI
Gänseeier schmecken leicht ölig und sollten immer sehr frisch in kurz gekochten Gerichten serviert werden.

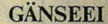

ENTENEI
Sie schmecken öliger als Hühnereier und können schädliche Bakterien enthalten, da sie gewöhnlich an einem schmutzigen Ort gelegt werden. Sie sind trotzdem eßbar, wenn sie 15 Minuten gekocht oder gegart werden. Beim Kochen färbt sich das Eiweiß bläulich und das Eigelb orangerot.

WACHTELEI
Eine Delikatesse, die hartgekocht oder pochiert und in Aspik gegessen wird.

PERLHUHNEI
Dieses kleine, bräunlich gesprenkelte
Ei schmeckt delikater als das Hühner-
ei. Man ißt es hartgekocht.

ZWERGHUHNEIER
Sie schmecken ähnlich wie Hühnereier und werden genauso verwendet, sind aber nur halb so groß. Die unterschiedliche Färbung wirkt
sich nicht auf den Geschmack aus.

MÖWENEI
Diese Eier sind je nach Möwenart
von unterschiedlicher Größe, aber fast
immer dunkel gefleckt. Sie haben
nicht den strengen Fischgeschmack
von Eiern der meisten Meeresvögel.

JUNGHENNENEI
Das Ei eines noch nicht aus-
gewachsenen Huhns.

STRAUSSENEI
Dieses Ei ist nur selten erhältlich, aber es ist eßbar, vorausgesetzt es war nicht der Sonne ausgesetzt
oder wurde schon ausgebrütet. Ein Straußenei ist zwanzigmal größer als ein Hühnerei.

Blattgemüse

Siehe auch S. 237

KOPFSALAT *(Lactuca sativa)*
Von dem wahrscheinlich aus der Mittelmeerregion stammenden, jetzt aber weltweit angebauten Lattichgewächs gibt es drei Hauptarten: Krachsalat, der einen festgeschlossenen Kopf hat; Römischen Salat, der lange, derbe Blätter hat, und Kopfsalat mit lokkeren, zarteren Blättern.

Buttersalat

SPINAT *(Spinacea oleracea)*
Eine einjährige, vermutlich aus Persien stammende Pflanze, die roh in Salaten gegessen oder gekocht (meist in wenig Wasser gedämpft) wird.

GARTENKRESSE *(Lepidium sativum)*
Eine europäische, mit Hirtentäschel verwandte Pflanze, die schon von den Römern gegessen wurde. Sie verträgt sich gut mit Senf; man ißt sie als Sämling. Kresse gibt man frisch an Salate und auf Sandwiches; sie ist das ganze Jahr erhältlich.

Römischer Salat

BRUNNENKRESSE *(Nasturtium officinale)*
Die in Europa heimische Pflanze hat einen scharfen Geschmack und wird als Salat oder Garnierung gegessen. Brunnenkresse ist im Sommer erhältlich.

Eissalat

Blattgemüse

BRENNESSEL
(Urtica dioica)
Eine überall auf der
Welt vorkommende
ausdauernde Pflan-
ze, die wie Sauer-
ampfer und Spinat
zu einem Püree ver-
kocht werden kann.
Sie ist der Hauptbe-
standteil von Brenn-
nesselsuppe; auch
Bier und Tee wer-
den daraus gemacht.

MANGOLD
Von diesem aus dem
Mittelmeerraum stam-
menden Blattgemüse
werden Blätter und
Stengel verwendet;
vom Frühling bis in
den Winter erhältlich.

SAUERAMPFER *(Rumex acetosa)*
Eine ausdauernde, in Europa und Asien heimische Pflanze,
die jetzt auch in Amerika vorkommt. Sauerampfer kann als
Gemüse verwendet werden (roh für Salate oder wie Spinat
gekocht) und als Würzkraut (in Suppen, Saucen, mit anderen
Kräutern zusammen als Fischfüllung).

GUTER HEINRICH
(Chenopodium bonus-henricus)
Gänsefuß
Diese ausdauernde, in Europa, Westasien und Nordamerika heimische Pflanze wird als grünes Gemüse verwendet und wie Spinat gekocht, den es oft ersetzt.

WEINBLATT *(Vitis vinifera)*
Der Wein stammt aus dem Mittelmeerraum, wird heute aber weltweit angebaut. Weinblätter werden in der türkischen, griechischen und mittelöstlichen Küche häufig verwendet; sehr bekannt sind *Dolmades,* mit Reis und Fleisch gefüllte Weinblätter.

ENDIVIEN *(Cichorium endivia)*
Diese aus Südasien und Nordchina stammende, einjährige Pflanze wird vor allem als Salat verwendet. Die etwas bitter schmeckenden Endivien sind vom Hochsommer bis in den Winter erhältlich.

Kohl

Siehe auch S. 23

Verkleinerung ca. 50%

**Grüne Broccoli,
Spargelkohl**

JUNGE KOHLBLÄTTER
Die Heimat der Kohlgewächse ist Europa
und Westasien. Dieses Blattgemüse – Kohl-
köpfe ohne feste Herzen, die beim Lichten
der jungen Pflanzen geerntet werden – wird
fast ausschließlich in England angeboten
und ist ein wertvolles Gemüse, wenn
anderes Grünzeug noch rar ist (Frühjahr).

KOHLRABI
(Brassica oleracea)
Es gibt weiße und
blaue Sorten (rechte
Seite); die Knolle hat
einen delikaten Rü-
bengeschmack, die
zarten jungen Blätter
sind sehr vitamin-
und mineralhaltig.

BLUMENKOHL
(Brassica oleracea)
Er gilt als der Aristokrat der
Kohlfamilie; die Röschen können
roh oder leicht gekocht gegessen
werden; Blumenkohl wird oft *au
gratin* serviert.

Rote Broccoli

BROCCOLI *(Brassica oleracea)*
Eine Blumenkohlart, von der es zwei Typen gibt: den
grünen (vorhergehende Seite) und den roten Broccoli.
Sie werden nicht roh gegessen und sind gedämpft am
besten.

GRÜNKOHL *(Brassica oleracea,
spp.)*, **Krauskohl, Winterkohl**
Eine der mineralstoff- und vita-
minreichsten Gemüsesorten überhaupt. Neben dem grünen Wintergemüse gibt es auch gelbgrüne
und blaurote Züchtungen. Die
Blätter werden gebrüht, feinge-
hackt, gedünstet und je nach Rezept abgeschmeckt.

Blauer Kohlrabi

ROSENKOHL *(Brassica oleracea)*
Dieser Miniaturkohl heißt auch Brüsseler
Kohl, da er ursprünglich vor mehr als
hundert Jahren in dieser Gegend gezüchtet wurde. Die Röschen werden kurz gekocht.

WIRSING *(Brassica oleracea)*, **Welschkohl**
Seine ursprüngliche Heimat ist wahrscheinlich Italien. Die Blätter werden
gern als gefüllte Kohlblätter angerichtet. Frühwirsing ist stets grün und
leicht geöffnet, gelber Wirsing vollkommen geschlossen.

Siehe auch S. 237

Verkleinerung ca. 30%

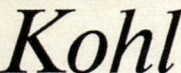

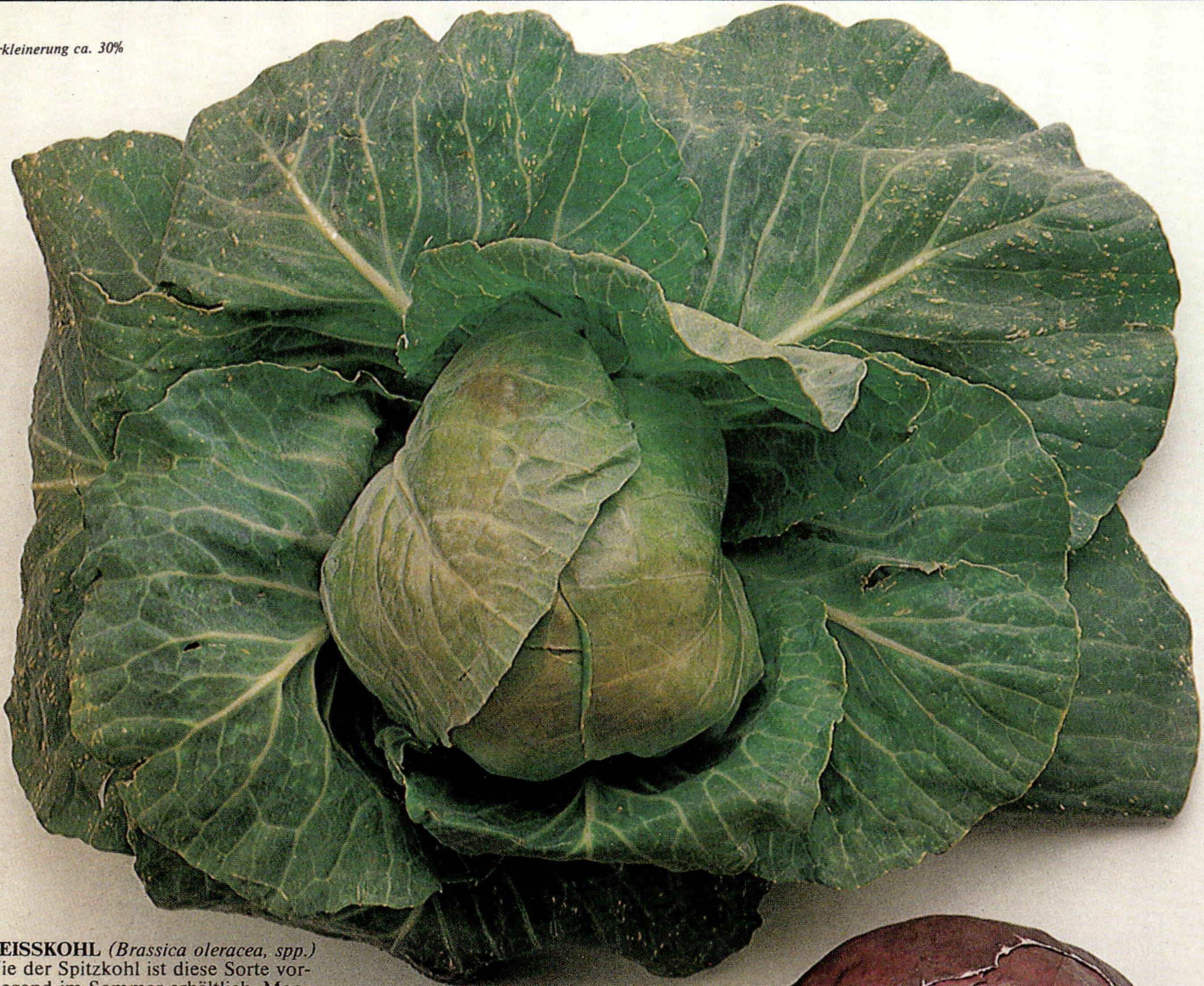

WEISSKOHL *(Brassica oleracea, spp.)*
Wie der Spitzkohl ist diese Sorte vorwiegend im Sommer erhältlich. Man ißt ihn roh als Salat oder gedämpft.

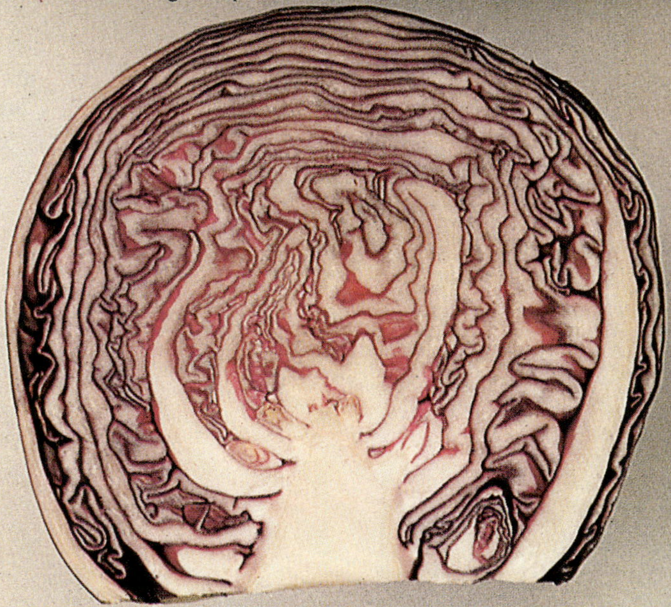

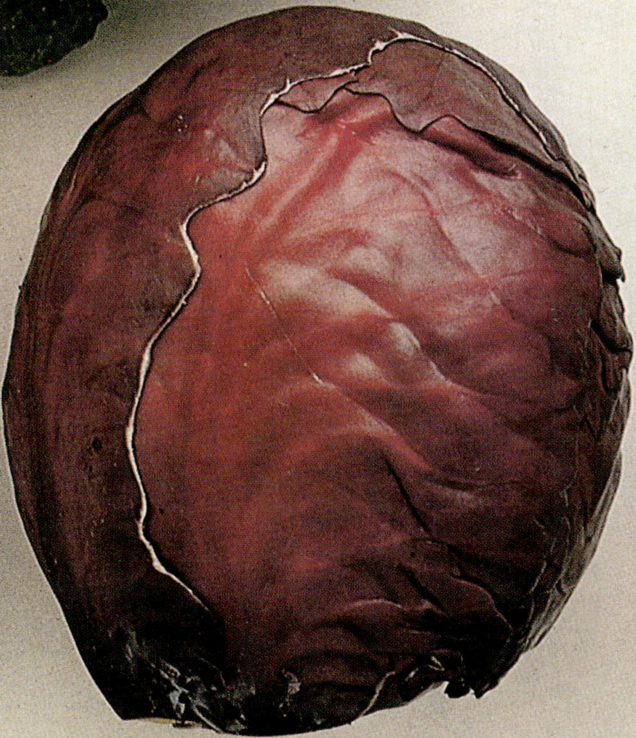

ROTKOHL *(Brassica oleracea,* spp.)
Roh oder gekocht wird Rotkohl gerne mit Essig zubereitet und vorzugsweise zu Wild und fettem Geflügel gereicht.

PAK-CHOI
(Brassica chinensis)
Diese Kohlart bildet keinen Kopf und erinnert an Spinatblätter; am besten ist sie im Herbst. Pak-choi wird roh in Salaten gegessen oder mit Reis gebraten und viel in der chinesischen Küche verwendet.

WINTERWEISSKOHL
(Brassica oleracea, spp.)
Weil er sich gut hält, gilt er als gute Lagersorte. Der knackige, feste Kopf eignet sich besonders zum Hobeln und wird für Krautsalat und Sauerkraut verwendet.

PE-TSAI
(Brassica pekinensis)
Eine Chinakohlsorte, die kurz gedünstet, gebraten oder roh gegessen werden kann und mit seiner länglichen Form an Römischen Salat erinnert. In der chinesischen Küche wird er häufig verwendet; man kann ihn durch Weißkohl ersetzen.

Weißer Spargel

Grüner Spargel

ARTISCHOCKE
(Cynara scolymus)
Die Artischocke – eigentlich
eine Art Distel – ist die Blüte
einer ausdauernden, aus Nordafrika stammenden Pflanze,
die in Südeuropa als Wintergemüse und in Amerika das
ganze Jahr über geerntet wird.
Wenn sie klein ist, kann sie
ganz eingelegt werden; die
zarten Böden und Herzen
werden auch konserviert angeboten. Artischocken werden
gebacken, gebraten, gekocht,
gefüllt und mit verschiedenen
Saucen serviert.

PALMHERZEN
Diese tropische Delikatesse – die zarten Sprossen einiger Palmenarten –
wird vorgekocht und konserviert verkauft.

SPARGEL *(Asparagus officinalis)*
Die jungen Keime einer aus Europa stammenden
Pflanze; es gibt grüne und weißköpfige Sorten –
die weißen sind in Deutschland besonders beliebt und von Mitte April bis Juni erhältlich.

BAMBUSSPROSSEN
(Familie: *Gramineae)*
Das weiße Innere der jungen, aus Asien
stammenden Bambuspflanze. Bambussprossen kommen gekocht in Dosen auf
den Markt. Sie sind knackig und leicht
säuerlich und delikat zu Fleisch.

FENCHEL *(Foeniculum vulgare)*
Der knollenartig verdickte Stengel einer europäischen Pflanze mit starkem Anisgeschmack. Fenchel wird roh in Salate geschnitten oder ganz bzw. zerkleinert gekocht und mit Käsesauce angerichtet.

CHICORÉE *(Cichorium intybus)*
Der in Europa und Westasien heimische Chicorée ist von Herbst bis Frühjahr erhältlich. Er schmeckt leicht bitter und wird roh als Salat oder gedämpft oder gebraten gegessen.

ADLERFARN
(Familie: *Pteridium*)
Es gibt viele Arten dieses zarten, in Amerika und Europa gedeihenden Farns, der frisch, konserviert oder tiefgekühlt erhältlich ist. Er wird vorwiegend (roh) für Salate verwendet.

STANGENSELLERIE *(Apium graveolens)*,
Bleichsellerie
Der aus Europa stammende Bleichsellerie ist ganzjährig frisch oder in Dosen erhältlich und wird roh gern mit Käse gegessen.

Fruchtgemüse

Siehe auch S. 237

»Slim Jim« – Aubergine

Weiße Aubergine

Kirschtomate

Runde violette Aubergine

Lange violette Neapel-Aubergine

Gerippte Fleischtomate

AUBERGINE (*Solanum,* spp.) **Eierfrucht**
Die Urheimat dieser großen glänzenden Frucht ist wahrscheinlich Indien. Eierfrüchte haben verschiedene Formen und können tiefviolett bis weiß sein, doch ist die violette Art am verbreitetsten. Auberginen sind frisch das ganze Jahr über zu kaufen. Das mehlige, gelbgrüne Fleisch wird immer gekocht gegessen.

TOMATEN (*Lycopersicum,* spp.)
Die ursprünglich aus Südamerika stammenden Tomaten sind in verschiedenen Formen und Größen ganzjährig erhältlich. Rote und grüne Tomaten werden frisch und in Dosen angeboten; rote Tomaten sind auch als Saft, Mark oder Ketchup erhältlich.

PAPRIKA *(Capsicum, spp.)*
Die aus dem tropischen Amerika stammenden Paprikaschoten sind süß oder scharf und haben verschiedene
Farben und Größen. Süße Paprikas können roh oder
gekocht gegessen werden, die scharfen Pfefferschoten
oder Chillies dagegen werden fast ausschließlich als
Gewürz verwendet.

AVOCADO
(Persea, spp.)
Diese aus Mittelamerika stammende birnenförmige Frucht mit einer dunkelgrünen bis violetten
Schale hat ein öliges, weiches, blaßgrünes Fruchtfleisch. Avocados, von denen es auch eine dun-
kelschalige Sorte gibt, werden nur frisch gekauft
und immer roh gegessen, als Vorspeise oder in
Salaten.

Salattomate

Chillies

EICHELKÜRBIS *(Cucurbita pepo)* **Acorn squash**
Dieser dickschalige amerikanische Kürbis wird im
Herbst geerntet und kann vor dem Verbrauch einige
Tage an einem kühlen, luftigen Ort aufbewahrt
werden. Er hat gelbliches süßes Fleisch und wird
frisch, in Dosen oder tiefgefroren verkauft. Seine harte Schale wird vor dem Kochen meist entfernt, er
kann aber auch ungeschält in Scheiben geschnitten
und als Gemüse gedämpft werden.

GURKE *(Cucumis sativus)*
Eine alte Kulturpflanze, deren Heimat wohl Indien
ist. Es gibt zwei wichtige Sorten: die lange, dünne,
glatte, im Gewächshaus gezogene Salatgurke (ganz
links) und die dicke, rauhschalige Gemüsegurke
(links) die im Englischen *Ridge-Cucumber* heißt, weil
sie auf aufgeworfenen Erdhügeln wächst. Gurken
können das ganze Jahr über frisch oder eingelegt gekauft werden; man ißt sie meist roh als Salat.

Gemüsegurke

Salatgurke

Spaghetti-Kürbis *(Cucurbita pepo)*
Dieser amerikanische Winterkürbis wird norma-
lerweise in der Schale gekocht. Das weiße spa-
ghettiähnliche Fleisch wird herausgelöst, gewürzt
und heiß mit Butter, Tomatensauce oder anderen
Würzsaucen gegessen oder eisgekühlt und mit
Fleisch oder Salat gereicht. Wird auch gern in
Eierteig herausgebacken.

Kürbisse

Siehe auch S. 237

GELBER ZENTNER (*Cucurbita pepo*)
Dieser Sommerkürbis hat orange-grünes Fleisch
und wird meist gegessen, wenn er noch unreif
und zart ist. Er kann gedämpft, gekocht oder wie
Zucchinis gefüllt und gebacken werden. Diese in
Amerika heimische Kürbisart kann auch reif
geerntet werden, wenn sie eine dicke Schale hat
(dadurch ist sie einige Tage lagerfähig), die jedoch
vor dem Kochen entfernt werden muß. Reif wird
er gern gekocht, püriert und mit Butter und Gewürzen abgeschmeckt serviert.

MARKKÜRBIS (*Cucurbita pepo*)
Ein etwas mehliger Sommerkürbis, der sehr
reif am besten ist; man kann sowohl die
Schale, das Fleisch als auch die Samen essen.
Er wird gedämpft, gekocht oder mit einer
Füllung gebacken.

SCHLANGENKÜRBIS
(Trichosanthes cucumeriana)
Dieser Kürbis mit seiner auffallenden ge-
wundenen Form stammt aus Südostasien
und Australien, kann aber auch in Europa
und Amerika gezogen werden. Man ißt
ihn im Sommer, unreif und dünnschalig;
gewöhnlich wird er in Scheiben geschnitten und gedämpft oder auch gekocht und
mit Butter, Salz, Pfeffer und Kräutern wie
Estragon, Dill oder Majoran serviert.

BUTTERNUSSKÜRBIS *(Caryoka nuciferum)*
Die Frucht einer aus dem tropischen Amerika stammenden
Pflanze, die man jetzt in Nordamerika und Europa anbaut.
Sie wird entweder im Sommer geerntet, wenn sie noch zart
ist, und in Scheiben geschnitten geschmort oder gekocht, in
einer hellen Sauce angerichtet oder zu *pies* verwendet.
Pflückt man sie im Spätherbst, wenn sie rissig wird, kocht
man sie vor und backt sie mit einer Füllung. Aus der reifen
Frucht macht man auch Konfitüre, Kompott und Pickles.

**Gestreifter
Gemüsekürbis**

GEMÜSEKÜRBIS
(Cucurbita pepo), **Marrow**
Eine Kürbisart aus Amerika,
die fest und schwer und etwa
30 cm lang sein sollte. Sie
kann gedämpft, gekocht oder
gefüllt und gebacken werden.
Gemüsekürbisse sollten an
einem kühlen, trockenen Ort
gelagert werden und innerhalb
von drei Tagen nach dem
Kauf verbraucht werden.

**Einfacher
Gemüsekürbis**

ZUCCHINI *(Cucurbita pepo)*
Diese kleine Gemüsekürbisart ist
während des Sommers erhältlich und
muß nicht geschält werden. Man
entfernt die Enden, schneidet die
Zucchini in Scheiben und dünstet
oder wendet sie in Eierteig und bäckt
sie in schwimmendem Fett. Sie sollten frisch verwendet werden.

WESTINDISCHER KÜRBIS *(Cucurbita,* spp.*)* **Winterkürbis**
Dieser riesige Verwandte des gewöhnlichen Gartenkürbis kann gefüllt werden und auch sonst wie jede kleinere Kürbissorte zubereitet werden. Gartenkürbisse haben eine ähnliche Form, meist aber eine leuchtend orangerote Schale und sind vor allem für das traditionelle englische *Pumpkin pie* (eine Art Kürbiskuchen) geeignet. Sie können auch als Gemüse kurz gekocht oder in Scheiben gebraten werden. Sie werden auch püriert und für Suppen verwendet; in Frankreich macht man Kürbiskonfitüre daraus, und in Italien wird Kürbisbrei als Füllung für süße Ravioli verwendet. Aus den sehr ölhaltigen Kürbiskernen wird auch ein Speiseöl gewonnen.

Zwiebeln Siehe auch S. 237

LAUCH *(Allium porrum),*
Porree
Es gibt Winterporree (mit kurzem Schaft und dunkelgrünem Laub) und den zarteren Sommerporree mit längerem Schaft. Schmeckt frisch geerntet am besten als Gemüse und in Suppen.

SPANISCHE GEMÜSEZWIEBEL *(Allium cepa)*
Wie alle Zwiebelarten kommt sie ursprünglich aus Zentralasien, doch ist sie heute überall in der Welt zu finden. Im Gegensatz zu den meisten weißen Sorten sind die gelben Zwiebeln mild und gut haltbar, so daß sie das ganze Jahr frisch, getrocknet oder als Saft erhältlich sind.

ITALIENISCHE ROTE ZWIEBEL *(Allium cepa)*
Diese längliche, milde und manchmal süße Zwiebel wächst in vielen Gegenden. Roh in dünne Ringe geschnitten ist sie eine attraktive Garnitur; beim Kochen wird sie weiß. Wie alle Zwiebelarten wird sie bitter, wenn sie geschnitten allzu lange der Luft ausgesetzt ist, bevor man sie kocht oder an fertige Speisen gibt.

PERLZWIEBELN
(Allium cepa)
Sie werden gepflückt, wenn die Pflanze gerade die Zwiebel ausgebildet hat und wegen ihrer Größe zum Einlegen bevorzugt. Auch gekocht und in Sauce angerichtet delikat.

ROTE SPANISCHE ZWIEBEL *(Allium cepa)*
Dies ist eine milde und oft süße Gemüsezwiebel und in südlichen Küchen sehr beliebt. Sie kann als Gemüsebeilage gedünstet oder gefüllt und überbacken werden.

FRÜHLINGS-ZWIEBEL
(Allium cepa)
Sie wird gepflückt, wenn sie jung und zart ist. Frühlingszwiebeln sind vom Winter bis zum Hochsommer erhältlich; sie werden frisch zum Garnieren, für Vorspeisen und Salate verwendet.

SCHALOTTE *(Allium ascalonicum)*
Diese vermutlich aus Vorderasien stammende Kulturart des Lauchs wird vorwiegend zum Einlegen und für Saucen verwendet.

KNOBLAUCH *(Allium sativum)*
Er stammt wahrscheinlich aus Zentralasien und wird das ganze Jahr in Knollen (rechts) verkauft. Man benützt jeweils nur ein bis zwei Zehen (links). Damit sie sich leichter schälen lassen, drückt man die Zehen mit der flachen Seite eines Messers. Knoblauchzehen können eingepflanzt werden.

Wurzelgemüse

Siehe auch S. 237

WEISSER RETTICH *(Raphanus sativus)*
Während der wilde Rettich wahrscheinlich in Südasien beheimatet ist, findet man die weiße Zuchtsorte in vielen Ländern. Im Frühling ist er gewöhnlich am besten.

NAVETTE *(Brassica rapa,* spp.*)*
Eine französische Rübenart, im Winter und Frühjahr erhältlich; sie kann gekocht und für Suppen und Schmor- und Eintopfgerichte verwendet werden.

PASTINAKE
(Pastinaca sativa)
Dieses süße, in Europa heimische Wurzelgemüse ist eine Kreuzung aus Petersilienwurzel und Möhre und das ganze Jahr erhältlich; am besten sind Pastinaken im Winter.

WEISSE RÜBE *(Brassica rapa)* **Stoppelrübe**
Die verdickte Wurzel einer vermutlich aus Europa stammenden und das ganze Jahr erhältlichen Pflanze. Man verwendet sie hauptsächlich für Schmorgerichte und Suppen.

SCHWARZWURZEL
(Scorzonera hispanica)
Die schwarzschalige, fleischige Wurzel einer Pflanze europäischen Ursprungs, die heute auch in einigen Gegenden Amerikas angebaut wird. Sie ist im Spätherbst am besten und wird gewöhnlich gekocht und sautiert.

DAIKON-RETTICH (*Raphanus sativus*, spp.)
Diese traditionelle japanische Rettichsorte wird oft in orientalischen Spezialitätenläden verkauft. Er ist milder als andere Sorten und wird gerieben und zum Garnieren verwendet oder auch eingelegt (S. 29).

ROTE BETE *(Beta vulgaris)*
Ein im Mittelmeerraum heimisches Knollengemüse, das von Oktober bis März frisch im Handel ist, jedoch auch in Dosen verkauft wird. Beliebt als Essiggemüse und Salat und wichtige Zutat in der russischen *Borschtsch*-Suppe.

KOHLRÜBE *(Brassica napobrassica)* **Wruke**
Diese große, vielseitig verwendbare europäische Rübensorte ähnelt der Stoppelrübe, hat aber gelbliches Fleisch und ist im Winter am besten. Man kann sie backen, mit Fleisch schmoren oder in Scheiben schneiden und braten; gern werden sie auch gekocht und püriert.

KNOLLENSELLERIE *(Apium graveolens, spp.)*
Diese Sellerieart wird wegen ihrer dicken Wurzelknolle gezüchtet. Ein Wintergemüse, das fest sein soll und vor dem Kochen geschält werden muß. Um das Schälen zu erleichtern, schneidet man die Knolle erst in Stücke. Sie kann weichgekocht und in weißer oder Käsesauce angerichtet oder blanchiert und mit Vinaigrette als Vorspeise serviert werden.

RADIESCHEN *(Raphanus sativus)*
Sie stammen aus Südasien und werden heute überall angebaut und das ganze Jahr angeboten. Im Frühling sind Radieschen weniger scharf; sie sollten immer fest und nicht schwammig oder aufgeplatzt sein. Man ißt sie roh in Salaten oder mit Brot und Butter.

MÖHREN *(Daucus carota)*
Die aus Europa stammende Kulturpflanze wird heute auf der ganzen Welt angebaut und ist das ganze Jahr erhältlich; am zartesten sind Möhren im Frühsommer, dann sind sie auch kleiner und süßer (rechts). Als Gemüse werden sie
gedämpft oder gekocht und dann in Butter und Kräutern geschwenkt; frisch
werden sie als Salat geraspelt; Karottensaft ist nahrhaft und köstlich.

FRÜHKARTOFFELN
(Solanum tuberosum)
Eines der vielen Knollengewächse, die
aus dem Andengebiet Südamerikas
stammen. Neue Kartoffeln haben
weißes Fleisch und werden gewöhnlich im Frühsommer geerntet. Am
besten schmecken sie in der Schale
gekocht und mit Butter, Salz und
Pfeffer serviert.

Knollen, Kartoffeln

Siehe auch S. 237

DATURA *(Solanum tuberosum)*
Eine rundovale bis ovale Spätkartoffel mit mittel-
tiefen Augen und gelbem Fleisch; springt beim
Kochen etwas auf und ist eine lockerkochende
Speisekartoffel, die sich zur Einkellerung eignet.

HANSA *(Solanum tuberosum)*
Eine mittelfrühe, lange bis langovale, festkochende Salatkartoffel mit gelbem Fleisch; ihre
feste glatte Oberfläche bleibt nach dem Kochen feucht. Eine milde bis angenehm kräftig
schmeckende Speisekartoffel, besonders geeignet für feste Salzkartoffeln und Kartoffel-
salat.

GRATA *(Solanum tuberosum)*
Diese runde bis rundovale
mittelfrühe Speisekartoffel-
sorte hat mittelflache Augen
und gelbes bis tiefgelbes
Fleisch; sie ist vorwiegend
festkochend und springt
beim Kochen wenig auf.

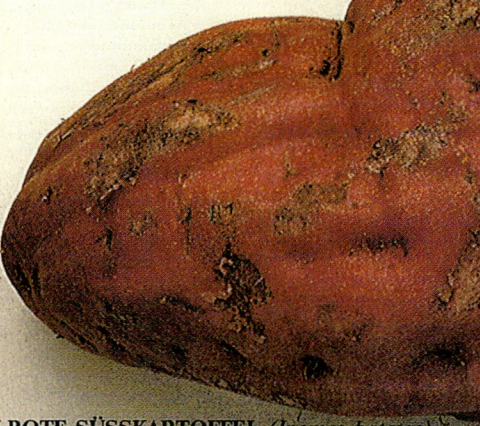

CRAIG ROYAL RED POTATO
(Solanum tuberosum)
Eine englische Züchtung mit roter Schale
und weißem Fleisch; da es eine festkochende
Sorte ist, wird sie gern zum Braten, Kochen
und als Salatkartoffel genommen.

OLYMPIA *(Solanum tuberosum)*
Eine mittelfrühe, vorwiegend festkochende und schwach mehlige Speisekartoffel mit tiefgelbem Fleisch und flachen
Augen, die für vielerlei Rezepte verwendet werden kann und sich zur Einkellerung eignet.

ROTE SÜSSKARTOFFEL *(Ipomeo batatas)*
Die vermutlich aus Südamerika stammende
Nutzpflanze wurde im 16. Jahrhundert – noch
vor der normalen Kartoffel – nach Europa
gebracht. Die süße Wurzelknolle mit dem
orangefarbenen Fleisch ist besonders in der
angelsächsischen Küche beliebt, wo sie mit
Braten oder als Auflauf oder Füllung zubereitet wird.

CLIVIA *(Solanum tuberosum)*
Eine mittelfrühe, vorwiegend festkochende
Sorte mit ockerfarbiger, genetzter Schale und
gelbem bis tiefgelbem Fleisch, die nach dem
Kochen matt wird und wenig aufspringt; sie
hat einen mild bis angenehm kräftigen Geschmack und ist zur Einkellerung geeignet.

DESIRÉE *(Solanum tuberosum)*
Eine erstklassige englische Züchtung, der
amerikanischen Burbank vergleichbar; das
leicht mehlige Fleisch eignet sich ausgezeichnet zum Backen in der Schale.

IRMGARD *(Solanum tuberosum)*
Eine mittelfrühe, rundovale Sorte, kräftig im
Geschmack und mit gelbem Fleisch; die
mehligfestkochende Sorte eignet sich als Salz-
kartoffel ebenso wie für Eintopfgerichte.

WEISSE SÜSSKARTOFFEL
(Ipomeo batatas)
Eine kleinere Batatenart mit gelbem Fleisch; gekocht ist sie etwas trockener und hat eine lockerere Konsistenz als die rote Sorte; beide Sorten sind austauschbar und können gebraten, gedämpft oder in englischen Auflaufgerichten (mit Ingwer und Muskat gewürzt) verwendet werden.

YAM *(Dioscorea batatas)*
Eine milde Wurzel aus dem Orient, die auch im tropischen Amerika angebaut und vorwiegend in der amerikanischen und karibischen Küche Verwendung findet; man kocht sie wie Kartoffeln und entfernt die äußere Rinde.

TOPINAMBUR
(Helianthus tuberosus)
Jerusalemartischocke
Dieses leicht nach Nuß schmeckende Knollengemüse wird in Deutschland lediglich in Südbaden angebaut und hat eine beige bis rotbraune Farbe. Die aus der Neuen Welt stammende Knolle wird wie Kartoffeln gekocht.

Schoten und Samen

Siehe auch S. 237

ERBSE *(Pisum sativum)*
Ihre Heimat ist der Mittlere Osten; Erbsen werden frisch, tiefgekühlt, konserviert und auch getrocknet (S. 92) verkauft. Die Schoten von Palerbsen werden meist weggeworfen, manchmal aber innen enthäutet und für Erbsensuppe verwendet.

ZUCKERERBSE
Eine im Frühling erhältliche Erbsensorte mit sehr zarten Schoten. Man schneidet vor dem Kochen nur die Enden ab und ißt sie ganz.

Gartenerbse

PETIT POIS
Ganz kleine Erbsen, die sehr jung geerntet werden, wenn sie süß und zart sind. Besonders beliebt in Frankreich, werden sie oft als die feinste Sorte betrachtet.

OKRA *(Hibiscus esculenta)* **Gombo**
Die Schote ist die Frucht einer aus dem tropischen Asien stammenden Eibischart. Sie wird frisch gegessen, gekocht, konserviert oder getrocknet. Okra wird zum Andicken von Suppen verwendet und auch als Gemüse gegessen.

MAIS *(Zea mays)*, **Zuckermais**
Diese aus Amerika stammende Getreideart wird im unreifen Stadium als frisches Gemüse gegessen und auch tiefgefroren oder in Dosen verkauft. Mais taucht in vielen amerikanischen Rezepten auf (Maisbrot und Maisbrei).

SAUBOHNE *(Vicia faba),*
Dicke Bohne, Ackerbohne
Die einzige Bohne, die in der
Alten Welt beheimatet ist; sie
wird frisch oder getrocknet (S. 94)
verkauft. Normalerweise werden
nur die Bohnenkerne gegessen;
sehr junge Schoten können aber
auch geschnitten und
gekocht werden.

BOHNENKEIME *(Phaseolus,* spp.)
Man kann jeden Bohnenkern oder
jeden großen Samen keimen
lassen; am häufigsten werden aber
Mungobohnen verwendet (S. 93).
Sie werden gewöhnlich gebraten
und sind in der chinesischen
Küche sehr beliebt.

**Reife Grüne Bohne
Brechbohne**

**Junge
grüne Bohne**

Prinzeßbohne

GRÜNE BOHNEN *(Phaseolus,* spp.)
Es gibt viele Arten grüner Bohnen,
die wegen ihrer Schoten gezogen werden: u.a. Brechbohnen (abgebildet
sind reife und junge), Feuerbohnen
und französische Prinzeßbohnen. Die
letzteren müssen vor dem Kochen
nur von den Enden befreit werden;
bei Brechbohnen muß man die zähen
Fäden entfernen.

Monguete
eine spanische Prinzeßbohnensorte.

Getrocknete Erbsen, Linsen und Bohnen

Mittelmeer-
Kichererbse

BLAUE ERBSE *(Pisum sativum)*
Eine der schmackhaftesten Trockenerbsensorten. Sie ist mehlig, behält beim Kochen aber ihre Form.

KICHERERBSE *(Cicer arietinum)*
Es gibt mehrere Sorten dieser großen, aus Westasien stammenden Erbsen. Sie sind ganz und halbiert erhältlich und können in Suppen und Eintopf- und Schmorgerichten gekocht werden.

ROTE LINSE *(Lens esculenta)*
Die einzigen Hülsenfrüchte, die vor dem Kochen nicht eingeweicht werden müssen. Es gibt viele Sorten, die in Größe und Form variieren und halbiert oder ganz angeboten werden. Die rote Linse verkocht zu Brei.

Große grüne
Linse

GRÜNE SCHÄLERBSEN *(Pisum sativum)*
Diese Sorte ist süßer als die blaue Erbse; Sie verkocht zu Brei und wird für traditionelle Erbsenbreirezepte genommen.

Orientalische
Kichererbse

GRÜNE LINSEN *(Lens esculenta)*
Linsen sind besonders reich an Protein. Die grüne Sorte ist in der deutschen Küche sehr beliebt. Sie behält beim Kochen ihre Form und kann als Gemüsebeilage serviert werden.

GELBE SCHÄLERBSEN *(Pisum sativum)*
Wie die grüne Sorte eignen sich gelbe Spliterbsen für Pürees, Suppen und Gerichte mit Schinken.

Halbierte, geschälte
Kichererbse

Kleine grüne
Linse

Ganze
Mungobohnen

Geschälte
Urdbohnen

PUY-LINSE *(Lens esculenta)*
Diese unterschiedlich großen, dunklen französischen Linsen werden hoch geschätzt und gelten als die besten ihrer Art. Wie die grünen Linsen behalten sie beim Kochen ihre Form.

MUNGOBOHNEN *(Phaseolus aureus)*,
Moong Dal
Sie werden in China und Indien extensiv angebaut, sind ganz, halbiert und geschält sowie als Mungobohnenkeime (S. 89) erhältlich.

URDBOHNE *(Phaseolus mungo)*, Urd Dal,
schwarze Mungobohne
Eine Bohne, die in verschiedenen Formen verkauft wird. Sie ist wahrscheinlich in Indien beheimatet und wird dort extensiv angebaut.

Geschälte Mungobohnen

Geschälte Urdbohnen

GELBE LINSE *(Lens esculenta)*, **gelbe Dal**
Wegen ihrer asiatischen Herkunft werden viele Linsen mit ihrem indischen Namen, als Dal, bezeichnet. Sie werden oft als Hauptgericht oder Currybeilage gereicht.

Halbierte Mungobohnen

Ganze Urdbohnen

INDISCHE BRAUNE LINSE *(Lens esculenta)*,
Masoor Dal
Rote ungeschälte Linsen, werden beim Kochen breiig.

Getrocknete Bohnen

Siehe auch S. 244

FLAGEOLET *(Phaseolus vulgaris)*
Eine kleine grüne Bohnensorte, die aus Amerika stammt und frisch und getrocknet gegessen werden kann; sie ist auch vorgekocht und konserviert erhältlich. In Frankreich gehört sie zu Lammbraten.

SAUBOHNE *(Vicia faba)*, **Puffbohne, Dicke Bohne**
Aus Nordafrika stammend, wurde sie von den alten Ägyptern und Griechen kultiviert und ist frisch, getrocknet und konserviert erhältlich; für Eintopfgerichte und Salate geeignet.

ROTE KIDNEYBOHNE
(Phaseolus vulgaris)
Diese süße Bohnensorte kann dunkelrosa bis kastanienbraun sein. Sie ist vor allem aus der amerikanischen Küche bekannt *(Chili con carne).*

WEISSE BOHNE *(Phaseolus vulgaris)*, **Perlbohne**
Eine kleine weiße Bohnensorte, die für das französische *Cassoulet* und die traditionellen *Boston Baked Beans* verwendet wird.

SCHWARZE BOHNE *(Phaseolus vulgaris)*
Eine glänzende schwarze Schminkbohne, die zart und süß ist. In Mittel- und Südamerika ist sie ein Hauptnahrungsmittel und wird gewöhnlich mit Reis serviert.

CANNELLINI-BOHNE
(Phaseolus vulgaris)
Eine cremig-weiße Schminkbohne von weicher Konsistenz, die vor allem in der italienischen Küche viel verwendet wird (z.B. zusammen mit Thunfisch in *tonno e fagioli).*

GROSSE WEISSE BOHNE
(Phaseolus vulgaris)
Eine große, cremefarbene flache Schminkbohne, die für Schmorgerichte und Eintöpfe verwendet wird und austauschbar ist.

BORLOTTO-BOHNE *(Phaseolus vulgaris)*
Sie wird beim Kochen cremig weich und ist für Saucen und Salate geeignet.

LIMABOHNE
(Phaseolus, spp.)
Sie ist in Südamerika beheimatet, kommt aber auch in Madagaskar vor; man erhält sie frisch, getrocknet und tiefgekühlt.

SAATPLATTERBSE *(Lathyrus sativus)*, **Ful Medames**
Sie sind in der Küche des Mittleren Ostens sehr verbreitet; die weiße Variante heißt **Ful Nabed.** Ein ägyptisches Nationalgericht mit Eiern, Kümmel und Knoblauch wurde danach benannt.

AUGENBOHNE *(Vigna,* spp.*)*
Sie stammt aus China, wurde aber zu einem Hauptnahrungsmittel des amerikanischen Südens, wo sie traditionell mit gepökeltem Schweinefleisch serviert wird.

Schwarze Sojabohne

Gelbe Sojabohne

ADZUKI-BOHNE *(Phaseolus angularis)*
Die Samen einer einjährigen Pflanze aus China können als Beilage serviert werden. In China und Japan werden sie auch zur Konfektherstellung gebraucht.

REISBOHNE *(Phaseolus calcaratus)*
Die aus Südostasien stammenden Reisbohnen werden in begrenztem Umfang in China, Indien und auf den Philippinen angebaut. Sie schmecken nach Reis.

SOJABOHNE *(Glycine max)*
Von dieser sehr eiweißreichen Nahrungspflanze gibt es viele Sorten, darunter schwarze und gelbe; Sojabohnenkerne sind vielseitig verwendbar und können geschmort, als Keimlinge, in Form von Sojapasten, -milch und -käse gegessen werden.

SCHWARZE FERMENTIERTE CHINESISCHE BOHNEN
Meist in Salz eingelegte Sojabohnen, die für Fleisch- und Gemüsegerichte verkocht werden.

HELMBOHNE
(Dolichos lablab), **Lablab**
Ihre Heimat ist vermutlich Afrika; sie wird aber auch in Asien und im Mittleren Osten gegessen. Vor dem Kochen muß ihre harte Schale entfernt werden.

STRAUCHERBSE
(Cajanus Cajan), **Erbsenbohne**
Diese Hülsenfrucht wird aufgrund ihrer Form und Größe als »Erbse« bezeichnet. Sie stammt aus Afrika und ist auch in Indien und in der Karibik beliebt.

Pilze und Trüffeln

**Schwarze
Périgord-Trüffel**

**Weiße
Piemont-Trüffel**

TRÜFFEL (*Tuber magnatum, melanosporum*)
Sowohl die schwarze (*melanosporum*) als
auch die weiße Trüffel sind berühmt für
ihren Duft und ihren Geschmack.

HOLZOHR (*Auricularia
polytricha*), **chinesischer
schwarzer Pilz**
Ein aus China stammen-
der Pilz von gallertartiger
Konsistenz.

SHIITAKEPILZ
(*Lentinus edodes*),
chinesischer Pilz
Ein fernöstlicher
Baumpilz, der auf
Eichenstämmen
und Shii-Bäumen
gezüchtet wird.

RÖHRENPILZ
(*Boletus granulatus*)
Ein fruchtig duftender Pilz, den
man im Sommer und Herbst in
Nadelwäldern findet.

MORCHEL
(*Morchella
esculenta*)
Ein getrock-
neter Pilz.

**GETROCKNETE
CHAMPIGNONS**
Müssen in lauwarmem
Wasser eingeweicht
werden.

CHAMPIGNON
**(mit geschlos-
senem Hut)**,
Die kleinste,
unreifste Form
des Zuchtcham-
pignons.

CHAMPIGNON
Die mittel-
große Zucht-
champignon-
sorte mit halb-
geöffnetem
Hut.

Wiesen-
champignon
(*Agaricus
campestris*)

ZUCHTCHAMPIGNON
(*Agaricus bisporus*)
Zuchtchampignons werden
aus Myzelgeflechten auf Stallmist gezogen. Es gibt drei
Größen: die kleinsten mit geschlossenem Hut, die mittleren mit halbgeöffnetem Hut
und die großen, flachen, mit
offenem Hut. Der oben abgebildete ist der wildwachsende
Wiesenchampignon (*Agaricus
campestris*). Eine weitere
Art ist auf der folgenden
Seite abgebildet.

CHAMPIGNON (mit geöffnetem Hut)
Die größte Zuchtchampignonsorte mit dem kräftigsten Geschmack.

LEBERPILZ (*Fistulina hepatica*), **Fleischpilz**
Dieser nach dem leberartigen Fleisch benannte Pilz
wächst auf lebenden Bäumen, insbesondere Eichen.

**Getrocknete
Pfifferlinge**

PFIFFERLING *(Cantharellus cibarius)*
Man findet diesen beliebten Speisepilz
von Juli bis Ende September in Wäldern, besonders Buchenwäldern. Gekocht schmeckt er würzig und hat
einen delikaten Duft. Das feste
Fleisch muß länger gekocht werden
als das anderer Pilze.

SEMMELSTOPPELPILZ *(Hydnum repandum)*
Dieser Stachelpilz (er hat Stacheln statt Lamellen)
wächst von Juli bis November in Wäldern und ist ein
guter, besonders für Frikassees geeigneter Kochpilz.

LILASTIELIGER RITTERLING
(Lepista, spp.*)*
Gedeiht unter Laub- und Nadelbäumen ebenso wie auf Weiden und in
Wäldern. Er wächst von Oktober bis
Dezember und schmeckt gebraten
oder gebacken am besten.

PARASOL *(Macrolepiota procera)*, **Schirmpilz**
Man findet ihn im Sommer und Herbst an
Wiesenhängen, oft in der Nähe von Bäumen.
Durch seine Größe ist er leicht zu finden. Er
heißt Schirmpilz, weil sich sein Hut weit
öffnet, wenn er reif wird. Er sollte jung gepflückt werden.

**WIESEN-
CHAMPIGNON**
(Agaricus vaporarius)
Einer der vielen wildwachsenden Pilze, die
man im Sommer und
Herbst auf Wiesen
und Weiden findet.

STEINPILZ *(Boletus edulis)*
Ein bekannter Pilz, den man im Sommer und Herbst vor allem in Buchenwäldern findet.

Steinobst

Siehe auch S. 248

PFIRSICH *(Prunus, spp.)*
Von dieser in China beheimateten
Frucht gibt es über 2000 Sorten.
Die samtig weiche Haut um-
schließt ein festes, saftiges Frucht-
fleisch mit einem großen Stein.
Pfirsiche unterscheidet man nach
Sorten, die sich vom Stein lösen,
und solchen, die am Stein hängen.
Sie werden frisch gegessen,
konserviert oder eingemacht.

DATTEL *(Phoenix,* spp.*)*
Die Frucht der Dattelpalme, die von den
nördlichen Küsten des Persischen Golfs
stammt, ist ausgesprochen gehaltvoll und
nahrhaft. Datteln werden frisch und getrocknet verkauft und sind das ganze Jahr
über erhältlich.

NEKTARINE *(Prunus,* spp.*)*
Diese glatthäutige Pfirsichart
hat ein süßes, saftiges Fruchtfleisch und wird gewöhnlich
als Dessertfrucht serviert.
Nektarinen werden reif verkauft und sollten daher sofort
verbraucht werden, können
aber auch eingekocht werden.

APRIKOSE
(Prunus armeniaca)
Die in China behei-
mateten Aprikosen
werden vom Spätfrüh-
ling bis in den Som-
mer geerntet. Frisch,
getrocknet und in Do-
sen erhältlich, können
Aprikosen als Tafel-
obst serviert oder zu
Wein, Schnaps, Kom-
pott und Konfekt ver-
arbeitet werden.

KIRSCHE *(Prunus,* spp.*)*
Süße und saure Kirschen sind im Sommer kurze Zeit frisch erhältlich. Sie
werden normalerweise frisch gegessen, sind aber auch konserviert erhältlich
und werden zu Likör und Kirschwasser verarbeitet.

Rote Pflaume

Schlehe

Kalifornische Nektarine

Reineclaude

Burbank-Pflaume

Nektarine

PFLAUME und **ZWETSCHGE**
*(Prunus,*spp.*)*
Pflaumen *(Prunus domestica)* reifen vor den Zwetschgen *(Prunus oeconomica),* haben eine Fruchtnaht und eignen sich wegen ihres weichen, aromatischen Fleisches als Tafelobst; Zwetschgen haben keine Fruchtfurche und werden wegen ihres festeren Fleisches hauptsächlich für Mus, zum Einmachen und Backen (bayerische Zwetschgendatschi) und zur Herstellung von Zwetschgenwasser verwendet.

Damaszenerpflaume

Kalifornische Santa-Rosa-Pflaume

Beeren

SCHWARZE JOHANNISBEERE *(Ribes nigrum)*
Diese Sommerfrüchte werden gewöhnlich ohne Stiele verkauft und meist gekocht gegessen. Sie sind auch eingemacht ausgezeichnet und verleihen dem berühmten französischen Cassis-Likör seinen typischen Geschmack.

CRANBERRY *(Vaccinium macrocarpon)*
Diese große Moosbeerenart wird nur in Amerika angebaut, wächst wild aber auch in Finnland. Als Tafelobst ist sie zu sauer; gewöhnlich wird sie zu Moosbeerensauce *(Cranberry sauce)*, die traditionelle Beilage zu Truthahn, verkocht. Im Winter sind die Beeren frisch erhältlich, sonst als Konserve oder tiefgefroren.

ROTE JOHANNISBEERE *(Ribes rubrum)*
Sie sind als Tafelobst fast zu sauer, aber es gibt viele andere Verwendungsmöglichkeiten für diese Sommerfrucht: Johannisbeergelee und -konfitüre ist ausgezeichnet zu Lammbraten, Geflügel und Wild; wenn man die Rispen in leicht geschlagenes Eiweiß taucht und dann mit feinem Zucker überzieht, erhält man eine einfache, aber effektvolle Tischdekoration!

HEIDELBEERE *(Vaccinium, spp.)*
Diese etwas herbe, ursprünglich wildwachsende Frucht wird heute kommerziell angebaut. Heidelbeeren ißt man roh mit Zucker und Sahne; man kann auch Suppen, Kompott, Konfitüre und Kuchen daraus zubereiten.

WALDERDBEERE *(Fragaria, spp.)*
Sie ist kleiner und aromatischer als die Gartenerdbeere und wird meist frisch gegessen und braucht nicht entstielt zu werden.

STACHELBEERE
(Ribes grossularia)
Die in Europa seit dem
Mittelalter bekannten und
beliebten Stachelbeeren
sind Sommerfrüchte mit
einer sehr kurzen Saison.
Süße Sorten schmecken
roh köstlich, herbere sind
eingemacht besser und
können für viele Nachspeisen verwendet werden.

HIMBEERE *(Rubus idaeus)*
Himbeeren werden oft zweimal
geerntet, im Sommer und im
Herbst; die zweiten sind oft kleiner, aber saftiger. Himbeeren werden roh mit Sahne und Zucker
gegessen oder für Kompott, Konfitüre, Sorbets und andere Nachspeisen verwendet.

BROMBEERE *(Rubus ulmifolius)*
Eine glänzend schwarze Frucht, die im Frühherbst die
Hecken schmückt und seit über hundert Jahren in Ame-
rika auch kultiviert wird. Frische Brombeeren ergeben
ein erfrischendes Dessert, zumeist werden sie aber zu
Konfitüre oder Gelee eingekocht.

GARTENERDBEERE *(Fragarius,* spp.*)*
Die von der amerikanischen Scharlacherdbeere abstammende Gartenerdbeere kann – je nach Sorte – von sehr unterschiedlicher Größe sein und
ist als Tafelobst am besten, kann aber auch als Tortenbelag und für Konfitüre verwendet werden.

LOGANBEERE *(Rubus loganobaccus)*
Diese Kreuzung zwischen Himbeere und Brombeere, in
Kalifornien von einem Schotten gezüchtet, vereinigt die
besten Eigenschaften beider Beeren in sich.

Zitrusfrüchte

Siehe auch S. 248

GRAPEFRUIT *(Citrus paradisi)*
Eine verbreitete Spezies der Zitrusfamilie, deren Heimat die Westindischen Inseln sind; 90 Prozent der Welternte werden in Amerika angebaut. Sie sind das ganze Jahr in zwei Sorten erhältlich; weiße (unten), die besonders zum Auspressen geeignet sind, und rosafarbene (folgende Seite rechts), die viel süßer sind. Grapefruits können zum Frühstück serviert werden, sind aber auch gekocht oder gegrillt als Beilage oder als Dessert beliebt; auch Saft und Marmelade macht man daraus.

Florida Duncan (weiße) Grapefruit

Jaffa-Orange

Spanische Orange

ORANGE *(Citrus sinensis)*
Die populärste Zitrusfrucht, die Süßorange, wurde von den Chinesen erstmals kultiviert. Sie ist in unterschiedlichen Größen das ganze Jahr über erhältlich und wird auf vielfältige Weise verwendet: die Frucht wird ganz serviert oder an Obstsalate gegeben; Scheiben werden für Getränke oder als Garnierung verwendet; der Saft wird pur getrunken, die Schale in Kuchen gerieben, ganz als Behälter für Salate und Eis verwendet oder in Streifen geschnitten und kandiert.

Texan Pink (rosa) Grapefruit

KUMQUAT *(Fortunella japonica)*
Zwergpomeranze
Die aus China stammende Kumquat
ist nicht größer als eine dicke Olive
und kann roh mit der Schale gegessen
werden.

ZITRONATZITRONE
(Citrus medica)
Die aus China stammende
Frucht wird im Gegensatz
zu anderen Zitrusfrüchten
nicht wegen ihres Flei-
sches oder Safts angebaut,
sondern wegen ihrer
dicken, duftenden Schale,
die kandiert (als Zitronat
oder Sukkade) für Kuchen
und Konfekt verwendet
wird. Sie spielt beim jüdischen Laubhüttenfest eine
wichtige Rolle.

SAURE LIMETTE
(Citrus aurantifolia)
Diese kleine, dünnschalige Frucht indischer Herkunft
ist nah verwandt mit der Zitrone und wird auch oft
als Zitronenersatz verwendet. Sie wird für Saft, Cocktails, zum Einlegen und für Currygerichte verwendet.

ZITRONE *(Citrus limon)*
Die Zitrone ist indischen Ursprungs und die vielseitigste
aller Zitrusfrüchte: einige Tropfen Zitronensaft verfeinern
delikate Fisch- oder Huhngerichte, Cremes und Kuchen.
Die Säure verhindert, daß geschnittenes Obst braun wird,
wenn es der Luft ausgesetzt ist.

Zitrusfrüchte

Siehe auch S. 248

TANGERINE *(Citrus reticulata)*
Die in Südchina und Laos heimische Tangerine ist eine kleine süße Orange mit zahlreichen Kernen. Sie ist leicht an ihrer lose sitzenden, leuchtend orangeroten Schale zu erkennen. Tangerinen werden gewöhnlich frisch gegessen, können aber auch kandiert und glasiert und zu Likören und Marmelade verarbeitet werden.

SATSUMA *(Citrus, spp.)*
Die kernlose Satsuma ähnelt in Geschmack und Aussehen der Tangerine, hat eine lose, glatte Schale und blaßorangefarbenes Fleisch.

NAVELORANGE *(Citrus, spp.)*
So benannt, weil an der Spitze eine Zweitfrucht eingebettet ist. Navelorangen haben eine glatte Schale und saftiges Fruchtfleisch mit wenigen Kernen.

POMERANZE *(Citrus aurantium)*
Diese bekannteste Bitterorange ist dünnschalig, sauer und wird fast ausschließlich zu Marmelade eingekocht.

UGLI *(Citrus, spp.)* **Tangelo**
Die Uglifrucht ist eine Hybride zwischen Tangerine und Grapefruit. Sie ähnelt der letzteren, ist aber etwas kleiner und hat eine dicke, narbige Schale, süßeres Fruchtfleisch und weniger Kerne. Uglis werden wie Grapefruits verwendet.

CLEMENTINE *(Citrus, spp.)*
Eine kernlose Kreuzung zwischen Apfelsine und Tangerine mit einer orangeroten Schale, die leicht zu entfernen ist.

Birnen Siehe auch S. 248

BIRNEN *(Pyrus, spp.)*
Heute gibt es über 5000 Birnensorten auf der Welt. Tafelbirnen (abgebildet) haben ein saftiges, weißes, süßes Fruchtfleisch mit geringem Säuregehalt und einen starken, angenehmen Duft. Kochbirnen sind ziemlich hart und geschmacklos und wenig saftig. Birnen werden innerhalb eines sehr kurzen Zeitraums geerntet, und wenn sie reif sind, verderben sie rasch. Kochbirnen halten sich etwas länger als Tafelbirnen, beide Arten können roh oder gekocht gegessen und eingemacht werden; geeignet für Desserts, als Dörrobst (S. 118) und für die Herstellung von Birnenschnaps.

Halbierte Comice

Packham

Comice

Williamsbirne

Conférence

Äpfel

Siehe auch S. 24

GOLDEN DELICIOUS
Eine der wichtigsten Tafelapfelsorten; wenn die Schale grünlich ist, ist der Apfel fest und knackig, wenn er ganz golden ist, schmeckt er süßer. Ein guter Kontrast zu Edelpilzkäse.

BRAMLEY
Der wichtigste englische Kochapfel ist groß und grün, manchmal rötlich, das Fleisch herb und saftig; er wird gewöhnlich nicht roh gegessen. Man verwendet ihn für Apfel-Chutney; vom Kerngehäuse befreit, geschält und in Butter gedünstet serviert man ihn in England mit Speck und Wurst zum Frühstück oder Abendessen.

GRANNY SMITH
Er wurde im 19. Jahrhundert in Australien aus einem Kerngehäuse gezüchtet; sein knackiges, hartes Fleisch, sein herzhafter, ausgeprägter Geschmack und die leuchtend grüne Schale haben ihn zu einem leicht erkennbaren, beliebten Apfel gemacht. Er wird als Koch- und Eßapfel überall geschätzt.

HOLZAPFEL
Diese kleine, saure, apfelähnliche rote oder gelbe Frucht ist nur kurze Zeit im Herbst erhältlich. Durch den hohen Pektingehalt eignen sich Holzäpfel besonders für Gelees und Kompott.

COX'S ORANGE PIPPIN
Dieser knackige, feste und saftige Apfel ist ein beliebter Eßapfel und auch zum Kochen gut geeignet.

STARKING
Ein knackiger Tafelapfel aus Frankreich, mit roter, streifiger Haut und sehr weißem, süßem Fleisch. Er wird auch *Starking Delicious* genannt und ist am besten zu Beginn der Saison (als Dessertapfel mit Käse); auch für Apfelkücherl sehr geeignet.

SPARTAN
Diese feste, leicht nach Vanille schmeckende Apfelsorte ist eine dänische Züchtung und paßt gut in kalte Salate mit Zwiebeln und geräuchertem Fleisch.

ROTER DELICIOUS
Eine amerikanische Sorte und einer der besten Eßäpfel der Welt. Er ist fest und süß und hält sich lange. Mit seiner roten Schale schmückt er jede Obstschale und macht als Beilage jeden Braten appetitlich.

McINTOSH
Diese etwas herbe, am besten frisch gepflückte, vielseitig verwendbare amerikanische Apfelsorte schmeckt als Tafelobst, in Salaten oder mit Fleisch und braucht eine kürzere Kochzeit als andere Sorten.

Tafelweintrauben

Siehe auch S. 248

Muskattrauben

Gewächshaustrauben

Rote Napoleon

WEINTRAUBEN *(Vitis vinifera)*
Die vermutlich aus Vorderasien stammende
Weinrebe zählt zu den ältesten Kulturpflan-
zen der Welt. Die saftigen Weinbeeren wachsen in Rispen und haben verdauungsfördern-
de und therapeutische Eigenschaften, die bei
anderen Früchten selten sind. Trauben werden unterschieden in Tafeltrauben – dazu gehören alle hier abgebildeten Sorten – und
Keltertrauben; beide können roh gegessen
werden und sind das ganze Jahr hindurch
erhältlich. Man verwendet sie gern als Garnierung von Desserts. Getrocknet kommen sie
als Rosinen (S. 119) in den Handel.

**Kalifornische
kernlose Traube**

**Südafrikanische
Walthamcross**

Melonen

Siehe auch S. 248

WASSERMELONE *(Cucumis citrullus)*
Das kräftig rote, gelegentlich gelbe Fleisch der in Afrika heimischen Wassermelone ist sehr erfri-schend, da es 91 Prozent Wasser enthält. Sie wächst in tropischen Ländern und in wärmeren Ge-genden Amerikas und Europas und ist von Sommer bis Frühherbst im Handel. Die Frucht ist rund oder oval; wenn sie reif ist, sollte die Schale tiefdunkelgrün sein oder grün und dunkelgrau gefleckt; die untere Seite ist manchmal gelb, und die dünne äußerste Schicht sollte leicht mit dem Finger-nagel zu entfernen sein. Bei am Stock gereiften, süßen Früchten sollte das Stielende leicht einge-sunken und verhärtet sein. Wassermelonen werden bei heißem Wetter als Durstlöscher gegessen, man kann sie aber auch in Obstsalate geben oder kleingeschnitten mit Vinaigrette anrichten.

OGEN-MELONE
(Cucumis melo)
Eine kleine runde Art, die
nach dem israelischen
Kibbuz benannt ist, wo sie
gezüchtet wurde. Sie ist
wegen ihres saftigen und
süßen Fleisches begehrt
und vom Frühling bis in
den Winter erhältlich.
Man rechnet eine Melone
pro Person.

CHARENTAIS-MELONE
(Cucumis, spp.*)*
Ihr orangefarbenes, süßes und duftendes Fleisch hat die Melone zu einer
beliebten Vor- und Nachspeise gemacht. In vielen Gegenden ist sie das
ganze Jahr erhältlich; an einem kühlen, trockenen Platz hält sie sich gut
und reift in einem warmen Raum in
einigen Tagen. Die reife Frucht
entwickelt schon vor dem Aufschneiden einen feinen Duft und kann not-
falls bis zu zwei Tagen in Plastikfolie
im Kühlschrank aufbewahrt werden.

Melonen

Siehe auch S. 24

HONIGMELONE *(Cucumis melo)*
Eine ovale Melone, die fast überall ganzjährig erhältlich ist. Der delikate Geschmack und das blaßgrüne Fleisch ist ein guter Kontrast zu einer dünnen Scheibe rohen Schinkens oder zu einem süßen Wein, wie Muskateller oder Portwein.

GALLIA-MELONE *(Cucumis melo)*
Eine kleine runde Melone aus Israel; die Schale ist
borkig oder netzartig und von grüner bis goldgelber
Farbe, wenn die Melone reif und süß ist. Will man
sie gekühlt servieren, sollte man sie nur kurz in den
Kühlschrank legen, damit sie ihr Aroma bewahrt.

CANTALOUPE-MELONE *(Cucumis melo)*
Sie stammt vermutlich aus Asien und ist
im Sommer erhältlich. Wenn sie reif ist,
duftet sie herrlich und ist sehr süß. Sie
kann mit Eiscreme serviert werden.

Tropische Früchte

Siehe auch S. 248

GUAVA *(Psidium guajava)*
Die Frucht des Guavenbaums, der jetzt in den meisten tropischen und subtropischen Ländern wächst, ist im Frühling und Sommer erhältlich, hat einen süß-säuerlichen Geschmack und wird daher meist als Kompott, Marmelade oder Gelee gegessen.

PASSIONSFRUCHT *(Passiflora edulis)*
Die Beerenfrucht einer brasilianischen ausdauernden Kletterpflanze kann frisch gegessen werden, wenn die Schale runzlig und die Frucht saftig ist; man kann sie auch einkochen und Eis daraus machen. Sie ist vorwiegend im Sommer erhältlich.

PAPAYA *(Carica papaya)*
Diese aus Mittelamerika stammende Frucht ist recht süß, wenn sie reif ist (ähnlich wie Aprikosen und Ingwer), und wird in Scheiben oder in Obstsalat gegessen (die Kerne sind ungenießbar). Nicht ganz ausgereift kann sie auch als Gemüse (wie Kohlrabi) gekocht, eingemacht oder eingelegt werden. Im Frühling und in den Sommermonaten erhältlich.

MANGO *(Mangifera indica)*
Die Steinfrucht des von Indien bis Burma beheimateten Mangobaums kann grün oder gelb/rot (wie abgebildet) sein und hat ein süßes, zähes Fruchtfleisch, das roh gegessen, eingemacht und eingelegt werden kann. Mangos sind frisch und auch als Konserve zu kaufen.

KIWI *(Actinidia sinensis)*
Aus China stammend, werden Kiwis jetzt
in vielen Ländern angebaut. Sie sind
leicht säuerlich und haben eine haarige
Schale, die vor dem Essen entfernt werden sollte. Sie sind vom Hochsommer bis
Winter
erhältlich.

FEIJOA *(Feijoa sellowiana)*
Sie wird hauptsächlich in
Neuseeland angebaut, stammt
aber aus Brasilien und Uruguay.
Sie schmeckt wie eine Mischung
aus Ananas und Erdbeere und ist
in Obstsalaten köstlich. Feijoas
sind im Spätfrühling und Sommer
erhältlich.

ANANAS *(Ananas comosus)*
Die aus den Tropen Südamerikas stammende Ananas besteht eigentlich aus vielen einzelnen, zusammengewachsenen Früchten des Ananasbaums und ist eine der beliebtesten tropischen Früchte. Sie ist das ganze Jahr über erhältlich und wird als Dessertfrucht geschätzt.
Sie wird frisch (wie abgebildet) oder als Konserve (in Stücken oder Scheiben) verkauft.

Andere Früchte

Siehe auch S. 248

Japanische Quitte

Quitte

QUITTE
(Cydonia vulgaris/oblonga)
Von dieser harten und sauren asiatischen Frucht, die vor allem zu Gelee verkocht wird, gibt es zahlreiche Sorten. Die Japanische Quitte ist eine nahe Verwandte und wird genauso verwendet.

KAKTUSFEIGE *(Opuntia ficus-indica)*
Die in Mexiko beheimatete Kaktusfeige ist heute in allen gemäßigten Zonen zu finden und von Sommer bis Winter erhältlich. Die Haut dieser Kaktusfrucht hat Stacheln und muß vor dem Essen entfernt werden. Sie kann roh oder gekocht gegessen werden und wird oft eingemacht.

KAKI *(Diospyros kaki)*
Es gibt viele verschiedene Arten dieser aus Ostasien stammenden Frucht. Sie kann frisch gegessen, gekocht oder kandiert werden und ist vom Hochsommer bis in den Winter erhältlich.

FEIGE
(Ficus carica)
Die ursprünglich aus Syrien stammende Feige ist im Sommer und Herbst auf dem Markt. Feigen sind frisch, getrocknet (S. 118) oder in Dosen im Handel und werden gern als Kompott serviert.

BANANE *(Musa paradisiaca)*
Eine tropische süße Frucht, die meist roh und in Obstsalaten gegessen wird. Sie kann auch mit braunem Zucker, Weinbrand oder Rum flambiert werden.

RHABARBER
(Rheum rhaponticum)
Die Blattstiele einer großen, ganzjährigen Pflanze, deren Heimat vermutlich Tibet ist; eigentlich ein Gemüse, aber als Obst verwendet. Von Januar bis Ende Juli ist Rhabarber frisch (Treib- bzw. Freilandware) erhältlich, sonst auch als Konserve. Er wird als Kuchenbelag, Kompott und für Rhabarberwein verwendet.

GRANATAPFEL
(Punica granatum)
Der aus Persien stammende Granatapfel zählt zu den ältesten Früchten überhaupt. Er wird in den Herbstmonaten geerntet und wegen seines Saftes geschätzt, eignet sich aber auch zu Geleespeisen. Aus den Samen wird Grenadine (S. 23) hergestellt.

PLANTEN *(Musa paradisiaca)*
Die aus den Tropen stammende Plante ist eine Kochbanane, größer als Dessertbananen, mit einem niedrigeren Zuckergehalt. Sie ist nur gekocht genießbar und wird für viele würzige Speisen verwendet, besonders in der karibischen und afrikanischen Küche. Planten sind das ganze Jahr erhältlich.

Getrocknete Früchte

Siehe auch S. 251

FEIGEN
Kalifornien und die Mittelmeerländer sind die Hauptproduzenten von Feigen, die gewöhnlich sonnengetrocknet werden. Sie können als Trockenobst gegessen, eingeweicht als Kompott oder kleingehackt zum Backen und für Süßigkeiten verwendet werden.

PFIRSICHE
Pfirsiche werden üblicherweise als Konserven haltbar gemacht, ein kleiner Teil der Ernte wird jedoch halbiert und getrocknet und für Kompott, Backwerk und Konfitüren verwendet.

DATTELN
Es gibt verschiedene Qualitäten und Formen, von großen, entsteinten oder ganzen Tafeldatteln bis zu den billigeren gepreßten Datteln. Sie werden zum Backen oder für Konfekt verwendet .

KORINTHEN
Die getrockneten kleinen, kernlosen Weinbeeren sind nach der griechischen Stadt Korinth benannt und werden vor allem zum Backen verwendet.

BACKPFLAUMEN
Getrocknete Pflaumen gibt es von verschiedenster Qualität. Beliebt als Frühstückskompott mit verdauungsfördernder Wirkung, ergeben sie auch einen feinen Obstbranntwein.

BIRNEN
Getrocknete Birnen sind jetzt in vielen Reformhäusern erhältlich. Man macht Kompott und das berühmte Kletzenbrot daraus.

BANANEN
Durch das Trocknen wird der zarte Bananengeschmack konzentriert und die Bananen werden sehr
süß, zäh-klebrig und sehr nahrhaft. Die Früchte werden meist der Länge nach durchgeschnitten
und an der Sonne getrocknet.

ROSINEN
Eine getrocknete Weintraubenart, die vor
allem aus Kalifornien und dem Mittleren
Osten kommt und die verbreitetste aller getrockneten Früchte ist. Rosinen werden für
nahezu jede Art von Backwerk verwendet.

APRIKOSEN
Getrocknete Aprikosen sind der frischen
Frucht fast vorzuziehen. Sie variieren von den
zum Kochen bestimmten schrumpeligen,
säuerlichen gelben Stücken bis zu den pral-
len, sonnengetrockneten, süßen Früchten, die
als solche gegessen werden können.

SULTANINEN
Diese Sorte getrockneter Weinbeeren ist
größer und süßer als die Rosinen und wird
verwendet, wo Rosinen zu sauer und Korinthen zu herb sind.

ÄPFEL
Getrocknete Äpfel dienten in alten Zeiten auf dem Lande seit jeher schon als Win-
tervorrat, als Kaltlagerung und andere moderne Konservierungsmethoden noch
unbekannt waren.

Nüsse

Siehe auch S. 254

Ganze Walnuß

Geschälte Walnuß

Geriebene Walnuß

Gehackte Walnuß

WALNUSS *(Juglans regia)*
Es gibt viele Sorten der in Persien beheimateten Walnuß. Sie wird in der Schale, als Kern, gemahlen und gehackt verkauft und kann als frische, getrocknete oder eingelegte (S. 29) Nuß gegessen oder für Füllungen, Kuchen und Konfekt verwendet werden.

Ganze Paranuß

Geschälte Paranuß

PARANUSS
(Bertholletia excelsa)
Die Samen eines großen, nur wild vorkommenden Baumes aus Südamerika werden geschält und ungeschält verkauft und so gegessen oder für Konfekt und Kuchen verwendet.

Ganze Mandel

Geschälte bittere Mandel

Geschälte Mandel

Abgezogene Mandel

Mandel-blättchen

Gehackte Mandel

Geriebene Mandel

MANDEL *(Prunus dulcis)*
Die Samen eines Baumes der Pfirsichfamilie aus dem Mittelmeergebiet; die von einer ungenießbaren grünen Steinfrucht umhüllt sind. Es gibt bittere und süße Mandeln.

Ganze Pekannuß

Gehackte Pekannuß

Geschälte Pekannuß

PEKANNUSS *(Carya illinoensis)*
Die aus Nordamerika stammende Pekannuß ist mit der Walnuß verwandt und wird dort vor allem in dem beliebten *Pekan pie* (eine Kuchenart) verwendet.

Ganze Erdnuß

Geschälte Erdnuß

ERDNUSS
(Arachis hypogaea)
Die südamerikanische Erdnuß ist eigentlich keine Nuß, sondern eine Hülsenfrucht. Die »Schale« ist die getrocknete, fasrige Schote der Pflanze und enthält die Samen oder »Nüsse«, die vorwiegend zu Erdnußbutter verarbeitet werden.

Ganze Haselnuß

Geschälte Haselnuß

Gehackte Haselnuß

Geriebene Haselnuß

HASELNUSS *(Corylus maxima)*
Die aus dem Mittelmeerraum stammenden, jetzt aber überall in Europa angebauten Haselnüsse können so gegessen oder für Desserts und Konfekt verwendet werden.

ERDMANDEL *(Cyperus esculentus)*
Obwohl sie als Nuß gilt, ist die Erdmandel eigentlich das Rhizom einer afrikanischen Pflanze. Sie wird gewöhnlich getrocknet verkauft und hat einen mandelähnlichen Geschmack.

CHUFA-NUSS *(Cyperus esculentus)*
Eine Erdmandelart, die im Mittelmeergebiet kultiviert wird. In Spanien stellt man daraus ein milchartiges Getränk, *horchata de chufa* her.

Ganze Kastanie

Geschälte Kastanie

EDELKASTANIE *(Castanea sativa)*
Die Frucht eines in Südeuropa beheimateten Baumes kann sowohl allein gegessen als auch gekocht, geröstet oder glasiert werden, wie in der berühmten französischen Spezialität *Marrons glacées* (S. 128).

Ganze Pistazie

Geschälte Pistazie

PISTAZIE *(Pistacia vera)*
Die Frucht eines vom Mittleren Osten bis Zentralasien heimischen kleinen Baumes i man gesalzen oder verwendet sie für Eis, Kuchen und Konfekt.

KOKOSNUSS *(Cocos nucifera)*
Die Frucht der tropischen Kokospalme wird gewöhnlich ohne die fasrige äußere Schale verkauft. Sie ist auch getrocknet und geraspelt erhältlich (S. 128) und wird in der Konditorei verwendet.

MACADAMIA-NUSS
(Macadamia ternifolia), **Queensland-Nuß**
Die aus Australien stammenden, jetzt aber auch in Hawaii angebauten Macadamia-Nüsse werden für den Export geschält und geröstet gehandelt.

PINIENKERN *(Pinus pinea)*
Die Samen der im Mittelmeerraum heimischen Pinie. Sie werden roh oder geröstet und gesalzen gegessen, sind häufig aber auch Zutat in Suppen, Saucen, Schmorgerichten und Konfekt.

CASHEW-NUSS *(Anacardium occidentale)*
Die Frucht eines Baumes aus den amerikanischen Tropen wird als Dessertnuß und oft mit Cocktails (meist geschält und gesalzen) serviert.

Getreidekörner

Siehe auch S. 25[?]

ROGGEN *(Secale cereale)*
Der wahrscheinlich aus dem Kaukasusgebiet stammende Roggen ist ähnlich zusammengesetzt wie Weizen. In Europa wird er vornehmlich für Roggen- und Knäckebrot verwendet, doch wird auch Kornbranntwein daraus hergestellt (Whiskey in Amerika, Gin in Holland und Wodka in Rußland).

BUCHWEIZEN *(Fagopyrum esculentum)*
Ein einjähriges, wahrscheinlich aus dem Amurgebiet stammendes Kraut, dessen Samen geröstet und zu Mehl gemahlen werden und für Pfannkuchen, knuspriges dünnes Fladengebäck und die fernöstlichen, *soba* genannten Nudeln verwendet wird.

HIRSE *(Panicum miliaceum)*
Die Samen eines einjährigen, glutenfreien Grases, die in Afrika und Asien viel gegessen werden. Auch in Rußland ist Hirse ein wichtiger Stärkelieferant.

MAIS *(Zea mays)*
Der aus Mexiko stammende Mais ist eine der wichtigsten Getreidearten und spielt in vielen amerikanischen Rezepten, wie Maisbrot und Maisbrei, eine wichtige Rolle. Mais ist ein wichtiger Stärke- und Speiseöllieferant.

WEIZEN *(Triticum aestivum/durum)*
Vermutlich wurde Weizen erstmals in der Nilregion angebaut; er liefert das beste Kuchen- und Backmehl. Es gibt viele verschiedene Sorten, von denen der Hartweizen (zumeist für Nudeln verwendet) im Vordergrund steht.

HAFER *(Avena sativa)*
Aus dem in Mitteleuropa heimischen Hafer werden Haferflocken und Hafermehl hergestellt, die vorwiegend als Frühstückskost gegessen werden.

GERSTE *(Hordeum vulgare)*
Die aus Vorderasien stammende Gerste wird für die Alkoholgewinnung (Bier, Schnaps) und als Beilage oder in Suppen verwendet.

BASMATI-REIS *(Oryza sativa,* spp.*)*
Diese Sorte wird in den Ausläufern des Himalaja angeba[u]t und ist eine der besten Langkornreisarten für indische G[e]richte. Sie sollte vor dem Kochen eingeweicht werden.

Weißer wilder Reis

Schwarzer wilder Reis

Brauner Rundkornreis

WILDER REIS *(Oryza sativa,* spp.*)*
Dieser in der chinesischen Küche viel verwendete Reis ist völlig glutenfrei. Beim Kochen wird er süß und klebrig, daher verwendet man ihn hauptsächlich zum Backen und für Süßspeisen und zur Bierherstellung.

SCHNELLKOCHREIS *(Oryza sativa,* spp.*)*
Dieser Reis ist vorgekocht, um die Stärke von der Oberfläche zu entfernen; dabei bleiben aber die meisten Nährstoffe und Vitamine erhalten und machen diesen Reis zu den besten Sorten, denn er hat den Nährwert von braunem Reis, eine zartere Konsistenz und eine kürzere Kochzeit.

RUNDKORNREIS *(Oryza sativa,* spp.*)*
Eine große Rundkornsorte, die besonders für italienische *Risotto*-Gerichte geeignet ist. Abgebildet ist eine braune und eine weiße italienische Sorte.

BRAUNER REIS *(Oryza sativa,* spp.*)*
Das ganze, naturbelassene Reiskorn, das mehr Wasser und eine längere Kochzeit benötigt als weißer polierter Reis.

MILCHREIS *(Oryza sativa,* spp.*)*
Ein polierter Rundkornreis, der beim Kochen weich und breiig wird und vorwiegend für Süßspeisen Verwendung findet.

LANGKORNREIS *(Oryza sativa,* spp.*)*
Patnareis, Karolinareis
Diese Sorte wird überall in der Welt angebaut und ist die beliebteste. Die geschälten und polierten Körner bleiben beim Kochen fest, locker und kleben nicht.

Getreideprodukte

Siehe auch S. 256

COUSCOUS
Couscous ist ein zu kleinen Kügelchen verarbeiteter Grieß; am bekanntesten ist seine Verwendung in dem gleichnamigen nordafrikanischen Gericht.

MATZENMEHL
Geriebene *Matzen* (ungesäuerte knusprige Brote aus Weizenmehl und Wasser); das Mehl wird in jüdischen Passahfestgerichten anstelle von gesäuerten Bröseln genommen.

TAPIOKA
Kügelchen aus Maniokmehl, einem Stärkeextrakt aus den Wurzeln der Maniokpflanze *(Manihot esculenta)*

SAGO
Ein Stärkeprodukt aus dem Mark des Stammes der asiatischen Sagopalme *(Metroxylon sagu)*.

HARTWEIZENGRIESS
Die aus feingemahlenem Hartweizen gesiebten harten Körner werden vorwiegend für Nudeln verwendet; »weiches« oder Kuchenmehl eignet sich kaum für die Teigwarenherstellung.

WEIZENSCHROT
Weizenschrot ist besonders im östlichen Mittelmeerraum und im Mittleren Osten beliebt; er wird gebacken, als Pilaw gekocht oder eingeweicht und als roher Salat serviert (wie im libanesischen *tabbouleh*).

WEIZENKEIME
Der Keim oder das »Embryo« des Weizenkorns, aus dem neue Weizenpflanzen gezogen werden können, wird gewöhnlich beim Mahlvorgang gewonnen. Obwohl er nur einen kleinen Teil des Korns ausmacht, hat er einen hohen Nährwert. Man kann Weizenkeime pur essen oder als Mehlgrundlage verwenden.

POLENTA, Maismehl
Aus Mais gemahlenes Mehl, das zu einem dicken Brei verkocht und als Beilage zu Fleisch und Fischgerichten gegessen wird.

ROLLGERSTE
Geschälte und polierte Gerstenkörner, die als Diätkost geschätzt und als Pilaw (als Beilage) zubereitet werden können.

Grobes Hafermehl

HAFERMEHL
Geschälte und verschieden fein (wie abgebildet) gemahlene Haferkörner, die auch weichgemacht und zu Haferflocken gepreßt werden können.

Mittelgrobes Hafermehl

GERSTENMEHL
Einst der Hauptbestandteil von Brot, wird Gerste heute normalerweise mit Weizenmehl vermengt, um den Glutengehalt zu erhöhen. (Brot aus reinem Gerstenmehl trocknet schnell aus.)

MAISMEHL
Ein glutenfreies Mehl, das zum Brotbacken mit Weizenmehl versetzt werden muß. Es wird auch für Kuchen verwendet.

LOTOSWURZELMEHL
Ein glutenfreies Mehl aus getrockneten Lotoswurzeln, das in der chinesischen und japanischen Küche zum Binden von Saucen genommen wird.

BUCHWEIZENMEHL
Ein besonders in Osteuropa, Frankreich und Amerika beliebtes Pfannkuchenmehl.

ROGGENMEHL
Es wird häufig zusammen mit Weizenmehl verwendet, da es wenig Gluten enthält, und vor allem zu verschiedenen Schwarzbrotsorten verbacken.

KLEIE
Die braune äußere Schicht des Getreidekorns, die beim Mahlvorgang vom Korn gelöst wird und einen wertvollen Ballaststoff darstellt. Man kann auch ein Mehl daraus herstellen.

REISMEHL
Ein glutenfreies Mehl aus polierten weißen oder braunen Reiskörnern; es wird als Bindemittel, entweder rein oder mit anderen Mehlsorten gemischt, für Kuchen und Plätzchen verwendet; in der chinesischen Küche stellt man mehrere Nudelarten *(fun)* daraus her.

SOJAMEHL
Kein Mehl im eigentlichen Sinn, aber eine sehr nahrhafte Zutat zu Suppen und Kuchen.

WEIZENMEHL
Es gibt viele Sorten, vom Allzweckmehl (wie abgebildet) bis zum fein ausgemahlenen Kuchenmehl.

KARTOFFELMEHL
Ein aus Kartoffeln gewonnenes Stärkemehl, das gern als Bindemittel verwendet wird.

VOLLWEIZENMEHL, Grahammehl
Ein Mehl aus dem ganzen Weizenkorn, das Kleie und Keime enthält, die bei anderen Mehlsorten entfernt werden.

Treib- und Dickmittel, Farbstoffe

BRAUHEFE
Trotz ihres Namens ist sie kein Treibmittel, sondern wird hauptsächlich zum Brauen von Wein und Bier verwendet. Sie ist getrocknet, gepreßt oder als Pulver erhältlich.

FRISCHE HEFE
Das zum Brotbacken am häufigsten verwendete Treibmittel sollte man in kleinen Mengen kaufen, da Hefe, einmal angebrochen, seine Wirkung bald verliert.

ROTE HEFE
Eine Art Wildhefe, die getrocknet verkauft und hauptsächlich als Gärmittel verwendet wird, besonders für die Herstellung von orientalischen Essigen.

PEKTIN
Pektin ist ein in bestimmten Früchten enthaltenes Kohlenhydrat und wird hauptsächlich zum Eindicken von Marmeladen und Gelees verwendet. Pektinextrakte sind als Fertigprodukt erhältlich.

HEFEKUGELN
In Kugelform angebotene Frischhefe, die in auf orientalische Lebensmittel spezialisierten Läden verkauft wird.

NATRON
Natron kann als Treibmittel für Backwerk verwendet werden, wenn es mit einer Säure, z.B. Sauermilch, gemischt wird.

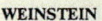

WEINSTEIN
Diese Substanz findet sich im Traubensaft bei der Weinherstellung nach der Fermentation; sie wird gereinigt und ist eine der Hauptzutaten von Backpulver.

TROCKENHEFE
Backhefe wird heute nur in Fabriken hergestellt, ihre Grundlage ist fast immer eine Lösung aus Melasse und Wasser. Obwohl sie dem gleichen Zweck wie frische Hefe dient, liegt ihr Hauptvorteil in der Tatsache, daß sie sich sehr viel länger hält.

BACKPULVER
Dieses Treibmittel kann fertig gekauft oder zu Hause aus Weinstein, Natron und Salz hergestellt werden.

MAISSTÄRKE
Ein feines, weißes Mehl, das aus Mais gewonnen und zum Eindicken von Puddings und Saucen und zum Backen verwendet wird.

KUZU, Kudzu
Die eßbaren, knollenartigen Wurzeln der Kuzu-Pflanze schmecken recht bitter, aber gekocht und zerstampft werden sie häufig als Eindicker in der chinesischen und japanischen Küche verwandt.

AGAR-AGAR
Ein geschmacksneutrales Produkt, das aus verschiedenen fernöstlichen Algen gewonnen und hauptsächlich zur Herstellung von Geleespeisen verwendet wird.

Gemahlene Gelatine

Blattgelatine

PFEILWURZ
Diese delikate, nahrhafte Stärke ist eine Mischung aus Stärkeextrakten, die aus den Wurzeln verschiedener tropischer Pflanzen gewonnen werden; sie wird vorwiegend als Bindemittel (besonders in der Diätkost) verwendet.

Lebensmittelfarben in Pulverform

LEBENSMITTELFARBEN
Lebensmittelfarben werden als Pulver oder in flüssiger Form verkauft und können synthetische oder organische Produkte sein; man sollte sie sparsam verwenden, da zu viel eine zu grelle Farbe ergeben kann.

GELATINE
Gelatine wird aus gekochten Rindsknochen und Sehnen gewonnen, ist als Pulver oder in durchsichtigen Blättern erhältlich und wird am häufigsten zur Herstellung von Nachspeisen und Sülzen verwendet.

Backverzierungen und -zutaten

Siehe auch S. 258

KOKOSNUSS
Kokosraspeln oder Kokosflocken werden einfach oder geröstet als Verzierung oder zu verschiedenen Backrezepten (z.B. Makronen) verwendet.

MARRON GLACÉ
Diese Kastanien werden häufig in Geschenkpackungen angeboten; sie werden zunächst konserviert (ein langwieriger Prozeß) und dann mit Sirup glasiert.

MARZIPANFRÜCHTE
Mandelpaste wird geformt und mit Lebensmittelfarbe gefärbt und häufig als Tortendekoration verwendet, oft aber auch als Konfekt abgepackt.

GELEEFRÜCHTE
Mit diesen Zuckerverzierungen von weicher und elastischer Konsistenz kann man hübsche Muster auf Kuchen oder Nachspeisen zaubern, besonders für Kinderfeste.

GLASIERTE KIRSCHE
Kirschen, die in eine konzentrierte Zuckerlösung eingelegt und als Zutat von Fruchtkuchen, in Konfekt und als Verzierung verwendet werden.

MARSHMALLOW
Ein weiches, weißes Konfekt, das kalt oder geröstet gegessen wird. Es ist aus Zucker, Eiweiß und Gelatine hergestellt und mit Puderzucker umhüllt.

ZUCKERVEILCHEN UND ROSENBLÄTTER
Diese harten, zuckerbeschichteten Blumen sind beliebte Kuchenverzierungen und in verschiedenen Größen und Farbtönen erhältlich.

ZITRONAT UND ORANGEAT
Eine Mischung aus Zitrusfrüchten, die in konzentrierter Zuckerlösung eingekocht wurden und zu Fruchtkuchen und Weihnachtsgebäck verwendet wird.

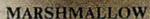
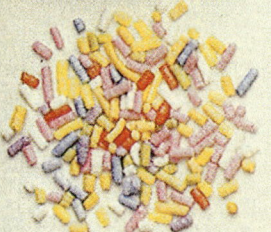

ZUCKERSTREUSEL
Diese harten Zuckerstreusel, als winzige Röhrchen-und Kügelchen erhältlich, sind eine beliebte Verzierung für Nachspeisen und Gebäck.

DRAGEES
Glänzende und hart beschichtete Zuckerkugeln; damit werden häufig Torten für ganz spezielle Gelegenheiten dekoriert.

GEZUCKERTE VEILCHEN, ROSEN- UND PFEFFERMINZBLÄTTER
Diese Blüten und Blätter werden in Eiweiß und grobkörnigen Zucker getaucht und sind eine hübsche Verzierung auf Törtchen und Eiscremes.

KANDIERTE PAMPELMUSE
Pampelmuse mit einer Zuckerbeschichtung kann als Konfekt gegessen oder kleingeschnitten als Verzierung verwendet werden.

MARONENPÜREE
Gekochte, geschälte Maronen werden (manchmal mit Sahne) püriert und zu Nachspeisen oder als Geflügelfüllung verwendet.

BUNTZUCKER
Kleines, in verschiedenen Farbtönen erhältliches Zuckerwerk, zum Verzieren von Kuchen und Kleingebäck.

ZUCKERORANGEN UND -ZITRONEN
Geleefrüchte ergeben dekorative Verzierungen für Nachspeisen und Kuchen.

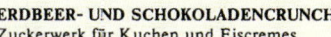
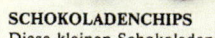
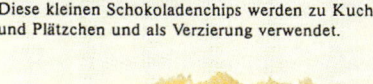

SCHOKOLADENCHIPS
Diese kleinen Schokoladenchips werden zu Kuchen und Plätzchen und als Verzierung verwendet.

**KANDIERTER KÜMMEL UND
MIMOSENKUGELN**
Mit gefärbtem Zucker kandierte, knusprige Samen, die einen guten Kontrast zu cremigen Nachspeisen ergeben.

ERDBEER- UND SCHOKOLADENCRUNCH
Zuckerwerk für Kuchen und Eiscremes.

KANDIERTER INGWER
In Zuckerlösung eingelegte Ingwerstücke, die als Konfekt gegessen werden können oder als Verzierung dienen.

MANDELPASTE
Blanchierte Mandeln, mit Vanille und Zucker zerstoßen. Die Mischung wird ausgewellt und zum Bedecken von Obsttorten vor der Glasierung verwendet.

BACKSCHOKOLADE
Für diese Schokolade wird eine Flüssigkeit aus zerquetschten Kakaobohnen abgekühlt und in Tafeln geformt. Sie ist auch als Block- oder Kochschokolade bekannt; es werden auch süße und bittere Schokoladen, die mehr Zucker und Kakaobutter enthalten, angeboten. Backschokolade wird zum Backen und für Saucen verwendet.

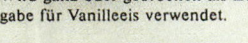

BORKENSCHOKOLADE
Wird ganz oder gebrochen als Zugabe für Vanilleeis verwendet.

ANGELIKA
Die kandierten Blattstiele der Engelwurz, die man kleingehackt oder in Scheiben geschnitten als Kuchendekoration verwendet.

REISPAPIER
Diese weiße Oblate ist ungesäuertes Brot. Mehl wird mit Salz und Wasser zu einem Teig gemischt, zwischen heißen Eisen geröstet und getrocknet. Wird als Unterlage (Backoblate) verwendet, besonders für Nougat und Makronen.

Pasta

Siehe auch S. 259

Extralange Spaghetti *(Pasta asciutta, secca)*

SPAGHETTI
In Süditalien als *Vermicelli* bekannt, bedeutet das Wort *Spaghetti* kleine Stricke. Sie sind die beliebteste Pastaart und frisch oder getrocknet erhältlich.

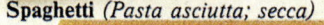

Spaghetti *(Pasta asciutta; secca)*

Vollweizenspaghetti *(Pasta asciutta; secca)*

Buchweizenspaghetti *(Pasta asciutta; secca)*

CAPELLINI, Vermicelli, Capolnevere
(Pasta asciutta; secca)
Die dünnste Bandnudelart, die man selber machen oder fertig im Laden kaufen kann. *Capelli d'angelo* (Engelshaar) ist die dünnste Variante.

LASAGNETTE *(Pasta asciutta, secca)*
Lasagnette, eine kleinere Version der *Lasagne,* ist eine flache, etwa 18 mm breite Bandnudel mit einem gewellten Rand.

TAGLIATELLI, Fettucine *(Pasta asciutta; all'uovo)*
Tagliatelli ist die Pastaspezialität von Bologna. Diese flachen, 6 mm breiten Nudeln sind, wie alle Pasta, aus Hartweizen hergestellt und können selber gemacht oder getrocknet gekauft werden. Sie werden mit einer Vielzahl an Saucen, die von einer einfachen Milch- und Buttermischung bis zu einer reichen Fleisch-, Fisch- oder Geflügelsauce reichen, serviert. Bei *Tagliatelli verdi* (links) wird dem Teig pürierter Spinat zugegeben.

FEDELI, Fedelini *(Pasta asciutta; secca)*
Eine sehr dünne, zylindrisch geformte
Pasta, ähnlich den *Vermicelli,* die frisch
oder getrocknet erhältlich ist.

TAGLIARINI *(Pasta asciutta; all'uovo)*
Flache Bandnudeln, ähnlich wie *Tagliatelli,* nur etwas schmaler. Sie können selbst gemacht oder in
einem Spezialgeschäft frisch oder fertig gekauft werden; es gibt auch *Tagliarini verdi* (links).
Beide Sorten werden mit der gleichen Sauce wie *Tagliatelli* gegessen.

CASARECCIA *(Pasta asciutta; secca)*
Pastastreifen, die mit einer Drehung an einem Ende in Form gerollt sind.

BOZZOLI *(Pasta asciutta; secca)*
Sie wurden nach ihrer kokonartigen Form benannt.

CRESTI DI GALLO
(Pasta asciutta; secca)
Sie werden nach ihrer einem Hahnen-kamm ähnlichen Form genannt.

LUNGO-VERMICELLI COUPE
(Pasta asciutta; secca)
Der Name beschreibt die Pasta zutreffend als lange *Vermicelli*, die in Stücke ge-schnitten sind.

RICCINI *(Pasta asciutta; secca)*
Diese gewellte, muschelförmige Pasta hat ihren Namen vom italienischen Wort *Riccio*, was Locke bedeutet.

GRAMIGNA *(Pasta asciutta; secca)*
Kleine grasartige Formen. Gramigna bedeutet wörtlich Gras.

FESTONATI *(Pasta asciutta; secca)*
Das Wort bedeutet Feston oder Girlande.

CAVATAPPI *(Pasta asciutta, secca)*
Gewellte Pasta in Spiralform.

FUSILLI BUCATI *(Pasta asciutta; secca)*
Pasta in Form kleiner Spiralfedern.

GNOCCHI *(Pasta asciutta; secca)*
Diese kleinen Teigtaschen, hier aus Hartwei-
zen hergestellt, sind auch aus Kartoffel- oder
Grießmehl erhältlich.

ORECCHIETTE *(Pasta asciutta; secca)*
Pasta, die wie ein Ohr geformt ist. Der
Name stammt von dem italienischen Wort
Orecchio, das Ohr bedeutet.

GNOCCHETTI SARDI *(Pasta in
brodo; secca)*
Eine kleinere Ausgabe der *Gnocchi*, nach ihrer sardinenartigen
Form benannt.

PIPE RIGATE *(Pasta asciutta; secca)*
Eine gewellte Pasta in Pfeifenform.

SPIRALE *(Pasta asciutta; secca)*
Zwei zu einer Spirale zusammengedrehte
Pastastreifen.

ANELLI *(Pasta asciutta; secca)*
Anelli (Ring) ist ein passender
Name für diese hier aus Vollwei-
zenmehl hergestellte Pasta.

LUMACHE MEDIE
(Pasta in brodo; secca)
Die Form erinnert an Schneckenhäuser,
daher der Name *Lumache*, der Schnecke
bedeutet.

GEFÄRBTE MAKKARONI
(Pasta in brodo; secca)
Aus Hartweizen hergestellte, mit Spinat grün
oder mit Tomaten rot gefärbte Pasta.

ANELLI *(Pasta asciutta; secca)*
Die kleinen hier abgebildeten
Ringformen sind aus Hartweizen
hergestellt.

Pasta

FARFALLE *(Pasta asciutta; secca)*
Schmetterlinge.

FARFALLINI; TRIPOLINI
(Pasta in brodo; secca) Kleine Schmetter-
lingsformen.

FUSILLI, Archimede *(Pasta asciutta; secca)*
Pasta, die in Form eines Korkenziehers gedreht ist.

**CONCHIGLIE
RIGATE** *(Pasta
asciutta; secca)*
Muschel-
formen.

CONCHIGLIE PICCOLE RIGATE
(Pasta asciutta; secca)
Kleine Muscheln.

FIOCHETTI
(Pasta asciutta; secca)
Schleifchen, auch als *Fiochetti
verdi* (links) erhältlich.

CAPPELLETTI
(Pasta asciutta; secca)
Kleine Teighüte, wie die meiste Pasta aus
Hartweizenmehl.

DIAMANTI *(Pasta asciutta; secca)*
Pasta in Form verlängerter Rauten.

RUOTI *(Pasta asciutta; secca)*
RUOTINI *(Pasta in brodo; secca)*
Beide Größen wie Räder geformt.

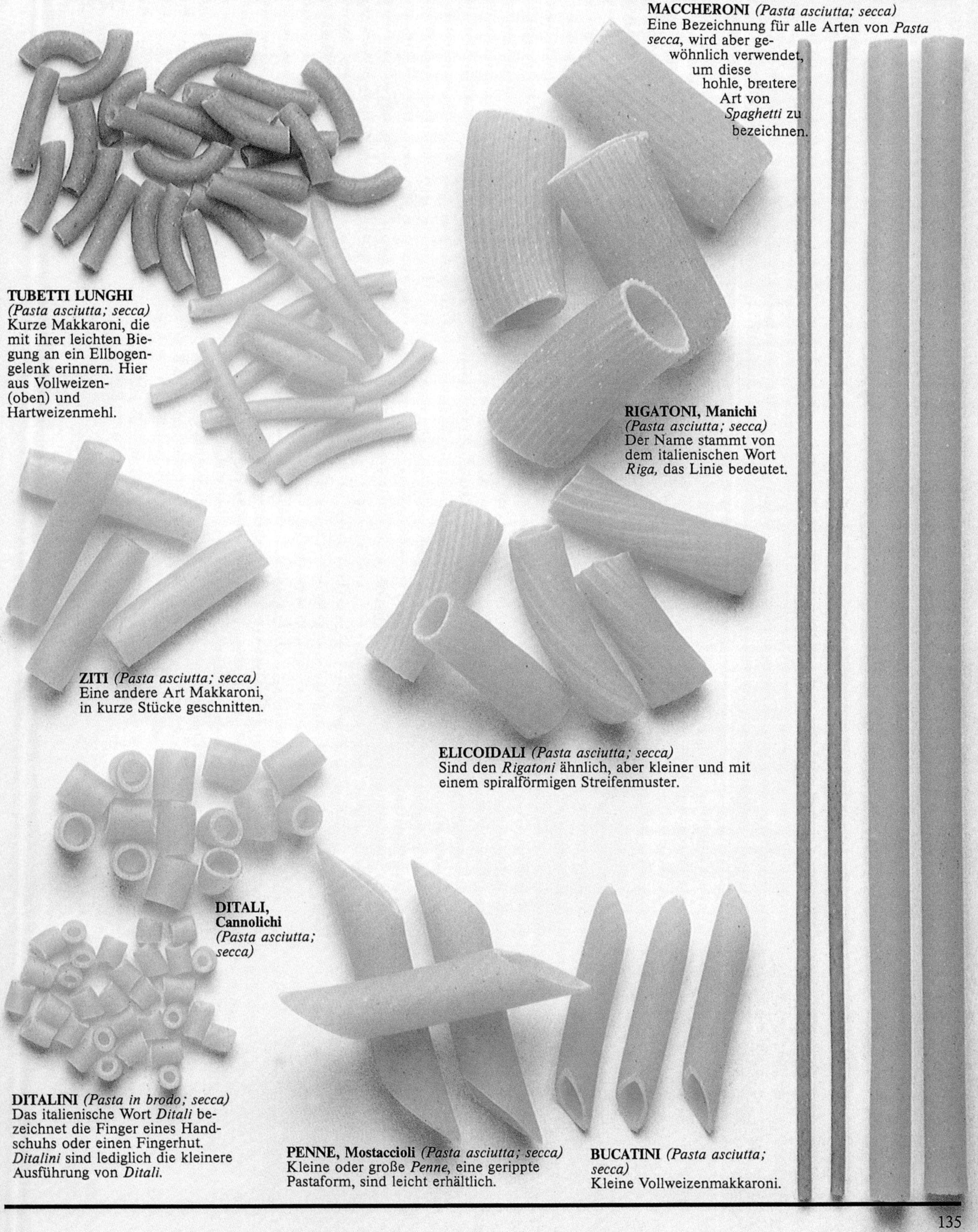

MACCHERONI *(Pasta asciutta; secca)*
Eine Bezeichnung für alle Arten von *Pasta secca*, wird aber gewöhnlich verwendet, um diese hohle, breitere Art von *Spaghetti* zu bezeichnen.

TUBETTI LUNGHI
(Pasta asciutta; secca)
Kurze Makkaroni, die mit ihrer leichten Biegung an ein Ellbogengelenk erinnern. Hier aus Vollweizen- (oben) und Hartweizenmehl.

RIGATONI, Manichi
(Pasta asciutta; secca)
Der Name stammt von dem italienischen Wort *Riga*, das Linie bedeutet.

ZITI *(Pasta asciutta; secca)*
Eine andere Art Makkaroni, in kurze Stücke geschnitten.

ELICOIDALI *(Pasta asciutta; secca)*
Sind den *Rigatoni* ähnlich, aber kleiner und mit einem spiralförmigen Streifenmuster.

DITALI,
Cannolichi
(Pasta asciutta; secca)

DITALINI *(Pasta in brodo; secca)*
Das italienische Wort *Ditali* bezeichnet die Finger eines Handschuhs oder einen Fingerhut. *Ditalini* sind lediglich die kleinere Ausführung von *Ditali*.

PENNE, Mostaccioli *(Pasta asciutta; secca)*
Kleine oder große *Penne*, eine gerippte Pastaform, sind leicht erhältlich.

BUCATINI *(Pasta asciutta; secca)*
Kleine Vollweizenmakkaroni.

Pasta

Siehe auch S. 25

pasta
all'uovo

pasta secca

pasta
secca

pasta secca

LASAGNA, LASAGNE *(Pasta asciutta)*
Dies ist die breiteste Bandnudelform, wird oft hausgemacht, ist aber überall getrocknet im Handel.
Lasagne kann man mit einem glatten, gewellten oder gezackten Rand kaufen, und sie kann aus
Vollweizenteig oder unter Zugabe von püriertem Spinat hergestellt sein.

TORTELLINI *(Pasta asciutta; all'uovo)*
Eine kleine, gefüllte Teigtasche, die angeblich nach dem Nabel der Venus modelliert wurde. Ihre Füllung enthält im allgemeinen gewiegte Hühnerbrust, Schweinefleisch, Mortadella oder Bologneser Wurst, Käse und Muskatnuß. Tortellini sind so gut wie immer hausgemacht, doch in manchen Läden kann man sie auch fertig kaufen.

RAVIOLI *(Pasta asciutta; all'uovo)*
Dies ist die bekannteste Pasta-Teigtasche. Sie ist viereckig und wird traditionell mit Spinat und *Ricotta*-Käse oder Kräutern gefüllt, man kann sie aber auch mit einer würzigen Fleischfarce füllen. Sie wird im siedenden Wasser gekocht und mit einer Sauce serviert, obwohl kleine *Ravioli* auch *in brodo* (in Fleischbrühe) gekocht werden können. *Ravioli* werden gewöhnlich frisch zubereitet, sind aber auch fertig gekocht in Dosen erhältlich.

PASTINA
(Pasta in brodo; secca)
Pastina ist der Oberbegriff für die Vielzahl kleiner Pastaformen, die gewöhnlich *in brodo* gekocht werden.

Lasagna aus Vollweizenmehl
(pasta secca)

CANNELLONI *(Pasta asciutta; secca)*
Das Wort *Cannelloni*, das große Röhren bedeutet, beschreibt eine hohle, zylindrische Pasta, die gefüllt und *al forno* gebacken wird.

Eiernudeln

Siehe auch S. 26

Frische Eiernudeln

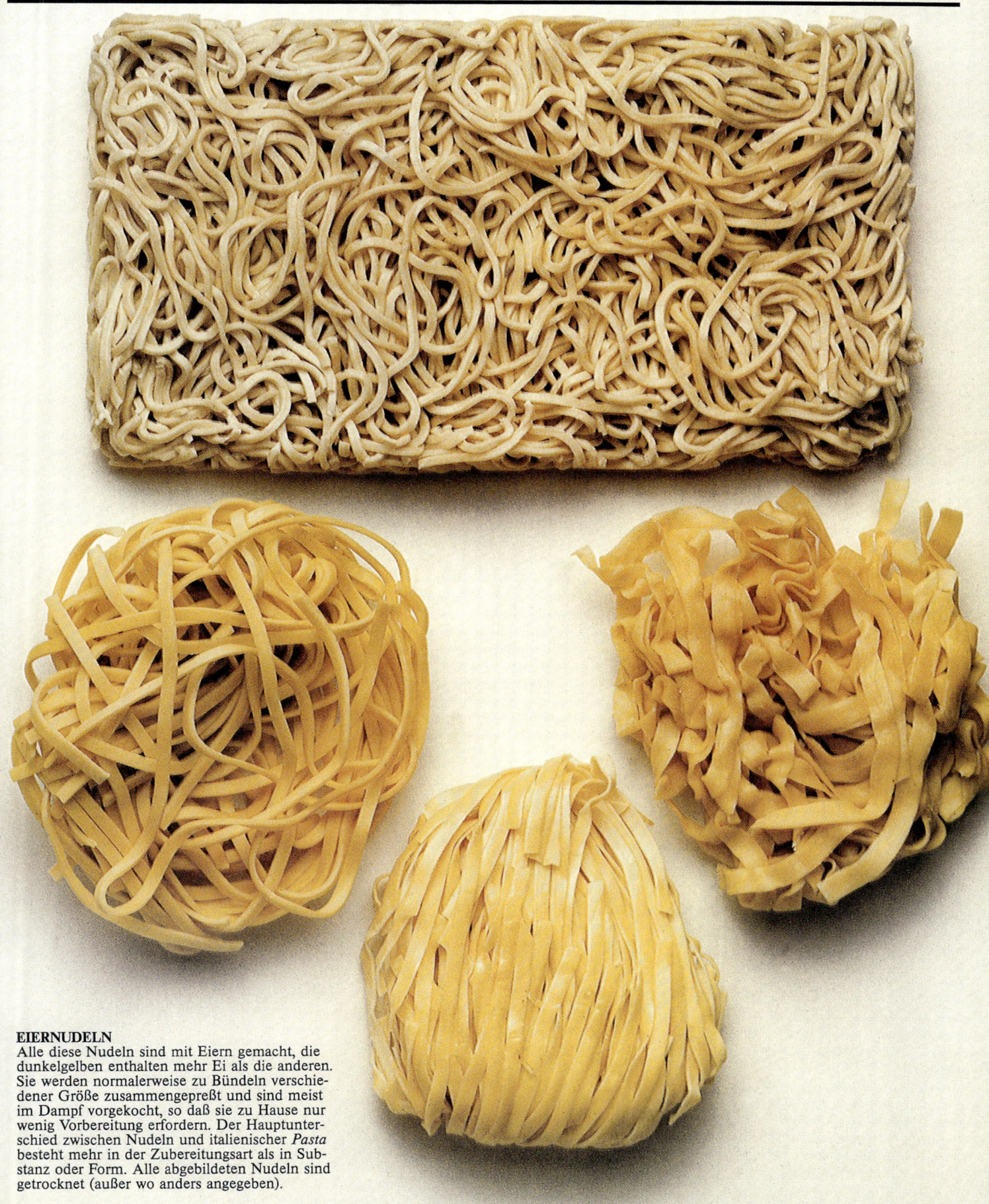

EIERNUDELN
Alle diese Nudeln sind mit Eiern gemacht, die
dunkelgelben enthalten mehr Ei als die anderen.
Sie werden normalerweise zu Bündeln verschiedener Größe zusammengepreßt und sind meist
im Dampf vorgekocht, so daß sie zu Hause nur
wenig Vorbereitung erfordern. Der Hauptunter-
schied zwischen Nudeln und italienischer *Pasta*
besteht mehr in der Zubereitungsart als in Substanz oder Form. Alle abgebildeten Nudeln sind
getrocknet (außer wo anders angegeben).

Reis-, Glas- und Weizennudeln

Siehe auch S. 260

REISNUDELN
Nudeln sind in China ein Symbol für Langlebigkeit und werden häufig zu Geburtstagseinladungen serviert, um dem Jubilar ein langes Leben zu wünschen. Diese Reisnudeln werden in langen Strängen hergestellt, zusammengelegt und abgepackt.

REISNUDELN
Diese flachen bandartigen Reisnudeln werden in langen Strängen hergestellt und häufig auch Reisstäbchen genannt.

GLASNUDELN
Die hier abgebildeten Glasnudeln sind aus Mungobohnenstärke hergestellt, es gibt sie aber auch aus Erbsenstärke ode Weizen. Sie werden zu Suppen, Fleisch- oder Gemüsegerich ten verwendet.

Reisnudeln

REISNUDELN
Aus Reis hergestellte Nudeln werden am häufigsten in Südchina gegessen, wo mehr Reis angebaut wird.

WEIZENNUDELN
Diese flachen, stäbchenförmigen Weizennudeln sind in verschiedenen Durchmessern erhältlich und lassen sich je nach Geschmack durch Reisnudeln ersetzen.

Süßwasserfische

Siehe auch S. 261

Verkleinerung ca. 50%

FORELLE
Von der aus Europa stammenden und jetzt überall lebenden Forelle gibt es viele
Unterarten: Bachforelle, Seeforelle, Regenbogenforelle, braune und Lachsforelle (S.
(S. 144–145). Abgebildet ist eine **Regenbogenforelle**. Sie wird gewöhnlich im Ganzen
gekocht und kann frisch, tiefgefroren, geräuchert oder in Dosen gekauft werden. Sie
ist das ganze Jahr über erhältlich und wird gebacken, pochiert, sautiert, gekocht
oder gegrillt.

HECHT
In der nördlichen Hemisphäre kann Hecht frisch oder tiefgekühlt gekauft werden,
und zwar ganz (wenn er klein ist) oder als Filets (von großen Fischen). Hecht kann
gebacken, gedünstet, pochiert, sautiert, gekocht oder gegrillt werden und ist das
ganze Jahr erhältlich. Besonders in der mitteleuropäischen Küche ist der Hecht
sehr beliebt.

AAL
Dieser Fisch, von dem es verschiedene Unterarten gibt, ist besonders in Japan und
Europa beliebt; er kann gekocht, gebraten, geschmort oder gegrillt und für Suppen
und Eintöpfe verwendet werden. Er ist das ganze Jahr frisch, tiefgefroren oder
geräuchert erhältlich.

KARPFEN
Es gibt mehrere Unterarten dieses aus Ostasien stammenden Fisches, der jetzt fast überall auf der Welt in Teichen, Seen und Flüssen lebt. Obwohl Karpfen das ganze Jahr zu haben ist, schmeckt er am besten im Winter. Er muß entschuppt, gereinigt und vor dem Kochen 3-4 Stunden in mild gesalzenes Wasser gelegt werden. Er kann frisch, tiefgefroren oder geräuchert gekauft werden, als ganzer Fisch oder in Stücken. Man kann ihn backen, pochieren, braten oder dämpfen.

Verkleinerung ca. 50%

LACHS
Lachs kommt in den kühleren Gewässern der gesamten nördlichen Hemisphäre vor und ist einer der besten Speisefische überhaupt. Sein festes, öliges Fleisch, delikat und schmackhaft, kann von rosa bis dunkelroter Farbe sein. Die im Pazifik leben-den Arten sind im allgemeinen dunkler. Die meisten Lachse reifen im Meer heran, kehren aber – während einiger Wochen von Dezember bis August, in denen man den Fisch im allgemeinen frisch kaufen kann – je nach Art zum Laichen zu den Küstenströmen zurück. Lachskonserven, gefrorene Lachsfilets und geräucherter Lachs ist das ganze Jahr über erhältlich. Der köstliche rote Rogen ist als Lachs-kaviar bekannt. Marinierter Lachs ist eine skandinavische Spezialität.

LACHSFORELLE, Meerforelle
Dieser in Nordatlantik, Ostsee und Nordsee heimische Fisch, größer als die Forelle, aber kleiner als der Lachs, wird häufig mit dem Lachs verwechselt, wenn er aus dem Meer in die europäischen Küstengewässer zum Laichen zurückkehrt. Sein blaßrosa und köstlich schmeckendes Fleisch, das während der Sommermonate am besten ist, schmeckt besonders gedünstet und kalt delikat, wird aber auch für Gerichte wie Lachsforelle in Aspik verwendet. Lachsforelle ist zu zart zum Räu-chern, aber alle anderen für Forelle oder Lachs geeigneten Zubereitungsmethoden eignen sich auch für sie. Da sie billiger als Lachs ist, wird sie häufig als Lachsersatz verwendet.

Salzwasserfische

Siehe auch S. 261

Verkleinerung ca. 50%

SEEBARBE
Dieser 450–900 g schwere Fisch kommt aus dem Atlantik und ist jetzt auch in den Küstengewässern des Mittelmeers zu finden. Er wird das ganze Jahr über gefangen, ist aber in den Sommermonaten am besten; sein Fleisch ist geschmackvoll, fest und weiß und eignet sich zum Braten, Backen, Dämpfen oder Grillen. Gewöhnlich kocht man ihn ganz. Kenner lassen während des Kochens die Leber im Fisch.

SCHNAPPER
Dieser Fisch aus dem Golf von Mexiko kann bis zu 13,5 kg wiegen und hat ausgezeichnetes, weißes, cremiges Fleisch. Weniger als 2,5 kg wiegende Fische werden gewöhnlich ganz (und gefüllt) gebacken. Größere Fische werden in Filets oder Steaks geschnitten und können gegrillt (mit Zitronenbutter), in schwimmendem Fett gebraten (mit Remouladensauce serviert), sautiert, pochiert und in Suppen gegeben werden. Schnapper ist das ganze Jahr erhältlich und wird meist frisch verkauft. Es gibt auch eine graue Variante, die jedoch kleiner und nicht so schmackhaft ist.

ZACKENBARSCH
Ein Meeresfisch, der in Europa vor den südlichen Atlantik- und den Mittelmeerküsten sowie vor der Ostküste Amerikas lebt. Es ist ein fester, weißer Fisch, der bis zu 4,5 kg wiegen kann (der Barsch der Pazifikküste kann zwanzigmal soviel wiegen), doch der zum Kochen angebotene ist wesentlich kleiner. Man kauft ihn gewöhnlich frisch und im Ganzen oder als Steaks und Filets; er eignet sich zum Pochieren, Backen oder Grillen.

GOLDMAKRELE
Goldmakrelen leben im Atlantik, Pazifik und Mittelmeer, und es gibt rote, graue und bläuliche Unterarten, die bis zu 1,5 kg wiegen. Alle haben festes, weißes Fleisch; die Goldmakrele hat jedoch den feinsten Geschmack. Sie ist das ganze Jahr erhältlich, wird meist als ganzer Fisch und frisch gekauft. Größere Fische können geschmort, gebacken und gefüllt werden, die kleineren eignen sich zum Grillen.

MEERÄSCHE
Keine Verwandte der kleineren, festfleischigeren roten Seebarbe, schmeckt aber ähnlich wie der Seebarsch. Meeräsche ist das ganze Jahr erhältlich und man kann sie als ganzen Fisch oder in Filets kaufen. Die kleineren Exemplare können in der Folie oder im Grill gegart werden, größere werden gebacken und die Filets pochiert.

SEEHECHT
Seehechtarten gibt es fast überall auf der Welt. Der Seehecht ist
ein großer Salzwasserfisch aus der Kabeljaufamilie, mit etwas
festerem, weißem Fleisch, und ganzjährig erhältlich. Kleinere
Seehechte mit einem Gewicht zwischen 900 g und 1,5 kg können ganz gedünstet werden; größere Seehechte werden in Filets,
Steaks oder Koteletts zerschnitten und frisch oder tiefgefroren,
in Dosen oder geräuchert verkauft. Man kann sie sautieren, braten, schmoren oder grillen, aber gewöhnlich werden sie in *Court
bouillon* oder gewürzter Fischbrühe gekocht und mit Zitrone
oder Kräuterbutter serviert. Man kann sie auch dünsten, abkühlen lassen und mit Mayonnaise servieren. Seehecht eignet sich
ausgezeichnet zu Eintopf- und Auflaufgerichten und Suppen
und ist auch in Kabeljau- oder Rotbarsch-Rezepten zu verwenden. Gepökelter Seehecht wird wie gepökelter Dorsch zubereitet
und verwendet.

KABELJAU

Kabeljau ist einer der wichtigsten Speisefische der Welt und lebt in den kalten nördlichen Gewässern des Atlantiks, besonders vor den Küsten Neuenglands, Neufundlands, Islands und Norwegens. Er hat weiches, weißes Fleisch und kann bis zu 36 kg schwer werden. Kabeljau ist das ganze Jahr über erhältlich und wird frisch als ganzer Fisch verkauft, wenn er noch jung und klein ist (dann eignet er sich besonders gut zum Dünsten und Backen), oder als frische oder tiefgefrorene Filets und Steaks (die gebraten, geschmort oder gegrillt werden können). Er ist auch gesalzen, geräuchert und getrocknet (S. 168–169) erhältlich und in dieser Form eine wichtige Zutat in der Küche des Mittelmeer- und der Karibik. Dorschrogen wird ebenfalls frisch, in Dosen und geräuchert (S. 173) verkauft.

WITTLING, Weißfisch

Weißfisch ist ein europäischer Salzwasserfisch, der vor den Küsten der Ostsee bis zum Mittelmeer vorkommt. Er wird frisch, tiefgefroren, geräuchert und gesalzen verkauft und eignet sich zum Braten, Dünsten oder Grillen. Weißfisch ist das ganze Jahr im Handel.

SARDINE
Die zahlreichen Arten dieses kräftig schmeckenden, fetten Fisches, der im Atlantik und im Mittelmeer vorkommt, können von sehr unterschiedlicher Größe sein. Der Name »Sardine« ist dem jüngeren Fisch vorbehalten; ältere heißen »Pilchard« (drei oder vier größere Fische ergeben eine gute Portion). Sie sind frisch oder in Dosen das ganze Jahr über zu haben; man kann sie backen, braten, in der Folie oder im Grill garen.

STRÖMLING, Breitling
Das ist der Name der jungen Heringe und Sprotten, die im Mittelmeer und Atlantik zu finden sind. Die silbrigen Fische werden frisch oder tiefgekühlt verkauft und sind so klein, daß man sie nicht ausnehmen und putzen muß, sondern ganz ißt. Sie werden gewöhnlich in Mehl gewendet und fritiert, bis sie goldbraun und knusprig sind.

SPROTTE
Ein nahrhafter, fetter, mit dem Hering verwandter Fisch, der frisch und geräuchert (S. 172) erhältlich ist und auf dem Rost gebraten, gebacken oder gegrillt werden kann. Geräucherte Sprotten in Öl sind in Nord- und Osteuropa eine beliebte Delikatesse. Im Winter sind Sprotten am besten.

MAKRELE
Ein fetter, dunkel gefleckter Fisch aus dem Mittelmeer, Atlantik und Pazifik, der besonders gut am Spieß gebraten ist und sich auch zum Backen, Räuchern, Garen in der Folie oder im Grill eignet. Mit viel Zitronensaft oder einer anderen sauren Zutat wird sie in manchen Ländern roh gegessen. Die Makrele ist das ganze Jahr hindurch auf dem Markt.

STINT
Der Stint wird oft mit der Sprotte verwechselt, ist aber ein Mitglied der Lachsfamilie und somit viel delikater und weniger fett. Die Gräten sind so weich, daß der Fisch oft ganz gegessen wird. Stint ist im Winter erhältlich und wird gewöhnlich fritiert gegessen.

HERING
Ein fetter Fisch aus dem Atlantik und Pazifik, der einst so billig war, daß er als Armenspeise galt. Heute jedoch ist er eine große Köstlichkeit. Hering wird ganz oder filetiert verkauft und kann gebacken, gebraten, in der Folie oder im Grill gegart werden. Sein hoher Fettgehalt macht ihn ideal zum Einlegen (als Rollmops, saurer und marinierter Hering) und zum Räuchern, (S. 170–171). Heringe sind im Sommer am besten.

Salzwasserfische

Siehe auch S. 261

Verkleinerung ca. 75%

POLLACK
Pollack wird das ganze Jahr über vor den Küsten des Nordatlan-
tiks von Neufundland bis Nordeuropa gefangen und häufig fang-
frisch angeboten. Er hat ein recht festes, weißes Fleisch und läßt
sich wie frischer Seehecht oder Kabeljau zubereiten, obwohl sein
Geschmack als etwas weniger gut gilt. Er schmeckt gut in gemischten Fischsuppen, wie der französischen *Bourride* oder
Chaudré, oder gedünstet und mit einer pikanten Sauce serviert.

SEELACHS
Ein weichfleischiger, weißer Fisch, der mit Kabeljau
und Pollack verwandt ist. Seelachs wird das ganze
Jahr über in großen Mengen in der Nordsee und im
Nordatlantik gefischt und gewöhnlich filetiert (frisch
oder tiefgefroren) verkauft; das rosa-graue Fleisch
wird beim Kochen weiß. Er eignet sich nicht zum
Grillen, kann aber sonst wie Dorsch zubereitet werden. Wird gewöhnlich in Suppen, Fischauflaufgerich-
ten und Frikadellen verwendet.

SEETEUFEL
Dieser Tiefseefisch, der vor den Mittelmeer- und Atlantikküsten Europas, Afrikas und Amerikas heimisch ist, hat einen so häßlichen, schweren Kopf, daß gewöhnlich nur der Schwanz verkauft wird. Sein Fleisch, das im Durchschnitt zwischen 1–1,5 kg wiegt, ist fest, weiß und saftig und wird geschmacklich manchmal mit Hummerfleisch verglichen. Man kann es dünsten, backen, schmoren oder grillen und es schmeckt mit einer Buttersauce, wie *Choron* oder *Hollandaise,* hervorragend. Kalt wird er mit Remoulade serviert; köstlich ist er auch in Stücke geschnitten, mit Pfannkuchenteig in schwimmendem Fett herausgebacken und mit *Sauce tartare* serviert.

SCHELLFISCH
Gewöhnlich geräuchert und in England als *Smoked Haddock* bekannt, ist dieser Nordatlantikfisch das ganze Jahr über in Filets oder Scheiben sowohl frisch als auch tiefgefroren erhältlich. Sein festes Fleisch ist mit Mandeln sautiert besonders gut.

HECHTDORSCH
Der größte Fisch aus der Kabeljaufamilie war einst so populär, daß er »Meeresrind« genannt wurde. Heute jedoch wird sein weiches, weißes Fleisch nur gesalzen oder geräuchert und selten frisch angeboten.

Verkleinerung ca. 80%

SEEZUNGE
Der edelste aller Seespeise-
fische wird in europäischen
Gewässern gefangen und
frisch und tiefgefroren in die
ganze Welt exportiert. Seezunge kann ganz oder in Filets zerteilt auf vielfältige Weise zubereitet werden und ist
das ganze Jahr erhältlich.

GOLDBUTT
Dieser Fisch aus der
Nordsee und den
isländischen Gewäs-
sern wird frisch und
tiefgefroren, ganz oder
als Filets verkauft. Er
kann gebraten, gedün-
stet oder gegrillt wer-
den und ist das ganze
Jahr erhältlich.

LIMANDE, Rotzunge
Dieser Fisch ist von Dezember bis
März am besten. Er hat weniger Geschmack als die Ostender Seezunge,
kann aber genauso zubereitet werden.

PLATTROCHEN
Im Mittelmeer und in den nordamerikanischen Gewässern leben zahlreiche Arten. Plattrochen wird
frisch verkauft, und nur die »Flügel« werden gegessen. Die Hauptsaison dauert von Oktober bis April.
Plattrochen kann pochiert, gebraten oder gegrillt
werden.

SCHOLLE
Ein von der Arktis bis zur Antarktis verbreiteter Plattfisch mit zahlreichen
Arten. Schollen sind das ganze Jahr erhältlich und werden frisch, tiefgefroren
und geräuchert verkauft. In Europa ist die **Flunder** ein vor allem in der Ostsee
verbreiteter Plattfisch *(Platichthys,* spp.*).* Man brät sie ganz oder in Filets.

HEILBUTT
Er lebt im Nordpazifik und im Nordatlantik, wird frisch, tiefgefroren, in
Dosen und geräuchert verkauft und
kann pochiert oder gebacken werden.

GLATTBUTT, Kleist
Man findet ihn das ganze Jahr
über in europäischen Gewässern und im Atlantik. Er kann
halbiert, in Scheiben oder
Filets geschnitten werden und
schmeckt am besten gebraten.

SCHARBE, Kliesche
Sie wird auf beiden Seiten des Atlantiks
gefangen, am besten ist sie von April bis
November. Oft werden Filets verkauft, die
man wie Goldbutt zubereiten kann.

STEINBUTT
Dieser große Nordseefisch ist das ganze
Jahr erhältlich. Er wird als ganzer Fisch,
in Scheiben oder Filets verkauft und kann
pochiert oder gebacken werden; Steaks
sind auch gebraten, gedämpft oder gegrillt
sehr gut.

155

Krustentiere

Siehe auch S. 264

HUMMER

Ein im Atlantik und Mittelmeer lebendes Krustentier, von dem es verschiedene Arten gibt. Hummer ist das ganze Jahr über erhältlich und kann frisch oder tiefgefroren, lebendig oder in seinem Panzer gekocht gekauft werden. Lebender Hummer ist tiefblau; beim Kochen nimmt er eine hellrote Farbe an (wie in der Abbildung). Man kann Hummer backen, dämpfen, schmoren, kochen oder grillen. Das Hummerweibchen enthält manchmal Eier, den roten Rogen oder Corail.

**KAISERGRANAT,
Kronenhummer, Scampi, Prawn**
Dieser im östlichen Atlantik und im Mittelmeer lebende Langschwanzkrebs wird frisch oder tiefgefroren, lebend oder gekocht (wie abgebildet), mit oder ohne Schale verkauft. Lebend ist Kaisergranat von sehr hellem Rosa. Scampi sind das ganze Jahr über erhältlich.

FLUSSKREBS, Ecrevisse
Ein Süßwasserkrustentier, das heute hauptsächlich in Nord- und Osteuropa und einigen Gegenden Frankreichs vorkommt. Flußkrebse sind rar, theoretisch aber das ganze Jahr über erhältlich und können lebend oder gekocht (wie abgebildet) gekauft werden. Lebender Flußkrebs ist zartrosa und besonders in Skandinavien beliebt. Er ist die Hauptzutat von *Nantua*-Sauce.

OSTSEEGARNELEN, Shrimps, Gamberetti
Es gibt verschiedene Arten dieses kleinen Krustentieres, die höchstens 10 cm lang
werden. Roh sind sie blaßrosa (die abgebildeten sind gekocht); man erhält sie frisch,
tiefgefroren oder in Dosen.

HUMMERKRABBEN
Es gibt mehrere Arten dieses aus dem Mittelmeer stammenden, jetzt auch im Atlantik lebenden Krustentiers. Hummerkrabben können gedämpft, gedünstet oder gegrillt werden, und man verwendet sie gern für Cocktails und Salate. Sie sind frisch und tiefgefroren erhältlich, meist gekocht, doch kann man sie auch ungekocht (mit oder ohne Schale) kaufen.

Gekochte Hummerkrabbe

Ungekochte Hummerkrabbe

LANGUSTE
Diese in den meisten gemäßigten Küstengewässern lebenden scherenlosen Krustentiere wiegen zwischen 500 g und 2 kg. Das meiste Fleisch sitzt in den Schwänzen und kann wie Hummerfleisch zubereitet werden. Langusten sind frisch und tiefgefroren erhältlich und man kann sie dämpfen und kochen. Anders als andere Krustentiere, wie etwa Hummer, werden sie beim Kochen nicht leuchtend rot (siehe Abbildung).

Krustentiere

Siehe auch S. 264

TASCHENKREBS
Diese große, in Mittelmeer und Atlantik lebende Krabbenart hat mächtige Scheren – beim Männchen größer als beim Weibchen –, die weißes Fleisch enthalten (das Fleisch im Panzer ist dunkel). Man kann sie lebend, ungekocht im Panzer (wie abgebildet), gekocht (mit oder ohne Panzer), frisch und in Dosen kaufen. Manchmal werden Taschenkrebse auch tischfertig zubereitet angeboten. Sie sind das ganze Jahr über erhältlich und können gebacken, gedünstet oder gekocht werden. Beim Kochen wird der Taschenkrebs hellrot.

BLAUE KRABBE
Die Blaue Krabbe stammt von der Ostküste Amerikas und lebt auch im Nord- und Südatlantik und im östlichen Mittelmeer. Sie ist das ganze Jahr über im Handel und kann im Sommer als weichschalige Krabbe gekauft werden; sonst wird sie lebend, ungekocht im Panzer (wie gezeigt), gekocht (mit oder ohne Panzer), frisch, tiefgefroren oder in Dosen verkauft. Blaue Krabben kann man backen, dämpfen oder kochen; beim Kochen werden sie rot.

SEESPINNE
Diese in Südatlantik und Mittelmeer lebende Krabbenart ist besonders in Italien beliebt. Sie ist das ganze Jahr über lebend, ungekocht im Panzer (wie gezeigt) und gekocht (mit oder ohne Panzer) im Handel. Man kann sie backen, dämpfen oder kochen; sie wird beim Kochen hellrot.

Froschschenkel und Weichtiere

Siehe auch S. 264

FROSCHSCHENKEL
Sie werden wegen ihrer zarten Konsistenz
geschätzt und schmecken manchmal nach
Huhn. Sie sind in Dosen, tiefgefroren und
frisch erhältlich und werden gewöhnlich
fertig zubereitet angeboten. Sie können
sautiert, in Eierteig gebacken, gedünstet
oder gegrillt werden.

WEINBERGSCHNECKEN
Sie sind von leicht elastischer
Konsistenz und werden frisch
oder in Dosen verkauft. Gewöhnlich serviert man sie mit Knoblauchbutter im Gehäuse.

KALMAR
Dieser Kopffüßer lebt überall in
den Gewässern der gemäßigten
Zone und ist frisch oder tiefgefroren erhältlich. Seine Tintenbeutel
enthalten eine dunkelbraune Flüssigkeit, die oft in die Sauce gegeben wird, in der man ihn kocht.
Kleinere Kalmare können sautiert,
pochiert oder gegrillt werden;
größere werden oft gedünstet.

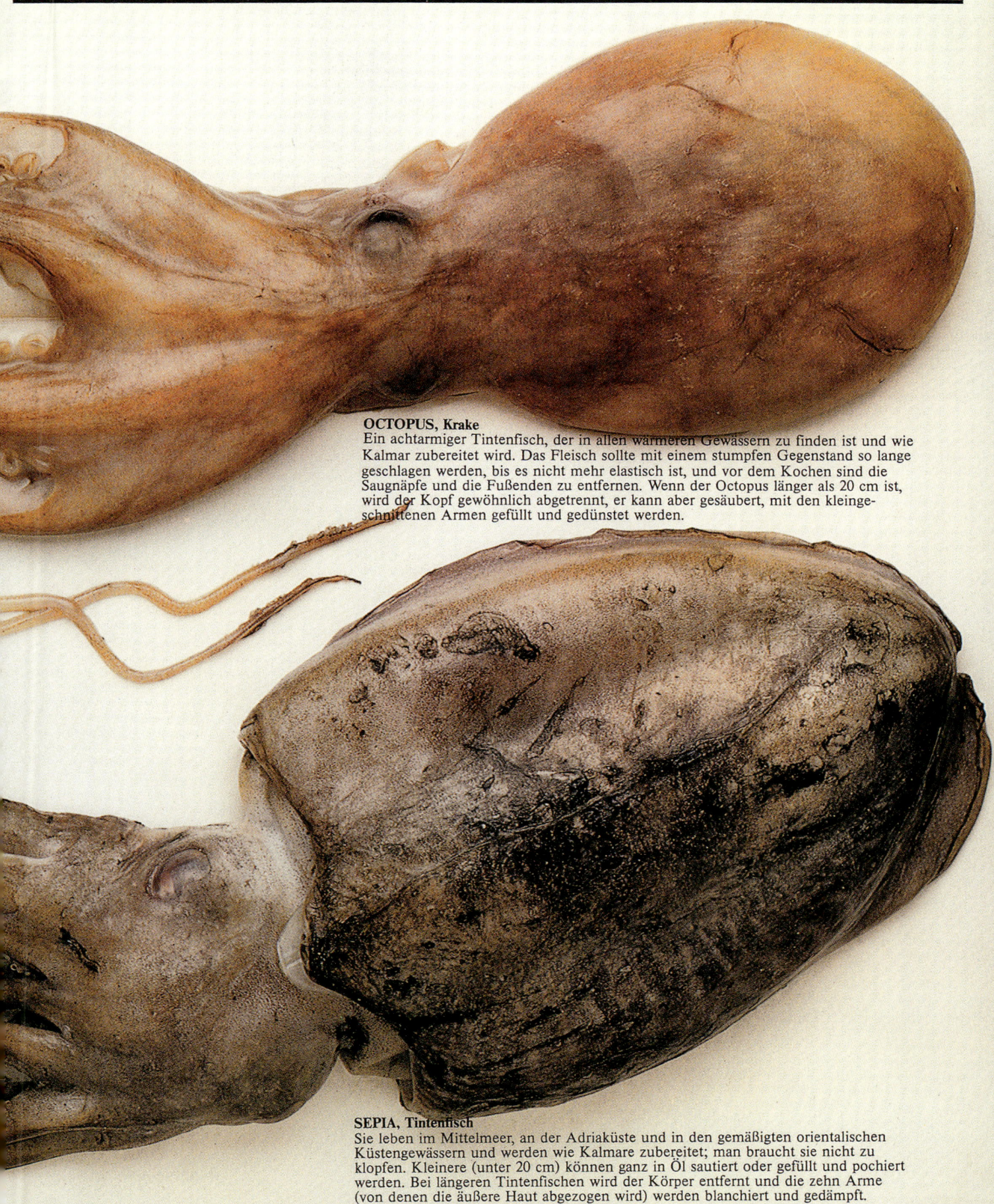

OCTOPUS, Krake
Ein achtarmiger Tintenfisch, der in allen wärmeren Gewässern zu finden ist und wie Kalmar zubereitet wird. Das Fleisch sollte mit einem stumpfen Gegenstand so lange geschlagen werden, bis es nicht mehr elastisch ist, und vor dem Kochen sind die Saugnäpfe und die Fußenden zu entfernen. Wenn der Octopus länger als 20 cm ist, wird der Kopf gewöhnlich abgetrennt, er kann aber gesäubert, mit den kleingeschnittenen Armen gefüllt und gedünstet werden.

SEPIA, Tintenfisch
Sie leben im Mittelmeer, an der Adriaküste und in den gemäßigten orientalischen Küstengewässern und werden wie Kalmare zubereitet; man braucht sie nicht zu klopfen. Kleinere (unter 20 cm) können ganz in Öl sautiert oder gefüllt und pochiert werden. Bei längeren Tintenfischen wird der Körper entfernt und die zehn Arme (von denen die äußere Haut abgezogen wird) werden blanchiert und gedämpft.

Weichtiere

Siehe auch S. 26

Amerikanische Chowder Clam

Tellmuschel

Islandmuschel

VENUSMUSCHEL
Von diesem Weichtier gibt es weich- und
hartschalige Arten, einige der hartschali-
gen sind abgebildet. Diese Muscheln mit
bräunlichen Schalen findet man an der
amerikanischen Atlantikküste in großen
Mengen, aber sie werden auch in einigen
europäischen Gewässern besonders gezüchtet, z. B. in der Bucht von Bourgneuf.
Größere, kräftiger schmeckende, hartschalige werden gewöhnlich für Eintopfgerichte verwendet, während einige der kleineren **Cherrystone**-Arten roh gegessen werden; die größeren **Littleneck**-
Venusmuscheln kann man dämpfen und
mit zerlassener Butter servieren.

NABELSCHNECKE
Meist haben sie ein dun-
kelbraunes Haus. Obwohl
es sie auf beiden Seiten
des Atlantiks gibt, sind sie
in England sehr viel be-
liebter als in Amerika. Nabelschnecken werden im
allgemeinen in siedendem
Salzwasser gegart und
manchmal mit einer Sauce
serviert.

WELLHORNSCHNECKE
Sie hat im allgemeinen ein
bräunliches oder graues
Gehäuse und kommt auf beiden Seiten des Atlantischen Ozeans vor, obwohl die nordamerikanische Art
im allgemeinen sehr viel größer ist. Wellhornschnek-
ken werden gewöhnlich in einem geschlossenen Topf
in ein wenig Wasser gekocht, aber es gibt sie auch in
Dosen, vorgekocht oder gepökelt, im Handel.

MIESMUSCHEL, Pfahlmuschel
Ihre blauviolette Schale ist weithin bekannt.
Miesmuscheln werden in siedendem Wasser oder
Wurzelsud gegart und in der Schale serviert. Ihre
bekannteste Zubereitungsart ist *Moules Marinière*.

Auster (Fines Claires)

**Portugiesische
Auster
(Arcachon)**

AUSTER
Von diesem im Mittelmeer, Atlantik und Pazifik lebenden Weichtier gibt es viele Arten,
von denen jede eine andere Größe
und einen anderen braunen Farbton
hat. Am besten sind Austern roh aus
der Schale (mit dem Saft). Werden sie
heiß gemacht, sollten sie nur leicht
gekocht sein. Die riesige amerikanische Pazifik-Auster kann mehr als
doppelt so groß wie europäische
Arten sein.

HERZMUSCHEL
Herzmuscheln mit ihren bleichen Schalen
sind im Mittelmeer, der Ostsee und im amerikanischen Atlantik weit verbreitet. Man kann
sie roh oder gekocht essen.

**JAKOBSMUSCHEL,
Pilgermuschel**
Eine rosa getönte Muschel
mit einem auffällig ge-
formten Rand, die auf beiden Seiten des Atlantiks
vorkommt. In Amerika ißt
man nur den weißen Mus-
kel; in Europa wird auch
der rosa Rogen gegessen.

165

Seetang

Siehe auch S. 267

KOMBU
Eine getrocknete Seetangart, die besonders in Japan verbreitet ist, wo sie für *Dashi*-Suppe und ein teeartiges Getränk verwendet wird. Vor dem Gebrauch sollte sie gewaschen werden.

NORI
Eine eßbare Algenart, die in Fladen gepreßt und getrocknet verkauft wird. In Japan macht man *Sushi*, ein Reis-Fisch-Gericht, damit und verwendet sie zum Garnieren verschiedener Speisen.

QUALLE
Getrocknete und gesalzene Quallenstreifen, die als Meerespflanzen verkauft und meist auch dafür gehalten werden. Sie werden in der chinesischen, japanischen und südostasiatischen Küche verwendet.

MEKABU
Eine japanische Meerespflanze mit lappigen Blättern, ähnlich wie *Wakame* (die traditionelle japanische Meerespflanze), erhältlich in Form getrockneter, gedrehter Stränge, die vor dem Gebrauch eingeweicht werden müssen; man verwendet sie hauptsächlich für Suppen, Salate und als Garnierung.

PERLTANG, Irischer Knorpeltang
Eine Meerespflanze, die an den Küsten Nordeuropas und Neuenglands von Hand gepflückt wird und aus dem ein Agar-Agar-ähnliches Bindemittel gewonnen wird; man kann Perltang auch kochen und wie Spinat als Gemüse essen.

ROTALGE
Eine grobe nördliche Meerespflanze, die in frischem Zustand rot ist. Sie wird an den Küsten der Britischen Inseln, Islands und Kanadas geerntet. Sie wird gewöhnlich getrocknet verkauft, kann wie Spinat gekocht oder wie Kaugummi gekaut werden.

Marinierter und Räucherfisch

Siehe auch S. 267
KONSERVIERTER FISCH

SARDELLEN IN ÖL, Anchovis
Sardellen werden gewöhnlich filetiert, gesalzen und in Öl konserviert, sind aber auch gesalzen im Glas erhältlich. Sie schmecken sehr kräftig und werden für Appetithappen, Pizza und Sardellenbutter verwendet.

THUNFISCH IN ÖL
Thunfisch ist zum Eindosen sehr geeignet; gewöhnlich wird er in Öl eingelegt. Das feste Fleisch schmeckt gut auf Sandwiches, in kalten Speisen und Auflaufgerichten.

ÖLSARDINEN
Diese kleinen Heringsfische (S. 150) werden gewöhnlich im Ganzen in Öl (wie abgebildet) oder in Tomatensauce konserviert. Durch das Einlegen werden die Gräten weich und man kann sie mitessen. Ölsardinen werden vor allem für Vorspeisen und Sandwiches verwendet.

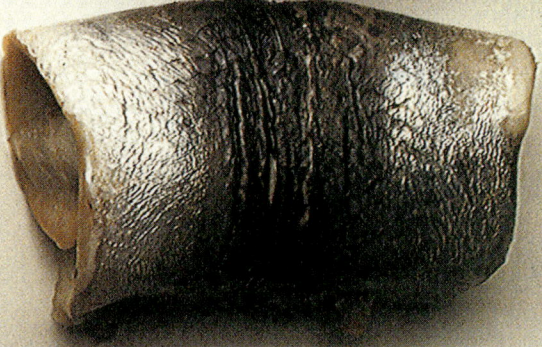

ROLLMOPS
Der rohe Hering wird geköpft, ausgenommen und entgrätet; in das doppelte Filet wird dann Essiggemüse eingerollt und das Ganze in gewürztem Essig mariniert. Nach einigen Tagen kann der Rollmops mit Schwarzbrot und Butter gegessen werden.

MATJESHERING
Ein eingelegter junger, noch nicht laichreifer Hering; er wird gewöhnlich ganz und gesalzen aus dem Faß gekauft, es werden aber auch gesalzene Filets (unten) angeboten. Vor Gebrauch sollte er gut gewässert werden.

Getrockneter Fisch

Verkleinerung ca. 50 %

BOMBAY DUCK, Bombil
Seinem Namen zum Trotz ist dies ein ungesalzener, sonnengetrockneter Fisch. Der frische Fisch stammt von einer langen, silbrigen »Bummalao« genannten indischen Seewelsart, die dort oft frisch gegessen wird. Bekannter ist er aber in seiner getrockneten Form, in der er als Würze in Currys verwendet wird.

KLIPPFISCH, Bacalao
Gesalzener und getrockneter Dorsch. Der frische Fisch wird im Nordatlantik gefangen und dann von europäischen Ländern (oft schon getrocknet) importiert. Man kann ihn entweder ganz, wie abgebildet, oder in Stücke zerschnitten kaufen; er wird in der iberischen Küche viel für Eintopf- und Auflaufgerichte verwendet, z.B. im berühmten *Bacalao à la vizcaina*. Vor dem Kochen muß man ihn über Nacht einweichen.

HAIFISCHFLOSSEN
Dies ist der getrocknete Knorpel einer Haifischflosse und wird viel in der orientalischen Küche, wo er als Delikatesse gilt, verwendet. Vor Gebrauch müssen Haifischflossen über Nacht eingeweicht werden; sie sind vor allem als Hauptzutat von Haifischsuppe bekannt.

Räucherfisch

Siehe auch S. 267

Verkleinerung ca 50 %

GERÄUCHERTE FORELLE
Sowohl die Regenbogen- als auch die Bachforellen eignen sich zum Räuchern, aber meist wird die Regenbogenforelle verwendet. Sie wird ausgenommen, der Kopf belassen, in Lake eingelegt und dann heiß geräuchert (bei einer Temperatur von über 26° C). Geräucherte Forelle wird gern als Vorspeise mit dünn geschnittenem Schwarzbrot, Butter und Zitronenscheiben serviert.

BÜCKLING
Von den vielen geräucherten Heringsarten ist der Bückling zweifellos die beste. Er wird in Deutschland, England, in den Niederlanden und Norwegen hergestellt. Dieser heißgeräucherte Fisch wird wie geräucherte Forelle serviert.

KIPPER
Ein sehr beliebter englischer Räucherfisch, der dick, saftig und gut geräuchert sein sollte. Kippers werden im Ganzen verkauft, gewöhnlich paarweise oder als Filets, die auch tiefgefroren erhältlich sind. Man kann sie als *Pâté* zubereiten oder auch schmoren oder grillen. Sie sind Bestandteil des traditionellen englischen Frühstücks.

RÄUCHERAAL
Ein gut geräucherter Aal ist eine saftige Köstlichkeit, von butterweicher Konsistenz. Holländische Räucheraale werden allgemein zu den besten gezählt.

GERÄUCHERTE MAKRELE
Räuchern verstärkt den schon vollen, kräftigen Geschmack der Makrele. Sie ist eßfertig und wird gewöhnlich mit Zitronenscheiben als Vorspeise serviert.

GERÄUCHERTER LACHS
Räucherlachs, der edelste Räucherfisch überhaupt, wird gewöhnlich in papierdünnen Scheiben, mit einer halben Zitrone garniert, als Vorspeise gereicht. Er wird in Filets verkauft, die vor dem Kalträuchern trocken eingesalzen werden.

GERÄUCHERTER SCHELLFISCH,
Smoked Haddock, Finnan Haddie
Die abgebildete Schellfischart, die ursprünglich aus dem Ort Finnan in Aberdeenshire, Schottland, stammt und danach benannt wurde, wird traditionellerweise über einem Torffeuer geräuchert. Man kann ihn mit einer gehaltvollen Eiersauce oder zerkleinert und als Omelettfüllung essen. Er ist auch eine Zutat in *Kedgeree,* dem klassischen englischen Frühstücksgericht aus Fisch und Reis.

ARBROATH SMOKIE
Eine geräucherte Schellfischart von der Ostküste Schottlands, gewöhnlich ohne Kopf und ausgeweidet, aber sonst im Ganzen gelassen. *Arbroath Smokies* werden häufig paarweise verkauft und gewöhnlich als Vorspeise serviert.

Räucherfisch und Rogen

Siehe auch S. 267

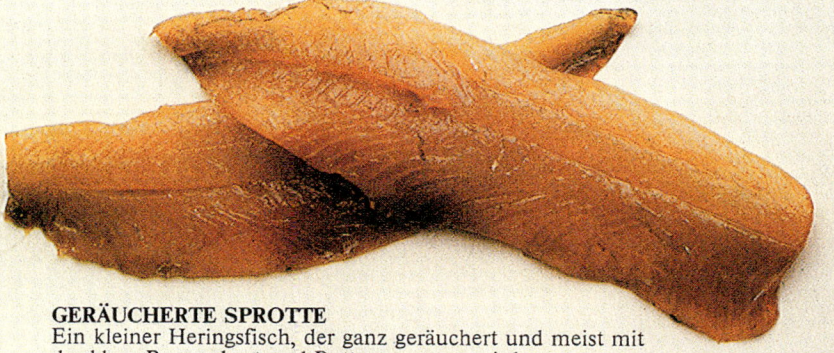

GERÄUCHERTER STÖR
Eine Delikatesse, in der Feinschmeckerwelt hochgeschätzt und sehr teuer.
Er sollte dünn geschnitten und als Vorspeise serviert werden.

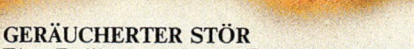

Frischer
Sevruga-Kaviar

GERÄUCHERTE SPROTTE
Ein kleiner Heringsfisch, der ganz geräuchert und meist mit
dunklem Roggenbrot und Butter gegessen wird.

SEVRUGA-KAVIAR
Kaviar wird nach der Störart, der er
entnommen wird, benannt. Dieser ist
einer der kleinstkörnigen. Er wird frisch
(oben) und gepreßt (unten) verkauft. Gepreßter Kaviar wird aus beschädigtem
Rogen hergestellt und ist gesalzen.

GERÄUCHERTER HEILBUTT
Gewöhnlich ist es der grönländische Heilbutt, der geräuchert wird, und dem
recht fetten Fisch scheint das Räuchern zu bekommen. Ein Serviervor-
schlag: in Scheiben auf einem offenen Sandwich, mit Zitronenscheiben garniert.

Gepreßter
Sevruga-Kaviar

Heringsmilch
Das Sperma des männlichen Fisches, von cremiger, weicher Beschaffenheit.
Es wird häufig in Butter gebraten und mit Zitronenscheiben serviert. Es gibt
auch eine andere, harte Variante, die aber sehr selten ist.

DORSCHROGEN
Auch ungekocht und gekocht erhältlich, ist hier die geräucherte Variante
abgebildet, mit der eine Art von *Taramasalata,* einem bekannten griechischen Gericht, zubereitet wird. Gebrühten Rogen kann man braten, schmoren oder grillen.

Frischer Beluga-Kaviar

Roter Seehasenrogen

BELUGA-KAVIAR
Der Kaviar mit den größten Körnern –
und der teuerste. Oben ist der frische
abgebildet, rechts der pasteurisierte und
unten der gepreßte.

Pasteurisierter Beluga-Kaviar

Schwarzer Seehasenrogen

Gepreßter Beluga-Kaviar

SEEHASENROGEN
Seehasenrogen kommt meist aus Island, und es gibt
sowohl rote als auch schwarze Arten. Er wird von
Kennern nicht so hoch geschätzt wie Kaviar, kann
aber eine gute Einführung sein.

LACHSROGEN
Lachsrogen wird wie Kaviar gegessen und manchmal als Kaviar bezeichnet, obwohl dieser Begriff eigentlich nur auf Störrogen zutrifft.

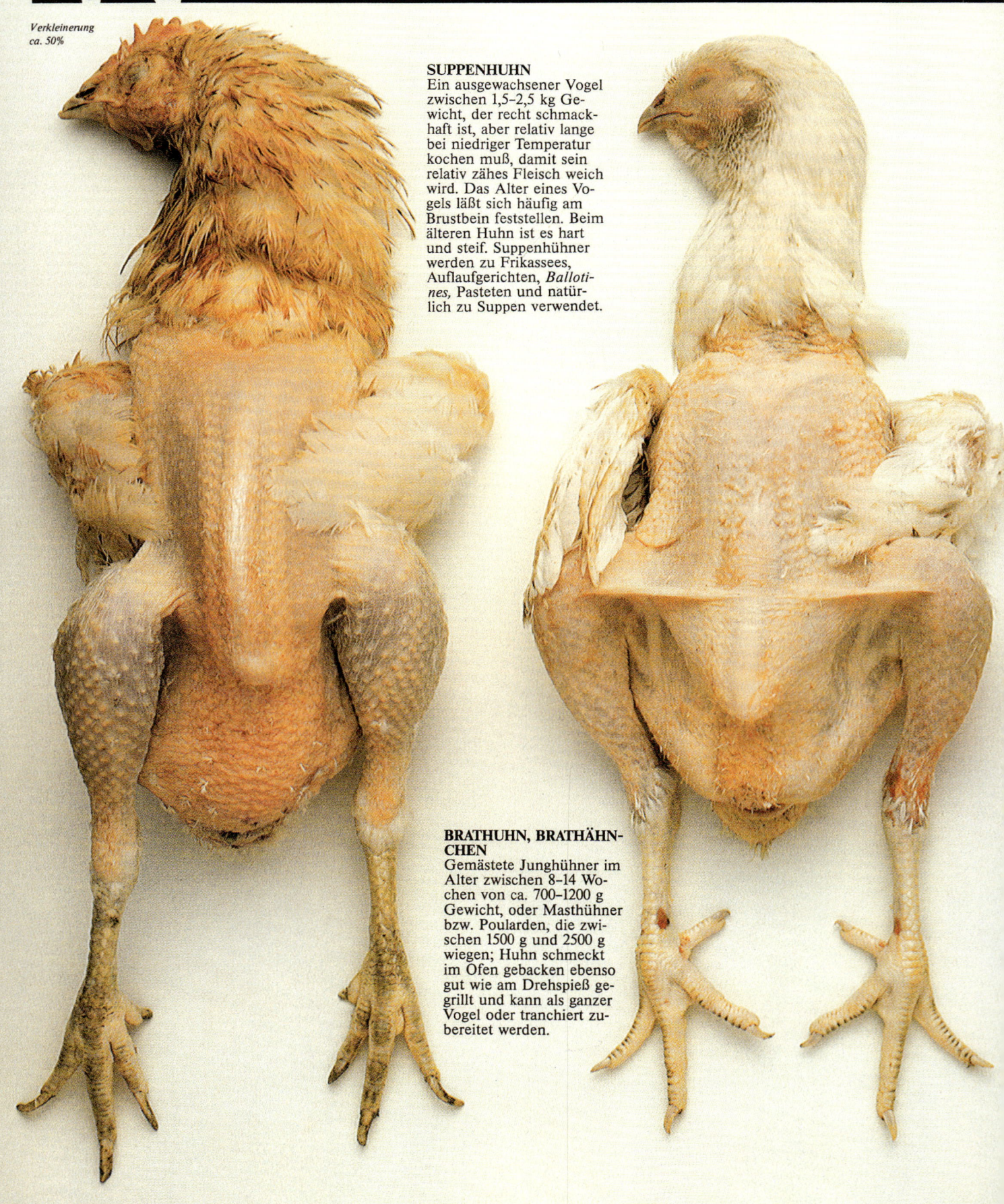

Verkleinerung ca. 50%

SUPPENHUHN

Ein ausgewachsener Vogel zwischen 1,5–2,5 kg Gewicht, der recht schmackhaft ist, aber relativ lange bei niedriger Temperatur kochen muß, damit sein relativ zähes Fleisch weich wird. Das Alter eines Vogels läßt sich häufig am Brustbein feststellen. Beim älteren Huhn ist es hart und steif. Suppenhühner werden zu Frikassees, Auflaufgerichten, *Ballotines,* Pasteten und natürlich zu Suppen verwendet.

BRATHUHN, BRATHÄHNCHEN

Gemästete Junghühner im Alter zwischen 8–14 Wochen von ca. 700–1200 g Gewicht, oder Masthühner bzw. Poularden, die zwischen 1500 g und 2500 g wiegen; Huhn schmeckt im Ofen gebacken ebenso gut wie am Drehspieß gegrillt und kann als ganzer Vogel oder tranchiert zubereitet werden.

KAPAUN
Ein junger Gockel, der kastriert und gemästet wurde. Kapaune wiegen zwischen 2,5 und 3,5 kg und sind für ihr besonders zartes, saftiges weißes Fleisch bekannt. Gewöhnlich werden sie auf dem Rost gebraten, können aber auch wie andere Hühner zubereitet werden.

STUBENKÜKEN
Gemästete Hühnchen im Alter von 6–8 Wochen, etwa 400–600 g schwer. Für festes Fleisch und guten Geschmack sollte der Vogel nicht allzu jung sein. Hamburger Küken (oder *Poussins*) haben ein delikates Fleisch und werden gern mit einer Kalbsfarce gefüllt. Man kann sie braten, backen, schmoren, sautieren oder grillen und rechnet einen Vogel pro Person.

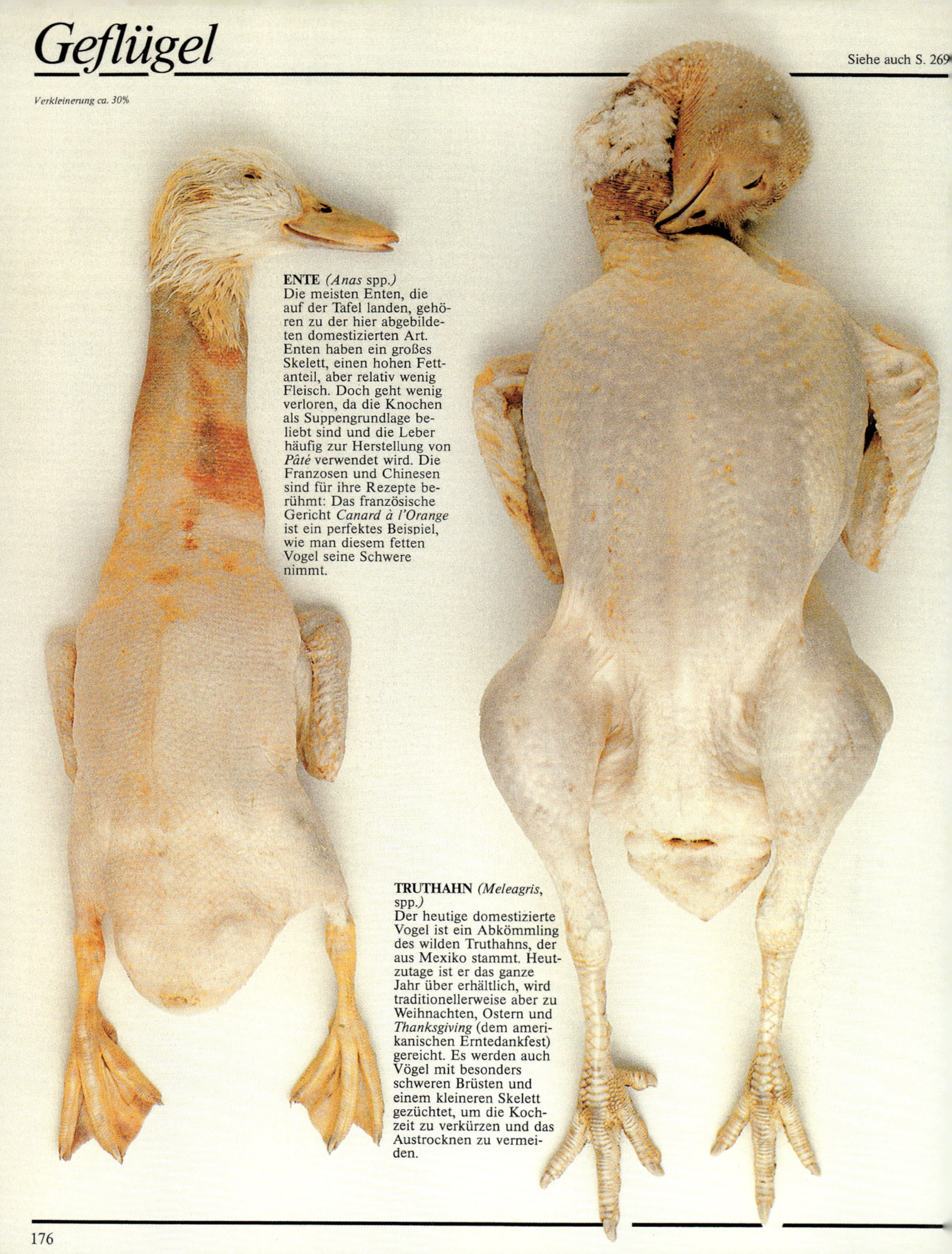

ENTE *(Anas* spp.)
Die meisten Enten, die
auf der Tafel landen, gehören zu der hier abgebildeten domestizierten Art.
Enten haben ein großes
Skelett, einen hohen Fettanteil, aber relativ wenig
Fleisch. Doch geht wenig
verloren, da die Knochen
als Suppengrundlage be-
liebt sind und die Leber
häufig zur Herstellung von
Pâté verwendet wird. Die
Franzosen und Chinesen
sind für ihre Rezepte be-
rühmt: Das französische
Gericht *Canard à l'Orange*
ist ein perfektes Beispiel,
wie man diesem fetten
Vogel seine Schwere
nimmt.

TRUTHAHN *(Meleagris,*
spp.)
Der heutige domestizierte
Vogel ist ein Abkömmling
des wilden Truthahns, der
aus Mexiko stammt. Heut-
zutage ist er das ganze
Jahr über erhältlich, wird
traditionellerweise aber zu
Weihnachten, Ostern und
Thanksgiving (dem amerikanischen Erntedankfest)
gereicht. Es werden auch
Vögel mit besonders
schweren Brüsten und
einem kleineren Skelett
gezüchtet, um die Koch-
zeit zu verkürzen und das
Austrocknen zu vermei-
den.

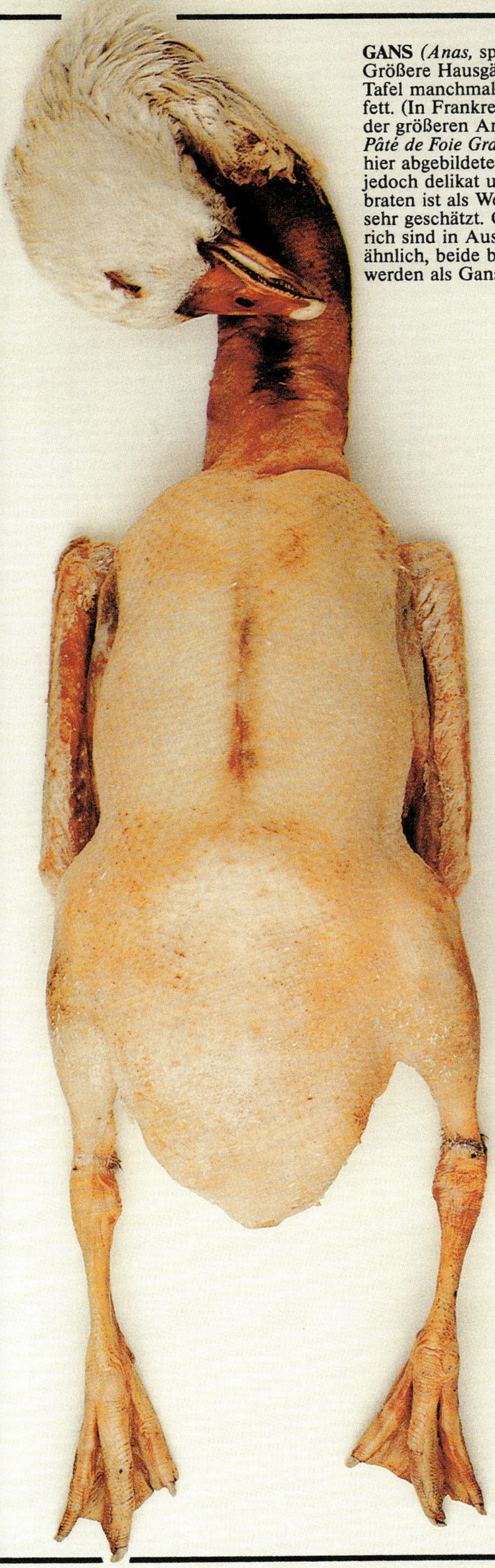

GANS (*Anas*, spp.)
Größere Hausgänse sind für die Tafel manchmal zu zäh und zu fett. (In Frankreich werden einige der größeren Arten speziell für *Pâté de Foie Gras* gezüchtet). Der hier abgebildete jüngere Vogel ist jedoch delikat und zart. Gänsebraten ist als Weihnachtsessen sehr geschätzt. Gans und Gänserich sind in Aussehen und Größe ähnlich, beide bratfertigen Vögel werden als Gans bezeichnet.

PERLHUHN (*Numida*, spp.)
Man nimmt an, daß diese Vögel ursprünglich aus Afrika kommen, aber sie werden seit Jahrhunderten in vielen Teilen der Welt gezüchtet. Ihr Fleisch ist zart (das der Hennen zarter als das des Hahns) und hat einen Wildgeschmack, der an Fasan erinnert; sie werden häufig wie Fasan im Ofen zubereitet, entweder auf dem Rost gebraten oder im Schmortopf gegart.

Federwild

Siehe auch S. 271

Verkleinerung ca. 30%

WALDSCHNEPFE
Dieser in Europa und Amerika beheimatete, jetzt aber weltweit anzutreffende Wildvogel ist meist nur während der Jagdsaison erhältlich. Waldschnepfen sollten gut abgehangen werden; der gerupfte Vogel wird nicht ausgeweidet, nur der Magen wird entfernt und weggeworfen. Am besten ist Waldschnepfe mit Rauchspeck umwickelt und rosa gebraten, doch kann man sie auch in Rotwein oder Champagner schmoren. Man rechnet einen Vogel pro Person.

MOORSCHNEEHUHN
Es gibt verschiedene Arten dieses in Schottland beheimateten Vogels; abgebildet ist die in England heimische Art. Wie andere Wildvögel ist Moorschneehuhn nur zur Jagdsaison erhältlich. Junge Vögel eignen sich zum Braten, Schmoren oder Grillen; ältere Vögel kann man kochen oder zu Eintopfgerichten verarbeiten. Pro Person rechnet man normalerweise einen Vogel.

SUMPFSCHNEPFE
Dieser in Europa heimische Vogel ist ebenso begrenzt erhältlich wie das meiste andere Federwild. Am besten ist er im Ofen gebacken, obwohl er so klein ist, daß man ihn (mit Speckscheiben umwickelt) auch unter dem Grill garen kann. Man rechnet einen Vogel pro Person.

REBHUHN
Abgebildet ist die in Europa heimische Art, doch gibt es viele andere Arten. Rebhuhn ist während der Jagdsaison erhältlich und kann im Ofen gebacken, gebraten oder geschmort werden. Besonders junge Vögel sollten mit Speckscheiben umwickelt, im Ofen gebacken und im Fleischsaft gereicht werden. Man rechnet einen Vogel pro Person.

WACHTEL
Dieser aus dem Nahen Osten stammende Wildvogel darf in Deutschland nicht mehr gejagt werden; deshalb kommen fast nur noch Zuchtwachteln (90–100 g) in den Handel. Sie werden meist gedünstet (in Madeira oder Weißwein), und man rechnet mindestens einen Vogel pro Person.

Feder- und Haarwild

Siehe auch S. 271

Verkleinerung ca. 65%

Fasanenhenne

Fasanengockel

STOCKENTE
Die Stockente, die
ursprünglich aus der nördlichen Hemisphäre
stammt, ist die größte
Wildentenart (abgebildet
ist ein Erpel). Sie kann
während der Jagdsaison
frisch gekauft werden,
sonst tiefgefroren. Sie eignet sich vorzüglich zum
Braten auf dem Rost, und
ein Vogel reicht für zwei
bis drei Personen.

FASAN
Der aus China stammende Fasan
ist jetzt überall auf der nördlichen
Hemisphäre anzutreffen. Henne
und Gockel werden häufig zusammen als Paar verkauft. Die Henne
gilt zwar als zarter, reicht aber nur
für etwa drei Personen, während
der Gockel etwa für vier reicht.
Ein junger Fasan wird fast immer
gebraten, ausgewachsene Vögel
können auch gebacken, geschmort
oder gedünstet werden (ausgezeichnet auch *en Papillote*).

FELDHASE
Hasen stammen ursprünglich aus
Europa und kommen jetzt weltweit vor, sind allerdings durch
Jagdschutzgesetze begrenzt erhältlich. Man kann sie braten oder in
Eintopfgerichten und Terrinen
verwenden. Ältere Hasen werden
gewöhnlich zu Ragout genommen. In einigen klassischen französischen Gerichten wird nur der
Rücken oder Rücken und Hinter-
keulen verwendet.

WILDKANINCHEN
Wildkaninchen, ursprünglich aus Afrika, jetzt aber
weltweit verbreitet, sind – anders als Stallkaninchen –
nur während der Jagdsaison erhältlich. Sie werden gewöhnlich im Ganzen gekauft (Stallkaninchen kann
man auch zerwirkt und tiefgefroren kaufen) und gebraten, in Wein gedünstet oder als Ragout zubereitet.

Verkleinerung ca. 20%

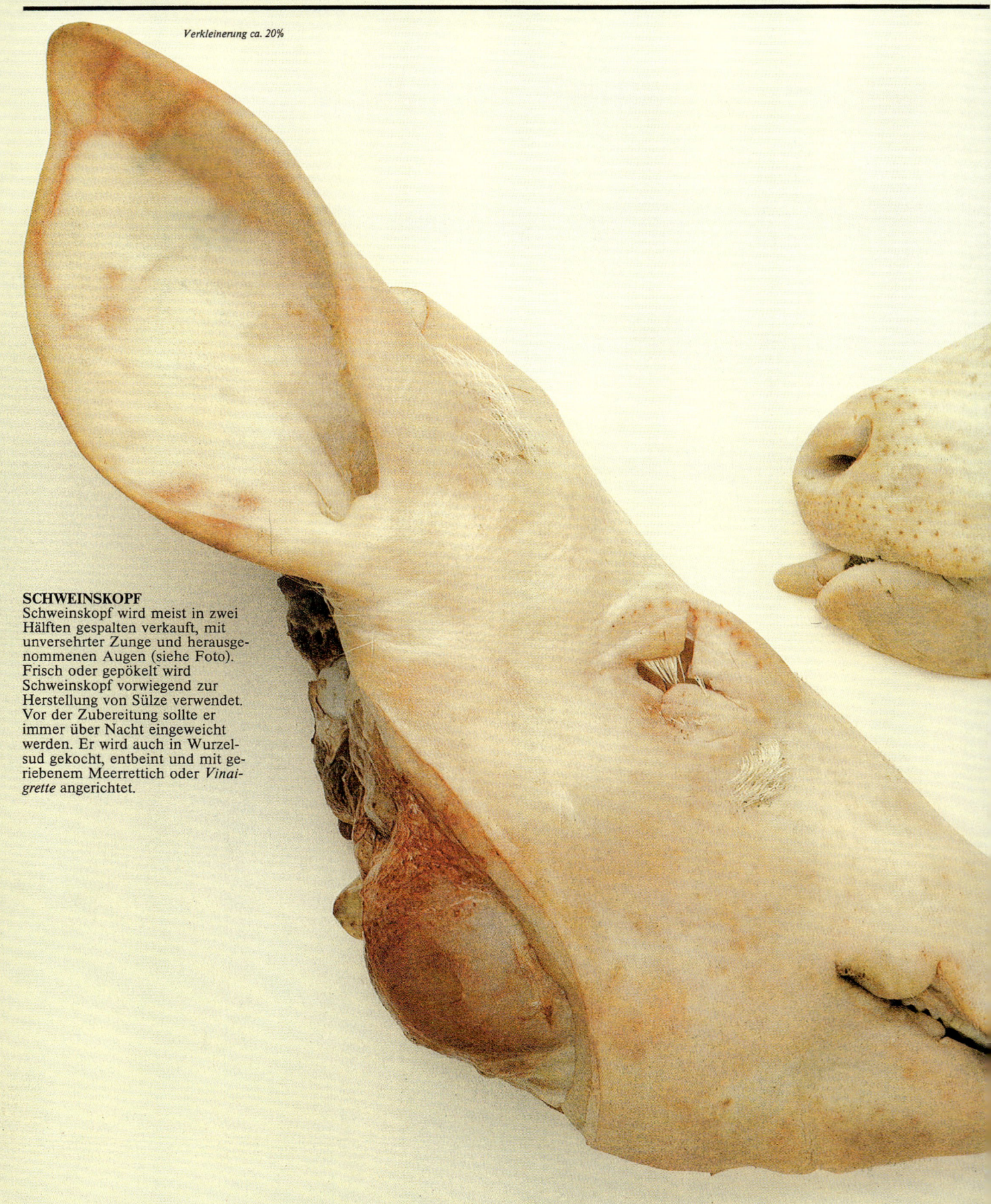

SCHWEINSKOPF

Schweinskopf wird meist in zwei Hälften gespalten verkauft, mit unversehrter Zunge und herausgenommenen Augen (siehe Foto). Frisch oder gepökelt wird Schweinskopf vorwiegend zur Herstellung von Sülze verwendet. Vor der Zubereitung sollte er immer über Nacht eingeweicht werden. Er wird auch in Wurzelsud gekocht, entbeint und mit geriebenem Meerrettich oder *Vinaigrette* angerichtet.

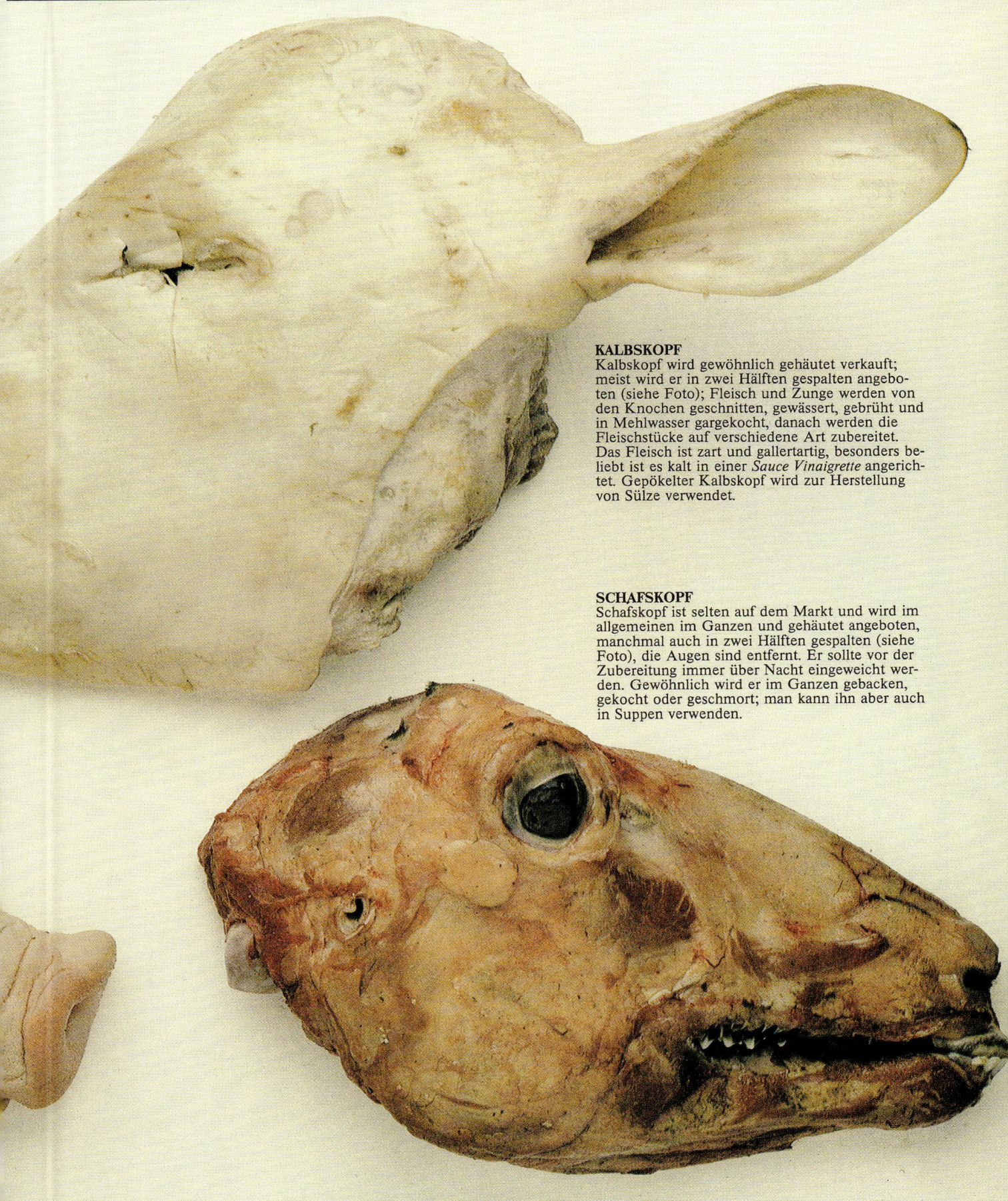

KALBSKOPF
Kalbskopf wird gewöhnlich gehäutet verkauft; meist wird er in zwei Hälften gespalten angeboten (siehe Foto); Fleisch und Zunge werden von den Knochen geschnitten, gewässert, gebrüht und in Mehlwasser gargekocht, danach werden die Fleischstücke auf verschiedene Art zubereitet. Das Fleisch ist zart und gallertartig, besonders beliebt ist es kalt in einer *Sauce Vinaigrette* angerichtet. Gepökelter Kalbskopf wird zur Herstellung von Sülze verwendet.

SCHAFSKOPF
Schafskopf ist selten auf dem Markt und wird im allgemeinen im Ganzen und gehäutet angeboten, manchmal auch in zwei Hälften gespalten (siehe Foto), die Augen sind entfernt. Er sollte vor der Zubereitung immer über Nacht eingeweicht werden. Gewöhnlich wird er im Ganzen gebacken, gekocht oder geschmort; man kann ihn aber auch in Suppen verwenden.

Innereien

Siehe auch S. 281

Verkleinerung ca. 60%

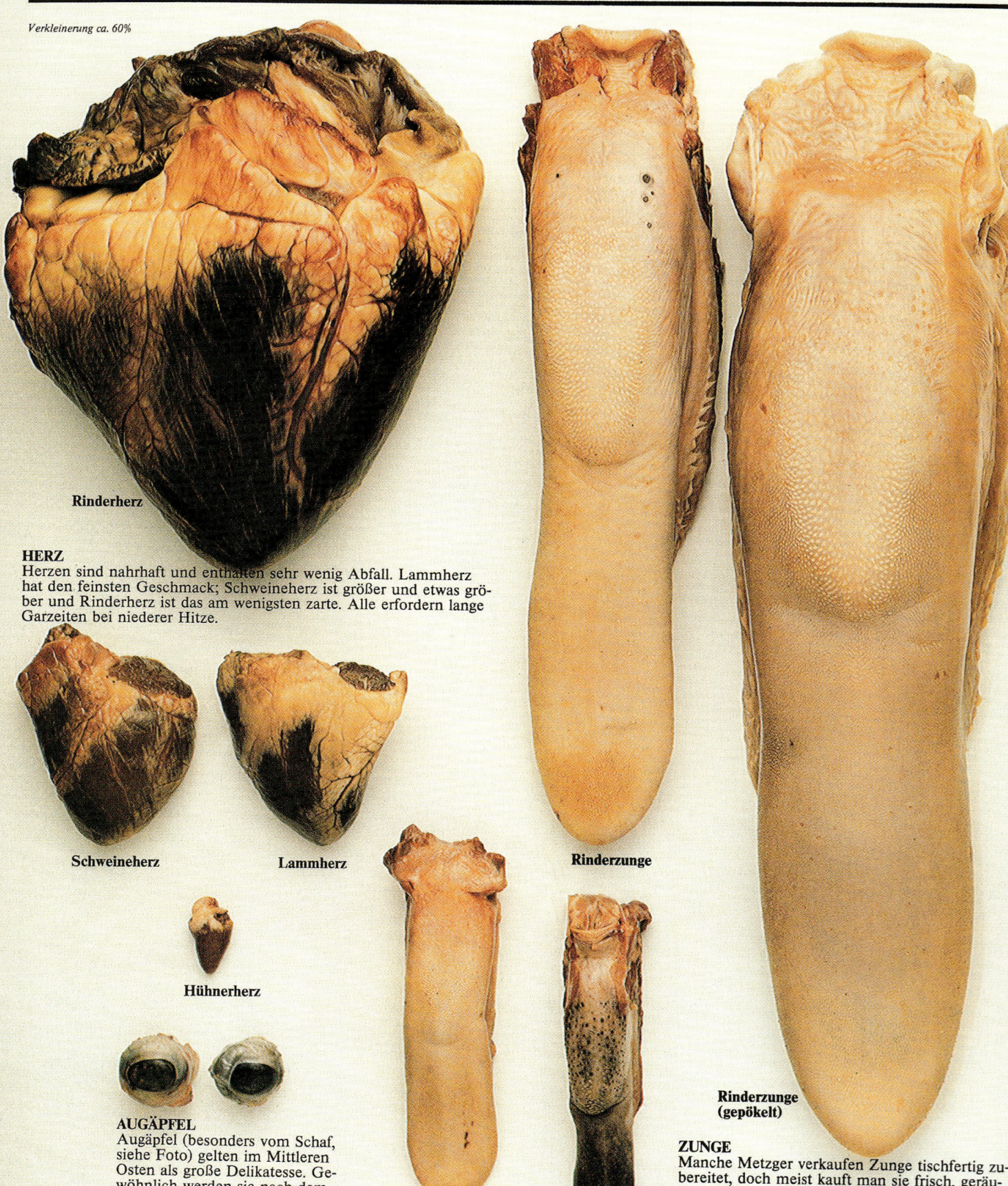

Rinderherz

HERZ
Herzen sind nahrhaft und enthalten sehr wenig Abfall. Lammherz hat den feinsten Geschmack; Schweineherz ist größer und etwas gröber und Rinderherz ist das am wenigsten zarte. Alle erfordern lange Garzeiten bei niederer Hitze.

Schweineherz

Lammherz

Hühnerherz

Rinderzunge

AUGÄPFEL
Augäpfel (besonders vom Schaf, siehe Foto) gelten im Mittleren Osten als große Delikatesse. Gewöhnlich werden sie nach dem Garen aus dem Kopf entfernt und mit oder ohne besondere Sauce oder Würze sofort gegessen.

Kalbszunge

Lammzunge

Rinderzunge (gepökelt)

ZUNGE
Manche Metzger verkaufen Zunge tischfertig zubereitet, doch meist kauft man sie frisch, geräuchert oder gepökelt, um sie zu kochen und heiß oder kalt, mit oder ohne Sauce zu essen. Am gebräuchlichsten ist Rinder- oder Kalbszunge, am zartesten Lammzunge.

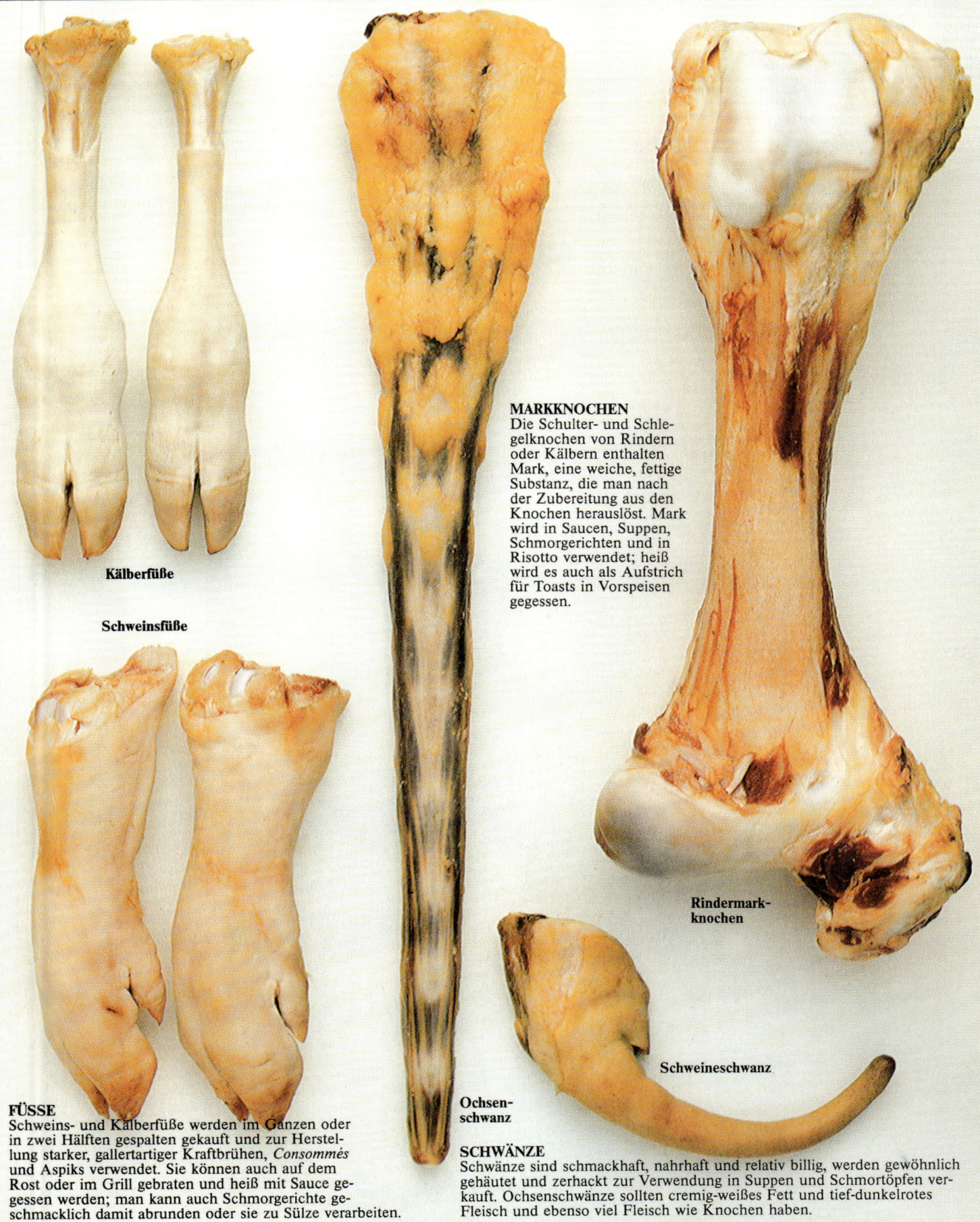

Kälberfüße

Schweinsfüße

MARKKNOCHEN
Die Schulter- und Schlegelknochen von Rindern oder Kälbern enthalten Mark, eine weiche, fettige Substanz, die man nach der Zubereitung aus den Knochen herauslöst. Mark wird in Saucen, Suppen, Schmorgerichten und in Risotto verwendet; heiß wird es auch als Aufstrich für Toasts in Vorspeisen gegessen.

Rindermark-knochen

Schweineschwanz

Ochsen-schwanz

FÜSSE
Schweins- und Kälberfüße werden im Ganzen oder in zwei Hälften gespalten gekauft und zur Herstellung starker, gallertartiger Kraftbrühen, *Consommés* und Aspiks verwendet. Sie können auch auf dem Rost oder im Grill gebraten und heiß mit Sauce gegessen werden; man kann auch Schmorgerichte geschmacklich damit abrunden oder sie zu Sülze verarbeiten.

SCHWÄNZE
Schwänze sind schmackhaft, nahrhaft und relativ billig, werden gewöhnlich gehäutet und zerhackt zur Verwendung in Suppen und Schmortöpfen verkauft. Ochsenschwänze sollten cremig-weißes Fett und tief-dunkelrotes Fleisch und ebenso viel Fleisch wie Knochen haben.

Innereien

Siehe auch S. 281

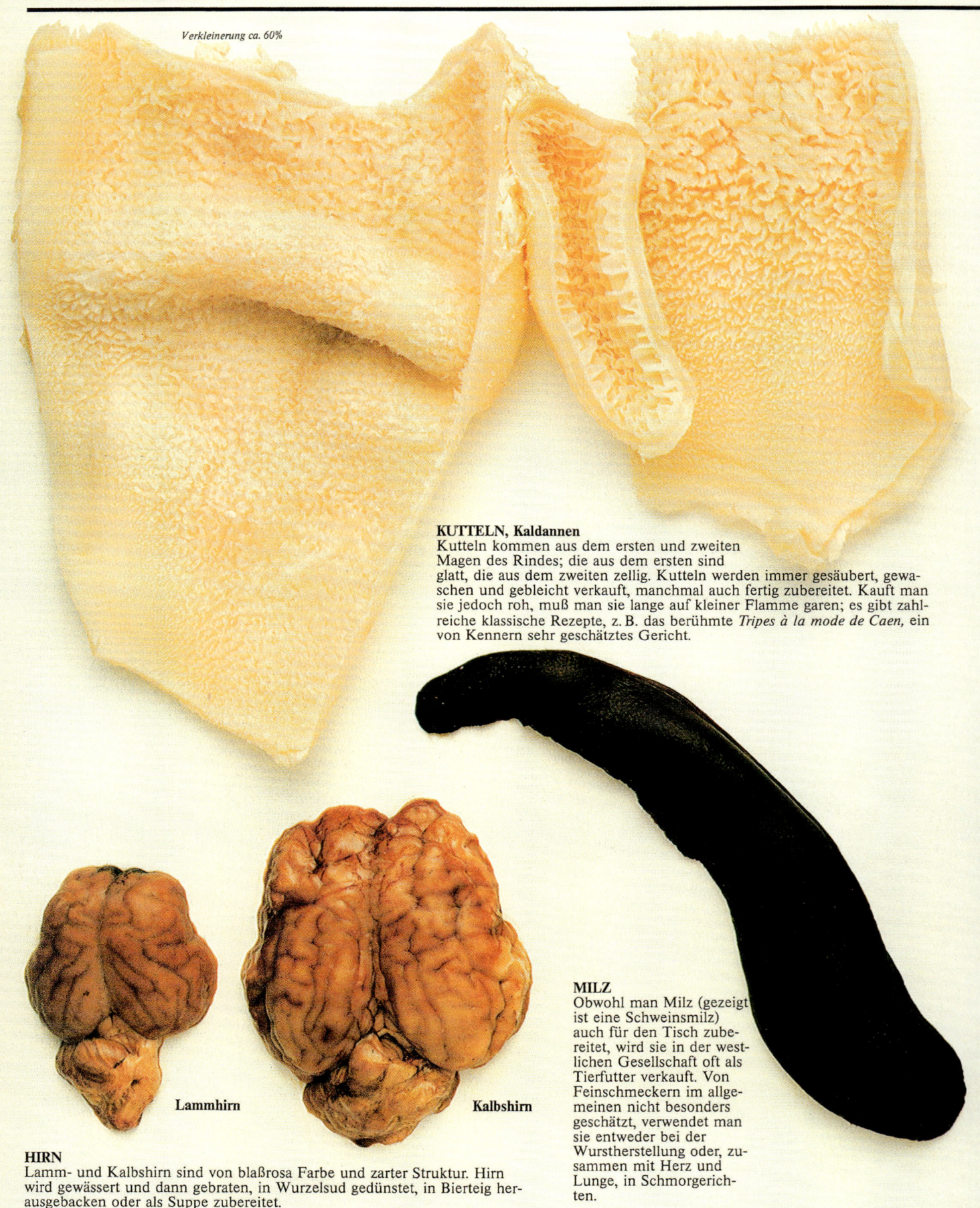

Verkleinerung ca. 60%

KUTTELN, Kaldannen
Kutteln kommen aus dem ersten und zweiten
Magen des Rindes; die aus dem ersten sind
glatt, die aus dem zweiten zellig. Kutteln werden immer gesäubert, gewaschen und gebleicht verkauft, manchmal auch fertig zubereitet. Kauft man
sie jedoch roh, muß man sie lange auf kleiner Flamme garen; es gibt zahlreiche klassische Rezepte, z. B. das berühmte *Tripes à la mode de Caen,* ein
von Kennern sehr geschätztes Gericht.

Lammhirn

Kalbshirn

MILZ
Obwohl man Milz (gezeigt
ist eine Schweinsmilz)
auch für den Tisch zubereitet, wird sie in der westlichen Gesellschaft oft als
Tierfutter verkauft. Von
Feinschmeckern im allgemeinen nicht besonders
geschätzt, verwendet man
sie entweder bei der
Wurstherstellung oder, zusammen mit Herz und
Lunge, in Schmorgerichten.

HIRN
Lamm- und Kalbshirn sind von blaßrosa Farbe und zarter Struktur. Hirn
wird gewässert und dann gebraten, in Wurzelsud gedünstet, in Bierteig herausgebacken oder als Suppe zubereitet.

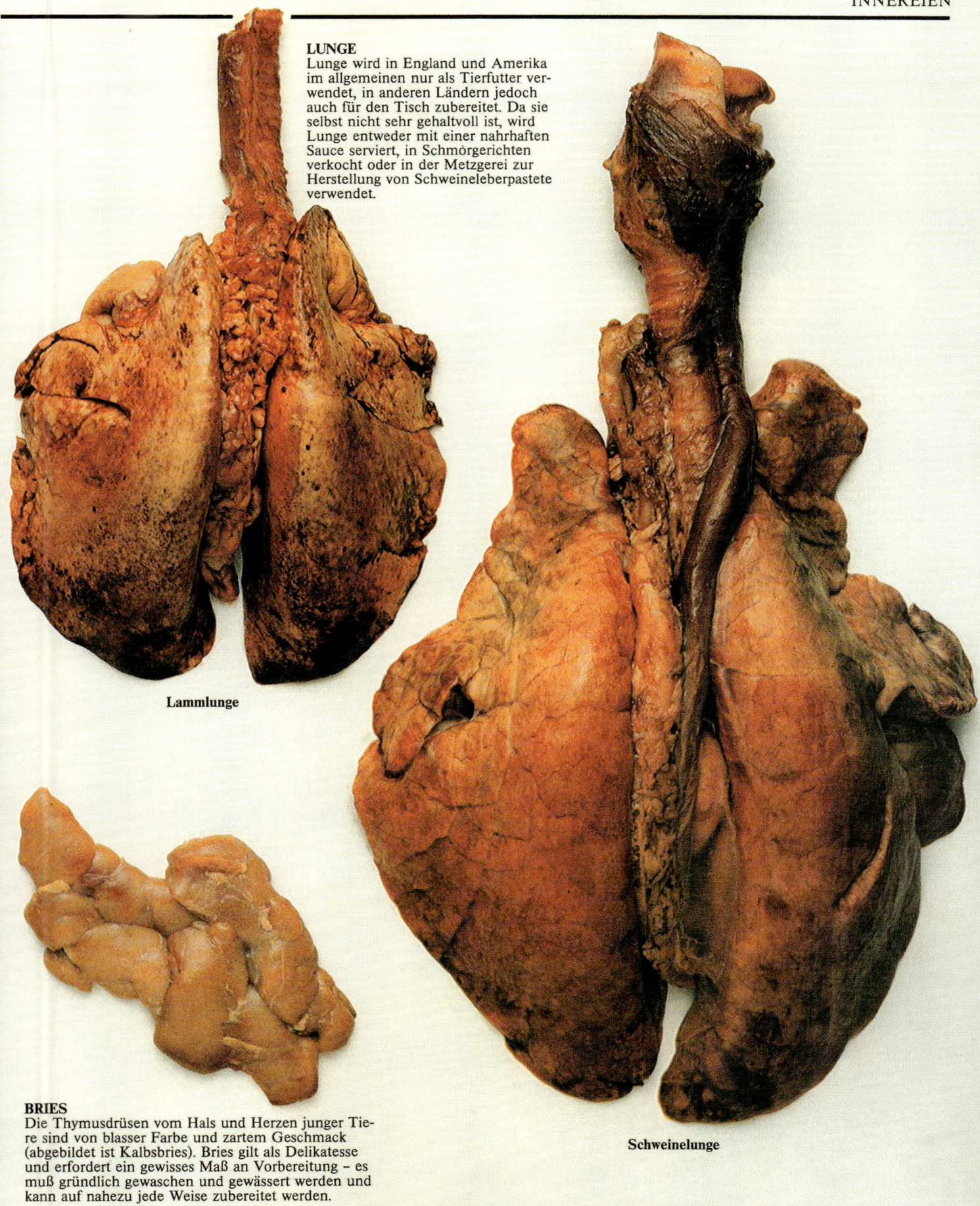

LUNGE

Lunge wird in England und Amerika im allgemeinen nur als Tierfutter verwendet, in anderen Ländern jedoch auch für den Tisch zubereitet. Da sie selbst nicht sehr gehaltvoll ist, wird Lunge entweder mit einer nahrhaften Sauce serviert, in Schmörgerichten verkocht oder in der Metzgerei zur Herstellung von Schweineleberpastete verwendet.

Lammlunge

Schweinelunge

BRIES

Die Thymusdrüsen vom Hals und Herzen junger Tiere sind von blasser Farbe und zartem Geschmack (abgebildet ist Kalbsbries). Bries gilt als Delikatesse und erfordert ein gewisses Maß an Vorbereitung – es muß gründlich gewaschen und gewässert werden und kann auf nahezu jede Weise zubereitet werden.

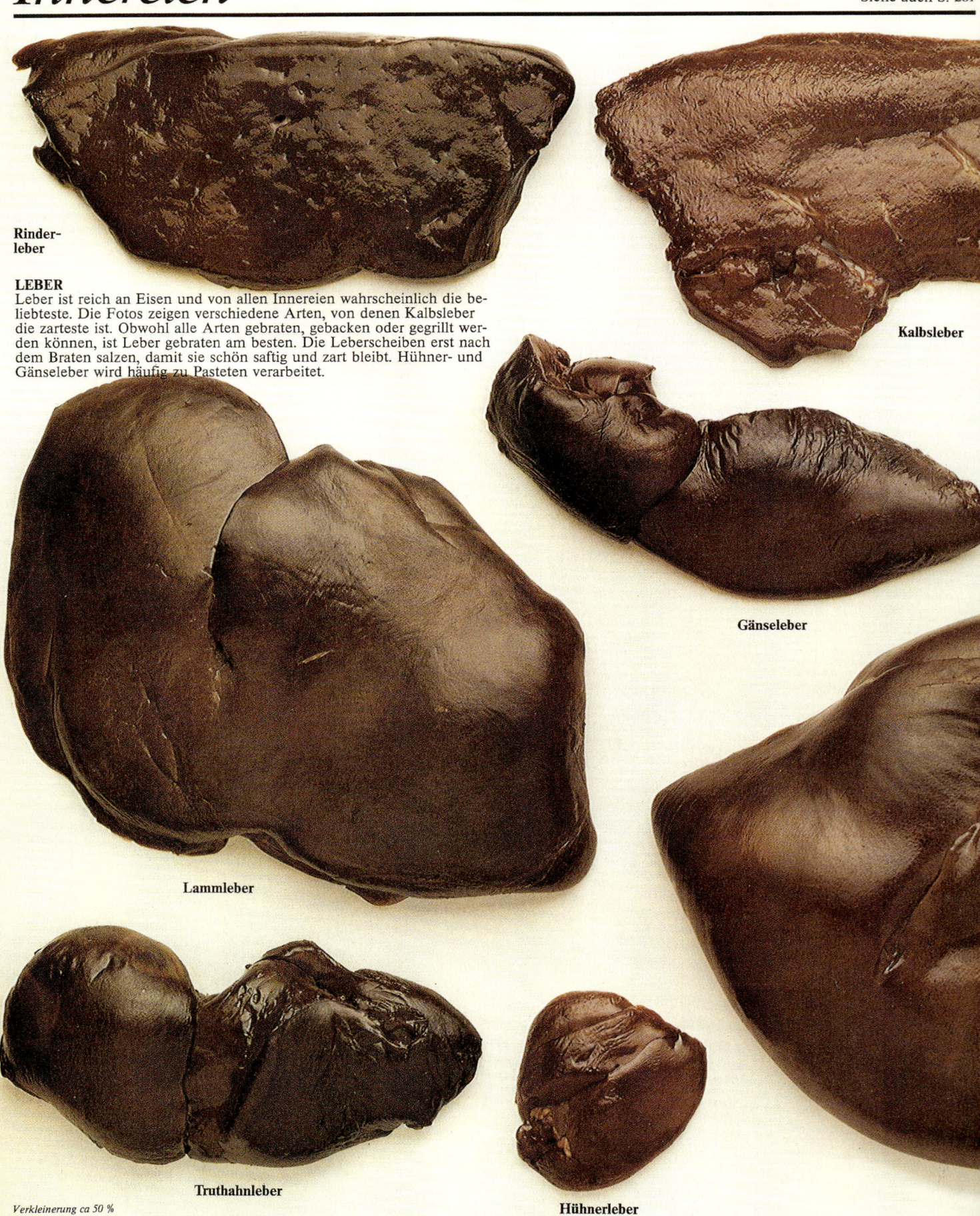

**Rinder-
leber**

Kalbsleber

Gänseleber

LEBER

Leber ist reich an Eisen und von allen Innereien wahrscheinlich die beliebteste. Die Fotos zeigen verschiedene Arten, von denen Kalbsleber die zarteste ist. Obwohl alle Arten gebraten, gebacken oder gegrillt werden können, ist Leber gebraten am besten. Die Leberscheiben erst nach dem Braten salzen, damit sie schön saftig und zart bleibt. Hühner- und Gänseleber wird häufig zu Pasteten verarbeitet.

Lammleber

Truthahnleber

Hühnerleber

Verkleinerung ca 50 %

Kalbsniere

Entenleber

Rinderniere

Schweinsleber

Lammniere

Schweineniere

NIERE
Nieren haben einen starken Eigengeschmack und gelten bei vielen als große Delikatesse. Schweineniere wird meist in Terrinen verwendet; Kalbs- und Lammnieren werden oft sautiert, und Rinderniere wird für Pasteten und Gerichte mit längerer Kochzeit genommen.

Frischwurst

Siehe auch S. 282

Schwein

Schwein und Rind

Rind

Wildbret

Wurstbrät

BRATWÜRSTCHEN
Alle oben abgebildeten Würstchen enthalten gehacktes oder gemahlenes Fleisch und Gewürze, gelegentlich werden auch Kräuter hinzugefügt. Die Häute sind gewöhnlich aus eßbarem synthetischem Material.

FRÜHSTÜCKS-WÜRSTCHEN; *Cipolatas*
Sie werden in kleinen Därmen hergestellt und oft als Garnierung verwendet. Die linke enthält Schweinefleisch, die rechte eine Mischung aus Schweine- und Rindfleisch.

BRATWURST
Diese ziemlich blasse Wurst, die in längeren Därmen hergestellt wird, enthält Schweine- und/oder Kalbfleisch, Speck und ist ziemlich kräftig mit Salz, Pfeffer und Muskatblüte gewürzt.

CUMBERLAND-WURST
Eine englische Wurstsorte von grober Struktur, die aus gehacktem Schweinefleisch und schwarzem Pfeffer besteht.

LUGANEGHE
Eine italienische Schweinswurst, die wie die englische Cumberland in langen Därmen hergestellt wird. Sie ist besonders in Norditalien verbreitet.

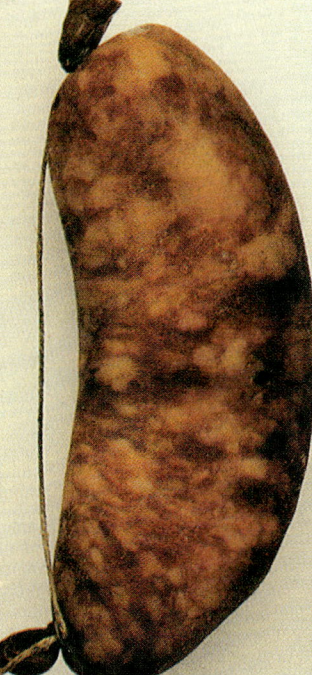

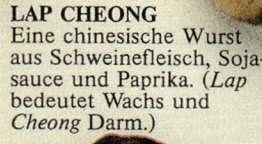

MERGUEZ
Eine algerische Wurstsorte, die für
ihren würzigen Geschmack berühmt
ist. Sie wird gewöhnlich gebraten oder
gegrillt.

TOULOUSER WURST
Diese Wurst sollte von sehr grober Struktur sein. In Frankreich
wird sie in einem berühmten Boh-
neneintopfgericht *(Cassoulet)* verwendet.

LAP CHEONG
Eine chinesische Wurst
aus Schweinefleisch, Sojasauce und Paprika. (*Lap*
bedeutet Wachs und
Cheong Darm.)

SALAMELLE
Dies ist eine italienische Sammel-
bezeichnung für eine Vielzahl gewürzter Würste.

**GEWÜRZTE
ENGLISCHE WURST**
Eine blaßrosa, grob-
körnige Wurst aus
Schweinefleisch und
Gewürzen.

**FRANZÖSISCHE
GEWÜRZBRATWURST**
Eine ziemlich grob strukturierte Wurst, scharf
gewürzt und kräftig nach Knoblauch schmeckend.

SALSICCIE CASALINGA
Der Name bedeutet einfach
»hausgemachte Wurst«. Diese *salsiccie* bestehen im allgemeinen
aus reinem Schweinefleisch.

PAPRIKAWURST
Eine dunkle, ziemlich grob strukturierte
Wurst aus Lamm- und Rindfleisch mit
Paprika, Koriander, Fenchel und einer
Vielzahl anderer Gewürze.

Frisch- und Kochwürste

Siehe auch S. 282

BLUTWURST
Abgebildet ist eine Sorte aus dem Norden Englands, wo sie *Black pudding* genannt wird. Ihre Hauptbestandteile sind dort Schweineblut, Hafergrütze, Fett, Hafermehl und Gewürze; in Deutschland wird sie aus Schweineblut, Speckwürfeln und Schwarten gemacht, bessere Sorten enthalten auch Zunge.

MORCILLA
Die spanische Variante der Blutwurst. Sie ist Bestandteil eines Nationalgerichts, *Fabada*, das *Chorizo*-Würste und Speck enthält.

BUTIFARA
Es gibt viele Sorten dieser festen spanischen Wurst. Meist enthalten sie Schweinefleisch, Weißwein und Gewürze.

BOUDIN
Eine französische Version der Blutwurst bzw. des Preßsack oder des englischen *Black Pudding*.

GRIECHISCHE WURST
Eine dunkle, kurze, kräftig gewürzte Wurst aus Griechenland.

ANDOUILLETTE
Eine französische Wurst art aus Innereien wie Kutteln oder Gekröse.

CREPINETTE
Die Bezeichnung *Crepinette* ist ein Sammel-
name für eine Vielzahl verschiedener kleiner
Hackfleischwürstchen, die aus Lamm- oder
Schweinefleisch bestehen und in Schweins-
netz gewickelt sind.

COTECHINO
Mageres und fettes Schweinefleisch
mit Weißwein und Gewürzen. Wird
oft mit Bohnen serviert.

**FRANKFURTER,
Siedewürstchen**
Die echten Frankfurter bestehen aus
magerem Schweinefleisch und gesalzenem fetten Speck und werden geräuchert; doch gibt es heute viele Variationen, wie hier zu sehen ist. Oft
enthalten Siedewürstchen auch Rind-
und Schweinefleischteile, Kutteln und
Schweineherz.

ZAMPONE
Eine delikat gewürzte italienische
Schweinefleischwurst, die statt in
einen Darm in einen ausgehöhl-
ten Schweinefuß gefüllt ist.

TEEWURST
Eine Qualitätswurst, die aus be-
stem mageren Schweinefleisch
und Speck hergestellt wird und oft
kräftig gewürzt ist.

BOCKWURST
Es gibt zahlreiche Sorten dieser geräucherten Wurst; sie ist im allgemeinen
aber eine feingehackte Mischung aus
Rind- und Schweinefleisch.

SAVELOY
Eine englische Version der
Bockwurst, die aus
Schweinefleisch und Lun-
ge besteht und durch Hin-
zufügen von Salpeter eine
rote Färbung erhält.

MORTADELLA
Eine der größten Wurst-
arten; die Zutaten variieren, doch meist besteht sie
aus Schweinefleisch,
Knoblauch und Gewür-
zen. Sie ist einfach (unten)
oder mit Pistazien gewürzt
erhältlich.

SCHINKEN-KALBFLEISCHWURST
Diese Mischung aus gehacktem Schweine-,
Rind- und Kalbfleisch mit Schinkenstücken
ist meist leicht mit Knoblauch gewürzt.

ZUNGENWURST
Diese oft recht würzige Wurst
enthält große Fleischstücke –
in diesem Fall Zunge.

METTWURST
Eine Räucherwurst
aus Rind-, Schwei-
nefleisch und
Speck; die hier
abgebildete Sorte
ist eine Holsteiner
Art.

SCHINKENSÜLZWURST
Schinkenstücke und Pilzscheiben in Sülze.

BIERWURST
Aus Rind- und Schweinefleisch, meist
kräftig gewürzt.

BIERSCHINKEN
Mageres und fettes Schweinefleisch und
Schinkenstücke; oft mit Pistazien.

**Mortadella
mit Pistazien**

EXTRAWURST
Eine österreichische Wurst
aus Rindfleisch mit Schweinefleisch oder fettem Speck. Sie
ist von glatter Struktur und
läßt sich leicht in Scheiben
schneiden.

KNOBLAUCHWURST
Diese Wurst aus fettem und magerem
Schweinefleisch, Salz, Pfeffer und Gewürzen
zeichnet sich durch seinen starken Knob-
lauchgeschmack aus.

Einfache Mortadella

SCHINKEN-
JAGDWURST
Fein gehacktes Rind- oder Kalbfleisch mit gewürfeltem Schweinefett
und Schinkenstücken.

Geräucherte Würste

Siehe auch S. 282

KATENRAUCHWURST
Diese feste Wurst hat eine dunkle Haut und enthält grob geschnittenes geräuchertes Schweinefleisch. Ursprünglich wurde sie in Katen – Bauernhütten – hergestellt, daher der Name. Dort ließ man sie lange Zeit im Kamin hängen, um sie zu räuchern.

PEPPERONI/PEPERONI
Eine trockene italienische Wurst, die aus einer Mischung aus grob gehacktem Rind- und Schweinefleisch besteht: stark gewürzt mit gemahlenem roten Pfeffer und anderen Gewürzen. Sie wird gewöhnlich auf Pizzas serviert.

BIRNENFÖRMIGE SALAMI
Diese Salamisorte hat die Form einer Birne, aufgeschnitten ergibt sie besonders große Scheiben.

NETZSALAMI
Eine Salamisorte, die ihren Namen dem Netz verdankt, in dem sie eingebunden ist.

CERVELAT
Wurst aus gehacktem Rind- und Schweinefleisch, die goldbraun geräuchert ist. Ihr Fleisch ist feiner gemahlen als das der italienischen Salami und gewöhnlich weniger stark gewürzt.

LANDSALAMI
Eine Salami, die mit einer speziellen Würz- und Kräutermischung hergestellt wird.

EDELSALAMI
Eine fette Salami aus gemischtem Rind- und Schweinefleisch.

SAUCISSON FUME AUX HERBES, Kräutersalami
Die Grundmischung wird mit Knoblauch vermengt, getrocknet und geräuchert. Zum Schluß wird sie dick mit Kräutern beschichtet.

PFEFFERPLOCKWURST
Eine der wenigen rechteckigen Würste; sie ist außen mit grob gemahlenem schwarzen Pfeffer überzogen.

KIELBASA
Eine polnische Wurst aus gemahlenem Schweine- und Rindfleisch, mit Knoblauch und gut gewürzt.

Geräucherte Würste

Siehe auch S. 282

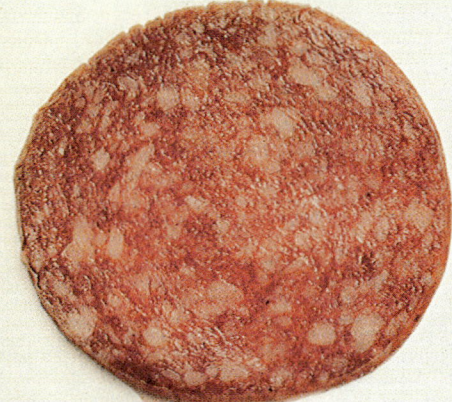

DÄNISCHE SALAMI
Eine gleichmäßig geformte Salami, die sich
gut als Brotbelag eignet. Eine Mischung aus
Schweinefleisch, Kalbfleisch, Gewürzen und
manchmal auch Knoblauch.

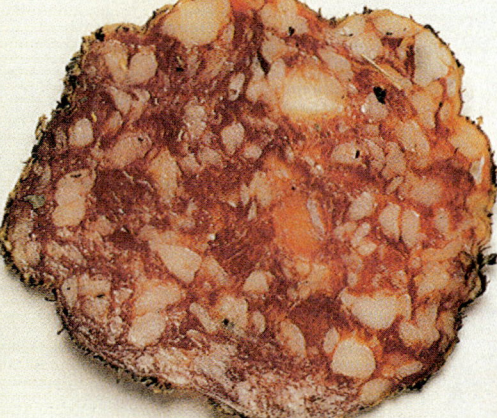

MAILÄNDER SALAMI
Eine italienische Salami aus magerem
Schweine- und Rindfleisch und Schweine-
fett. Sie ist mit Knoblauch, Pfeffer und
Weißwein gewürzt (siehe Salami nach
Mailänder Art).

FRANZÖSISCHE PFEFFERSALAMI
Schweine- und Rindfleisch werden mit grobem Fett gemischt und mit ganzen schwarzen
Pfefferkörnern gewürzt. Wird oft als Vorspeise
serviert.

FRANZÖSISCHE KRÄUTERSALAMI
Eine kleine Salamisorte aus Rind- und
Schweinefleisch, die mit Kräutern
umhüllt ist. Eignet sich gut für Picknicks
und wird auch zu Vorspeisen verwendet.

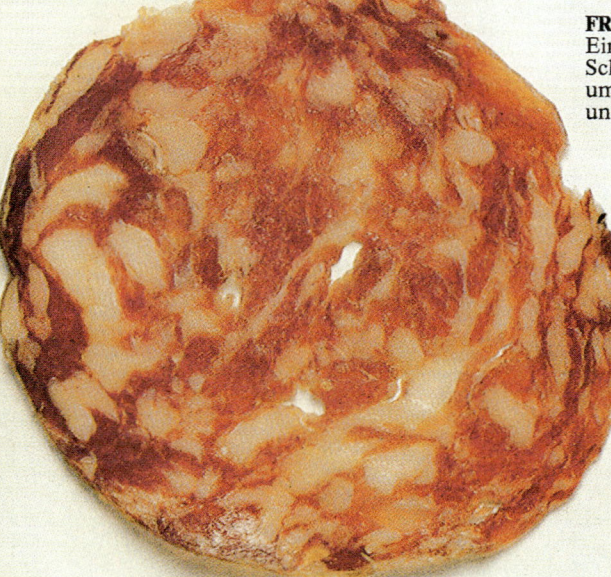

TOSCANA
Fiorentino ist die bekannteste Salamisorte aus der Toskana.
Sie ist überdurchschnittlich groß und besteht oft aus rei-
nem Schweinefleisch, das mit mageren Fleischstücken und
Fett vermischt ist.

FELINETTI
Eine köstliche Salami aus Parma,
die Weißwein, Pfefferkörner und
etwas Knoblauch enthält.

SALAMI NACH MAILÄNDER ART
Eine andere Art Mailänder Salami; beide
werden gern für Vorspeisen verwendet.

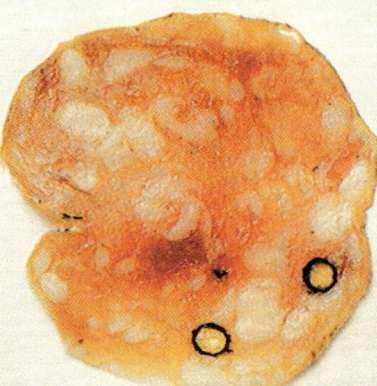

GENUESER SALAMI
Mit Saubohnen serviert, eine beliebte
Vorspeise; wird mit Knoblauch, Pfefferkörnern und Rotwein gewürzt und
enthält eine Mischung aus Schweinefleisch und *vitellone*.

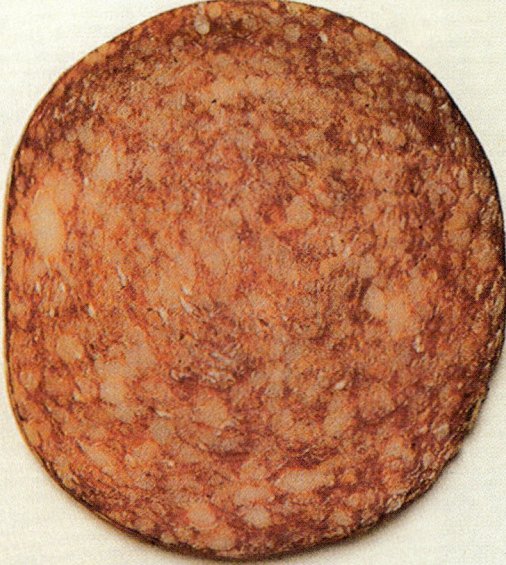

DEUTSCHE SALAMI
Die deutschen Salamis sind allgemein eine
Mischung aus feingemahlenem Rind- und
Schweinefleisch und meist stärker geräuchert
als jede italienische Salami.

NEAPOLITANISCHE SALAMI
Eine lange Salami aus Schweine- und
Rindfleisch, scharf gewürzt mit schwar-
zem und rotem Pfeffer.

BAUERNSALAMI
Diese Salamisorte ist gewöhnlich eine Mischung aus grobgeschnittenem Rind- und
Schweinefleisch mit ganzen Pfefferkörnern
und Knoblauch.

LANDSALAMI
Die Wurstmischung wird mit Schnur zusam-
mengebunden und luftgetrocknet. Sie enthält
Schweinefleisch, Schweinefett, Knoblauch,
Kräuter und Pfefferkörner.

UNGARISCHE SALAMI
Sehr fettes Schweinefleisch mit einer speziellen Gewürzmischung. Die Pelle ist
leicht geräuchert und der Geschmack der
Salami besser, je älter sie ist.

Andere Dauerfleischwaren und Speck

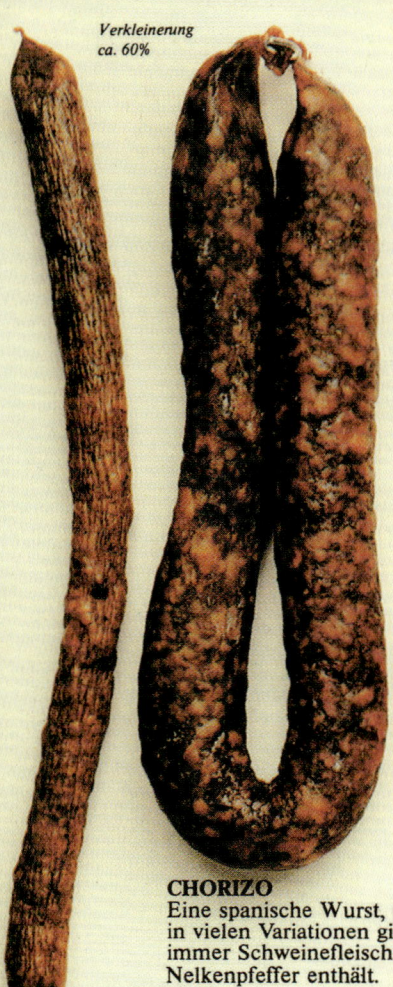

GEPÖKELTES RINDFLEISCH
Ein Rindfleischstück – meistens Brust – in Salzlake gepökelt.

ASPIK
Entbeintes Fleisch oder Geflügel, das in einer Gelatinebrühe zubereitet und beim Erkalten fest wird.

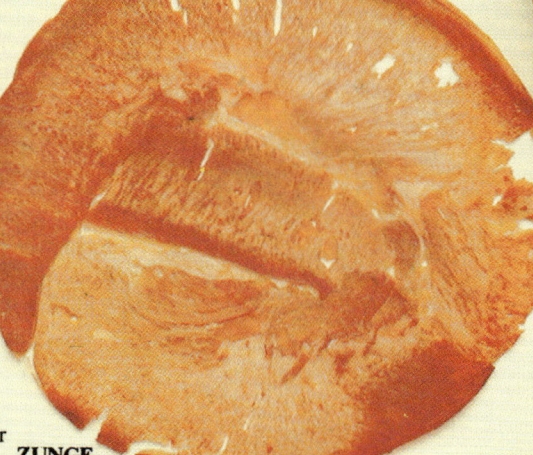

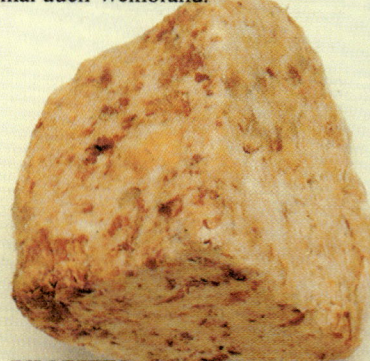

ENTENTERRINE
Ente, magerer Schinken und fetter Speck mit Gewürzen und manchmal auch Weinbrand.

CHORIZO
Eine spanische Wurst, die es in vielen Variationen gibt, aber immer Schweinefleisch und Nelkenpfeffer enthält.

ZUNGE
Meist wird Rinderzunge gepökelt und in Scheiben geschnitten kalt mit Salat gereicht.

KABANOS
Eine polnische Wurst aus gehacktem Schweinefleisch.

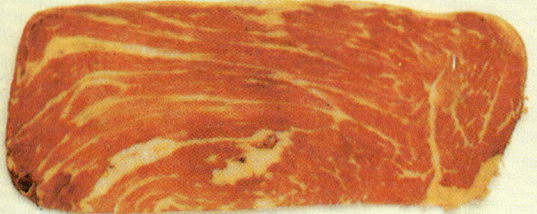

RILLETTES
Französische Spezialität aus feingemahlenem, gebratenen Schweinefleisch, manchmal mit Gänse- oder Kaninchenfleisch.

BRESAOLA
Dieses trockengepökelte Rindfleisch ist eine Spezialität aus der Lombardei. In dünne Scheiben geschnitten als Vorspeise beliebt.

GERÄUCHERTER TRUTHAHN
Das Fleisch wird in Pökellake gelegt, geräuchert und in Scheiben geschnitten serviert.

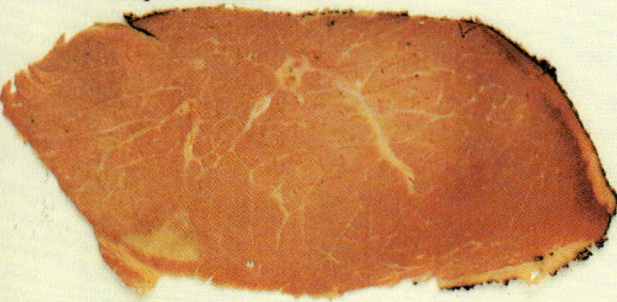

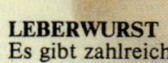

PASTRAMI
Dies ist die gepökelte, geräucherte Unterseite des Rinds. Sie wird gewöhnlich dünn geschnitten und als Brotbelag verwendet.

BOLOGNA
Eine der berühmtesten Würste, von der es jetzt etliche Variationen gibt, die immer aber eine Mischung aus gekochtem, geräuchertem Schweine- und Rindfleisch ist.

LEBERWURST
Es gibt zahlreiche Sorten aus verschiedenen Ländern; meist eine glatte Mischung aus gemahlenem Schweinefleisch, Leber, Speck und Gewürzen.

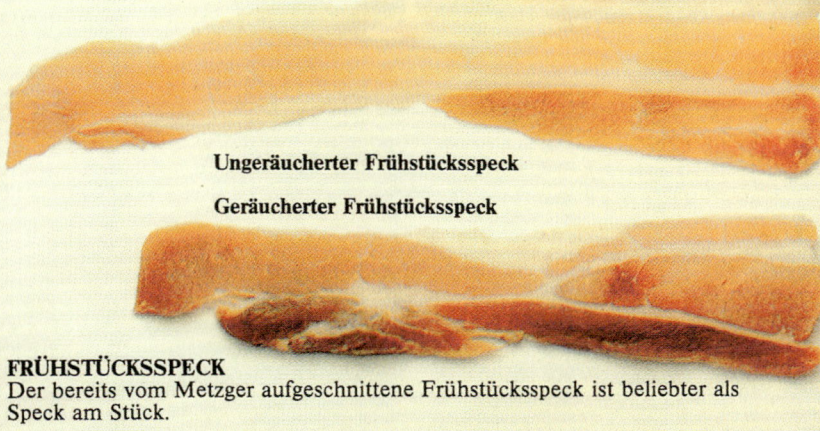

Ungeräucherter Frühstücksspeck

Geräucherter Frühstücksspeck

FRÜHSTÜCKSSPECK
Der bereits vom Metzger aufgeschnittene Frühstücksspeck ist beliebter als Speck am Stück.

LEBERPASTETE, Pâté de foie
Aus der Leber speziell gemästeter Gänse, die mit Aromastoffen und Gewürzen gemischt zu einer weichen Masse verarbeitet wird.

Geräucherter Lachsschinken

Roher Lachsschinken

TERRINE DE PYRENEES
Eine halbfeste Pastete mit Pilzen.

LACHSSCHINKEN
Der linke ist geräuchert, der rechte ungeräuchert. Er wird aus der Lende geschnitten und ist magerer als andere Sorten.

PATE DE FORESTIER
Eine gröbere Art, die als echte *Pâté* eine Teigkruste hat.

Lachsschinken am Stück

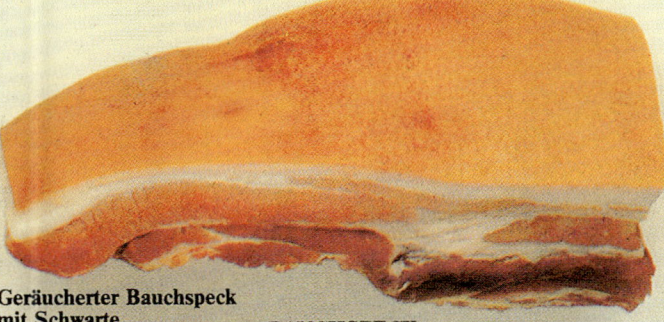

Geräucherter Bauchspeck mit Schwarte

BAUCHSPECK
Links: Geräucherter Speck mit Schwarte; rechts: Ungeräucherter Speck ohne Schwarte; beide Arten sind sehr fett.

Ungeräucherter Bauchspeck ohne Schwarte

Schinken

Siehe auch S. 282

Verkleinerung
ca. 50%

BAYONNESCHINKEN
Fast jede Gegend in Frankreich hat ihren eigenen gesalzenen und geräucherten Schinken. Dieser baskische ist einer der bekanntesten.

PARMASCHINKEN
Ein delikater Schinken – der bekannteste aus Italien

WESTFÄLISCHER SCHINKEN
Einer der berühmtesten deutschen Schinken. Nach dem Pökeln und Räuchern wird dieser dunkle Schinken längere Zeit abgehangen.

ARDENNENSCHINKEN
Ein belgischer Schinken von hoher Qualität, der im Geschmack mit Parma-, Bayonne- und Yorkschinken verglichen werden kann.

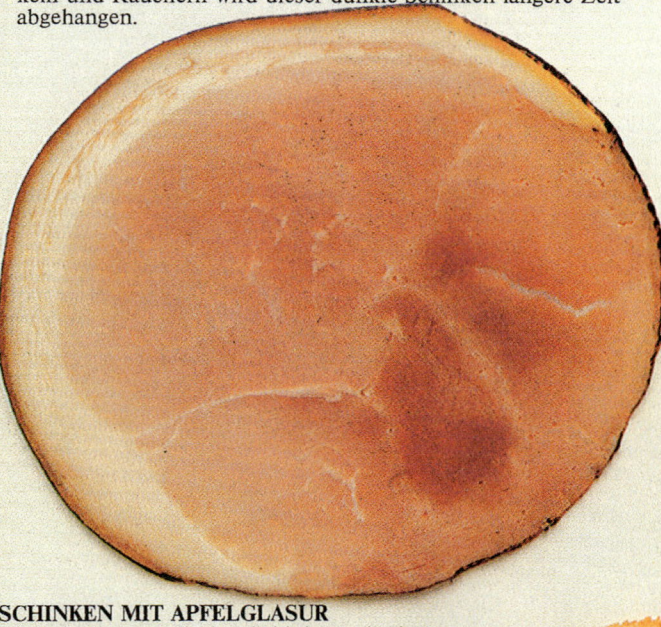

SCHINKEN MIT APFELGLASUR
Ein gekochter englischer Schinken mit einer aus Apfelgelee, Zitronensaft und Nelken hergestellten Glasur.

SCHINKEN MIT ZUCKERGLASUR
Ein gekochter Rollschinken ohne Knochen mit einer Zuckerglasur.

SUFFOLKSCHINKEN
Dieser teure englische Schinken wird in Melasse statt in Lake gelegt, daher die tiefschwarze Farbe.

YORKSCHINKEN
Dieser zarte, köstliche englische Schinken ist weltberühmt. Er wird trocken gepökelt und dann leicht geräuchert. Der abgebildete Schinken wurde in Bröseln gewälzt.

Bradenham (Scheibe)

Smithfield
(Scheibe)

SMITHFIELD
Der Schinken ist nach einer amerikanischen Stadt in Virginia be-
nannt, wo das besondere Pökelverfahren entwickelt wurde. Die
Schinken werden trocken gesalzen und dann gut mit Hickoryholz geräuchert.

BRADENHAM
Ein englischer, in Melasse eingelegter
Schinken (daher die charakteristische
schwarze Haut), der viele Monate
abgehangen wird.

Kaffee

Siehe auch S. 286

STARKE RÖSTUNG
Abgebildet ist eine algerische *Arabica*-Bohne. Wie alle dunklen Röstungen ist sie ziemlich bitter, da das Öl, das die Milde eines Kaffees ausmacht, verbrannt ist.

Stark gerösteter grobgemahlener Kaffee

GROBGEMAHLENER KAFFEE
Für bestimmte Kaffeemaschinen geeignet; stärkere schwarze Röstungen werden nach dem Essen, helle zum Frühstück getrunken.

Stark gerösteter mittelfeingemahlener Kaffee

MITTELFEINGEMAHLENER KAFFEE
Ergibt den delikaten Geschmack und das feinste Aroma; für die Kaffeemaschine, zum Aufgießen und Filtern geeignet.

Stark gerösteter feingemahlener Kaffee

FEINGEMAHLENER KAFFEE
Ideal zum Aufgießen, für die meisten Espressomaschinen und zum Filtern.

SCHWACHE RÖSTUNG
Abgebildet ist eine *Arabica*-Bohne aus Kenia. Die hellen Röstungen haben ein feineres Aroma und können mit Milch getrunken werden.

Schwachgerösteter grobgemahlener Kaffee

Schwachgerösteter mittelfeingemahlener Kaffee

Schwachgerösteter feingemahlener Kaffee

VOLLE RÖSTUNG
Abgebildet ist die Mokkabohne. Sie wird hoch geschätzt und hat einen ausgeprägten Geschmack, der sich gut für Mischungen eignet.

MITTELHELLGERÖSTETE BOHNEN
Abgebildet ist eine Bohne aus der Türkei, wo ein starker Kaffee aus pulverisierten Bohnen gebrannt wird.

COSTA-RICA-BOHNEN, UNGERÖSTET
Kaffeebohnen können zwei bis drei Jahre aufbewahrt werden, bevor man sie röstet; dadurch werden sie aromatisch und karamelisieren.

GERÖSTETE COSTA-RICA-BOHNEN
Eine feine, milde, gehaltvolle Robusta-Bohne mit stark säuerlichem Geschmack. Dieser stets mittel oder hellgeröstete Kaffee wird gewöhnlich nicht mit anderen Sorten gemischt.

LÖWENZAHNKAFFEE
Wird aus der Wurzel gewonnen und als koffeinfreier Kaffeeersatz aufgebrüht.

KOFFEINFREIER KAFFEE
Gemahlen, mit einem Lösungsmittel behandelt und getrocknet verliert Kaffee das meiste Koffein.

GEFRIERGETROCKNETER INSTANT-KAFFEE
Eine gute Sorte wird aufgegossen, eingefroren, zermahlen und dehydriert.

INSTANT
Gewöhnlich aus billigeren Kaffeesorten hergestellt, nicht so feinschmeckend, aber bequem.

KEEMUN
Ein schwarzer chinesischer Tee, der einen hellen Aufguß mit rauchigem Geschmack und besonderem Bouquet ergibt und gut zum Essen ist.

PARFÜMIERTER ORANGE PEKOE
Der feinste indische Tee aus den Knospen und obersten Blättern der Pflanze. Er wird selten für Mischungen verwendet.

LAPSANG SOUCHONG
Ein schwarzer chinesischer Tee mit großen Blättern und einem vollen, rauchigen Geschmack. Er muß lang ziehen und wird oft für Mischungen verwendet.

ASSAM, NEUE ERNTE
Ein schwarzer Allzwecktee hoher Qualität aus Nordostindien. Er wird gewöhnlich unvermischt getrunken und ergibt einen rötlichen Aufguß von malzigem Geschmack.

GRÜNER TEE, Gunpowder
Ein grünlich-grauer chinesischer Tee, dessen Blätter gerollt sind. Er ist unfermentiert und ergibt einen delikaten Aufguß, der am besten pur getrunken wird.

FAN YONG
Ein unparfümierter Tee aus China, dessen schwarze Blätter einen milden, hellen Aufguß mit niedrigem Tanningehalt ergeben.

JASMIN
Ein grüner chinesischer Tee mit feinem Duft, der mit getrockneten Jasminblüten versetzt ist.

KANOY
Ein schwarzer, unparfümierter Tee mit winzigen schwarzen Blättern. Er kommt aus Sri Lanka und ergibt einen goldgelben Aufguß.

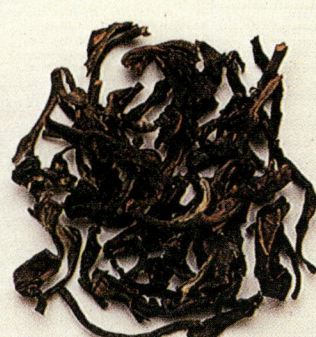

FORMOSA OOLONG
Ein schwarzer, halbfermentierter Tee aus Taiwan. Er hat die größten Blätter, ergibt aber einen recht hellen, nach Pfirsich schmeckenden Aufguß.

DARJEELING
Ein schwarzer indischer Tee, von stark fruchtigem Geschmack, der lange ziehen muß.

HIBISKUSTEE
Aus Hibiskusblüten; der Tee ist rot, herb und fruchtig und enthält kein Tannin.

HAGEBUTTENTEE
Aus den Früchten der wilden Rose, die mit den Kernen gemahlen werden und ein herbes Getränk ergeben.

BAMBUSTEE
Ein kräftiger, bitterer schwarzer Tee aus China, nach den getrockneten Bambusblättern genannt, in die er gewickelt ist. Für eine Portion werden zwei Abschnitte in die Teekanne gegeben.

Grüner Chartreuse | Gelber Chartreuse | Crème de Menthe | Anis; Anisette | Sambuca | Tia Maria

CHARTREUSE (grün und gelb) Ein französischer Likör auf Weinbrandbasis, der Honig, Kräuter und Gewürze enthält und ursprünglich von Kartäusermönchen des Klosters La Grande Chartreuse hergestellt wurde. Er wird in Cocktails, Torten und Konfekt verwendet. Der grüne (Original-)Likör hat einen höheren Alkoholgehalt als der gelbe. **CREME DE MENTHE** ist ein beliebtes Produkt und enthält Pfefferminz, Zimt, Ingwer und Salbei. Wird in Cocktails verwendet.

ANIS; ANISETTE
Ein beliebtes südeuropäisches Getränk, das in Barcelona, Bordeaux und Amsterdam hergestellt wird. Es enthält Koriander, Fenchel- und Anissamen. **SAMBUCA.** Ein klares italienisches Getränk mit Anisgeschmack, das als Aperitif ebenso wie als Likör getrunken werden kann. **TIA MARIA.** Ein Likör aus Rum und Kaffeeextrakt mit Gewürzen aus Jamaika.

Crème de Cacao | Crème de Banane | Crème de Cassis | Grand Marnier | Maraschino | Bénédictine

CRÈME DE CACAO. Ein gesüßtes Destillat aus Kakaobohnen mit Pflanzenextrakten von den Antillen, Französisch Guayana und Senegal. **CRÈME DE BANANE.** Zerquetschte Bananen und Zucker werden in Alkohol gelegt; es entsteht ein süßer Likör, der wie *Crème de Cacao* zu Desserts verwendet werden kann. **CRÈME DE CASSIS.** Ein Likör aus schwarzen Johannisbeeren, der für viele Desserts und Süßigkeiten verwendet wird. **GRAND MARNIER.** Ein französischer Likör aus Weinbrand und Schalen von Bitterorangen, der für Desserts und Crêpes verwendet wird und mit Ente – *à l'orange* – serviert werden kann. **MARASCHINO** wird aus vergorenen Maraschinokirschen unter Hinzufügung von süßenden Substanzen hergestellt und gern für Kuchen und Nachspeisen verwendet. **BÉNÉDICTINE** wurde ursprünglich von Benediktinermönchen des Klosters von Fécamp in der Normandie gebraut und enthält Weinbrand, Honig und Myrrhe.

Galliano Advokaat Strega Kümmel Drambuie Southern Comfort

GALLIANO. Ein italienischer Kräuterlikör, der nach einem berühmten italienischen Soldaten, Guiseppe Galliano, benannt ist. Er wird gern als Cocktail gemixt. **ADVOKAAT.** Ein beliebter holländischer Eierlikör aus Weinbrand, Eilgelb und Zucker. **STREGA.** Ein italienischer Orangenlikör mit vielen Kräutern, der für Kuchen und Mixgetränke verwendet wird.

KÜMMEL. Ein nordeuropäischer Likör, der Kümmel, Kreuzkümmel und Fenchel enthält. **DRAMBUIE.** Ein schottischer Likör aus Hochlandmalzwhisky, Kräutern, Gewürzen und Honig. Der Name ist eine Anglisierng eines gälischen Satzes, der bedeutet: »Das Getränk, das befriedigt«. **SOUTHERN COMFORT.** Ein amerikanischer Likör auf der Basis von Bourbonwhisky, der viele Früchte enthält.

Curaçao Amaretto Cointreau Peach Brandy Cherry Brandy Apricot Brandy

CURAÇAO. Hauptsächlich in Holland hergestellt und ursprünglich aus der getrockneten Schale von Pomeranzen der Insel Curaçao gemacht. **AMARETTO** wird in Saronno in Italien hergestellt; der angenehm fruchtige Likör enthält Mandeln und kann für viele Desserts verwendet werden. **COINTREAU.** Ein französischer Orangenlikör, der als Aperitif und als Likör getrunken wird; er kann mit Erdbeeren und für Soufflés und *Crèpes* verwendet werden.

PEACH BRANDY, CHERRY BRANDY, APRICOT BRANDY. Trotz ihrer Bezeichnung sind diese Liköre keine echten Obstbranntweine, denn sie werden nicht aus den Früchten selbst destilliert. Es wird ein gewöhnlicher Brandy benutzt, dem die jeweiligen Früchte und süßende Substanzen zugesetzt werden. Diese gesüßten »Obstbranntweine« werden in vielen Ländern produziert.

207

Rot-wein

Rosé

Marsala

Madeira

Medium Dry Sherry

Trockener Sherry

Süßer Sherry

Weißwein

Champagner

Roter Wermut

Weißer Wermut

Dunkler Rum

Weißer Rum

Roter Portwein

Weißer Portwein

Brandy

Sliwowitz

Kirschwasser

Gin

Wodka

Grappa

Calvados

Whisky

Golden

Arrak

Ouzo

Klarer Tequila

Cidre

Lagerbier

Obstschnaps

Pernod

Braunes Ale (Bier)

Helles Ale

Guinness

DIE SPEISEKAMMER

Herkunft, Beschaffenheit, Eigenschaften
und kulinarische Verwendung
der Lebensmittel

Dieses Zeichen ✦ verweist auf ein Photo im Bildteil

Kräuter

Kräuter sind meist unverholzte Pflanzen – gewöhnlich einjährig und aus Samen gezogen – deren Blüten, Blätter, Samen, Stengel und Wurzeln als Gewürze beim Kochen oder für medizinische Zwecke verwendet werden. Der englische Ausdruck »herb« kommt von dem lateinischen Wort *herba*, was Gras bzw. Pflanze bedeutet. Kräuter sind uralte Pflanzen, die auf die frühesten Zivilisationen zurückgehen, und schon aus dem alten Persien, Ägypten, Arabien, Griechenland, Indien und China gibt es Berichte mit Einzelheiten über ihren Anbau und ihre Verwendung. Viele ihrer Namen erinnern an das Mittelalter nach dem Fall Roms, als die Klöster Europas zugleich auch landwirtschaftliche Zentren waren, die alle ihre eigenen Kräuter- oder »Arzeney«-Gärten hatten.

Die Namen der für die Hausapotheke gesammelten Kräuter haben oft einen alchimistischen Klang, wie Bockshornklee und Johanniskraut, Wermut und Melisse. Tatsächlich besitzen fast alle Kräuter medizinische Eigenschaften, und manche – Raute z. B. – liefern noch immer die Grundsubstanzen für eine ganze Reihe wichtiger Drogen, die in der Pharmazie eine Rolle spielen. Viele sind doppelt verwendbar, sowohl in der Küche als auch in der Medizin. Zwar weiß man nicht, wofür sie ursprünglich zuerst verwendet wurden, doch vermutete man bereits lange vor der Zeitenwende, daß die Heilkunst ein Nebenprodukt der Kochkunst sei, die sich daraus entwickelte. Jedenfalls verwendeten schon die Sumerer um 5000 v. Chr. Thymian und Lorbeer für Heilzwecke, und die Chinesen besaßen um 2700 v. Chr. bereits ein Kräuterbuch, in dem 365 Pflanzen beschrieben waren.

Kräutern wird auch magische und religiöse Bedeutung zugeschrieben. Die Römer z. B. glaubten, daß ein Kranz aus Lorbeerblättern den Träger während eines Sturms vor dem Blitz schützen würde. Die zahlreichen Kräuterbücher im Europa des 16. und 17. Jahrhunderts waren äußerst populär und einflußreich und stellten eine Mischung aus Kräuterkunde, Magie, Medizin und Astrologie dar.

Kräuter in der Küche

Die Verwendung von Kräutern in der Küche wird durch kulinarische Traditionen bestimmt, die von Land zu Land verschieden sind. Jede cuisine hat ihre Lieblingskräuter: Oregano, Minze und Dill werden im Mittleren Osten und in Griechenland in Lammgerichten häufig verwendet; in Thailand ist fast jedes Gericht, das auf den Tisch kommt, mit Korianderblättern garniert, während Fisch- und Hühnergerichte mit Zitronenmelisse gewürzt sind. In England ist Salbei in Verbindung mit Schweinefleisch sehr beliebt, auch gibt er dem Sage Derby Cheese seine grüne Farbe; gebratenes Lamm wiederum wird oft mit Pfefferminzsauce serviert. Dill ist ein wichtiges Gewürz: für Fisch in Skandinavien, für Suppen in Rußland und Dänemark und zum Einlegen von Gewürzgurken in

Amerika. In Italien findet man die glückliche Verbindung von Basilikum und Tomaten und Rosmarin und Lamm; in Deutschland Kümmel und Schweinefleisch; in Frankreich Estragon und Huhn, und Fenchel und Fisch. Die Kräuter der Provence sind zu Recht berühmt für ihre Würzkraft und ihren Duft: Thymian, Majoran, Estragon, Wacholder, Lavendel, Lorbeer, Rosmarin und Fenchel verdanken dem Boden der Gegend und den langen Sonnenstunden viel. Die beim Kochen verwendete Menge hängt zum Teil vom individuellen Geschmack ab, wie das Würzen überhaupt, und zum Teil von der Art des Krautes. Stark aromatische Kräuter wie Liebstöckel, Ysop bzw. Josefskraut, Lorbeer, Salbei, Thymian, Oregano und Rosmarin sollten sparsam verwendet werden.

Frische Kräuter werden getrockneten immer vorgezogen und viele – wie z.B. Petersilie, Basilikum, Fenchel, Majoran und Thymian – kann man im Blumentopf auf der Fensterbank anbauen. Getrocknete Kräuter sind viel konzentrierter als frische, weil ihnen das Wasser entzogen wurde. Für jeden Teelöffel getrockneter Kräuter nehme man drei Teelöffel oder einen Eßlöffel frischer Kräuter.

Ein *Bouquet garni* ist eine Art Suppengrün, das sehr viel in der französischen Küche verwendet wird; es ist ein Sträußchen frischer Kräuter, das mit einem Faden zusammengebunden oder in ein Stückchen Nessel eingebunden in Saucen, Eintopfgerichte oder Bouillon gegeben wird. Streng genommen sind die hierbei verwendeten Kräuter Petersilienzweiglein, Thymianzweiglein und Lorbeerblatt, doch können auch andere Gewürze wie Sellerie, Knoblauch, Rosmarin, Majoran, Bohnenkraut usw. dazugenommen werden. Das Sträußchen wird am Ende der Kochzeit immer herausgenommen. Auch Lorbeerblätter, die direkt in ein Gericht gegeben wurden, werden nach dem Kochen entfernt, ebenso wie Zweige getrockneter Kräuter wie Thymian oder Majoran, da sie in einem fertigen Gericht unansehnlich wirken würden.

Aufbewahren und Trocknen von Kräutern

Zur Aufbewahrung frischer Kräuter wickle man sie getrennt in Küchenkrepp ein, stecke sie dann in Plastiktüten und lege sie in das Gemüsefach des Kühlschranks.

Will man Kräuter trocknen, so muß man sie pflücken, wenn sie gerade zu blühen beginnen, da dann ihr Aroma am stärksten ist. Man pflücke sie an einem trockenen Tag, binde sie zu Büscheln und hänge sie vor starkem Licht geschützt in einen warmen Raum oder trockne sie in einem auf sehr niedrige Temperatur eingestellten Backofen. Die getrockneten Blätter und Blüten werden auf ein Papier abgestreift und dann in luftdichte Behälter abgefüllt, die an einem dunklen, kühlen Ort aufbewahrt werden. Man sollte nicht vergessen, daß getrocknete Kräuter nach und nach ihr Aroma verlieren.

Beinwell

Basilikum *(Ocimum basilicum)* ✦
Dieses stark und durchdringend schmeckende Kraut stammt aus Indien, wo es mit einiger Ehrfurcht betrachtet wird. Sehr beliebt ist es in Italien, vielleicht weil es so gut zu Tomaten paßt; ebenfalls verwendet wird es für die Genueser Pesto-Sauce. Basilikum kann man getrocknet, in Öl konserviert oder im späten Frühling und Sommer frisch kaufen.

Beinwell
(Symphytum officinale) ✦
Dieses Kraut ist ein Verwandter von Borretsch und wird ebenso verwendet.

Bergamott *(Monarda didyma)* ✦
Die stark aromatischen Blätter dieser amerikanischen Pflanze gehören zur Familie der Pfefferminzpflanzen. Man kann sie in Salaten verwenden, aber hauptsächlich dienen sie der Herstellung von Earl-Grey-Tee, von eisgekühlten Getränken und Herzstärkungsmitteln.

Gemeiner Bockshornklee
(Trigonella foenum-graecum) ✦
Bockshornklee hat seinen Ursprung in Südeuropa rund um das Mittelmeer. Der lateinische Name bedeutet »griechisches Heu« und die Blätter werden in

Currygerichten oder als Gemüse verwendet, die ganz jungen Blätter kann man auch in Salate geben. Die Samen werden gemahlen und als Gewürz verwendet.

Borretsch *(Borago officinalis)* ✦
Diese kleine, häufig auch Gurkenkraut genannte Pflanze stammt aus dem Mittleren Osten und hat strahlend blaue Blüten. Ihre frischen Blätter werden in England oft in mixed drinks verwendet. Fein gehackt geben die Blätter Gurkensalat, Quark- und Joghurtspeisen einen würzigen Geschmack.

Bohnenkraut *(Satureja hortensis)* und **Winterbohnenkraut** *(S. montana)* ◆
Beide Arten ähneln sich sehr und sind saisonbedingt, obwohl Wintersaturei nach Meinung mancher Köche einen weniger feinen Geschmack hat als das einjährige Bohnenkraut. Es handelt sich um ziemlich stark aromatische Kräuter, die fette und schwere Gerichte geschmacklich verbessern.

Curryblatt *(Chalcas koenigii)* ◆
Dem Zitronenbaum verwandt und in Südostasien beheimatet, verleiht dieses Blatt gewissen im Handel erhältlichen Currypulvern einen eigenen Geschmack. In ganz Südindien wird es auch für vegetarische Gerichte verwendet. Curryblätter sind frisch oder getrocknet erhältlich, obwohl die frischen Blätter vorzuziehen sind.

Dill *(Anethum graveolens)* ◆
Ursprünglich in Europa und Westasien beheimatet, wird Dill jetzt auf der ganzen Welt angepflanzt. Dillkraut (wie es manchmal genannt wird) wird am häufigsten zu Fischgerichten und zum Würzen von Eingelegtem verwendet. Köstlich ist es auch in Suppen, Eierspeisen, und Saucen. Vom Dill sind sowohl Samen als auch getrocknete Blätter erhältlich. Die Samen haben einen strengeren, nachhaltigeren Geschmack.

Dotterblume *(Calendula officinalis)* ◆
Aus Südeuropa stammend, wurden die Blütenblätter dieser goldgelben Blume im Mittelalter beim Kochen sowohl als Gewürz als auch als Farbstoff für Käse, in Pasteten und Kuchen genommen. Heute werden sie als Farbstoff und Gewürz für Reis-, Fleisch- und Fischgerichte verwendet, oder in Suppen und Salaten. Die Blütenblätter werden getrocknet angeboten.

Eisenkraut *(Verbena officinalis)*
Dieses alte europäische, oft mit Verbene verwechselte Kraut, wird hauptsächlich als Kräutertee verwendet. Als getrocknete Blätter erhältlich.

Engelwurz *(Angelica officinalis; archangelica)* ◆
Zur Familie der Petersilie gehörig stammt Engelwurz wahrscheinlich aus Nordeuropa. Die ganze Pflanze kann verwendet werden, da sogar die Wurzeln eine Droge

Engelwurz

liefern, aber gebräuchlicher ist die Nutzung des Stengels, der kandiert beim Backen verwendet wird.

Epazote *(Chenopodium ambrosiodes)*
Mexikanischer Tee; Wurmsamen; Gänsefuß; Jerusalemeiche
Epazote kann man wild wachsend in allen Teilen Amerikas und vielen Teilen Europas finden. In der mexikanischen Küche wird es viel als grünes Kraut, in Europa als Kräutertee verwendet.

Estragon *(Artemesia dracunculus)* ◆
Estragon ist ein sehr aromatisches Kraut, das mit Wermut verwandt ist. Es gibt zwei Hauptarten, **französischen** Estragon und **russischen** Estragon, wobei letzterer weniger Geschmack und grobere Blätter hat. Französischer Estragon, in Europa beheimatet, wird verwendet für *Sauce Béarnaise* und *Hollandaise, Poulet á l'estragon,* Kräuterbutter, Suppen, Fischgerichte und Salate. Frisch, als getrocknete Blätter oder in Pulverform erhältlich.

Fenchel *(Foeniculum vulgare)* ◆
Fenchel ist eine hohe in Südeuropa beheimatete Pflanze mit gefiederten Blättern und gelben Samen. Er wurde lange als Fischgewürzkraut verwendet und wächst jetzt wild in der ganzen Welt, wird aber auch kommerziell angebaut. Die Blätter können in Salaten und Füllungen verwendet werden, die Knollen werden als Gemüse gekocht. (S. 240). In der Provence werden Riesenbarben und Brassen oft auf einem Bett aus getrockneten Fenchelstengeln flambiert. Die Samen schmecken leicht nach Lakritze.

Frauenminze *(Chrysanthemum balsamita; Tanacetum balsamita)*
Frauenminze ähnelt dem Rainfarn, da es würzig, aber weniger bitter ist. Im Fernen Osten beheimatet, wurden die Blätter in Großbritannien und Amerika seit jeher als Bierwürze verwendet – daher auch der englische Name »alecost«. Wird für Wild, Kalbfleisch und Suppen verwendet und ist meistens getrocknet erhältlich.

Hopfen *(Humulus lupulus)* ◆
Gut bekannt als Bierwürze sind Hopfenblüten, die Blüten einer rebenartigen, in Europa beheimateten Pflanze. Die jungen Triebe

werden als Gemüse verwendet und können auch als Salat angerichtet werden. Mit Hopfen ausgestopfte Kopfkissen helfen angeblich bei Schlaflosigkeit, ebenso wie Hopfentee.

Kamille *(Anthemis nobilis)* ◆
Eine gänseblümchenähnliche Pflanze, die wild wachsend überall in Europa und in Teilen Amerikas anzutreffen ist. Aus den getrockneten Blättern und Blüten bereitet man den Kamillentee zu.

Kapuzinerkresse *(Tropaeolum majus)*
Diese wegen ihrer dekorativen Qualität gezüchtete Pflanze kommt aus Peru. Die strahlend orangefarbenen und roten Blüten und nach Pfeffer schmeckenden Blätter können in Salaten verwendet werden. Die Samenhülsen kann man einlegen und wie Kapern verwenden.

Kerbel *(Anthriscus cerefolium)* ◆
In Südrußland und im Mittleren Osten beheimatet, gilt diese petersilienähnliche Pflanze mit gefiederten Blättern als eines der feinsten Kräuter der französischen Küche. Es wird zum Würzen von Suppen, Salaten und Füllungen ebenso wie zum Garnieren verwendet. Getrocknet erhältlich, aber am besten, wenn frisch verwendet.

Koriander *(Coriandrum sativum)* ◆
Dieses alte, zur Familie der Karotten gehörige Kraut ist im Mittelmeerraum und im Kaukasus beheimatet und wird in Lateinamerika und auf chinesischen Märkten oft als **cilantro** oder **Chinesische Petersilie** verkauft. In Indien, Asien, Mexiko und Südamerika und im Mittleren Osten wird es sehr viel frisch (in Blattform) verwendet. Die Samen werden zu Curry und zum Würzen alkoholischer Drinks, wie z. B. Gin, genommen. Die Wurzeln werden in Thailand in Currygerichten verarbeitet.

Liebstöckel *Levisticum officinale)* ◆
Eine große, sellerieartige, aus dem Mittelmeerraum stammende Pflanze, die ein essentielles Öl hervorbringt, das dem Liebstöckel seinen starken, aromatischen Geschmack verleiht. Man verwendet die ganze Pflanze: Stengel und Wurzel können wie Sellerie gekocht oder wie Engelwurz kandiert werden; Blätter, Wurzeln

Lorbeer

Trocknen und Zubereiten
von Kräutern

und Samen werden in Salaten, Suppen und Saucen verwendet. Mit den Samen kann auch Backwerk gewürzt werden. Als ganze Samen getrocknet oder in Wurzelform erhältlich.

Lorbeer *(Laurus nobilis)* ✦
Nicht zu verwechseln mit Lorbeerarten, die giftig sind, handelt es sich hier um das Blatt des Lorbeerbaums, der im Mittelmeerraum beheimatet ist. Üblicherweise kauft man die Blätter getrocknet, es gibt Lorbeer aber auch pulverisiert. Er wird zum Würzen von Fleischgerichten, Milchpudding, Suppen, Eintopfgerichten und süßen weißen Saucen verwendet. Lorbeer ist auch fester Bestandteil eines *Bouquet garni.*

Majoran *(Origanum majorana)*
Obwohl der Name »Majoran« zahlreiche Pflanzen einschließlich wildem Majoran (siehe Oregano) und Topfmajoran *(Origanum onites)* bezeichnet, ist normalerweise der gezüchtete Majoran damit gemeint. Er kann frisch oder getrocknet für Omelettes, Füllungen, Würste, *Bouquets garnis,* Fleischsaucen, Kartoffelgerichte, Suppen und Eintopfgerichte verwendet werden.

Minze *(Mentha, spp.)*
Es gibt viele verschiedene Sorten, aber vom Standpunkt des Kochs aus gesehen sind **Frauenminze** ✦ *(Mentha spicata; viridis)* und **Apfelminze** ✦ *(M. rotundifolia)* die wichtigsten. Frauenminze stammt aus Südeuropa und ist die gemeine Gartenminze, die für Pfefferminzsoße, Pfefferminzgelee, Füllungen, Salate und zum Aromatisieren von Getränken, wie z. B. marokkanischem Pfefferminztee, verwendet wird. Apfelminze oder rundblättrige Minze hat einen feinen Geschmack. Die Blätter sind mit einem leichten Flaum bedeckt und solche Arten wie **Bowles Mint** ✦ *(M. villosa alopecuroides)* werden für alle kulinarischen Verwendungszwecke empfohlen. **Eau-de-Cologne-Minze** ✦ *(M. citrata)* oder **Orangenminze** hat ein angenehmes Aroma und kann gehackten Salaten oder eisgekühlten sommerlichen Getränken beigegeben werden. Andere Minzsorten sind u. a. die **Pfefferminze** *(M. piperita),* die Bonbons und *Crème de menthe* aromatisiert und **Pferdeminze** *(M. longifolia),* die für Curry und Chutney verwendet wird.

Oregano *(Origanum vulgare)* ✦
wilder Majoran
Dieses aromatische Kraut wurde jahrhundertelang in Asien und Europa genutzt und ist jetzt vor allem in Italien beliebt, wo es für Pizza verwendet wird. Auch mit Tomaten, Käse, Bohnen und Auberginen wird es geschätzt. Es gibt auch viele griechische Varianten, die insgesamt *rigani* heißen; ihre Blüten werden zum Garnieren von Fleischgerichten genommen.

Petersilie *(Petroselinum crispum)*✦
Sie stammt aus dem Mittelmeerraum und es gibt verschiedene Arten, wie **glatte** und **krause** Petersilie (Schnittpetersilie) und die **Wurzelpetersilie,** die wegen ihrer sellerieartigen Wurzel gezüchtet wird. Petersilie ist vielfach verwendbar, nicht zuletzt zum Garnieren. Sie gehört zum *Bouquet garni* und zu den *fines herbes* und wird gehackt Saucen und Füllungen beigegeben. Petersilie kann gebraten auch als Koch-Beilage zu Fisch gereicht werden. Sie ist frisch und getrocknet erhältlich.

Pimpinelle *(Pimpinella saxifraga; P. sanguisorba)* **Salat-Pimpinelle** ✦
Aus Europa stammend, ist dieses Kraut im Geschmack dem Borretsch ähnlich und wird für *mixed drinks,* Salate und Saucen verwendet. Die jungen Blätter sind frisch am besten.

Rainfarn
(Chrysanthemum vulgare) ✦
Ein europäisches Kraut, das früher häufig für Ei- und Fischgerichte verwendet wurde. Rainfarn ist eine Zutat in den irischen *drisheen*-Blutwürsten.

Rosella *(Hibiscus sabdariffa)*
Im tropischen Asien heimisch, wird Rosella wegen der fleischigen roten Kelchblätter gezüchtet, die für Drinks und Eingemachtes verwendet werden. Auch bekannt als Sauerklee oder *flor de Jamaica,* ist sie in Mexiko, Guatemala, Westindien und Südostasien überaus populär.

Rosmarin
(Rosmarinus officinalis) ✦
Aus dem Mittelmeerraum stammend, kann man Rosmarin wildwachsend fast überall in Europa und in Amerika finden. Seine harten, spitzen Blätter enthalten Kampferöl und werden viel zum Würzen von Fleischgerichten, Huhn und Fisch verwendet. Ros-

marin nimmt man selten für Salate oder Suppen, außer als Pulver, weil dann einige seiner Eigenschaften gemildert werden. Es ist frisch, als getrocknete Blätter oder Pulver erhältlich.

Salbei *(Salvia officinalis)* ✦
Im nördlichen Mittelmeerraum beheimatet, ist Salbei eine wohlbekannte Pflanze mit flaumigen Blättern und einem sehr aromatischen Geschmack. Die Farbe der Blätter und der Geschmack variieren stark. **Gartensalbei** wird für Füllungen besonders von Schweinefleisch und Ente verwendet und kann sparsam auch Fleischeintopf- und Schmorgerichten beigegeben werden, obwohl es subtilere Geschmacksnuancen leicht erschlägt.

Schafgarbe *(Achillea millefolium)*
Eine in Europa wildwachsende Pflanze, im Geschmack dem Kerbel ähnlich, doch etwas bitter. Sie kann für Salate verwendet werden.

Schnittlauch
(Allium schoenoprasum) ✦
Der aus Europa stammende Schnittlauch ist ein Mitglied der Familie der Zwiebeln. Die feinen hohlen Stengel werden frisch und fein gehackt in gebundenen Suppen, Rühreiern, Omelettes, Salaten und Vorspeisen verwendet. Chinesischer Schnittlauch *(Allium odoratum)* hat größere Blätter, nach Rosen riechende Blüten und schmeckt nach Knoblauch.

Sellerie *(Apium graveolens)*
Die frischen Stauden und Blätter oder die Samen dieser Pflanze werden zum Würzen von Suppen und Eintopfgerichten sowie zum Aromatisieren von Salz verwendet.

Thymian *(Thymus vulgaris)* ✦
Eines der populärsten und bekanntesten Kräuter. Es gibt verschiedene Arten dieser Mittelmeerpflanze: **Gartenthymian** ✦ *(Thymus vulgaris);* **wilden Thymian** ✦ *(T. serpyllum);* **Zitronenthymian** ✦ *(T. citriodorus),* mit einem schwachen Zitronengeschmack, wie schon der Name sagt; und viele andere. Thymian kann zum Würzen von Suppen, Eintopfgerichten, Braten und Hühnerfüllungen verwendet werden.

Verbene (*Aloysia citriodora*).
Dieses Kraut stammt aus Südamerika und wurde von den Spaniern nach Europa eingeführt. Es verleiht Getränken und Salaten einen leichten Zitronengeschmack. Frisch oder getrocknet erhältlich.

Waldmeister (*Aspevula odorata*)
In Europa, Asien und Nordafrika beheimatet. Waldmeisterblätter werden in der deutschen und österreichischen Küche verwendet – für geschmorte Rindfleischgerichte z. B. und Wein, insbesondere den deutschen Maiwein. Als getrocknete Blätter erhältlich.

Ysop (*Hysoppus officinalis*) ✦
Die Blätter dieser auch Josefs-kraut genannten Pflanze haben einen stechenden und leicht bitteren Geschmack und werden zum Aromatisieren von Likören, wie z. B. Bénédictine, verwendet. Sparsam können sie auch für Salate und Eintopfgerichte verwendet werden. Getrocknet erhältlich.

Zitronengras
(*Cymbopogon citratus; C.flexuesus* und *C. nardus*)
Dies schließt verschiedene Gräserarten ein, die alle Zitrusöle enthalten und Zitronengeschmack haben. Dieses aromatische Gras ist in Südostasien beheimatet, wo der Zitronenbaum in manchen Gegenden nicht vorkommt. Man braucht es zum Würzen von Salaten, Fischgerichten und Suppen. Das Gras ist gemahlen als »Sereh-Pulver« erhältlich. In Thailand und anderen Teilen Südostasiens werden die Blätter der Kaffir-Limone (*Citrus hystrix*) auch für Fischgerichte verwendet.

Zitronenmelisse
(*Melissa officinalis*) **Melisse** ✦
So genannt wegen ihres zitronenähnlichen Geschmacks, werden die jungen frischen Blätter dieser in Europa beheimateten Pflanze in Gemüse- und Obstsalaten, Bowlen und *mixed drinks,* Suppen und Saucen verwendet, als Kräutertee, oder wo immer ein schwacher Zitronengeschmack erwünscht ist.

Gewürze und Samen

Gewürze – die meisten von ihnen kommen aus den Tropen – sind getrocknete Teile aromatischer Pflanzen und umfassen Blüten, Samen, Blätter, Rinde und Wurzeln. Die Verwendung von Gewürzen ist uralt und hat in der menschlichen Geschichte eine große und wichtige Rolle gespielt. Einst waren sie so hoch geschätzt wie Gold, und die Regierungen in Ländern mit umfangreichem Gewürzhandel wurden reich durch die Steuern, die sie darauf erhoben. Die Königin von Saba brachte Salomon unter anderen Geschenken Gewürze, und die Drei Weisen brachten dem Jesuskind Weihrauch und Myrrhen dar.

Obwohl keine exakten Daten vorliegen, nimmt man an, daß der Gewürzhandel, der über die gefahrvollen Karawanenstraßen von China, Indonesien, Indien und Ceylon in den östlichen Mittelmeerraum führte, etwa 5000 Jahre zurückreicht. Eine besonders beliebte Straße führte durch Peshawar, über den Khyber-Paß, durch Afghanistan und Persien schließlich bis nach Europa. Die Phönizier waren große Gewürzhändler, ebenso die Araber und die Römer und später die Venezianer und die Genueser. Nach dem Zusammenbruch des römischen Reiches stagnierte der Handel lange Zeit, bis die Portugiesen schließlich einen Seeweg über das Kap der guten Hoffnung nach Osten fanden, was zu Konkurrenz und Konflikten zwischen den Portugiesen, den Holländern, den Franzosen und den Engländern führte.

Während der jahrhundertelangen Kämpfe zwischen Völkern um die Kontrolle des Handels tobten Kriege, und Reiche erstanden und gingen unter, aber die Gewürze, die Köche seit frühester Zeit brauchten und verwendeten – Muskatnuß, Nelke, Zimt, Pfeffer, Ingwer, Safran, und aus der Neuen Welt Gewürzmyrte, Orleanfarbstoff für Lebensmittel, Vanille und Schokolade –, wurden geliefert wie ehedem. Obgleich einst so kostbar wie Gold, stehen Gewürze heute zu einem vernünftigen Preis ordentlich verpackt auf dem Gewürzregal jedes Supermarkts. Sie kommen nicht länger aus einigen wenigen Ländern; es gibt heute in der Tat kaum ein Land, das nicht mindestens ein Gewürz selbst herstellt, das dann häufig auch in der einheimischen Küche eine wichtige Rolle spielt.

Gewürze in der Küche
Auch heute noch werden Gewürze vielfach verwendet. Manche, z. B. Pfeffer, werden nur für herzhafte Gerichte genommen; andere, wie z. B. Ingwer, eignen sich auch zum Backen oder Einlegen.

Ingwer sollte frisch gekauft werden, als Ingwerwurzel; andernfalls kann man die trockene Wurzel kaufen, die vor dem Reiben jedoch eingeweicht werden muß.

Gewürze sollten Sie vor allem dann selbst mahlen, wenn Sie Currygerichte zubereiten, da die Zutaten je nach Rezept variiert werden müssen. Die Grundmischung, *garam masala* genannt, wenn sie aus trockenen Gewürzen hergestellt wird, kann bis zu zwanzig Gewürze in verschiedenen Mengenverhältnissen umfassen. Ein nasses *masala* (Currypastete) enthält gewöhnlich frische Gewürze wie Cayennepfeffer, Knoblauch, Zwiebel, Ingwer, die mit getrocknetem Koriandersamen, Kümmel, Kardamom oder was immer das Rezept vorsieht, zerstoßen werden. In den meisten Currypulvern oder -pasten dominiert jedoch Koriander.

Getrocknete Samen, Rinde oder Wurzeln können auch geröstet oder fettlos gebraten werden, um ihre aromatischen, essentiellen Öle zu erschließen und den Geschmack zu verstärken. Die Hitze muß vorsichtig dosiert werden, dann kann man die Gewürze pulverisieren – ähnlich wie bei Kaffeebohnen, die erst geröstet und dann gemahlen werden, um so den besten Geschmack zu erzielen. Gewürze können als ganze Stücke verwendet werden – in *biriani* und *Pilaw* kann man Zimtstücke oder ganze Nelken oder Kardamomschoten beigeben, um den Reis zu aromatisieren. Sie können auch – wie in China – allein verwendet werden; dort nimmt man Sternanis zum Würzen von Schweine- und Rindfleisch, Ingwer, um Fisch und Huhn pikanter zu machen – oder als Gewürzmischungen wie Chinawürze für Gerichte wie Szechwan-Ente. Eine in Japan beliebte, direkt am Tisch angebotene Würze ist *shichimitogarashi,* ein Pulver, das aus sieben Gewürzen besteht: aus gemahlenem scharfem roten Pfeffer, gemahlenem japanischem Pfefferblatt (*sansho,* das Blatt der Stachelesche), Sesam, Senf, Raps- und Mohnsamen und getrockneter Mandarinenschale.

Ebenfalls sehr populär ist die französische Gewürzmischung *quatre épices* aus gemahlenen Pfefferkörnern, Muskatnuß, Nelken und Zimt. Manchmal wird der Zimt durch Ingwer ersetzt. Viele Köche mischen heute in den bei Tisch verwendeten Pfeffermühlen Beeren der Gewürzmyrthe mit weißen und schwarzen Pfefferkörnern. Das Kombinieren von Gewürzen ist eine ebenso subtile Kunst wie die Herstellung von Tees, Parfüms oder Likören, und jeder Koch variiert die Zutaten nach eigenem Geschmack. Nicht zuletzt spielt bei der Auswahl auch das Klima eine Rolle.

Eine amerikanische Muskatreibe aus dem 19. Jahrhundert.

Muskatnuß und Macisblüte
Die fleischige Frucht des Muskatbaumes bricht auf, wenn sie reif ist, und legt den braunen, runzeligen Samen, die Muskatnuß frei. Der Samen hat einen roten, netzartigen Samenmantel, der nach dem Trocknen in Scheiben gebrochen und als Macisblüte verwendet wird.

Ajowan (*Carum ajowan*) ✦
Durch Thymianöl stark aromatisiert, wird es in der indischen Küche und der des Mittleren Ostens verwendet. Es ist auch als Samen erhältlich.

Anis (*Pimpinella anisum*) ✦
Anis wird wegen der Samen gezüchtet, die einen süßen Geschmack haben und vorwiegend für Konfekt und Gebäck verwendet werden. Auch für die Herstellung von Pastis, Ricard und anderen Alkoholika mit Anisgeschmack wichtig.

Anispfeffer (*Xanthoyxlum piperitum*) **Szetschuan-Pfeffer** ✦
Die getrockneten Beeren eines in China heimischen Baumes haben einen pfefferartigen Geschmack und werden für Chinawürze verwendet.

Gemeiner Bockshornklee
(*Trigonella foenum-graecum*) ✦
Im Mittleren Osten heimisch. Der lateinische Name bedeutet „Griechisches Heu", was auf eine weitverbreitete Verwendung in der griechischen Küche deutet. Spielt jedoch eher in der indischen Küche eine Rolle, sowohl als Gewürz (Samen), als auch als Kraut (Blätter).

Cardamom (*Elleteria cardamomum*) ✦
Es gibt diverse Arten dieser aromatischen Schote – grün, weiß und schwarz – die eine Anzahl kleiner Samen enthalten. Cardamom ist nach Safran das teuerste Gewürz der Welt. Es verleiht Reisgerichten ein besonderes Aroma und ist in Schoten- und Samenform erhältlich.

Cayennepfeffer
(*Capsicum frutescens*) ✦
Er wird aus einer roten Chilischotenart hergestellt, die angeblich aus Cayenne in Französisch-Guayana stammt. Dem handelsüblichen Cayennepulver werden oft noch andere Samen, Salz und Gewürze hinzugefügt. Es ist sehr scharf und sollte daher sparsam verwendet werden.

Chilipulver
(*Capsicum frutescens*) ✦
Eine Art roten Pfeffers, der aus getrockneten, gemahlenen Chilischoten hergestellt wird. Nicht zu verwechseln mit Paprika, kann er mild bis sehr scharf sein.
Nepalpfeffer ist eine milde, gelbe Sorte aus gemahlenem Chilipfeffer, der sehr viel in Indien verwendet wird.

Chinawürze
Eine Gewürzmischung, die aus Anispfeffer, Sternanis, Kassie, Nelken und Fenchelsamen besteht. Ein Lakritzegeschmack ist vorherrschend. Wird in der chinesischen Küche für verschiedene pikante Gerichte verwendet und ist in Pulverform erhältlich.

Galgant, großer und kleiner
(*Kaempferia pandurata*, oder *K. galanga*) ✦ **Siam-Ingwer**
Beide Arten sind dem Ingwer verwandte Gewürzwurzeln, haben jedoch einen schwachen Kampfergeschmack. Sie werden im Fernen Osten für Currygerichte und in malajischen Speisen verwendet; ebenso für Lebkuchen und Kräuterliköre. In Wurzel- oder Pulverform erhältlich.

Gewürzmyrte (*Pimenta officinalis*) **Piment, Toute-épice, Jamaikapfeffer** ✦
Die getrocknete Frucht des in Westindien heimischen Pimentbaumes schmeckt nach Muskatnuß, Zimt und Nelken und wird zum Backen, Einlegen und für pikante Gerichte verwendet. Ganz oder pulverisiert erhältlich.

Ingwer (*Zingiber officinale*) ✦
In Südostasien heimisch; das Gewürz wird aus dem Wurzelstock gewonnen. Es wird beim Backen, bei der Konfektherstellung und für Liköre verwendet, ebenso für orientalische Gerichte und Eingelegtes. Wird in Wurzel-, Pulver- oder eingelegter Form angeboten.

Koriander (*Coriander sativum*) ✦
Die Blätter werden als Kraut, die Samen als Gewürz verwendet; sie sind im Geschmack recht verschieden. Koriander ist ein Hauptbestandteil von Currypasten und -pulvern. Es wird für Lamm- und Schweinefleisch, Eingelegtes, Marinaden und Rezepte *à la grecque* verwendet.

Kreuzkümmel
(*Cuminum cyminum*) ✦
Er ähnelt den Samen des gemeinen Kümmels, hat aber einen durchdringenden, kräftigeren Geschmack und wird in Curry- und Fleischgerichten und auch als Einlegegewürz geschätzt.

Gemeiner Kümmel
(*Carum carvi*) ✦
Beliebt in Europa, wo die Samen zum Backen, zur Käseherstellung und für viele pikante Gerichte verwendet werden. Der Gemeine Kümmel ist in Europa und Asien heimisch und hat einen hervorstechenden, typischen Geschmack; auch zur Aromatisierung von Likören wird er gern verwendet.

Kurkuma (*Curcuma longa*) ✦
Ein hellgelbes Gewürz, das aus den Wurzelstöcken eines in Südostasien beheimateten Liliengewächses gewonnen wird. Dieses Gewürz ist nicht teuer und wird in Currygerichten, Currypulver und Eingelegtem verwendet. Es ist als Pulver oder als getrocknete Wurzel erhältlich.

Meerrettich
(*Armoracia rusticana*) ✦
Die scharfriechende Wurzel der Pflanze wird gerieben und manchmal getrocknet verkauft. Meist als Grundlage für eine Sauce verwendet, die gewöhnlich zu Rindfleisch und Roastbeef gereicht wird.

Mohn (*Papave somniferum*) ✦
Die Samen des Schlafmohns sind grau (bei einigen Arten gelb), enthalten aber kein süchtigmachendes Alkaloid. Mohn wird in zahlreichen Backwaren und ganz besonders als Füllung für Kuchen und Kleingebäck, wie die jüdischen *Hamentaschen*, geschätzt.

Muskatnuß und Muskatblüte
(*Myristica fragrans*) ✦
Muskatnuß ist der getrocknete Samen der Frucht eines immergrünen in Südostasien beheimateten Baumes. Der Samen hat eine narbige Schale (Mazis), die fälschlicherweise mit Muskatblüte bezeichnet wird. In Geschmack und Aroma ähnlich, wird der Samen gerieben für süße Gerichte verwendet, während Muskatblüte für Eingelegtes und pikante Gerichte verwendet wird. Muskatnuß gibt es ganz oder gemahlen; Muskatblüte ist in Flocken- oder Pulverform erhältlich.

Nelken (*Eugenia caryophyllata*) ✦
Harte, getrocknete Blütenknospen, die ein sehr starkes Aroma haben. Sie enthalten ein essentielles Öl, das Zahnschmerzen zu lindern vermag, sind aber auch als Gewürz beim Backen, Einlegen und in Getränken sehr beliebt. Ganz oder als Pulver erhältlich.

Nelken
Die aromatischen, rosa Knospen des Gewürznelkenbaums werden vor dem Erblühen gepflückt und nach dem Trocknen in der Sonne rotbraun, wie sie dann normalerweise in den Handel kommen.

Pfeffer- oder Gewürzmühle
Ein Vorläufer der größeren, modernen Arten; die kleine Schublade nimmt den frischgemahlenen Pfeffer auf.

Orlean (*Bixa orellana*), **Achote** ✦ Frucht und Samen des Orleanstrauches, der im tropischen Amerika beheimatet ist. Der Farbstoff der Frucht ist orange und wird zum Färben von Lebensmitteln verwendet. Die gemahlenen Samen werden in Lateinamerika und Südostasien als Gewürz verwendet, wo sie bei *ukoy*, Garnelen und Kartoffelkuchen eine Rolle spielen.

Paprika (*Capsicum tetragonum*) ✦ Ein kräftig rotes Pulver, das aus verschiedenen Sorten von Paprikaschoten hergestellt wird. Es ist das Nationalgewürz Ungarns, doch gibt es auch eine spanische Variante, die *pimentón* heißt. Es wird für Gulasch, weiße Saucen, Fleisch- und Hühnergerichte, Cremesuppen und Weichkäse verwendet.

Paradieskörner (*Amonum melegueta*) **Guinea- oder Maleguetapfeffer** ✦ Scharfe, stark würzige braune Samen einer mit der Gewürzmyrte verwandten Pflanze. Sie werden als Ersatz für Pfeffer verwendet. Ihre Heimat ist Westafrika.

Pfeffer (*Piper nigrum*) ✦ Eine Art Pfefferrebe, die nicht mit den Capsicum-Sorten zu verwechseln ist. In Asien beheimatet, wird jedoch in fast allen Küchen verwendet. **Schwarze Pfefferkörner** ✦ sind die sonnengetrockneten Beeren der Pfefferpflanze, die noch grün geerntet wurden. **Weiße Pfefferkörner** ✦ stammen von derselben Pflanze, doch wurden die Beeren reif geerntet. Wenn sie rot werden, wird die Schale entfernt und die »Körner« werden getrocknet. Beide werden als Gewürz verwendet, obwohl weißer Pfeffer sehr viel weniger aromatisch ist und

hauptsächlich für weiße Saucen verwendet wird, in denen schwarzer Pfeffer unansehnlich wäre.

Mignonnette-Pfeffer ist eine grob gemahlene Pfeffermischung, für deren Herstellung schwarze oder weiße Pfefferkörner gemahlen und gesiebt werden. Er wird viel in der französischen Küche verwendet.

Safran (*Crocus sativus*) ✦ Es handelt sich um die Narbenschenkel der Griffel einer Krokusart, die einen leuchtend gelben Farbstoff mit ausgeprägtem Geschmack enthalten. Es ist das teuerste Gewürz der Welt, da für ein Pfund Safran etwa 75 000 (handgepflückte) Narbenschenkel benötigt werden, und wird zum Färben und Würzen von Reisgerichten, Kuchen und Broten, für Suppen, besonders *bouillabaisse* und *paella*, verwendet.

Sesam (*Sesamum indicum*) ✦ In Indien beheimatet. Es handelt sich um eines der ältesten Gewürze mit ölhaltigen Kapselfrüchten der Welt. Sesamöl ist das wichtigste Pflanzenöl in Mexiko (*ajonjoli*) und wird in der chinesischen Küche zum Würzen verwendet. Die kleinen, schimmernd weißen Samen werden in der mexikanischen und der japanischen Küche verwendet. Es wird eine Paste namens *tahina* daraus hergestellt, die im Mittleren Osten zu *meze* (Vorspeise), in Deutschland in gewürztem Brot verwendet wird.

Schwarzkümmel (*Nigella sativa*) Diese schwarzen Samen haben einen pfefferartigen Geschmack und werden auf Brot und Kuchen gestreut. Schwarzkümmel wird oft mit schwarzem Kreuzkümmel verwechselt.

Sternanis (*Illicum verum*) ✦ Es handelt sich um die kleinen, sternförmigen Samen eines in China beheimateten, der Magnolie verwandten Baumes, die dasselbe essentielle Öl enthalten wie Anis. Sternanis wird in der orientalischen Küche häufig verwendet, vor allem für geschmortes Rindfleisch, Huhn und Lamm, und ist auch in Chinawürze enthalten.

Tamarinde (*Tamarindus indica*) ✦ Die Hülsenfrucht eines afrikanischen Baumes, der jetzt in ganz Indien angebaut wird. Die Schoten enthalten einen sehr sauren Saft, der zum Würzen einiger indischer Currygerichte verwendet wird. Man verkauft die klebrigen, getrockneten Schoten in Stücken und ohne Samen.

Zimt (*Cinnamomum zeylanicum*)✦ Gehört zur Familie der Lorbeergewächse und stammt aus Indien. Verwendet wird seine aromatische Rinde, ebenso wie die des Kassienbaums (*Cinnamomum cassia*); **Kassiarinde** ist dem Zimt eng verwandt, aber weniger fein im Geschmack. In Stücken oder pulverisiert erhältlich, wird Zimt nicht nur zum Backen und für Nachspeisen verwendet, sondern auch für Reisgerichte und Fisch, Huhn oder Schinken. Kassie eignet sich am besten für gewürztes Fleisch, Pilaw- und Currygerichte.

Wacholder (*Juniperus communis*) Der in der nördlichen Hemisphäre beheimatete Wacholder wird zum Würzen von Gin, Wild und Schweinefleisch verwendet, in Deutschland auch in Sauerkraut und Konserven. Die Beeren werden gewöhnlich getrocknet verkauft.

Aromastoffe

Die Menschen haben sich nie damit begnügt, Nahrung einfach um ihrer selbst willen aufzunehmen: die Suche nach Geschmacksattraktionen zur Belebung der Grundnahrung ist stets ein wichtiger Teil der Eßgewohnheiten gewesen, und wenn neue und interessante Aromen entdeckt wurden, hat man sie bald übernommen und der einheimischen Küche angepaßt.

In Mittelamerika wurden die Hauptprodukte Mais und Kartoffeln durch den Gebrauch von Chillies bereichert – die Mexikaner hatten etwa sechzig verschiedene Sorten zur Auswahl. Chilis haben schließlich den Geschmack der Currygerichte Indiens und der *sambals* Südostasiens entscheidend geprägt. In gleicher Weise sollten zwei Pflanzen, die ursprünglich nur die Azteken genossen – Schokolade und Vanille –, die internationale Küche bereichern. Obwohl wir den physiologischen Vorgang des Schmeckens nicht

ganz verstehen, haben wir in der Geschmacksstoffchemie beachtliche Fortschritte gemacht, und es sind viele chemische Aromastoffe entwickelt worden, die von manchen Lebensmittelherstellern den natürlichen schon vorgezogen werden, weil sie konzentriert und temperaturunempfindlicher sind und einen geringeren Feuchtigkeitsgehalt haben.

Doch das echte Produkt ist noch immer gefragt. Extrakte, vor allem essentielle Öle, werden gewöhnlich durch Dampfdestillation der Pflanzen hergestellt oder indem man die Pflanzen in Wasser und Alkohol einweicht, wodurch die ölhaltigen Zellen weich gemacht und aufgebrochen werden. Essenzen werden je nach Art der Pflanze aus verschiedenen Teilen gewonnen: aus zerstoßenen Samen oder Kernen; aus Blüten oder Blättern oder der getrockneten Rinde und aus Wurzeln.

Aromastoffe in der Küche
Extrakte sind in fest verschlossenen Flaschen, die an einem dunklen, kühlen Ort aufbewahrt werden, unbegrenzt haltbar. Schreibt ein Rezept »einige Tropfen« einer Essenz vor, sollte man die Mischung vor dem Backen oder Kochen abschmecken, und der Extrakt sollte tropfenweise zugegeben werden, bis die gewünschte Geschmacksnuance erreicht ist.

Eiscreme und Gefrorenes muß stärker gewürzt werden als Speisen von normaler Temperatur, da das Aroma mit zunehmender Kälte abnimmt; hinzu kommt, daß Kälte die Geschmackspapillen weniger empfindlich macht.

Süße Saucen werden aromatisiert, indem man die ganze Vanillestange mitkocht oder in der heißen Masse ziehen läßt. Sie kann gewaschen und getrocknet und später wieder verwendet werden. Vanillezucker ist eine praktische Aromaform, während die Vanilleschote – in ein Glas mit feinem Zucker gelegt – ein feines Aroma in Kuchen und Konfekt ergibt, da reine Vanille für gewisse Speisen einen zu stark vorherrschenden Geschmack haben kann.

Kakao
Die gelben oder roten Schoten des Kakaobaumes enthalten Bohnen, die zu Kakaopulver und Schokolade verarbeitet werden.

Vanille-Orchidee
Die langen, gelben Fruchtkapseln (Schoten) der Vanille-Orchidee werden unreif gepflückt. Nach einem Trocknungs- und Fermentierungsprozeß sind die eingeschrumpften Schoten dunkelbraun und haben ein süß duftendes Aroma.

Angostura ✦
Ein Aromastoff, der in Trinidad aus der Rinde eines Baumes *(Galipea officinalis)* hergestellt wird, deren Extrakte das intensiv bittere Angosturin enthalten. Ihm werden aromatische Zutaten wie Zimt, Nelken, Muskatnuß etc. beigemischt, und das Endprodukt ist das sogenannte Angostura Bitter, das zur geschmacklichen Verfeinerung von Cocktails, Obstsalaten und Eis verwendet wird.

Bittermandelöl
Dieses handelsübliche Mandelöl, das viel stärker ist als das Öl aus süßen Mandeln, wird aus der bitteren *Prunus amygdalus* und aus den Kernen von Pfirsichen und Aprikosen gewonnen. Es wird zum Backen, für Süßwaren und Desserts verwendet.

Getrocknete Chillischoten
(Capsicum frutescens) ✦
Viele Arten scharfer Chillischoten werden getrocknet und zum Würzen kräftiger Gerichte vor allem in Lateinamerika verwendet. Dazu zählen **ancho ✦ japaleno mulato ✦ pasilla ✦** und die traditionellen **roten Chillischoten ✦**

Cola
Extrakt aus den Nüssen des in Westafrika heimischen *Cola nitida*-Baumes und wichtigste Zutat der Cola-Getränke. Die Nüsse werden durch Einweichen aufgeschlossen, um einen Extrakt zu gewinnen, dann mit Sirup vermischt.

Grenadine ✦
Eine verbreitete Bezeichnung für den Fruchtfleischextrakt des in Kurdistan heimischen Granatapfels *(Punica granatum).* Wird für nichtalkoholische Getränke, Cocktails, Eis und Konfekt verwendet.

Johannisbrot
Ein Aroma aus dem Fruchtmark der Schotenfrucht des im Mittleren Osten beheimateten Karobenbaums *(Ceratonia siliqua).* Es wird bei der Herstellung nichtalkoholischer Getränke und in der Back- und Süßwarenindustrie verwendet.

Lakritze *(Glycyrrhiza glabra)* ✦
Ein in Europa heimisches Süßholzgewächs, dessen Wurzel – in Scheiben geschnitten oder gemahlen – für nichtalkoholische Getränke, Eis, Zuckerwaren, Desserts, Kuchen und Kaugummi verwendet wird.

Getrockneter Mango
(Mangifera indica) ✦
Die Mangofrucht wird oft getrocknet und für Currygerichte verwendet.

Pfefferminzöl
Durch Dampfdestillation der blühenden *Mentha piperata* wird Pfefferminzöl gewonnen, das für Getränke, Konfekt, Eis und Glasuren verwendet wird.

Pomeranzenessenz
Die Früchte und Blüten des Bitterorangenbaumes *(Citrus aurantium var. bergamia,* bzw. Bergamotteorange) enthalten ein starkes, aromatisches Öl, das für nichtalkoholische Getränke, Eis, Zucker- und Backwaren verwendet wird.

Sandelholz
Die getrocknete Rinde eines in Südindien beheimateten Baumes wird destilliert und setzt ein essentielles Öl frei, das aromatisches Santalol enthält. Wird für Eis, Zucker- und Backwaren genommen.

Sarsaparille
Die Wurzeln des mexikanischen Baumes *Smilax aristolochiaefolia* ergeben einen Extrakt, der bitter und lakritzartig schmeckt. Wird für nichtalkoholische Getränke, Eis, Zucker- und Backwaren verwendet.

Sassafras *(Sassafras albidum)*
Aus Rinde, Wurzeln und Blätter dieses in Nordamerika heimischen Baumes wird durch Dampfdestillation ein würzig schmeckendes, nach Zitrone duftendes Öl gewonnen. Es wird für nichtalkoholische Getränke, Bonbons und Eis verwendet.

Schokolade
Schokolade und Kakao werden aus der Frucht des mexikanischen *Theobroma cacao* gewonnen. Die Kakaobohnen enthalten 20–30 weiße Samen, die nach dem Fermentieren, Trocknen und Rösten zu **Kakaobutter, Kakaopulver, Trinkschokolade** und **Backschokolade ✦** verarbeitet werden. Milchschokolade enthält Sahne und Trockenmilchpulver. Abgesehen von der üblichen Verwendung von Schokolade beim Backen und für Konfektherstellung, wird sie ungesüßt auch zur Aromatisierung einiger mexikanischer Fleischgerichte verwendet.

Vanille *(Vanilla planifolia)* ✦
Mit den behandelten Fruchtschoten der im tropischen Amerika heimischen Vanilleorchideenpflanze werden Konfekt, Feinbackwaren, Süßspeisen und Eis aromatisiert.

Veilchenwurzel
Die geschälten Wurzelstöcke der im Fernen Osten beheimateten *Iris germanica,* die »Veilchenwurzeln«, ergeben einen Extrakt, der für Eis, Zucker- und Backwaren verwendet wird.

Ylang-ylang
Blüten eines auf den Philippinen heimischen großen Baumes *(Cananga odorata).* Durch Dampfdestillation gewinnt man ihr Öl, das einen starken, blumigen Geruch und einen bitteren, aromatischen Geschmack hat. Wird für nichtalkoholische Getränke, Eis, Zucker- und Backwaren verwendet.

Würzstoffe, Konservierungsmittel und Extrakte

Der Zweck von Würzstoffen ist es, einen Geschmack – besonders den Eigengeschmack – zu erhöhen und zu betonen, oder geschmacksneutralen Lebensmitteln ein ausgeprägtes Aroma zu verleihen. Im Westen ist Salz der Hauptwürzstoff, und im Osten Soja, entweder als Sojasoße (S. 27) oder als Paste (siehe unten). Pfeffer, der weithin auch als Würzstoff betrachtet wird, ist seiner Natur nach eher ein Gewürz (S. 215).

Salz

Salz ist das Mineral Natriumchlorid; wird es durch Eindampfen aus Meerwasser gewonnen, so ist es *Meer-* oder *Siedesalz:* wird es im Bergbau durch das Abbauen urzeitlicher Meeresablagerungen gewonnen, so ist es *Steinsalz.*

Salz enthält zwar keine Kalorien, Proteine oder Kohlehydrate, aber im Rohzustand enthält es Spuren anderer Minerale wie Kalzium, Magnesium, Schwefel und Phosphor; Magnesium im Salz verleiht ihm einen bitteren Nachgeschmack. Kaliumsalze – Kaliumnitrat oder Salpeter und Prunellasalz – sind Konservierungssalz (die rosa Farbe gepökelten Rindfleischs wird in manchen Ländern durch Salpeter bewirkt, der in kleinen Mengen als Konservierungsstoff verwendet wird). Sowohl Salz als auch Zucker haben die Eigenschaft, Nahrungsmittel zu konservieren, die Behandlung von Fisch und Fleisch durch Einlegen in Salzlösung oder durch Einreiben mit grobem Salz oder Salzklumpen ist eine uralte Technik. Salz konserviert durch Osmose, indem es das Wasser von den Zellwänden des Fleisches an sich zieht – man weiß ja, daß Salz (wie Zucker) Wasser anzieht und bindet. Dies verhindert, daß die in Flüssigkeit gedeihenden schädlichen Bakterien aktiv werden können.

Die Spurenelemente in nicht raffiniertem Natriumchlorid können mit Salz gekochte Lebensmittel beeinträchtigen. Steinsalz z. B. enthält Kalzium, das die Haut von Bohnen und Hülsenfrüchten zäher macht – aus diesem Grund wird empfohlen, Mais nicht in Salzwasser zu kochen. Kalzium erhöht auch die Eigenschaft des Salzes, Wasser zu binden, so daß Stoffe nötig werden, die das Verklumpen verhindern; die hygroskopischen Eigenschaften von Salz bewirken, daß es bei Feuchtigkeit verklumpt oder schwer und naß wird. Dies hat einen Texter zu einem der berühmtesten englischen Werbeslogans inspiriert – Morton's Salt Co. setzte ihrem Tafelsalz ein Magnesiumkarbonatmittel zu und kann nun behaupten: »When it rains, it pours« (wenn es regnet, rinnt es). Die Hersteller-

firma hat diese Technik jetzt verbessert, indem sie Salz mit YPS (Natriumcyaniteisenverbindung) behandelt, einem unschädlichen chemischen Stoff, der bewirkt, daß sich um jedes Salzkorn kleine Tentakel bilden, die Klumpenbildung verhindern.

Salz in der Küche

Ein Quantum oder eine »Prise« Salz ist wesentlicher Bestandteil unzähliger Rezepte, salziger und süßer. Salz hebt den Geschmack von Lebensmitteln und mildert auch die Säure; süßen Gerichten beigegeben, erhöht es die Süßkraft von Zucker. Salz und Zucker wirken zusammen als ausgleichende Stoffe: Zucker reduziert Salzigkeit, während zu süße Speisen abgemildert werden, wenn man ihnen eine Spur Salz zusetzt.

Salz wird bei fast allen Brotrezepten gebraucht, denn es stärkt die Wirkung des Glutens – die Aufbaufaser des Weizens – und verhilft dem Brot zu einer röschen Kruste. Doch zu viel Salz beeinträchtigt die Wirkung der Hefe, deshalb müssen die Bäcker vorsichtig und rezeptgemäß abmessen. Am besten verwendet man in der Küche das feine, streufähige Tafelsalz oder die größeren reinen Meersalzkristalle, die zwischen den Fingern oder in einer Mühle zerrieben werden.

Lebensmittelextrakte

Fleisch- und Gemüseextrakte werden – da sie Konzentrate sind – ebenfalls zum Würzen hergestellt, hinzu kommt, daß sie ausgezeichnet haltbar sind. Obwohl kommerzielle Extrakte eine relativ neue Erfindung sind – der deutsche Chemiker Justus von Liebig entwickelte im Jahre 1847 eine konzentrierte Rindfleischpaste in Fray Bentos. Uruguay –, muß die Nützlichkeit von Lebensmittelkonzentraten schon den ersten Köchen klargewesen sein, die Fleischsaft verkochten, ebenso den Chinesen, die schon vor vielen tausend Jahren eine Paste aus fermentierten Sojabohnen herstellten, einen Vorläufer des Hefeextrakts. Gegen Ende des 19. Jahrhunderts experimentierten deutsche Chemiker mit Hefekulturen und fanden heraus, daß eine Autolyse von Bierhefe mit Salz ein vegetarisches Äquivalent zu Rindfleischextrakt ergab.

Lebensmittelextrakte sind lange haltbar, obwohl Brühwürfel Nässe anziehen können, wenn sie an einem feuchten Ort gelagert werden. Sojapasten sind über sechs Monate haltbar, doch einmal geöffnet, trocknen sie leicht aus; mit ein wenig Öl kann man sie wieder weich machen.

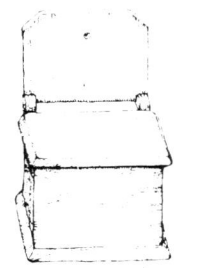

Hölzerner Salzbehälter

Algenpräparate
Zwei östliche Würzpräparate auf der Grundlage von Fisch und Algen sind **Seto Fuumi ✦** und **Bentoo no tomo ✦**.

Asant ✦
Das Harz eines Doldengewächses, der *Ferula assa-foetida;* es wird als Pulver oder in Stücken verkauft, und man braucht nur winzige Mengen. Besonders schmackhaft ist es in Fischgerichten; in der indischen Küche wird es oft anstatt Salz verwendet.

Bovril ✦
Bovril wurde 1874 erstmals in Quebec hergestellt. Damals war

es unter dem Namen »Johnston's Fluid Beef« bekannt, der dann in »Bovril« umgeändert wurde, als Johnston das lateinische Wort »Bo« (was Ochse bedeutet) mit »Vrilya« kombinierte, dem Namen, der in Bulwyer Lyttons Roman *The Coming Race* die Lebenskraft bezeichnete. Bovril ist ein Fleischbrühekonzentrat, das durch Verdampfen zu einer dunkelbraunen, salzigen Paste eingedickt wurde.

Brühwürfel ✦
Es gibt viele verschiedene Marken, aber im Prinzip enthalten Brühwürfel gewöhnlich Gluta-

mat, Kräuter und Gewürze, Hefeextrakt, Stärke, Karamel, Milchsäure, Zucker, Salz, Fett, Zwiebel, Sellerie und Pfeffer.

Glutamat; Ve-tsin ✦
Salz der Glutaminsäure, einem Aminosäureprotein. Es hat keinen Eigengeschmack, erhöht aber den Geschmack der anderen Speisen. Es wird als Ersatz für Salz verwendet.

Malzextrakte ✦
Zur Herstellung von Malzextrakt wird Malzpulver in Wasser eingeweicht, erhitzt, und diese Mischung wird dann zu Sirup oder Paste eingedickt. Es wird

beim Bierbrauen und Destillieren, bei der Herstellung von Frühstücksgetreideflocken, als Kaffee-Ersatz und beim Backen verwendet. Malz ist hygroskopisch, d. h. es hält die Feuchtigkeit und verleiht so braunem Brot eine feuchte Substanz.

Malzmilch (malted milk)
Malzgetränke kamen durch die Pionierarbeit auf, die Mitte des 19. Jahrhunderts auf dem Gebiet der Krankendiät und der Säuglingsnahrung geleistet wurde. Im Jahre 1869 entwickelte William Horlick, ein nach Amerika ausgewanderter Engländer, ein Maltose-Dextrin-Milchpulver, das bei den Medizinern Anklang fand und 1887 als »Horlicks« auf den Markt gebracht wurde. Malzmilch aus den amerikanischen Drugstores und Milchhallen nicht wegzudenken, ist auch eine eigene Zutat, die bei der Herstellung von Konditoreiwaren und Eis verwendet wird.

Marmite ✦
Eine vorwiegend in England verwendete Hefepaste, die durch die Autolyse von Hefezellen hergestellt wird – die Zellen werden aufgebrochen und die freigesetzte Flüssigkeit verdampft. Die Paste ist mit Fleischextrakt zu vergleichen.

Salz ✦
Siedesalz wird gewonnen, indem man Meerwasser in Becken durch die natürliche Sonnenhitze verdampfen läßt. Blocksalz ist ein raffiniertes Steinsalz ohne Zusätze, das meistens zum Pökeln von Fleisch verwendet wird. Gewürzsalze einschließlich Knoblauchsalz ✦ Selleriesalz ✦ und das gewürzte sel épice sind Mischungen aus Salz und anderen Zutaten. Gefriersalz ist eine grobe, rohe Art von Salzkristallen, auch bekannt als gros sel. Es ist nicht zum Verzehr geeignet. Steinsalz ✦ wird durch einen ähnlichen Prozeß gereinigt wie Meersalz – indem die Salzlösung gekocht und zur Herstellung von Speise- und Tafelsalz verschieden fein kristallisiert wird. Meersalz wird in Tidebecken mit konzentrierter Salzlösung, die gefiltert und in flachen Pfannen erhitzt und zum Kristallisieren belassen wird, gewonnen. Es wird künstlich verdampft.

Saucenbräuner ✦
Es handelt sich hier im Grunde um einen Farbstoff, der braune Saucen und Bratensaucen farblich verbessert. Er sollte vorsichtig verwendet und tropfenweise zugegeben werden, bis die gewünschte Farbe erreicht ist. Normalerweise besteht Saucenbräuner einfach aus Karamel, Salz und Wasser. Manchmal sind Geschmacksstoffe wie hydrolysiertes pflanzliches Protein und Glutamat beigefügt. Die Mischung wird gekocht, gefiltert und in Flaschen abgefüllt. Natto ist ein ähnliches Präparat, bei dem gekochte Bohnen mit Bacillus natto angesetzt werden und eine dunkle, klebrige Paste ergeben. Tempeh ist ein fermentierter Bohnenkuchen aus Indonesien, zu dessen Herstellung die Bohnen vorher mit Tempeh angesetzt werden. Der verwendete Schimmelpilz heißt Rhizopus oligosporus. Unfermentierte Bohnenpasten sind. Torfu, oder Chinesischer Bohnentopfen, und die süße rote Bohnenpaste, die für Konfekt verwendet wird.

Saucenpulver
Konzentrierte Extrakte, die durch Wasserentzug pulverisiert werden. Das Pulver wird mit einem Bindemittel gemischt und kann dann wieder zu Sauce gekocht werden.

Sojapasten ✦ und Tempeh
Es gibt zwei Arten von Sojapasten, eine fermentierte und eine unfermentierte. Das japanische Miso ist eine fermentierte Art, zu dessen Herstellung die Bohnen gekocht, dann mit koji (gedämpftem Reis, der mit einer Züchtung des Pilzes Aspergillus oryzae behandelt wurde), Salz und Wasser vermischt werden, wonach die Masse mit Hefe angesetzt wird. Dann wird das Miso mehrere Monate zum Fermentieren stehengelassen.

Essiggemüse, Eingelegtes, Chutneys und Pasten

Essiggemüse, Chutneys und Pasten sollen als Beilage den Geschmack einer Speise unterstreichen oder einen Kontrast dazu bilden. Die meisten werden mit Konservierungsmethoden hergestellt, bei denen Öl oder Essig, Zucker und Salz verwendet wird.

Im Prinzip versteht man unter Essiggemüse und Eingelegtem ganzes oder geraspeltes, in Lauge oder Essig konserviertes Obst oder Gemüse. In Laugen oder gewürzten Essiglösungen kann man Fleisch, Fisch, Früchte oder Gemüse konservieren. Oliven und Zitronen z. B. werden in Salzlauge eingelegt; Walnüsse, Kapern, Zwiebeln, Gewürzgurken und Rotkohl werden in Essiglösung eingelegt, ebenso wie viele japanische Gemüse, z. B. japanischer Rettich (der in Japan zu rohem Fisch gegessen wird), kleine japanische Pflaumen (ume oshi), Adlerfarn (warabi), Ingwerwurzel (benishiga) und Chinakohl (hakusai). Andere Gemüse werden in Miso eingelegt (S. 217).

Chutneys sind Mischungen aus Früchten oder Gemüsen, die entweder frisch oder zu einer dicken Soße eingekocht sind. Sie schmecken süß, sind dickflüssig und würzig und eigentlich süßen Mixed Pickles ähnlich, obwohl diese im allgemeinen dunkler in der Farbe und schärfer im Geschmack sind. Frische Chutneys, wie sie in östlichen Ländern gemacht werden, benötigen keine Konservierungsstoffe, aber die in westlichen Ländern hergestellten Chutneys (z. B. Tomatenchutney) sind gekochte Produkte und enthalten auch Essig.

Pasten sind fein gemahlene Produkte auf der Grundlage einer Hauptzutat, wie z. B. Nüssen, Fleisch oder gesalzenem Fisch. Ihre Lagerfähigkeit verdanken sie dem Öl (wie bei Erdnußbutter und Tahina-Paste) oder Salz (wie bei Patum Peperium), das darin enthalten ist.

Im Englischen wird das Wort »relish« oft benutzt, um alle Arten von süßsauer eingelegten Chutneys oder sweet pickles zu bezeichnen. Bestimmte Gerichte werden traditionsgemäß mit bestimmten Arten von »relish« serviert. Zu indischen Currygerichten z. B. gehören viele solcher Beilagen, unter anderem Mango-Chutney, Tamarinden- und Koriander-Chutneys, eingelegte saure Limonen und Blumenkohl – vom zarten bis zum scharfen Aroma ist alles vertreten. Eingelegtes aus Indonesien, die sambals, sind ebenso verschieden im Geschmack.

Kapern
Kapern sind die geschlossenen Blütenknospen des am Mittelmeer heimischen Kapernstrauches. Sie werden eingelegt und durch den Konservierungsprozeß erhöht sich ihr Geschmack. Man verwendet sie zum Würzen und Garnieren.

ESSIGGEMÜSE, EINGELEGTES

Dill
Es gibt vier Hauptsorten: **fermentiert** (gewöhnlich in Salzlauge); **unfermentiert** (in Salzlauge mit Essig abgepackt); **sauer** (in fermentierter Salzbrühe zubereitet, dann in Essiglösung abgepackt), und **süß** (in Lauge eingelegt und in Zuckersirup mit Essig abgepackt). Dillgurken werden gern zu kaltem Fleish und Hamburgers gegessen.

Gewürzgurken ✦
Gewürzgurken sind kleine Gurken, die extra zum Einlegen gezüchtet werden. Gewöhnlich werden sie zu Fleischpasteten und kaltem Fleisch gereicht.

Kapern ✦
Französische Kapern gelten als die besten; u. a. gibt es die **Capucines** und die **Nonpareilles**. Kapern werden für *Salade Niçoise* und dunkle Buttersaucen verwendet.

Meerrettich ✦
Die geriebene Wurzel der Meerrettichpflanze wird mit Erdnußöl, Milchpulver, Agar-Agar, Essig und Salz vermischt. Wird zu Fleisch und Fisch gegessen.

Oliven ✦
Der Unterschied zwischen grünen und schwarzen Oliven besteht nur darin, daß die schwarzen voll ausgereift sind. Neben anderen Arten gibt es z. B. die **Sevillana** und **Manzilla** aus Spanien, **Ascolane** und **Corate** aus Italien und die **roten** Oliven. Manche Oliven werden maschi-nell entkernt, dann gefüllt und für Appetithäppchen und Vorspeisen verwendet.

Piccalilli ✦
Von diesem scharfgewürzten Senfgemüse gibt es zwei Hauptarten: die amerikanische und die englische. In Amerika werden grüne Tomaten, Zwiebeln und *sweet pickles* in Gewürzen und süßem Essig eingelegt. In England werden gemischte Gemüse mit Senf eingelegt. Man ißt sie dort hauptsächlich zu Käse.

Rotkohl ✦
Der Kohl wird maschinell geraspelt, in Lauge eingelegt, dann entwässert und in gewürzten Essig umgepackt. Eingelegten Kohl verwendet man zu Salaten.

Sauerkraut
Fein geraspelter grüner oder weißer Kohl, der in Salzlauge eingelegt und mit Wacholderbeeren gewürzt wird. Er wird in Supermärkten in Dosen oder in Plastik abgepackt verkauft und in Delikateßgeschäften offen vom Faß angeboten. Er wird gern zu Schweinefleisch gegessen.

Walnüsse ✦
Die Nüsse werden noch grün gepflückt, in der Schale belassen, gedämpft und in einer Malz-Essig-Lösung verpackt. Man ißt sie vorwiegend zu kaltem Fleisch.

Zwiebeln ✦
Das Einlegen von Zwiebeln war schon im Altertum bekannt – Spuren davon fand man z. B. in den Ruinen von Pompeji. Sie werden zu Käse und kaltem Fleisch gegessen.

CHUTNEYS

Apfel-Chutney
Dieses Chutney wird aus Kochäpfeln hergestellt und kann süß oder herzhaft sein. Ähnliche Chutneys können aus grünen Tomaten oder Birnen gemacht werden. Sie werden alle zu kaltem Fleisch serviert.

Koriander-Chutney
Mit grünen Chillies, Joghurt und Gewürzen zerstoßene frische Korianderblätter ergeben dieses leicht saure Chutney, das zu gekochtem Fisch, Fleisch oder Gemüse gereicht wird.

Mango-Chutney ✦
Vielleicht das bekannteste indische Chutney; es kann scharf oder mild sein und wird gewöhnlich zu Currygerichten gegessen.

Tomaten-Chutney ✦
Süßes Tomaten-Chutney wird mit Ingwer, Zucker und Essig gekocht. Würziges Tomaten-Chutney – gut zu Gemüsegerichten – enthält gewöhnlich keinen Zucker oder Essig.

PASTEN

Erdnußbutter ✦ und Sesampaste
Für diese Pasten werden Erdnußkerne und Sesamsamen zerstoßen. Sesampaste (oder *tahina*) wird in der arabischen Vorspeise *taratoor* und in einer *hummus bi tahina* genannten Sauce verwendet.

Senf

Senf ist eine Würzpaste, die aus drei verschiedenen Pflanzen der Familie der *Cruciferae* hergestellt wird, wobei die Farbe der Samenkörner die Senfsorte bezeichnet: *Sinapis alba* ist weißer Senf (manchmal »gelber Senf« genannt), *Brassica nigra* ist schwarzer Senf und *Brassica juncea* brauner Senf (manchmal auch »schwarzer Senf« genannt). In der Tat wird bei der Verwendung von schwarzem Senf normalerweise eher die *juncea*-Art genommen und nicht die *Brassica nigra*, die für den modernen Anbau heute als ungeeignet gilt.

Senf wird schon seit Jahrtausenden gebraucht – bereits die alten Griechen und Römer verwendeten ihn, und Frankreich ist schon seit dem Mittelalter ein wichtiges Zentrum für Senf – insbesondere Dijon, dem 1634 das alleinige Recht auf Senfherstellung gewährt wurde; noch heute wird dort die Hälfte des auf der Welt verbrauchten Senfs hergestellt.

Im England des Mittelalters war Senf eine grobe Paste aus zerstoßenen Senfkörnern, die mit Wasser oder dem unvergorenen Saft grüner Trauben vermischt wurden. Das moderne, feine, gelbe Senfpulver wurde im 18. Jahrhundert von einer Frau Clements aus Durham entwickelt: Sie reiste anscheinend von Stadt zu Stadt und pries ihr Senfpulver an, das schließlich vor dem Königshof Gnade fand – der englische Senf war geboren. Senf wurde ursprünglich pulverisiert und auf das Essen gestreut, doch später bildete er, vor allem in Frankreich, die Grundlage für kompliziertere Präparate. Dort wurde im 14. Jahrhundert in Avignon sogar ein »Päpstlicher Ober-Senfmeister« ernannt.

In Deutschland überwiegen die milderen Senfsorten, die fester Bestandteil der Regionalküche sind. So wird beispielsweise zur bayrischen Weißwurst und zum Münchener Leberkäs vorwiegend süßer Senf serviert, während für Geräuchertes häufig der schärfere Meerrettichsenf vorgezogen wird.

Senfsorten
Der Senf verdankt seine Schärfe einem essentiellen Öl, das nur durch die Einwirkung von Wasser auf pulverisierte Senfsamen entsteht. Die Grundwirkstoffe von Senf sind die Glykosiden Sinigrin (von *Brassica nigra* und *Brassica juncea*) und Sinalbin (von *Sinapis alba*), und das Enzym Myrosin. Nur *nigra* und *juncea* - der schwarze und der braune - geben dem Senf den bekannten schar-

Siehe auch S. 32

fen oder brennenden Geschmack, wobei der schwarze der stärkere der beiden ist. Weißer Senf hat ein eigenes, charakteristisches Aroma, und das im Handel erhältliche Senfpulver – im wesentlichen der trockene Rückstand, nachdem den Samen das Öl entzogen wurde - ist eine Mischung aus beiden Sorten.

Senf gibt es in herrlich verschiedenen Geschmacksnuancen, die durch das Hinzufügen von Kräutern und Flüssigkeiten, wie Traubenmost, Wein, Essig, Limonen- oder Zitronensaft, erzielt werden. Er kann mit ganzen Senfkörnern hergestellt werden oder mit Estragon, Gewürzmyrte, Pfefferkörnern, Minze, Chilis und Knoblauch. Es gibt auch grünen Senf, der mild und mit Kräutern gewürzt ist.

Senf in der Küche
Senf kann in Form ganzer Körner verwendet werden (S. 20), man kennt ihn jedoch gewöhnlich in seiner zubereiteten Form oder als Pulver. Benutzt man Senfpulver, sollte es mit kaltem Wasser zu einem glatten Brei verrührt werden. Heißes Wasser oder Essig (der manchmal vorgezogen wird) verringert die Wirkung der Enzyme und ergibt einen milden Senf.

Die chemische Reaktion, die durch das Zugeben von Wasser stattfindet, ist nach etwa zehn Minuten abgeschlossen. (Dasselbe gilt für Meerrettich, da er dasselbe essentielle Öl wie Senf enthält.) Nach einer Weile verringert sich die Schärfe, auch wenn der typische Senfgeschmack erhalten bleiben kann.

Bei der Zubereitung von Soßen sollte der Senf zu einem Brei verrührt (oder direkt aus dem Glas genommen) und erst hinzugefügt werden, wenn die Soße fertig gekocht ist. Senfpulver allein macht eine Soße klumpig und zu große Hitze zerstört die Schärfe. Fertiger Senf kann für Mayonnaise genommen werden und der französische Dijon-Senf ist Bestandteil vieler Soßen (siehe unten).

Alle Arten von Senf können in der Küche verwendet werden. Zwar ist schwarzer Senf schärfer, doch auch weißer Senf hat seine Vorzüge: seine Enzyme sind stark und werden nicht so leicht beschädigt wie die des schwarzen Senfs. Weißer Senf wirkt auch stark konservierend – er verhindert Schimmel- und Bakterienbildung und wird deshalb auch zum Einlegen genommen. Auch verhindert er das Gerinnen von Mayonnaise.

Gelbe oder weiße Senfpflanze
Wächst wild, wird aber auch im ganzen Mittelmeerraum gezüchtet. Die Blätter können als Salatkraut verwendet werden; die Samen werden als Gewürz verwendet und sind milder als die schwarze Sorte. Sie bilden die Grundlage für den handelsüblichen fertigen Senf.

Amerikanischer Senf ✦
Seine Grundlage sind gewöhnlich die Samen von *Sinapis alba*. Er ist hell, mild und eignet sich vorzüglich zu Hot-dogs.

Chinesischer Senf
Er wird gewöhnlich aus trockenem Senf und Wasser oder schalem Bier hergestellt. Er ist äußerst scharf und wird zu Frühlingsrollen gereicht.

Deutscher Senf ✦
Er ist dem Bordeauxsenf ähnlich, gewöhnlich dunkel (obwohl es auch helle Sorten gibt), süßsauer und mit Kräutern und Gewürzen aromatisiert. Zentrum der deutschen Senfherstellung ist Düsseldorf. Da er mild ist, schmeckt er am besten zu kaltem Fleisch und würzigen Würsten. **Meerrettichsenf** ist eine ziemlich scharfe Sorte, die eine ideale Ergänzung zu fetten Fleisch- und Wurstarten ist.

Englischer Senf ✦
Englischer Senf wird aus einer Mischung von *Brassica-nigra-* und *Sinapis-alba*-Samen hergestellt, der etwas Weizenmehl und zuweilen eine winzige Menge Gelbwurz beigefügt wird. Der ziemlich scharfe Senf paßt zu gekochtem Rindfleisch und Roastbeef, gekochtem Schinken, Hamburgers, gegrillten Heringen, Koteletts und Steaks, Würsten und Fleischpasteten.

Französischer Senf ✦
Die vier bekanntesten Arten: **Dijon ✦** (aus Burgund); **mit ganzen Senfkörnern ✦; Bordeaux ✦; Florida ✦.** Dijoner Senf aus Burgund ist außerhalb Frankreichs am bekanntesten. Er ist gewöhnlich heller als sein Gegenstück aus Bordeaux, denn er wird aus *Brassica nigra* ohne die Samenhülsen hergestellt (es sind die Samen, die dem Senf die dunkle Farbe verleihen). Dijon-Senf, von dem es verschiedene Sorten gibt, ist schärfer als der aus Bordeaux. Eine Sorte ist pur, andere enthalten grüne Pfefferkörner und Weißwein. Er wird zu Speisen gereicht, deren Geschmack betont werden sollte, z. B. Steaks, Hamburgers und Rindfleisch, ebenso wie für Saucen wie Ravigote, Remoulade, Dijonnaise und russische Sauce. Senfsorten mit braunen Senfkörnern, die beim Aufbeißen etwas von dem scharfen Öl freisetzen, sind als *Moutarde de meaux* bekannt und es gibt auch davon viele verschiedene Sorten. Alle – ebenso wie der Dijon- und der englische Senf – eignen sich für Speisen, die einer Betonung bedürfen. Senfsorten aus Bordeaux enthalten die Samenhülsen und sind deshalb dunkel, obwohl sie in der Farbe leicht variieren können. Sie enthalten verschiedene Kräuter, insbesondere Estragon, sowie Essig und Zucker. Sie sind mild, haben einen süßsauren Geschmack und eignen sich daher am besten zu kaltem Fleisch und stark gewürzten Würsten. Floridasenf wird mit Wein aus der Champagne hergestellt. Er ist mild und wird daher genauso verwendet wie Bordeauxsenf.

Öle

Die Hauptsorten der in der Küche verwendeten Öle sind *fette* Öle (Koch- oder Salatöle). Öl bewirkt, daß die Mayonnaise so weich über Gemüse, Salate und Eier gleitet. Die Italiener gießen Öl in Suppen, über die Pasta, über Salate und praktisch alles andere, *con amore*. Seine Geschmeidigkeit macht mit Vinaigrette angerichtete Salate schmackhaft. Die Bäcker gebrauchen Öl, um das Aufgehen des Brotteigs anzuregen und um ihre Backbleche zu bestreichen. Die Köche bepinseln das Fleisch vor dem Schmoren oder Grillen mit Öl, und obwohl einige der reaktionärsten Küchenchefs darauf bestehen, daß Pommes frites nur in Nierenfett fritiert werden dürfen, braten die meisten Köche die Kartoffeln in einem der vielen handelsüblichen Ölsorten. Öl war in der Geschichte seit jeher von großer Bedeutung: Die alten Ägypter preßten Öl aus dem Rettich während die Hethiter Mandelöl bevorzugten. Andere Quellen für Ölgewinnung waren Sesamsamen im Mittleren Osten, Mohn in Europa und Oliven in Kreta und Palästina.

Die moderne Landwirtschaft hat Wesentliches zu den von unseren Ahnen verwendeten primitiven und unraffinierten Ölen hinzugefügt. Die Sonnenblume, die erstmals von den Indianern kultiviert wurde, kam während des 16. Jahrhunderts nach Europa und wurde als Ölpflanze zuerst in Rußland angebaut, ab 1830 etwa auf kommerzieller Basis. Auch Mais-, Baumwollsamen-, Sojabohnen-, Raps- und Erdnußöl werden inzwischen in wesentlich größeren Mengen produziert als Mohn-, Oliven- und Mandelöl.

Ölarten

Jedes Öl hat seinen spezifischen Charakter, seine eigene Farbe und seine besondere kulinarische Verwendung. Manche Öle sind von Natur aus dunkler als andere und dunkeln mit dem Alter nach, aber weil die Verbraucher helle Öle bevorzugen, wird ihnen die Farbe durch Bleichen entzogen – außer bei Olivenöl, das oft grün oder dunkelgelb ist.

Die meisten Öle haben zwei Hauptcharakteristika: sie neigen dazu, beim Kochen zu »gerinnen« bzw. auszuflocken und können bei kaltem Wetter oder im Kühlschrank fest werden.

Sie haben vielleicht bemerkt, daß Öl bei kaltem Wetter die Tendenz hat, in der Flasche trüb zu werden. Die ersten kommerziellen Mayonnaisehersteller merkten, daß ihre Produkte bei niedrigen Temperaturen zum Gerinnen neigten, da das Öl allmählich fest wurde. Aus diesem Grund wurden *winterfeste* Öle entwickelt, d. h. das Öl wird künstlich gekühlt, bis die festen Körper künstlich abgesondert sind. Das übrigbleibende Öl kommt dann im Unterschied zu »Kochöl« als »Salatöl« auf den Markt.

Einige Ölarten sind instabil und zersetzen sich bei steigender Temperatur, wobei sie einen strengen oder unangenehmen Geschmack annehmen. Saflor-, Sonnenblumen- und Sojabohnenöl kann einen fischigen Geschmack entwickeln, und deshalb werden heute die meisten Öle durch eine »Hydrierung« genannte Härtetechnik stabilisiert.

Es gibt im wesentlichen drei Arten von Fett: gesättigtes, ungesättigtes und polyungesättigtes. Gesättigte Fette lassen angeblich den Cholesterinspiegel des Blutes ansteigen; Öle, die polyungesättigte Fettsäuren enthalten, wie Saflor-, Sonnenblumen- und Maisöl, werden von Diätbewußten bevorzugt. Die in der Küche verwendeten Öle müssen von hoher Qualität und Stabilität sein. Sie können Zusätze wie Emulsionsmittel enthalten – beispielsweise ist Lezithin für Kochöle bedeutsam, da es ein natürliches Emulgens ist und dazu beiträgt, daß die Speisen nicht in der Pfanne hängenbleiben und daß es nicht spritzt.

Wenn man Speisen in Öl brät, muß man konstant die richtige Temperatur halten, damit das Öl nicht in die Speisen eindringt und sie fett macht. Die Temperaturen sollten nicht zu hoch sein – je nach Speise: von 162°C bis 195°C, Pommes frites z. B. brauchen 188°C, Krapfen 190°C und Hühnerstücke 184°C. Wird das Öl zu heiß, wird es dunkel und verbrennt das Äußere der Speise, während sie innen roh bleibt.

Olivenöl

Oliven

Avokadoöl ✦

Das Fruchtfleisch der Avokado enthält etwa 15–20% Öl und einen hohen Prozentsatz an Lezithin. Wegen der Beliebtheit der Avokados als Frucht wird das Öl wohl nur aus beschädigten Früchten gewonnen. Es wird vorwiegend zum Kochen verwendet.

Erdnußöl ✦

Erdnüsse enthalten etwa 50% Öl; der Jahresertrag beträgt 13 Millionen Tonnen. Das Öl eignet sich hervorragend als Salatöl und zum Braten und flockt nicht so schnell aus.

Kokosöl ✦

Es wird aus der getrockneten Kopra (dem weißen Fruchtfleisch der Kokosnuß) gewonnen. Zum Teil geschieht das in den Anbauländern, oft wird die Kopra aber in andere Länder exportiert, um das Öl dort zu extrahieren. Es ist ein ausgezeichnetes Fritieröl, das natürliches Lezithin enthält.

Maisöl ✦

Dies ist eine der zahlreichen vielfachungesättigten Arten, die bei Diätbewußten sehr beliebt ist. Es ist ein gutes Bratöl; manche Leute finden es für Salate zu schwer.

Mandelöl

Die Kerne der süßen Mandeln enthalten etwa 50–60% Öl, das zum Backen und in der Konfektherstellung verwendet wird. Italien ist der Hauptproduzent.

Mohnöl

Mohnsamen enthalten etwa 40 bis 55% Öl. Es wird als Salat- und Kochöl benutzt.

Olivenöl ✦

Dies ist sicher das teuerste und beliebteste aller Öle. Griechenland, Frankreich, Italien und Spanien sind die Hauptproduzenten. Oliven haben einen sehr hohen Ölgehalt – zwischen 75 und 82%, und jährlich werden etwa 1,5 Millionen Tonnen produziert, nicht genug, um die Weltnachfrage zu befriedigen. Zwei Typen von Olivenöl kommen auf den Markt: das sogenannte »Jungfernöl« und »reines Olivenöl«. Das Jungfernöl ist aus dem Fleisch erstklassiger Früchte gepreßt und wird nicht desodoriert oder gebleicht. »Reines Olivenöl« bedeutet, daß es aus Fleisch und Kernen zweitklassiger Früchte gepreßt ist. Gutes Olivenöl (kaltgepreßt aus der frischen, reifen Frucht) sollte blaßgelb und völlig geruchlos sein: das grüne Öl (gewöhnlich aus der zweiten Pressung unter Hitzeanwendung) ist nicht von so guter Qualität und schmeckt leicht ranzig, wenn es eine Weile steht.

Palmöl

Der Samen der Palmfrucht ist ein wichtiger Öllieferant; das Öl wird hauptsächlich in der Margarineherstellung und in der afrikanischen und brasilianischen Küche verwendet.

Rapsöl

Es wird aus den Samen mehrerer Rapspflanzenarten (*Brassica napus*) hergestellt. In Europa und Indien wird es in der Küche verwendet, besonders zum Bestreichen der Brotlaibe vor dem Backen.

Reiskleieöl

In Pakistan wird daraus künstliche Butter (*ghee*) oder *banaspati* gemacht.

Saflöröl

Das Saflor- oder mexikanische Safranöl (*Carthamus tinctoria*) hat eine höhere Konzentration von vielfachungesättigten Fettsäuren als jedes andere Öl und wird für Spezialdiätmayonnaise und Salatsaucen verwendet.

Sesamöl ✦

Die wahrscheinlich aus Afrika stammende Sesampflanze (*Sesamum indicum*) enthält 50% Öl und zwischen 20 und 25% Protein. Das Öl wird zum Kochen und als Salatöl verwendet. Auch in der chinesischen Küche ist es sehr beliebt.

Sojabohnenöl

Die Samen der Sojabohne enthalten 16–19% Öl, das auf vielerlei Weise verwendet wird. Raffiniert dient es als Salatöl, zum Kochen und zur Margarineherstellung. Es ist ein natürliches Winteröl, das sich nicht gut hält, da es leicht flockt.

Sonnenblumenöl ✦

Die Kerne enthalten etwa 40% Öl. Es ist ungesättigt, geschmacklos und von hellgelber Farbe; hervorragend zum Kochen und als Salatöl geeignet.

Walnußöl ✦

Walnüsse enthalten 60% Öl. Es hat einen angenehm nußartigen Geschmack, ist stark jodhaltig und wird hauptsächlich als Salatöl verwendet. Frankreich und Italien sind die Hauptproduzenten.

Essig

Essig ist ein Nebenprodukt beim Vergären und sollte eigentlich aus Wein hergestellt werden (das englische Wort »vinegar« kommt von dem französischen *vin aigre*, was »saurer Wein« bedeutet). Die Entdeckung, daß solch saurer Wein eine schmackhafte Speisewürze ist, muß schon früh gemacht worden sein, denn sowohl die Griechen als auch die Römer kannten spezielle Essiggefäße für den Tisch, in die Brot eingetunkt wurde. Im 13. Jahrhundert verkauften Händler in Paris Essig aus Fässern, die auf die Straße gerollt wurden. Zu dieser Zeit gab es sogar schon aromatisierte Essige, z. B. Senf- und Knoblauchessig.

Essig entsteht durch einen ganz natürlichen Prozeß, der zwei Gärungen umfaßt, die Alkohol- und die Essigsäuregärung. Bei der ersten verwandeln natürliche, in der Luft oder auf Früchten (z. B. Trauben) vorhandene Hefen den Zuckergehalt in Alkohol. Dann kommt Essighefe hinzu, die ebenfalls ein Naturprodukt ist, normalerweise aber vom Hersteller dazugegeben wird. Diese *Essigsäurebakterien* vermehren sich und bilden die Essigmutter, eine Ansammlung von Hefezellen, die den Alkohol in Essigsäure (Hauptbestandteil des Essigs) umwandelt, und so die zweite Phase des Prozesses, die Essigsäuregärung, vollzieht. (Man kann also mit einer Essigmutter seinen eigenen Essig herstellen.)

Echter Essig (Essigersatz wird aus verdünnter Essigsäure hergestellt) enthält aromatische Ester, Jod und – wie behauptet wird – winzige und harmlose Spuren von radioaktivem Kohlenstoff.

Arten und Säuregehalt

Die Stärke der Essigsäure unterscheidet sich bei den einzelnen Essigarten erheblich: Weinessig ist saurer als Malz- oder Apfelessig; destillierter und verstärkter Essig sind die konzentriertesten. Der Mindestgehalt an Essigsäure ist in jedem Land gesetzlich festgelegt.

Regionale und nationale Varianten sind von den zur Verfügung stehenden Rohmaterialien abhängig: Weinproduzierende Länder stellen z. B. roten und weißen Weinessig durch Traubengärung her; wo viele Äpfel angebaut werden, wird hauptsächlich der köstlich schmeckende Apfelessig hergestellt, während bierproduzierende Länder Malzessig bevorzugen. Im Fernen Osten wird Essig aus Reiswein hergestellt; oder auch aus Früchten, wie im Fall des japanischen *ponza*- oder *pon*-Essigs, einer milden Essigsorte aus einer limettenähnlichen japanischen Zitrusfrucht, der *dai dai*.

Essig in der Küche

Essig wurde ursprünglich als Konservierungsmittel benutzt, im Lauf der Zeit entwickelte er sich auch zu einem geschätzten aromatischen Würzstoff.

Weinessige eignen sich besonders zur Aromatisierung mit Kräutern, Gewürzen und Früchten, wie z. B. Rosmarin, Estragon, Dill, Knoblauch, Chillis, Pfefferkörnern, Limonen, Himbeeren, Rosenblättern und Veilchen. Der Gourmet-Koch sollte über eine Auswahl dieser Essigarten verfügen, da bestimmte Arten sich besonders für bestimmte Rezepte eignen. Als allgemeine Regel gilt, daß die Wahl des Essigs sich nach dem Ursprungsland des Rezeptes richtet: Reisessig sollte für chinesische und japanische Gerichte, Weinessig für die Mittelmeerküche, Apfelessig für traditionelle amerikanische und europäische, Malzessig für englische Gerichte verwendet werden.

Andere beachtenswerte Regeln sind, daß Apfel- oder Weinessig generell zum Kochen verwendet werden kann, Wein-, Reis-, Sherry- und jeder herbe Essig für Salate, und destillierter, Branntwein- oder Malzessig zum Einlegen.

Im Folgenden beschreiben wir die Hauptessigsorten und ihre Verwendung.

Essigkaraffe

Apfelessig ✦
Der Zucker im Fruchtfleisch des Apfels wird auf dem üblichen Weg in Alkohol und dann in Essigsäure umgewandelt. Hausgemachter Apfelessig ist trübe, während kommerzielle Sorten durch Filtern kristallklar sind. Er wird generell zum Kochen gebraucht und ist in chinesischen und japanischen Gerichten ein ausgezeichneter Ersatz für Reisessig. Auch für Salatsaucen eignet er sich gut.

Aromatisierter Essig ✦
Dazu werden gewöhnlich Kräuter in Weinessig gelegt, z. B. Estragon, Basilikum, Limonen, Bohnenkraut, Thymian, Schalotten, Zucker, Salz, Meerrettich, Lorbeerblätter und Rosmarin. Am beliebtesten ist der besonders für die Sauce Béarnaise geeignete Estragonessig.

Branntweinessig ✦
Die Flüssigkeit (oft Melasse oder Zuckerrübenalkohol) wird destilliert, bevor sich der Alkohol in Essigsäure verwandelt hat.

Er ist farblos und wird vor allem zum Einlegen verwendet.

Destillierter Essig ✦
Obwohl jeder Essig destilliert werden kann, wird gewöhnlich Malzessig dafür verwendet. Destillierter Essig ist farblos und sehr stark – weil durch die Destillierung der Essigsäureanteil gestiegen ist. Wegen seiner Stärke und langen Haltbarkeit wird er zum Einlegen (besonders von Zwiebeln) verwendet. Herstellerfirmen benützen ihn auch für Fertigsaucen.

Malzessig ✦
Malzgerste wird gemaischt, mit Wasser erhitzt und zu einem milden Bier vergoren, das dann in mit Buchenspänen gefüllte Stahl- oder Plastikfässer umgefüllt wird. Die Essigbakterien werden hinzugefügt, bis nach einigen Wochen Essigsäure entstanden ist. Der Essig wird dann gefiltert, und gereift mit Karamel gefärbt. Malzessig wird zum Einlegen (besonders von Walnüssen) verwendet und ist Bestandteil der bekannten Worchestershire Sauce.

Reisessig ✦
Chinesischer Essig kann rot, weiß oder schwarz sein. Es gibt auch eine japanische, *su* genannte Art. Man verwendet bestimmte Sorten für bestimmte Rezepte, aber im allgemeinen wird der weiße am häufigsten verwendet, insbesondere zum Würzen von Suppen und süßsauren Gerichten. Man kann ihn am besten durch Apfel- oder Weinessig ersetzen.

Weinessig ✦
Der feinste Weinessig entsteht in einem langsamen Prozeß in Eichenfässern, der zu einer höheren Konzentration an Aromastoffen führt. Es gibt verschiedene Arten von Weinessig: **roten** ✦, **weißen** ✦, **rosé** ✦ und **Sherryessig** ✦. Weinessig wird für Sauce Béarnaise verwendet. Weißer Weinessig eignet sich am besten für Mayonnaise, Lyoner Sauce, Pfeffersauce, holländische Sauce und Ravigote. Roter Weinessig sollte für *sauce hachée* und *sauce à la diable* verwendet werden.

Würz- und Salatsaucen

Die kommerzielle Herstellung von Würzsaucen und Würzstoffen in großem Umfang ist ein ziemlich junges Gewerbe. Im späten 18. und in der ersten Hälfte des 19. Jahrhunderts brachte die Expansion des Welthandels den Austausch neuer Ideen und neuer Lebensmittel mit sich: Durch die East India Company wurde die Sojasauce im Westen eingeführt; die Lea & Perrin's Worcestershiresauce und die Harvey's Sauce wurden in England hergestellt; McIlhenny's Tabasco erschien auf dem amerikanischen Markt; Liebig's Fleischextrakte wurden in Uruguay produziert, und Osborne's *Patum Peperium* kam aus Paris (keine eigentliche Sauce, aber dennoch eine der feinen »neuen« Delikatessen). Alle fanden sofortigen und dauerhaften Anklang beim Publikum. Sowohl Worcestershiresauce als auch Tabasco eroberten die Tafeln und Küchen der ganzen Welt – viele große Rezepte der französischen Küche stehen und fallen mit ein oder zwei Spritzern Worcestershiresauce, und das mit gutem Grund, denn – obwohl fabrikmäßig hergestellt – der Ruf dieser Würzsauce beruht auf der hervorragenden Qualität und Auswahl der Zutaten.

Die Geschichte der Worcestershiresauce liest sich wie eine Legende: ein verabschiedeter Generalgouverneur brachte aus dem geheimnisvollen Orient (Bengalen und Indien) ein Rezept nach England mit und beauftragte seine lokale Drogerie Lea & Perrin, ein Rezept zusammenzustellen. Man tat es zuvorkommend, aber der Gouverneur war über das Ergebnis enttäuscht, und die Sauce lag mehrere Jahre in Lea & Perrin's Laden und reifte vor sich hin. Eines Tages entdeckte man sie wieder, probierte skeptisch einen Löffel voll und fand die Sauce sehr schmackhaft. Das streng geheimgehaltene Originalrezept soll Soja, Früchte, Essig und Gewürze enthalten.

Die Tabascosauce wurde 1868 von McIlhenny nach England eingeführt, nachdem ihm ein aus den mexikanisch-amerikanischen Feldzügen zurückkehrender Freund einige kleine scharfe Pfefferschoten gegeben hatte. Geschmack und Schärfe von Tabasco entwickeln sich während des langen Herstellungsprozesses, und sparsam verwendet, verleiht es den Speisen sein eigenes subtiles Aroma.

Würz- und Salatsaucen beruhen weitgehend auf einer Zutat, der dann weitere hinzugefügt werden – Mayonnaise, selbst eine berühmte Sauce, ist die Grundlage für viele handelsübliche Salatsaucen *(dressings)*. Die Worcestershiresauce wird in vielerlei Würzsaucen verwendet, die zu gegrilltem Fleisch und Fleischfondue serviert werden. Tabasco, das mit den chinesischen Chillisaucen und dem indonesischen *Sambal* verwandt ist, inspirierte zu der neueren Barbecue- oder Grillsauce (siehe unten), einer wichtigen Beigabe zu holzkohlegegrillten Spareribs und Steaks. Einige Kombinationen sind altbekannt – Pfefferminzsauce oder Pfefferminzgelee mit Lamm; Cumberlandsauce (eine Fruchtsoße mit Portwein) mit Wild; Preiselbeeren mit Wild und Truthahn; Meerrettich mit Rindfleisch.

Kommerziell hergestellte Würz- und Salatsaucen haben den Vorteil, daß sie praktisch sind. Sie halten sich alle ziemlich lange bis unbegrenzt und stehen dem Koch jederzeit zur Verfügung. Obwohl Mayonnaise, Pfefferminz- und Meerrettichsauce im Idealfall zu Hause aus frischen Zutaten zubereitet werden könnten, sollte man Worcestershiresauce und Tabasco doch lieber den traditionellen Herstellern überlassen. Im Folgenden finden Sie einige der beliebtesten und meistverwendeten Würz- und Salatsaucen und ihre Zubereitung.

Barbecue- oder Grillsauce ✦
Eine dicke, gehaltvolle pikante Sauce, von der es viele Variationen gibt, die aber grundsätzlich besteht aus Essig, Butter, Senf, Johannisbrotmark, Salz, Zucker, Paprika, Pfeffer, Knoblauch, Chillies, Tabasco und Worcestershiresauce. Barbecuesauce kann zum Begießen während des Bratens verwendet oder mit gekochtem Fleisch serviert werden.

Chillisauce ✦
Im Unterschied zum dünnflüssigen Tabasco ist dies eine ziemlich dicke scharfe Sauce. Sie wird aus zermahlenen Pfefferschoten *(Capsicum frutescens)* zubereitet, mit Knoblauch und Essig gewürzt und mit Maisstärke eingedickt. Konservierungsstoffe können hinzugefügt werden, um längere Haltbarkeit zu erzielen. Chillisauce dient gewöhnlich als Würze für chinesische Gerichte.

Mayonnaise ✦
Mayonnaise ist eine klassische französische Sauce. Sie sollte am besten frisch zubereitet werden, aber es gibt mehrere ausgezeichnete ungesüßte kommerzielle Produkte. Das Grundrezept ist einfach: Eigelb, Öl und Essig werden zu einer dicken, cremigen Emulsion geschlagen; es gibt eine provençalische Version, *Aioli* genannt, die die Konsistenz von Butter hat und stark mit Knoblauch gewürzt ist.

Kommerziell hergestellte Mayonnaise enthält meistens Eier, weißen Weinessig, Salz, Zucker, Pflanzenöl, Senf und Speisestärke. Geöffnete Behälter sollten im Kühlschrank aufbewahrt werden, allerdings nicht bei zu niedriger Temperatur, weil die Mayonnaise sonst flockig wird.

Meerrettichsauce ✦
Geriebener Meerrettich, Essig, Salz und Sahne. Wird gern zu gekochtem Rindfleisch serviert.

Pesto (Basilikumsauce) ✦
Eine in neuerer Zeit eingeführte kommerzielle Version der bekannten grünen ligurischen Paste, die mit *trenette* (den ligurischen Bandnudeln) serviert wird; enthält verschiedene Konservierungsstoffe, um sie haltbarer zu machen. Geöffnet muß *salsa alla pesto* sofort verbraucht oder kühlgestellt werden. Pesto besteht aus frischen, zerriebenen Basilikumblättern, zerquetschtem Knoblauch, zerstoßenen Pinienkernen, Salz, geriebenem Pecorino oder Parmesan und Olivenöl.

Pfefferminzsauce und -gelee ✦
Minzsauce ist einfach zuzubereiten – aus feingehackten Pfefferminzblättern (Grüner Minze – *Mentha spicata* – oder Rundblättriger Minze – *Mentha rotundifolia)*, Zucker und Apfel- oder Malzessig. Sie wird in England traditionell zu Lamm gegessen. Pfefferminzgelee ist ein englisches Rezept aus Apfelgelee und Pfefferminzblättern; als kommerzielles Produkt besteht es aus Gelatine und grüner Lebensmittelfarbe.

Salatsaucen ✦
Kommerziell hergestellte Salatsaucen auf Mayonnaisebasis sind:
Thousand Island ✦, bestehend aus hartgekochten Eiern, Chillisauce, Petersilie, Essiggemüse und Paprika; **Green Goddess**, aus Estragon, Essig, Knoblauch, Cayennepfeffer und Anchovis; **Russian**, bestehend aus Senf, Zwiebeln, Worcestershiresauce und Tomatenketchup.

Eine Kombination von Olivenöl und Weinessig ist die Grundlage anderer Fertigsaucen, wie z.B. **Vinaigrette**, die auch Salz, Pfeffer und Zitronensaft enthält; **Italian Dressing**, mit Paprika, Tomaten, Salz, Gelbwurz, Zucker und Knoblauch abgeschmeckt;

French Dressing, das mit Honig, Senf und Salz zubereitet wird.

Süße Saucen ✦
Hauptsächlich zu Speiseeis und Süßspeisen gereicht, sind dies vorwiegend Saucen auf Zuckergrundlage mit Zusatz von Kakao für **Schokoladensauce;** Karamelaromastoff für **Karamelsauce;** Johannisbeergelee und Himbeeren für **Melbasauce ✦**

Süßsaure Sauce ✦
Eine chinesische, mit Essig und Zucker hergestellte Sauce. In China wird sie mit Reisessig und Sojasauce, Maisstärke, Knoblauch, feingehackter Karotte und Zwiebel zubereitet, oder mit verschiedenen Pickles.

Sojasauce ✦
Eine dunkle, fast schwarze, dünnflüssige Sauce, die in China und im Fernen Osten als Hauptwürzstoff dient und oft anstelle von Salz verwendet wird. Die echte Sojasauce wird aus fermentierten Sojabohnen *(Glycine max)* hergestellt. In dem japanischen fermentierten *shoyu* z. B. werden Sojabohnenflocken mit geröstetem Weizen gemischt und mit einem Schimmelpilz, dem *Aspergillus oryzae* geimpft. Hinzu kommt Salz, und dann dauert die Gärung bis zu einem Jahr. Die festen Rückstände werden dann herausgefiltert, und die Sojaflüssigkeit wird pasteurisiert und in Flaschen abgefüllt. Soja ist unbegrenzt haltbar, hat einen salzigen und zugleich süßlichen Geschmack und kann für Suppen,

Eintöpfe und vielerlei Fleischgerichte verwendet werden. Soja ist einer der Hauptbestandteile von *hoisin* ✦, einer süßen chinesischen Sauce.

Tabasco ✦
Die Pfefferschoten, die für diese berühmte scharfe Würzsauce verwendet werden, sind *Capsicum annuum* und *Capsicum frutescens,* die aus dem Tabasco-Anbaugebiet von Mexiko kommen. Sie werden von Hand geerntet, zu einem Brei zermahlen und mit Salz in Eichenfässern gelagert. Der Brei reift drei Jahre lang, bevor er mit destilliertem Essig vermischt wird. Samen und Schalen werden maschinell entfernt, und das fertige Produkt, eine dünne scharfe Sauce, wird in Flaschen abgefüllt. Sie hält sich lange und wird wie die Worcestershiresauce besonders häufig in amerikanischen und kreolischen Gerichten wie Meeresfrüchten mit Gombos, Kürbissuppe, Krabben- oder Hummergerichte und Aufläufen sowie für zahlreiche Cocktails verwendet.

Tartarsauce ✦
Das klassische französische Rezept für *Sauce tartare* besteht aus Mayonnaise, gehackten gekochten Eiern, gehackten Zwiebeln und Schnittlauch, während die kommerzielle Version Dillgürkchen, Petersilie und Zwiebeln enthalten kann. Sie wird im allgemeinen mit gebratenem Fisch und Schaltieren serviert, ergibt aber auch eine gute Salatsauce.

Tomatenketchup; Tomatensauce ✦
Eine beliebte, vielseitige Sauce, die viel als Tischwürze verwendet wird und aus Tomatenmark, Zucker, Essig, Salz und Gewürzen besteht. Ketchup kann mindestens sechs Monate aufbewahrt werden.

Worcestershiresauce ✦
Worcestershiresauce ist aromatisch, scharf, tiefdunkelbraun; 25% der Flüssigkeit setzen sich als feste Bestandteile ab. Der Satz ist ein wesentlicher Bestandteil dieser Würzsauce, daher muß die Flasche vor dem Gebrauch geschüttelt werden. Das Rezept ist zwar streng gehütetes Fabrikationsgeheimnis, die wichtigsten Zutaten sind aber meist Walnuß- und Pilzwürze, Essig, Sherry und Brandy, Sojasauce, Schweineleber, Salz, Zucker, Tamarinde, Cayenne- und schwarzer Pfeffer, Koriander, Muskat, Anchovis, Schalotten, Knoblauch und Karamel. Tamarinde, Anchovis und die Schweineleber werden in Essig gekocht; die gefilterte Flüssigkeit wird dann mit den anderen Zutaten kombiniert. Die Sauce muß dann mindestens sechs Monate reifen, um den vollen Geschmack zu entwickeln, bevor sie pasteurisiert und in Flaschen abgefüllt wird. Worcestersauce hält sich fast unbegrenzt und wird in vielen Rezepten angewendet, insbesondere in Suppen, Saucen und Bratensaucen, in Cocktails und Salatsaucen.

Zucker und Sirup

Bis zum 16. Jahrhundert, als Rohrzucker aus Westindien verfügbar und erschwinglich wurde, war die Welt vom Honig als Süßstoff abhängig. Wie der Honig ist auch der Rohrzucker uralt. Er wurde vor 2500 Jahren zuerst in Indien angebaut und hieß in Sanskrit *karkara*. Das Wort Zucker geht zurück auf die arabische Bezeichnung *sakkara (sukkur)* und kam im 13. Jahrhundert nach Europa. Die überlieferte Geschichte des Rohrzuckers beginnt, als ein Mitglied der Armee Alexanders ihn 325 v. Chr. erwähnt. Er erreichte China bereits um 100 v. Chr., gelangte aber erst um ca. 700 n. Chr. nach Japan, obwohl er um 400 n. Chr. im Mittleren Osten schon in größerem Umfang angebaut wurde. Plinius d. Ä. nannte ihn eine aus Schilfrohr gewonnene Art Honig. So auch die Kreuzfahrer, die im 11. Jahrhundert auf Rohrzucker stießen und die Substanz nach Europa brachten. Er war ein teures Produkt, bis Kolumbus das Zuckerrohr 1493 nach Hispaniola (jetzt Haiti/Dominikanische Republik) brachte. Trotz vieler Rückschläge verbreitete sich der Anbau über die Westindischen Inseln, und Rohrzucker wurde zum meistverwendeten Süßstoff der Welt.

Zuckerarten
Es gibt verschiedene Arten von Zucker. Die weißen Kristalle, die man in der Küche verwendet oder die als »Zucker« auf den Tisch kommen, sind ein gereinigtes chemisches Produkt, ein Kohlenhydrat, das aus fast reiner Saccharose oder Rohrzucker besteht, das wiederum *Glukose* (Dextrose oder Traubenzucker) und *Fruktose* (Fruchtzucker) enthält. Andere Zucker sind *Laktose* oder Milchzucker, gewonnen aus Molke und Magermilch; und *Maltose*, ein Malzzucker, der während des Mälzprozesses entsteht.

Wie Zucker entsteht
Zucker entsteht in grünen Pflanzen durch Photosynthese. Die Pflanzen verwandeln Kohlendioxyd und Wasser in Kohlenhydrate durch Ausnutzung der von den Lichtquellen gelieferten Energie. Die Kohlenhydrate werden in den Blättern aufgebaut und in Zucker umgewandelt – Zucker ist die Hauptenergiequelle der Pflanzen und wichtig für ihren Stoffwechsel. Einige Pflanzen haben einen zusätzlichen Vorrat an Saccharose, und diese zuckerreichen Arten

werden von der Zuckerindustrie verwendet. Es sind das Zuckerrohr, die Zuckerrübe, der in Nordamerika heimische Zuckerahorn und verschiedene Palmenarten.

Rohrzucker

Zuckerrohr (*Saccharum officinarum*) ist die wichtigste Zuckerrohrquelle der Welt und wird mechanisch geerntet; nur an einigen Orten wird er noch nach der traditionellen Methode von Hand geschnitten. Das Rohr wird maschinell zermahlen, um den Saft zu extrahieren, der dann mit chemischen Mitteln behandelt wird, damit die Unreinheiten ausflocken; anschließend wird er gekocht, bis die Lösung gesättigt ist. Dieser Sirup wird dann behandelt, damit sich die Zuckerkristalle herausbilden können. Die Technik verläuft progressiv, d. h. die rückständige Mutterflüssigkeit oder *Melasse* ergibt einen weiteren Ertrag an Kristallen.

Brauner Zucker entsteht, wenn der Rohrsaft gekocht wird, um die erste Ausbeute an Zuckerkristallen und Melasse zu gewinnen. Die Kristalle sind braun, weil sie mit flüssiger Melasse umhüllt sind. Gewaschen wären die Kristalle fast weiß, mit einer zartgoldenen Tönung. Kommerziell wird brauner Zucker zumeist in der Raffinerie hergestellt, um die Produkte von Unreinheiten zu befreien. Manche Zuckerraffinerien färben ihre Zucker mit Karamel.

Bei dem Kristallisierungsprozeß in der Raffinerie bleibt ein Restbestand von *Sirup* übrig. Diese Sirupe sind von unterschiedlicher Qualität – der zweite ist konzentrierter als der erste. Auch sind sie von verschiedener Farbe und reichen von sehr hell- bis dunkelbraun, fast schwarz. Der letzte Sirup ist *schwarze Melasse*, ein Konzentrat von etwa 50% Zucker mit Mineralien und organischen Stoffen. Melasse kann ein Gemisch von verschiedenen Rohrsirupen sein und nach verschiedenen Güteklassen auf den Markt kommen, oder es ist ein Gemisch von Sirupen, die beim Raffinieren von weißem Zucker entstehen.

Rübenzucker

Die aus der Zuckerrübe (*Beta vulgaris*) gewonnene Saccharose ist von gleicher Stärke und Qualität wie Rohrzucker. Sie wird durch Zermahlen oder Zerschneiden der gewaschenen Rüben extra-

hiert, die in heißem Wasser eingeweicht werden; so entsteht eine Zuckerlösung, mit der auf dieselbe Art verfahren wird wie mit Rohrzucker. Aus Zuckerrüben entsteht jedoch kein brauner Zucker, obwohl auch sie eine bitterschmeckende Melasse liefern.

Baumzucker

Die amerikanischen Siedler lernten von den Indianern, Ahornbäume als Zuckerquelle auszubeuten. Nach der alten Technik extrahierte man den Ahornsaft, indem man einen Zapfen in den Baum hineintrieb und eine Kanne darunterhängte. Heute wird der Saft mit Hilfe von Plastikrohren und einer Vakuumpumpe gewonnen. Zum Verdampfen wird der Saft in Kesseln erhitzt und so zu Ahornsirup eingekocht. Direkt vom Baum ist der Saft süß, aber farb- und geschmacklos; er muß gekocht werden, um zu dem dunklen Sirup mit dem charakteristischen Ahorngeschmack zu werden.

Palmzucker wird aus Dattel-, Kokos-, Brenn- und Palmyrapalmen gewonnen. Der Saft wird durch Anzapfen des Stammes oder der Baumspitze gesammelt und zu einem hellen, durchsichtigen Sirup eingekocht, den man dann kristallisieren läßt.

Brauner Zucker wird wegen seines charakteristischen Geschmacks verwendet, und weil er dem fertigen Produkt Feuchtigkeit zuführt. Brauner Zucker wird oft in Rezepten für Brot und Lebkuchen genannt. *Puderzucker* wird zur Herstellung von Süßigkeiten, Zuckerglasur und für manche Kuchen anstelle von extrafeinem Zucker verwendet. Sirup, Melasse, Stärkesirup und Ahornsirup haben wichtige Funktionen in der Küche. Sie werden für Gebäck und Konfekt und zum Verfeinern gebraucht.

Zuckerguß und Sirup müssen, wie viele Arten von Konfekt, Konfitüren und Gelees, manchmal gekocht werden, wobei sie Temperaturen erreichen, die für das Gelingen des Rezeptes kritisch sind. Kochender Zuckersirup neigt dazu, zu kristallisieren oder granulieren, wenn die Kristalle vor Erreichen des Siedepunktes noch nicht ganz aufgelöst sind. Einzelne am Topfrand hängende Kristalle können das Kristallisieren verursachen und sollten mit einem in Wasser getauchten Pinsel in den Sirup gewischt werden. Durch Zusatz von etwas Weinstein und Glukose kann man Kristallisierung und Schaumbildung vorbeugen.

Zuckerrübe
Hauptlieferant von Zucker in gemäßigten Zonen. Der Saft wird durch Zerschneiden und Erhitzen der Rüben extrahiert. Die Unreinheiten werden entfernt und die Flüssigkeit zu Zucker kristallisiert.

WEISSER ZUCKER

Einmachzucker ✦
Ein in der Raffinerie gekochter Zucker. Die dadurch gewonnenen großen Körner oder Kristalle verhindern Schaumbildung beim Einkochen.

Grober Zucker
Raffinade mit etwas größeren Kristallen als Streuzucker. Ein Allzweckkoch- und Tafelzucker.

Hagelzucker
Ein Kristallzucker mit grober Körnung, der vorwiegend zum Bestreuen und Verzieren von Backwaren verwendet wird.

Puderzucker ✦
Staubfein gemahlener Zucker mit einem Zusatz von Kalziumtriphosphat und Maisstärke gegen Feuchtigkeit, durch die der Zucker klumpig oder fest werden könnte. Er wird für Meringen, Kuchen, Glasuren und Konfekt verwendet.

Streuzucker ✦
Ein sehr feiner weißer Kristall-

zucker, der zum Backen, für Konfekt und Desserts und zum Zuckern von Früchten verwendet wird.

Würfelzucker ✦
Raffinierter Kristallzucker, der feucht gemacht und in Würfeloder Quaderform gepreßt wurde. In Europa wird auch brauner Würfelzucker hergestellt. Er wird bei Tisch zum Süßen von Getränken benützt.

GEFÄRBTER ZUCKER

Demerara ✦
Ein raffinierter weißer Zucker, mit heller Melasse behandelt, ohne Farbzusatz.

Dunkelbrauner, feuchter Zucker ✦
Kleine Kristalle von weißer Raffinade, die mit dunkler Melasse behandelt wurden. Weicher, hellbrauner Zucker ist mit heller Melasse behandelt.

Kandiszucker ✦
Eine weiße Raffinade mit großen Kristallen, die manchmal mit

Pflanzenfarbe in verschiedenen Tönen gefärbt wird. Sie wird in der Zuckerbäckerei und zum Süßen von Tee und Kaffee verwendet.

SIRUP

Ahornsirup (Maple syrup) ✦
In Nordamerika wird er traditionell zu Pfannkuchen und Waffeln gereicht, man verwendet ihn aber auch zum Backen, für Glasuren, zu gebratenen Bohnen, Eis, gebackenem Schinken und für zahllose amerikanische Rezepte. Feinschmecker behaupten, daß Ahornsirup durch nichts ersetzt werden kann.

Fruchtsirup ✦
Kein Raffinerieprodukt, sondern ein Erzeugnis aus weißem Zucker, Früchten und Wasser. Fruchtsirup ist besonders im Mittleren Osten verbreitet. Er wird hergestellt aus Fruchtfleisch, z. B. Hagebutten oder schwarzen Johannisbeeren, oder Blütenblättern, die mit einem Pektin-

ferment behandelt werden, das die natürliche Hefe zerstört (sonst würde der Sirup gären), dann gekocht, in Flaschen gefüllt und sterilisiert. Fruchtsirup dient als Basis für Getränke und zum Verfeinern von Eis, Süßspeisen und Desserts. Er ist etwa ein Jahr haltbar.

Goldgelber Sirup (Golden Syrup) ✦
Er wird nach einem speziellen Verfahren zubereitet, um die goldgelbe Farbe zu erzielen, hydrolysiert, um den Wassergehalt zu reduzieren, und mikrobiologisch stabilisiert, um die Gärung zu verhindern.

Melasse ✦
Sie entsteht aus Zuckerrohrsaft und wird gewöhnlich als **helle** oder **dunkle** Melasse angeboten. Die milde helle Melasse wird als Tafelsirup verwendet, die stärkere dunkle zum Kochen.

Stärkesirup (Corn syrup)
Ein Nebenprodukt des Zuckermaisanbaus *(Zea mays),* das aus der Maisstärke gewonnen wird. Ein katalysierendes Säureferment oder ein Säurekatalysator und Salzsäure verwandelt die Stärke in Glukosesirup. Andere Stärkeprodukte sind Dextrose-, Levelose- und Maltosesirup. Stärkesirup wird in einer Vielzahl von

Produkten verwendet, in Getränken, konservierten Früchten, Eis, Babynahrung und Eingelegtem.

Treacles ✦
Eine in den angelsächsischen Ländern gängige Mischung aus Raffineriesirup und Melasse, die für Süßigkeiten und Desserts und zum Backen verwendet wird. In der angelsächsischen Küche vor allem in vielen *pie*-Rezepten unerläßlich.

Zuckersirup; Einfacher Sirup
Streuzucker, der in heißem oder kaltem Wasser aufgelöst wird. Er wird für alkoholische Getränke verwendet, da sich Zucker in Alkohol schwer auflöst.

Honig

Honig ist die älteste süßende Substanz: er wurde lange vor dem Zucker verwendet (und erst in der Neuzeit von der Zuckerraffinade verdrängt). Einst machten Brauer den vergorenen Met daraus (von Sanskrit *madhu),* einem Honiggetränk, mit dem sich schon Beowulf und geringere Sterbliche des Heldenzeitalters stärkten und labten.

Seine traditionelle Verwendung fand er jedoch beim Backen. Die alten Griechen gebrauchten Honig für ein Brot, *melitutes,* das die Römer von ihnen übernahmen und *panis melitus* nannten; sie buken auch einen *Libum* genannten Opferkuchen mit Honig.

Der Brauch, Brot mit Honig zu süßen, führte zu zahlreichen Rezepten für Gewürzhonigkuchen, wie dem französischen *pain d'épices,* dem deutschen *Lebkuchen* und dem englischen *gingerbread.* Die Zuckerbäcker des Ostens entdeckten die glückliche Verbindung von Mandeln und Honig, und die Rezepte verbreiteten sich bis nach Italien, wo der *torrone*-Kuchen erfunden wurde; nach Frankreich, wo nach der Einführung des Mandelbaums im Süden um 1500 in Montélimar Nougat hergestellt wurde; und nach Spanien (als maurische Süßigkeiten) in der Form von *turrón.* Schließlich brauten die alten Mayas wie ihre heutigen Nachfahren einen Likör (*Ixtalseutun*) daraus, und die Azteken süßten ihre Schokolade damit.

Honiggewinnung
Obwohl Honig künstlich aus Traubenzucker, Geschmacksstoffen und Farbstoffen hergestellt werden kann, wird normalerweise das natürliche Produkt – wie es von den Bienen geliefert wird – verwendet. Die Honigwaben werden maschinell geöffnet, und der Honig wird durch Zentrifugalkraft aus den Waben herausgeschleudert (manchmal wird er erhitzt, damit er sich leichter löst). Der Honig wird dann durch einen Filter gepumpt und abgefüllt.

Honigarten
Die Bienen produzieren den Honig aus dem Nektar verschiedener Blumen und Bäume. Er ist die eigentliche Essenz von Blüten, und

jede Blumenart in den verschiedenen Teilen der Welt ergibt einen Honig von charakteristischem Geschmack. Der berühmte griechische Hymetus-Honig kommt von Bienen, die Salbei, Majoran, Thymian und Bohnenkraut besuchen, und folglich ergeben Kombinationen von Orangenblüten, Limonen und Limetten einen säuerlich nach Zitrone schmeckenden Honig.

Es gibt viele Honigsorten, die in Farbe und Geschmack sehr verschieden sein können. Außer der Tatsache, daß sie in Wachswaben oder als Flüssigkeit in Gläsern erhältlich sind, können sich auch die Flüssigkeiten sehr unterscheiden, sie können sehr dünn bis fast hart sein – und weiß bis goldgelb, bernsteinfarben bis lackbraun und sogar schwarz.

Die unterschiedliche Konsistenz von Honig hängt von verschiedenen Faktoren ab, z. B. von der Art der von den Bienen besuchten Pflanzen sowie von Wassergehalt und Temperatur beim Herstellungsprozeß. Auch die Geschmacksstoffe sind leicht zu analysieren, aber es ist nicht bekannt, warum jeder Honig eine besondere Farbe entwickelt.

Honig in der Küche
Honig kann pur gegessen oder als Zutat verwendet werden. Vor allem braucht man ihn zum Backen – mit ihm werden viele orientalische und arabische Kuchen gesüßt, ebenso wie das türkische *baklava,* das griechische *pasteli* und das beliebte *halva.* Honig wird in der angelsächsischen Küche auch zum Beizen von Schinken benutzt, für Honigbutter und zum Überziehen von Frühstücksflokken. Eine Delikatesse ist Huhn und Mandeln mit Honig gekocht.

Beim Kochen ist zu beachten, daß der Zucker im Honig zum Karamelisieren neigt, wenn er erhitzt wird, und daß sich auch etwas von seinem delikaten Aroma verflüchtigt. Honig hat auch die Tendenz, mit der Zeit zu kristallisieren und hart zu werden. Das ist von Honig zu Honig verschieden und hängt vom Glukosegehalt ab.

Im Folgenden sind einige der feinsten Honigarten beschrieben: die Entscheidung, welchen man verwenden will, ist Geschmackssache.

Alcahual
Dieser bernsteinfarbene Honig mit seinem feinen Aroma wird in Mexiko hergestellt. Ebenfalls aus Mexiko sind die Sorten **Campanilla, Morning Glory** und **Aguinaldo** – der hellste Honig der Welt.

Basilikumhonig
Ein sehr heller Honig mit einem charakteristischen Kräutergeschmack; beliebt in Europa.

Berberitzenhonig
Ein bernsteinfarbenes Produkt aus den Blüten der *Berberidacae.*

Blauholzhonig
Dieser Honig wird vor allem in Jamaika für den Export produziert; gewöhnlich ist er von heller Farbe.

Buchweizenhonig
Wilder Buchweizenhonig kommt

als »kalifornischer Salbeihonig« hauptsächlich aus Kalifornien. Gezüchteter Buchweizen liefert einen dunkelbraunen Honig mit einem kräftigen Aroma. Es ist die bevorzugte Honigsorte für Honigkuchen und den jüdischen Honigwein.

Siehe auch S. 42

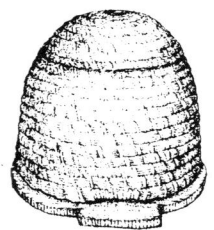

Bienenstock
Ein Bienenkorb wurde früher meist aus gedrehter Schnur oder Seilen hergestellt.

Honigwabentopf

Eukalyptushonig ✦
Hiervon gibt es etwa 500 verschiedene Arten, die alle aus Australien kommen. Manche sind hell bis bernsteinfarben, andere recht dunkel. Die Geschmacksrichtungen reichen vom delikaten *Eucalyptus albaros* zum extra hellen, aber süßen und schweren *E. melliodora* und zum dunklen, starken *E. tereticorius*.

Heidekrauthonig ✦
Heidekrauthonig ist in England und Europa äußerst populär. Er wird aus dem Nektar von Besenheide *(Calluna vulgaris)* oder Glockenheide *(Erica cinera)* produziert.

Hymetus ✦
Dieser aromatische griechische Honig – berühmt schon im alten Griechenland – ist eine Mischung aus Thymian-, Bohnenkraut- und Majoranaroma. Er gilt als einer der besten der Welt.

Kleehonig ✦
Wahrscheinlich der verbreitetste und beliebteste Honig überhaupt. Er kommt vom Blütenstaub des roten oder weißen *Trifolium repens,* ist dickflüssig und hell-bernsteinfarben.

Lavendelhonig
Ein beliebter europäischer, vor allem in Südfrankreich produzierter Honig; er ist bernsteinfarben, oft leicht grünlich und von butterweicher Beschaffenheit.

Mangohonig
Dieser Honig ist bernsteinfarben und von ziemlich fester Konsistenz.

Manukahonig ✦
Der fruchtbare *Leptosperum scorparium* oder Teebaum von Neuseeland liefert diesen dickflüssigen, dunklen Honig.

Orangenblütenhonig ✦
Beliebt in Osteuropa, Südafrika und Amerika; er stammt von dem Zitrusgewächs *Citrus auranticum.*

Pohutakawa
Dieser seltene Honig aus Neuseeland hat einen einzigartigen salzigen Geschmack und stammt von dem Baum *Metrosideros excelsa.*

Rosmarinhonig ✦
Rosmarinus officinalis liefert diesen dünnen, bernsteinfarbenen Honig, der in Europa populär ist.

Sonnenblumenhonig
Er ist in Bulgarien, Rußland und Argentinien verbreitet; es ist der goldgelbe, dünne aber qualitätvolle Honig des *Helianthus annuus.*

Stechpalmenhonig
Dieser Honig der Stechpalme ist mild und von heller Farbe und in Europa beliebt.

Tasmanischer Lederholzhonig ✦
Dieser von einem Seidelbastgewächs stammende Honig wird von vielen für den besten Honig der Welt gehalten; gewöhnlich ist er von heller Farbe.

Tulpenbaumhonig
Dieser Honig ist dunkelbraun, von schwerer Konsistenz und delikatem, quittenähnlichem Geschmack.

Ungarischer Akazienhonig ✦
Dies ist ein dünnflüssiger, sehr heller Honig von der *Robinia pseudocacia.*

Wabenhonig ✦
Dies ist ein flüssiger, goldgelber Honig. Das Glas enthält ein Stück Wabe.

Konfitüren, Marmeladen und Gelees

Die Zubereitung von Konfitüre und Gelee wurde erst zu einer verbreiteten häuslichen Tätigkeit, als raffinierter Zucker aus Westindien in Europa allgemein verfügbar wurde. Bis dahin hatte man Früchte und Konfitüren mit rohem, unraffiniertem Zucker eingemacht oder mit Honig, der mit den gekochten Früchten vermischt wurde, eine Methode, die noch heute angewandt wird.

Marmelade wurde in England erst im späten 19. Jahrhundert populär, aber ihr Ursprung liegt weiter zurück. Die Portugiesen nannten eingemachte Quitten *marmelado,* abgeleitet von dem Wort *marmelo,* was »Quitte« bedeutet. Die Bezeichnung wurde im frühen 18. Jahrhundert in England für eingemachte bittere Orangen übernommen – später bekannt als *marmalade.*

Die Zubereitung von Konfitüren, Marmeladen und Gelees
Konfitüre wird gewöhnlich aus weichen ganzen Früchten oder dem Fruchtfleisch einer Sorte gemacht; sie werden mit Zucker zu einer festen Masse eingekocht, die auch Fruchtstücke enthält. Die Masse wird heiß in sauber ausgespülte Gläser gefüllt, mit einem in Alkohol getauchten Zellophanblatt abgedeckt, dann bindet man die Gläser mit Einmachzellophan ab.

Gelees kocht man auf ähnliche Weise wie Konfitüre, doch wird der Saft passiert und mit Zucker gekocht, bevor er geliert.

Marmelade wird in England aus Zitrusfrüchten zubereitet und verlangt eine längere Kochzeit und weniger Zucker als Konfitüre. Sie ist ziemlich dick und enthält oft ganze Fruchtstückchen. In Deutschland wird Marmelade aus Fruchtfleisch oder Obstmark verschiedener Früchte gekocht und enthält gewöhnlich keine Fruchtstücke. In Rußland wurde Marmelade, mit der man dort den Tee süßt, oft im Freien gekocht.

Wie Früchte gelieren
Eines der wichtigsten Bestandteile von Eingemachtem ist das Pektin, (S. 258) ein in bestimmten Früchten und Gemüsearten enthaltenes Kohlenhydrat, das in Verbindung mit Zucker Konfitüren oder Marmelade zum Gelieren bringt. Viele Früchte, wie Äpfel, Quitten, Rote Johannisbeeren, Stachelbeeren, Pflaumen und Preiselbeeren, sind reich an Pektin, und Konfitüre aus diesen Früchten braucht keinen Zusatz und geliert von selbst. Indessen müssen Früchte, die wenig Pektin enthalten, wie Erdbeeren, Heidelbeeren, Pfirsiche, Aprikosen, Kirschen, Feigen, Birnen, Himbeeren, Brombeeren, Trauben und Ananas, mit einer pektinreichen Frucht oder einem Pektinpräparat kombiniert werden.

Der Pektingehalt einer Frucht ist kurz vor Erreichung der Reife am höchsten, danach zerfallen die Enzyme schnell und das Pektin wird abgebaut. Deshalb sollte man keine reifen und überreifen Früchte nehmen, da man sonst riskiert, daß sie nicht gelieren und an Geschmack einbüßen. Früchte mit wenig Säure brauchen einen Zusatz von Zitronensaft oder Weinsäurekristallen, der zu Beginn der Kochzeit zugegeben werden sollte.

Während die Verwendung von kommerziellem Pektin den Vorteil hat, daß es ausgiebig und praktisch ist, läßt es sich doch mit dem Geschmack des natürlichen Pektins nicht vergleichen.

Fette und Milchprodukte

Außer Fleischlieferanten sind Tiere, seit man sie domestiziert, die Hauptlieferanten von Fett und Milchprodukten. Während die westliche Welt dafür hauptsächlich Rinder und in geringem Umfang Ziegen hält, wird in weiten Teilen der Welt die Milch von Kamelen, Schafen, Ziegen und sogar Yaks für die Produktion von Nahrungsmitteln verwendet.

In der westlichen Gesellschaft wurde Milch stets als unerläßlich für den Kalziumaufbau in der Kindheit angesehen, während ihr bei den östlichen Völkern – in Form von Joghurt und Sauermilch – eine Heilwirkung im Darmbereich zugesprochen wurde. Ironischerweise haben Milch und tierische Fette – was die Gesundheit angeht – heutzutage wegen eines vermuteten Zusammenhangs zwischen dem Konsum der Produkte und einem hohen Blutcholesterinspiegel, der zu Herzbeschwerden führt, eine schlechte Presse. So setzten sich in den letzten Jahren als Alternative zur Butter die vielfachungesättigten Margarinensorten durch – die weichen, in Töpfe abgefüllten, zumeist pflanzlichen Produkte – sowie die zunehmende Verwendung von fettarmer Milch. Fette und Milchprodukte können in vier Kategorien unterteilt werden: Milch; Sahne; Butter, Margarine, Koch- und Bratfette; und saure Sahne und Joghurt.

Milch
Milch besteht aus Wasser, Kalzium und Albumin, Milcheiweiß (Kasein), Milchzucker (Laktose), Milchfett und Vitaminen. Das Endprodukt hängt davon ab, wie die Milch verarbeitet wird und wie eine oder mehrere der Hauptkomponenten behandelt werden.

In vielen Ländern muß die zum Verkauf bestimmte Milch per Gesetz pasteurisiert, d. h. von Bakterien befreit werden, die Krankheiten verursachen könnten. Gewöhnlich wird die Milch bis kurz unter den Siedepunkt erhitzt, einige Sekunden auf dieser Temperatur gehalten und dann sofort abgekühlt. *Vollmilch* enthält gewöhnlich etwa 3,25% Milchfett, und die Sahneschicht ist deutlich erkennbar. *Homogenisierte* Milch hat dagegen keine Sahneschicht, da das Fett emulsiert und gleichmäßig verteilt ist. *Magermilch* enthält weniger als 1% Milchfett, aber alle Proteine und Minerale der Vollmilch außer den fettlöslichen Vitaminen, während angereicherter Magermilch einige dieser Vitamine zugesetzt sind. Bei der *Kondensmilch* ist der Wassergehalt auf etwa die Hälfte reduziert und sie ist gesüßt; *evaporierte* Milch wird genauso behandelt, aber nicht gesüßt. *Milchpulver* wird durch Reduktion des Wassergehalts auf weniger als 3% hergestellt, während *H-Milch* ultrahocherhitzt, schnell abgekühlt und vakuumverpackt wird.

Sahne
Wird Milch gekühlt, steigt das Milchfett an die Oberfläche und wird zur Butterherstellung oder als Sahne abgerahmt. Der Fettgehalt von Rahm ist von Land zu Land verschieden; so sind in England beispielsweise die handelsüblichen Sahnearten fetthaltiger als deutsche Produkte. Eine Besonderheit ist dort die sogenannte *clotted cream (geronnene Sahne)*. In Deutschland muß *Schlagrahm* einen Fettanteil von mindestens 30% haben, *Kaffeesahne* dagegen nur 10%.

Butter, Margarine und Fette
Sahne kann auch zu Butter verarbeitet werden, die einen Fettgehalt von 80% haben sollte. Die Sahne, die zum Buttern verwendet wird, kann frisch oder sauer sein, aber die meiste Butter wird aus frischer Sahne hergestellt. Der Rückstand beim Buttern ist Buttermilch; heute wird Buttermilch jedoch auch oft aus pasteurisierter Magermilch gemacht.

Margarine wurde als billige Alternative zur Butter einst von einem französischen Chemiker »erfunden«. Er stellte eine Emul-

sion aus Rinderfettextrakt, Wasser und Magermilch her. Die heutige Margarine besteht aus raffinierten und gereinigten Ölen, wie Sonnenblumen-, Palm-, Soja- und Kokosöl. Sie werden dann hydriert, d. h. es wird Flüssigkeit hinzugefügt, und die Öle werden fest. In einem ähnlichen, aber teureren technischen Verfahren vermischt man das Öl mit einem hohen Wasseranteil (bis zu 60%) und ermöglicht es so einigen kommerziellen Herstellern, einen kalorienarmen vielfachungesättigten Brotaufstrich auf den Markt zu bringen. Die harte, würfelförmige Margarine enthält gesättigte oder tierische Fette.

Alle tierischen Fette müssen vor der Verwendung behandelt werden. Talg (das Nierenfett von Rind und Schaf) muß enthäutet und gesäubert werden. Ausgelassenes Fett (Bratfett) muß gefiltert oder geklärt werden, während Schweineschmalz gereinigt wird, indem man es erhitzt, flüssig macht und filtert.

Saure Sahne und Joghurt
Joghurt wird hergestellt, indem frische Milch mit einer Milchsäurekultur versetzt wird, von der es verschiedene Arten gibt; Saure Milch entsteht durch Milchsäure- und Alkoholgärung. Ähnlich entsteht saure Sahne, und zwar indem eine Milchsäurekultur wie *Streptococcus lactis* in eine homogenisierte halbfette Sahne gegeben wird. *Crème fraîche* hat einen Fettanteil von mindestens 30% und eine wesentlich geschmeidigere, festere Konsistenz.

Fette und Milchprodukte in der Küche
Milch ist vielseitig verwendbar und Bestandteil vieler Getränke und Speisen wie Pudding, Gebäck, Suppen und Eis. Pasteurisierte Milch sollte sich im Kühlschrank vier bis fünf Tage halten. Sie wird schlecht, aber nicht sauer, so daß bei Rezepten mit Sauermilch normalerweise Buttermilch genommen wird. Kondensmilch wird zur Herstellung von Konfekt verwendet, Milchpulver vorwiegend zum Backen.

Sahne kann zwei bis drei Tage im Kühlschrank aufbewahrt werden, aber sie wird fest, wenn man sie nicht zudeckt. Sie verbessert viele Gerichte und kann an Suppen und Saucen gegeben oder auch zum Garnieren verwendet werden. Wird Schlagrahm zu lange geschlagen, nimmt er eine butterähnliche Konsistenz an.

Margarine und Butter sollten im Kühlschrank aufbewahrt werden. Bei gemäßigtem Klima halten sich beide gut; man kann sie mindestens sechs Monate einfrieren. Feines Schweineschmalz, körniger oder ausgeschmolzener Talg können in einem zugedeckten Gefäß oder vakuumverpackt monatelang im Kühlschrank aufbewahrt werden. Butter verbrennt bei relativ niedriger Temperatur und ist zum Braten ungeeignet, wenn sie nicht mit einem Pflanzenöl gemischt wird und dadurch stärker erhitzt werden kann. Mit Butterschmalz, dessen feste Körper aufgelöst sind, können Speisen unbesorgt gebraten werden, ohne zu verbrennen. Daneben findet Butter vielfache Verwendung in der Küche, z. B. für Gebäck oder als angemachte Butter, vermischt mit frischen Kräutern oder anderen Zutaten, wie Kaviar, Sardinen, Knoblauch und Paprika. Manche Margarinesorten können Butter beim Backen ersetzen; wie Butter ist Margarine nicht zum Braten bei starker Hitze geeignet. Margarine, die nur als Brotaufstrich bezeichnet und angeboten wird, sollte nicht zum Kochen verwendet werden.

In vielen Ländern gilt Joghurt als Vorbeugungsmittel gegen Krankheiten; Manche Sorten sind ein Erfrischungsgetränk oder werden auch zum Kochen verwendet. In Indien wird Joghurt mit Früchten und Gemüse gemischt und als *raita* serviert. Auch Sauerrahm spielt beim Kochen eine wichtige Rolle. Er wird an Saucen gegeben, die dadurch einen leicht säuerlichen Geschmack bekommen. Man sollte ihn am Ende der Kochzeit zugeben, und den Topf vom Feuer nehmen oder ihn nur auf kleinem Feuer stehenlassen, da der Sauerrahm sonst gerinnt.

MILCH

Buttermilch ✦
Eigentlich der Rückstand beim Buttern; heute wird sie aber meistens aus pasteurisierter Magermilch hergestellt. Sie wird gern für Gebäck und auch als Ersatz für Sauermilch verwendet.

Evaporierte Milch
Dosenmilch, der ein großer Prozentsatz des Wassergehaltes entzogen wurde. Im Unterschied zur Kondensmilch enthält sie keinen Zucker und ist deshalb nicht so lange haltbar. Geöffnet sollte sie wie Frischmilch gelagert und behandelt werden.

H-Milch
Milch, die ultrahocherhitzt wurde, um sie steril und damit lange haltbar zu machen.

Homogenisierte Milch
Sie enthält die gleichen Bestandteile wie Vollmilch, ist aber behandelt, so daß die Sahne sich nicht absetzt. Sie kann für Getränke, Pudding, Suppen und verschiedenes Backwerk verwendet werden.

Magermilch
Milch mit weniger als 1% Milchfett, aber allen Proteinen und Mineralstoffen der Vollmilch außer den fettlöslichen Vitaminen.

Kondensmilch
Dosenmilch, die auf den halben Wassergehalt reduziert und mit Zucker gesüßt wird. Sie kann über Obstsalat gegossen werden und ist zum Verdünnen und für die Konfektherstellung geeignet.

Pasteurisierte Milch
Milch, die erhitzt wurde, um die Bakterien zu zerstören. Sie sollte sich 4–5 Tage im Kühlschrank halten. Sie wird schlecht, aber nicht sauer.

Trockenmilch; Milchpulver ✦
Milch, der die Feuchtigkeit entzogen wurde; sie wird in Pulverform gelagert und kann zusammen mit den trockenen Zutaten zum Backen verwendet oder zum Trinken aufgelöst und an Kaffee und Tee gegeben werden.

Vollmilch
Nicht entrahmte Milch – sie enthält gewöhnlich 3,25% Fett –, die nicht homogenisiert wurde, so daß sie eine Rahmschicht hat. Sie kann im Kühlschrank 4–5 Tage aufbewahrt werden und ist für

Hölzerne Butterformer

Getränke, Pudding und zum Backen geeignet.

SAHNE

Geronnene Sahne ✦ (clotted cream)
Die Milch wird erhitzt, der Rahm wird abgeschöpft und gekühlt. Diese Spezialität aus Westengland wird dort mit ungesüßten Kuchen (»scones«) und Konfitüre serviert.

Kaffeesahne
Sie enthält in Deutschland mindestens 10% Fett, ist homogenisiert, pasteurisiert und läßt sich nicht schlagen. Sie wird zum Kaffee und zu Nachspeisen gereicht.

Schlagsahne ✦
Muß in Deutschland mindestens 30% Fettanteile haben (in England mehr) und wird in der feinen Küche zu Saucen verwendet, in geschlagener Form – mit Meerrettich gemischt – wird sie häufig zu gekochtem Rindfleisch und geräuchertem Fisch gereicht. Gesüßt wird Schlagsahne hauptsächlich zu Obstkuchen und Torten serviert.

Sterilisierte Milch
Sie hat mindestens 23% Fett. Sie wurde homogenisiert, erhitzt und abgekühlt und wird in Dosen verkauft.

BUTTER, MARGARINE UND FETTE

Butter ✦
Die von der Milch abgerahmte Sahne wird zu Butter verarbeitet. Sie kann aus frischer oder saurer Sahne gemacht werden, manchmal wird sie gesalzen, um sie haltbarer zu machen. Sie sollte einen Fettgehalt von 80% haben. Butter kann zum Anschmoren verwendet oder zerdrückt und mit Kräutern oder anderen Zusätzen wie Senf oder Anchovis gewürzt werden. Es gibt gesalzene und ungesalzene Sorten.

Butterschmalz ✦
Ein durch Ausschmelzen von Butter gewonnenes, reines Butterfett, das sehr lange haltbar ist. Es wird in der Feinbäckerei verwendet, kann als Sauce zu Hummer gereicht und zu beurre noire verarbeitet werden.

Ausgelassenes Fett ✦
Fett, das sich beim Kochen vom Fleisch getrennt hat. Es muß durchgeseiht oder geklärt werden.

Margarine ✦
Ein Butterersatz aus pflanzlichen oder tierischen Fetten oder eine Kombination von beiden. Margarine in Würfelform ✦ ist eine Emulsion von Pflanzenölen und tierischen Fetten. Sie wird wie Butter zum Braten, Backen und als Brotaufstrich gebraucht. Softmargarine ✦ wird nur aus raffinierten und gereinigten Pflanzenölen gemacht und enthält einen hohen Prozentsatz an Wasser. Sie läßt sich leicht streichen, ist aber zum Backen weniger gut geeignet.

Schweineschmalz ✦
Ausgeschmolzenes Schweinefett, das gereinigt und gefiltert wurde. Es ist in kommerziell hergestellten Blöcken erhältlich und kann zugedeckt und in einem passenden Behälter monatelang im Kühlschrank aufbewahrt werden. Es wird für Fleisch und Backwerk, das in schwimmendem Fett gebraten wird, ebenso wie zum Anbraten von Fleisch und zum Backen verwendet.

Talg ✦
Das Nierenfett von Rindern oder Schafen wird enthäutet und gereinigt und frisch zum Schaben verkauft oder schon zerschnitten und verpackt angeboten. Es wird in der angelsächsischen Küche häufig für Fleischpasteten verwendet.

SAURE SAHNE UND JOGHURT

Saure Sahne
Sie enthält in Deutschland ca. 10% Fett und wird durch Zusatz von Bakterienkulturen (streptococcus lactis und cremoris) gewonnen. Sie wird in der feinen Küche häufig in Fleischsaucen verwendet, wobei darauf zu achten ist, daß saure Sahne immer erst am Ende der Kochzeit bei sehr kleiner Flamme zugegeben werden sollte, da sie sonst gerinnt. Auch für Salatsaucen sehr geeignet.

Crème fraîche
Diese aus Frankreich stammende Sahneart wird jetzt auch von deutschen Herstellern angeboten. Sie wird – wie saure Sahne – durch Zusatz von Bakterienkulturen (streptococcus lactis und cremoris) gewonnen, hat jedoch einen höheren Fettanteil (30%) als saure Sahne, der die wesent-

lich festere und geschmeidigere Konsistenz erklärt. Fester Bestandteil der feinen Küche (Bœuf Stroganoff), ist *crème fraîche* – pur – auch köstlich zu Obstsalaten (besonders Walderdbeeren).

Joghurt ✦
Milch, die mit verschiedenen Arten von Milchsäurekulturen versetzt wurde. Joghurt ißt man pur oder mit Früchten oder Honig verfeinert. Es kann an pikante Lamm- und Huhngerichte wie die indischen und pakistanischen Curries und Pilaws gegeben werden und wird auch als Salatsauce verwendet, besonders für Gurkensalat, der in den skandinavischen Ländern sehr bebliebt ist.

Joghurt- und Sauermilchgetränke ✦
Es gibt zahlreiche Sauermilcharten aus verschiedenen Teilen Asiens und des Mittleren Ostens. **Dough** ist eine im Iran bekannte, mit Salz und Wasser geschlagene Joghurtart. Es ist als Getränk in Flaschen erhältlich. **Kaelder milk** ist ein norwegisches Sauermilchgetränk; **Kefir** wird aus gegorener Kamelmilch gemacht und ist in Osteuropa verbreitet. **Kumyß,** das in der südlichen UdSSR beliebt ist, besteht aus Stutenmilch, während **Kyringa** eine kohlensäurehaltige, alkoholische Sauermilch aus Zentralasien ist. **Laban** und **Lassi** sind Joghurtgetränke aus dem Mittleren Osten, und **Mazoum** ist ein in Armenien bekanntes Joghurtprodukt. **Skula** ist ein Sauermilchgetränk der Karpaten und **Skyr** ist eine Joghurtart aus Island, die manchmal mit Früchten serviert wird.

Käse

Man kann unmöglich sagen, wo und wann zum ersten Mal Käse hergestellt wurde, aber die mesopotamischen Bauern, die vor ungefähr 10 000 Jahren begannen, Schafe und Ziegen zu domestizieren und 2000 Jahre später wilde Rinder, machten bestimmt Käse aus Milch oder genossen den Käse, der ganz zufällig entstanden war.

Die Griechen benutzten Feigenbaumzweige als Labersatz, um die Milch zum Gerinnen zu bringen, und die Römer gaben Samen und Gewürze in ihren Käse. Im Mittelalter entwickelten die Mönche Käse als Fastenspeise weiter. Jede Familie hatte ihre besondere Methode der Käsezubereitung, die gehütet und von Generation zu Generation weitergegeben wurde. Es gibt heute in der Tat weniger Käsesorten als in früheren Zeiten, wo in jeder Gegend ein ganz eigener Käse hergestellt wurde und jeder Bauernhof nur für seinen eigenen Bedarf produzierte.

Die Milchkuh deckt den Großteil des Weltbedarfs an Milch und Käse, aber in Europa und im Mittleren Osten wird auch ein bedeutender Anteil an Käse aus Ziegen- oder Schafsmilch hergestellt. Darüber hinaus gibt es die Rentiermilchkäse in Lappland, Yak- und Zebumilchkäse in China und Tibet, Büffelmilchkäse auf den Philippinen, in Indien Kamelmilchkäse in Afghanistan und Iran, wo Nomadenstämme gelegentlich auch Käse aus Stuten- und Eselsmilch machen sollen.

Die verschiedenen Käsearten
Käsearten werden nach ihrem Geschmack unterschieden: Mild, wie Edamer, oder herzhaft und kräftig, wie Provolone. Man kann sie auch nach ihrer Konsistenz unterscheiden: *Frischkäse:* Nicht voll ausgereifter Käsebruch, der bald nach der Herstellung gegessen wird. Den größten Anteil an Frischkäse nimmt Speisequark ein. *Weichkäse:* Kurz gereift, streichfähig, mit einem hohen Feuchtigkeits- und Fettgehalt, mit Schmiere- oder Schimmelbildung an der Oberfläche; *Schnittkäse:* Mit weniger Feuchtigkeit gereift (kann einen hohen Fettgehalt haben); leicht zu schneiden; *Hartkäse:* Lange gereift, mit niedrigem Feuchtigkeitsgehalt, aber bis zu 50% Fettanteil. Gut zu reiben, aber schwer zu schneiden.

Käse kann man zum Teil an der Beschaffenheit der Rinde erkennen. Die Rinde schützt das Innere des Käses und ermöglicht ihm, richtig zu reifen. Neben den Käsesorten mit einer künstlichen Wachsschicht, wie Edamer, Gouda und einigen reifen Cheddararten, gibt es die mit einer trockenen oder natürlichen Rinde, wie Stilton, Parmesan oder Gruyère, oder mit einer Naturrinde, die dann gefärbt wird, wie den Leiden-Käse. Manche Käsesorten – Gouda z. B. – werden in eine Salzlösung gelegt. Das härtet die Rinde und verfeinert den Geschmack des Produktes. Manche weiße Rinde haben einen Schimmelbelag (normalerweise *Penicillium candidum*), so z. B. Brie und Camembert; bei manchen Käsesorten wird die Rinde regelmäßig mit Wasser abgewischt, gewaschen oder besprüht, um die Entwicklung der Schimmelbakterien anzuregen, was dem Käse einen schärferen, ausgeprägteren Geschmack verleiht. Beispiele dafür sind der Limburger, der Romadur und der Tilsiter, die alle eine orangerote Rinde aus Schimmelbakterien haben; manche Käse haben überhaupt keine Rinde (die meisten Frischkäse z. B.).

Des weiteren wird Käse nach der Käsemasse kategorisiert. In den ersten Stadien der Käseherstellung ist der Quark eine weiße, geschmacklose Masse, der sogenannte Käsebruch. Wird ein weicher Käse, wie Camembert, gewünscht, kann die Masse einfach zum Trocknen liegengelassen werden. Bei festeren Käsen, wie Emmentaler, wird der Käsebruch erhitzt und dann in Formen gepreßt. Manche Käse haben eine mittelharte Konsistenz mit vielen Löchern unterschiedlicher Größe, die durch die gaseproduzierenden Bakterien während des Reifens entstehen. Emmentaler und Samso sind Beispiele dafür. Edelpilzkäse entstehen, indem Bakterienkulturen zugesetzt oder eingeimpft werden, wie beim Stilton oder Danish Blue, oder auf natürliche Weise, wie beim Blue Cheshire. Es gibt mehrere Grundtechniken des Käsens; die Konsistenz und der Geschmack der Käsemasse wird durch das Kochen und die Behandlung des Quarks bestimmt. Der Emmentalerteig wird auf 32,5°C erhitzt, fein geschnitten, dann noch einmal auf 52,2°C erhitzt und schließlich in Form gepreßt. Cheddar wird auf 29,5°C erhitzt, geschnitten, umgerührt und wieder auf 38,5°C erhitzt. Dann wird die Masse geschichtet, um Kohäsion und Säurebildung anzuregen, schließlich gerührt, gesalzen und gepreßt. Goudamasse wird auf 35° C erhitzt, dann geschnitten, umgerührt, geformt und gepreßt; dann wird der Käse in eine Salzlösung getaucht. Der Käsebruch für Caciocavallo wird durch Eintauchen in heiße Molke und Wasser erhärtet; dann wird er durchgeknetet und geformt. Alle diese Techniken sind für die Käseherstellung grundlegend, aber ebenso wichtig ist die große Vielfalt traditioneller Rezepte, nach denen etwa gewisse Schimmelkulturen zugesetzt werden müssen, oder Kräuter, wie Schnittlauch, Salbei und Rosmarin, oder Käse in Kastanien- oder Weinblätter eingewickelt werden sollen.

Schließlich wird Käse auch nach den Tieren kategorisiert, von denen die Milch stammt – Ziegenkäse, wie Banon, oder Schafskäse, wie der Roquefort – sowie nach der Form des Endproduktes: Käse wird in verschiedene Formen gebracht: Räder, Laibe, Pyramiden, Rollen, Zylinder und Quader.

Käse in der Küche
Käse kann für Suppen, Aufläufe, Fondues, Gebäck, Sandwiches, Salate, Pasteten, Pizza, Kuchen, Toasts, als Garnitur und für viele andere Zwecke verwendet werden. Die Wahl des Käses hängt von der Heimat des Gerichts ab, aber auch von den Kocheigenschaften des Käses. Manche Käse, wie z. B. Emmentaler, neigen dazu,

Fäden zu ziehen und zäh zu werden, was bei Gruyère und Sbrinz nicht der Fall ist. Andererseits ist diese zähflüssige Konsistenz bei manchen Gerichten erwünscht – die Schweizer nehmen für ihr Fondue eine Mischung von Emmentaler und Gruyère und wickeln den zähflüssigen Käse um Brotstücke. Käse sollte nicht zuletzt auch nach seiner Schmelz- und Streichfähigkeit ausgewählt werden.

Das Lagern von Käse
Lagerung kann ein Problem sein, wenn Sie Ihren Käse längere Zeit aufbewahren müssen. Ein kühler Raum oder Keller ist ideal, aber der Käse sollte in Aluminiumfolie oder Wachspapier eingewickelt werden, damit er nicht austrocknet. Es empfiehlt sich, jedes Stück einzeln in Folie oder Papier einzuwickeln und sie dann in einem Plastikbeutel in einem temperierten Teil des Kühlschranks aufzubewahren – im Gemüsefach z. B. Nehmen Sie den Käse vor dem Servieren heraus, um ihn auf Zimmertemperatur zu bringen – etwa eine Stunde vorher, je nach Käsesorte und Größe des Stücks. Parmesan sollte frisch gerieben und sofort verbraucht werden. Bewahren Sie geriebenen Käse nicht in einem Glas auf, sonst wird er schnell schimmlig; wickeln Sie ihn ein und lagern Sie ihn wie oben beschrieben.

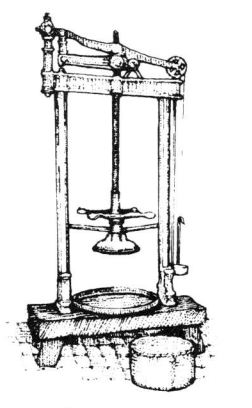

Käsepresse
Die eisernen Käsepressen, die auf das frühe 19. Jahrhundert zurückgehen, hatten einen Schraubmechanismus, um die Molke aus dem Quark herauszupressen – ein wichtiger Prozeß in der Käseherstellung.

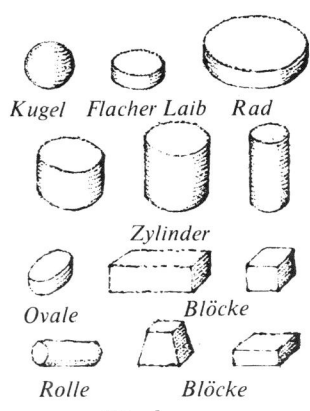

Kugel   Flacher Laib   Rad

Zylinder

Ovale

Blöcke

Rolle   Blöcke
Käseformen

FRISCHKÄSE
(siehe auch S. 46–48)

Frischrahmkäse ✦
Hergestellt aus vollfetter Milch. Es gibt verschiedene Sorten: **Doppelrahmkäse** enthält 50% Fett, **Einfachrahmkäse** 20–30% Fett. Der französische **Petit-Suisse** ist ein kleines, in Papier eingewickeltes Produkt mit 60–75% Fettanteil; **Demisel** enthält weniger Fett (40%) und ist gesalzen, wie schon der Name besagt. Es gibt weitere Sorten überall auf der Welt. Der **Kesong Puti** von den Philippinen und der indische **Surati Panir** werden aus Büffelmilch hergestellt. Schaf-und Ziegenmilchkäse werden überall im Mittleren Osten produziert und als **Jupneh** (Saudiarabien) und verschiedentlich als *Lebbeneh* oder *Labneh* verkauft; in Lateinamerika gibt es den **Queso blanco** aus Kuh- oder Ziegenmilch.

Hüttenkäse ✦
Ein aus Amerika stammender Frischkäse mit vielen Abwandlungen; er ist ein ungereiftes, fettarmes Magermilchprodukt von körniger Konsistenz und wird für Salate und Sandwiches, oft mit Früchten vermischt, verwendet. Zu festem Käse gepreßt und in Würfel geschnitten, gehört er zum indischen *mattar pannir*.

Mozzarella ✦
Ein berühmter italienischer Käse, früher aus Büffelmilch, heute aber aus Kuhmilch gemacht. Ein ähnlicher Käse aus Ziegenmilch ist der **Caprino**. Die Mozzarellamasse wird gekocht und leicht geknetet, damit sie eine feste Konsistenz annimmt. Mozzarella wird als Pizzakäse, für *Calzone,* und für die gebratenen Käsebällchen, *suppli al telefono,* verwendet.

Mascarpone
Ein italienischer Dessertkäse aus frischer Sahne, der unreif verkauft wird. Er kann mit Likören aromatisiert werden, und bisweilen verkauft man ihn mit kandierten Früchten gemischt.

Quark oder Frischkäse
Ein herzhafter, säuerlicher Frischkäse, der in verschiedenen Fettstufen erhältlich und gewöhnlich als fest verpackte Masse verkauft wird. **Speisequark** enthält mehr Fett und wird pur oder mit Früchten oder Kräutern angemacht angeboten; **Rahmfrischkäse** enthält zusätzlich Sahne, **Doppelrahmfrischkäse** hat den höchsten Fettgehalt von 85%, und **Schichtkäse** ist aus Lagen von Quark mit unterschiedlichem Fettgehalt geschichtet. Quark wird als Brotaufstrich und vielerlei Backwerk verwendet.

Ricotta ✦
Ein italienischer Käse aus Molke. Das Eiweiß der Molke gerinnt beim Erhitzen und ergibt zusammen mit Milchfett und Mineralen der Molke einen Käse. Aus Kuhmilch ist der **Ricotta Piemontese,** oder der **Ricotta Vaccina,** aus Schafsmilch wird der **Ricotta Piemontese** und die regionalen Sorten **Ricotta Romana, Sarda** und **Siciliana** gemacht. Man nimmt sie als Füllung für Ravioli, Canneloni und Pfannkuchen.

Scamorza
Ein alter italienischer, mit Mozzarella verwandter Käse, der ursprünglich aus Büffelmilch gemacht wurde, heute aber aus Kuhmilch. Er ist ein abgetropfter Frischkäse, oval, von gelber Farbe, fest, aber geschmeidig in der Konsistenz, und wird für Pizza verwendet.

WEICHKÄSE
(siehe auch S. 46–48).

Barberey; Fromage de Troyes
Ein französischer Käse, der gesalzen, geformt und drei Wochen zum Reifen gelagert wird. Manchmal wird er auch ungereift als Frischkäse verkauft. Reif ähnelt er dem Camembert.

Bel Paese
Ein relativ neuer italienischer Käse, der 1929 kreiert wurde; der Name bedeutet »schönes Land«. Es ist ein flacher runder Dessertkäse mit kurzer Reifezeit und einer rötlichen Rinde.

Beli Sir
Dieser jugoslawische Käse wird von Bauern und auch fabrikmäßig hergestellt; er ist säuerlich, reift etwa einen Monat in einer Salzlösung und wird in rechteckige Formen gepreßt.

Brenza oder Bryndza
Ein weicher Butterkäse, der manchmal als Basis für Liptauer-Streichkäse verwendet wird. Er wird in Ungarn, Rumänien und in den Karpaten aus Ziegen- oder Schafsmilch hergestellt.

Brie ✦
Er wird seit dem 8. Jahrhundert von den Bauern der Brie hergestellt und wurde 774 auch Karl dem Großen vorgesetzt. Er hat die Form eines Rades und wird aus Schichtquark oder Bruch hergestellt. Er wird mit *Penicillium Candidum* benetzt und erhält dadurch einen weißen Belag mit der aromatischen Rotschmiere an den Rändern. Er reift bei kontrollierter Temperatur etwa vier Wochen auf Strohmatten.

Caboc ✦
Ein leicht säuerlicher, aber sehr sahniger Käse aus Schottland, in Zylinder- oder Rollenform und in Hafermehl gewälzt.

Camembert ✦
Ein berühmter französischer Käse aus ungepreßtem Bruch, halbmondförmig oder in der Form flacher Zylinder. Der Käse wird mit *Penicillium candidum* benetzt und erhält einen weißen Schimmelbelag. Er wird in eine Salzlösung getaucht und braucht etwa drei Wochen zum Reifen.

Chabichou
Ein Ziegenkäse aus dem Poitou in Frankreich; konus- oder zylin-

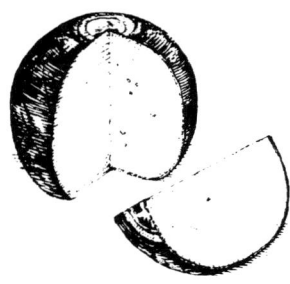

Edamer

derförmig, mit einer natürlichen, trockenen Rinde.

Chaource
Ein aromatischer, leicht saurer französischer Käse mit einer weißen Schimmelrinde. Die Käse sind zylindrisch und etwa 6,5 cm hoch.

Epoisses
Ein kleiner, zylindrischer französischer Käse, eine Spezialität aus Burgund. Die gewaschene Rinde entwickelt einen orangefarbenen schmierigen Bakterienbelag. Der Käse kann während der Herstellung oder vor dem Verkauf in *marc de Bourgogne* getaucht werden.

Feta ✦
Ein griechischer Käse aus Ziegen-oder Schafsmilch oder einer Mischung von beiden. Der grobgeschnittene, gepreßte und zuvor gesalzene Bruch reift in der eigenen Molke. Feta wird zu vielen griechischen Rezepten gebraucht; Griechenland hat den größten Pro-Kopf-Verbrauch an Käse (etwa 15 kg) auf der Welt.

Liederkranz
Eine amerikanische Limburgerart von sehr weicher Beschaffenheit und starkem Geruch und Geschmack. Die gewaschene Rinde hat einen orangefarbenen schmierigen Bakterienbelag.

Liptauer
Ein Streichkäse aus den Karpaten aus Schafs- und Kuhmilch. Liptauer wird fabrikmäßig hergestellt und basiert auf einem *lipto* genannten Schafskäse. Es gibt Abwandlungen, denen Butter, Kapern, Zwiebeln, Senf und Gewürze zugegeben werden.

Livarot
Ein kräftiger, rechteckiger Käse aus der Normandie mit rotem Schimmelbelag.

Münster ✦
Ein französischer Käse aus den Vogesen, camembertförmig, in verschiedenen Größen. Münster hat eine orangerote Rinde, ein sehr weiches Inneres und einen ausgeprägten Geschmack, der ihn zu einem beliebten und viel imitierten Käse gemacht hat. Münsterkäse wird in Deutschland, der Schweiz und Amerika hergestellt.

Neufchâtel ✦
Ein leicht gepreßter und gesalzener französischer Käse, der frisch und reif verkauft wird. Wenn er

Vermont Cheddar

reif ist, hat die Rinde einen weißen Schimmelbelag; er wird in mehrere Formen gebracht: Quadrate, Rechtecke und Herzen.

Stracchino
Es gibt verschiedene Versionen und Arten dieses italienischen Käses aus der Lombardei. **Taleggio** und **Robiolo** sind sehr weiche, delikate Käse mit orangeroter Bakterienrinde, die durch das Solbad entsteht, in dem sie reifen. Es sind ungeschnittene, ungepreßte Käse. Der **Stracchino Cresenza** entwickelt keinen Bakterienbelag.

Tomme de Savoie
Ein französischer Bergkäse von weicher Konsistenz und mit gewaschener oder trockener Rinde. Die Käse reifen in Höhlen und können mit Tresterbranntwein bestrichen oder in zerstoßenen, getrockneten Traubenschalen und -kernen gewälzt werden. Diese letzte Art heißt **Tomme au raisin** ✦ oder *Fondu au raisin*.

SCHNITTKÄSE
(siehe auch S. 51)

Appenzeller
Ein Schweizer Käse in Form eines Rades; der Name bedeutet »Abtszelle«. Dieser Käse hat eine Reifezeit von 3–6 Monaten, während der er regelmäßig umgedreht und mit einer Mischung aus Weißwein, Wasser und Kräutern abgewaschen wird.

Bellelaye; Tête de moine
Ein radförmiger Schweizer Käse mit roter Bakterienschicht.

Caerphilly ✦
Ursprünglich ein walisischer Käse, der jetzt überall in England hergestellt wird. Er schmeckt nach Buttermilch und ist von weicher Beschaffenheit und reift fast nie aus.

Cantal ✦
Ein französischer Käse aus der Auvergne, der schon von Plinius d. Ä. und Diderot erwähnt wird. Er hat die Form eines Rades, eine natürliche Rinde und eine feste, gleichmäßige Konsistenz. Cantal ist von feinem Aroma und Geschmack und kann anstelle von Cheddar für viele Rezepte verwendet werden, da er leicht schmilzt und keine Fäden zieht.

Cheddar ✦
Cheddar wird heute in der ganzen Welt hergestellt, gewöhnlich in der Form eines großen Rades. Er hat eine natürliche Rinde und ist ein sehr dankbarer Kochkäse, da er keine Fäden zieht. Er wird für Saucen, Aufläufe, Salate und Pizza verwendet.

Cheshire ✦
Ein berühmter Käse aus der Grafschaft Cheshire, der auf das 12. Jahrhundert zurückgeht. Er ist bröcklig und leicht salzig; die Reifezeit ist meist kurz. Es gibt eine **weiße** und eine **rote** Sorte ✦, die letztere ist mit Orleanfarbstoff gefärbt.

Chevret
Der Name bedeutet wörtlich »Ziege«, und es gibt viele Sorten von diesem Ziegenkäse.

Colby ✦
Ein milder, amerikanischer Käse, der regelmäßig in Wasser gewaschen wird, um die Reifung zu beschleunigen – gewöhnlich etwa 3–4 Wochen. Die Konsistenz ist ähnlich wie die von Cheddar; er hat eine natürliche Rinde und wird für Salate und Snacks verwendet.

Danbo
Ein dänischer Käse von mildem, leicht säuerlichen Geschmack, der 18 Monate bis zwei Jahre reift. Danbo wird manchmal mit Kümmel gewürzt und ist quadratisch geformt.

Derby
Ein englischer Käse aus Derbyshire. Er hat eine natürliche Rinde, feste Konsistenz und einen milden Geschmack. Die wagenradförmigen Laibe wiegen etwa 14 kg. Er wird als Toastkäse verwendet. Manchmal ist er mit frischen Salbeiblättern gewürzt und deshalb grün gemasert; dann heißt er **Sage** (Salbei) **Derby**.

Dunlop ✦
Eine schottische Cheddarart, mild und meistens kurz gereift und mit natürlicher Rinde. Er soll auf ein irisches Rezept zurückgehen.

Edamer ✦
Ein milder, weicher Käse mit einer dünnen natürlichen Rinde und roter Wachsschicht; normalerweise reift er 3–4 Monate. Wegen seines geringen Fettgehalts ist er etwas härter als Gouda. Manchmal wird er mit

Kreuzkrümmel gewürzt. Es sind auch reifere Sorten erhältlich.

Emmentaler ✦

Er kommt aus dem Emmental, nach dem Fluß Emme in der Zentralschweiz benannt. Die Wagenräder wiegen 100 kg. Wenn man sie aufschneidet, sieht man die großen Löcher oder »Augen«. Der Käse hat eine natürliche Rinde, ist weicher und milder als Gruyère und zieht beim Kochen Fäden.

Esrom

Ein dänischer Käse, dem französischen Port Salut verwandt, mit gewaschener roter Rinde. Man nimmt ihn für *smorgasbord*.

Fontina ✦

Ein Käse von feiner Qualität aus dem italienischen Piemont, dessen weiche Masse einige kleine Löcher enthält. Der Käse hat eine natürliche braune Rinde und wird für *fonduta* verwendet, einem Fondue aus Trüffeln, Eiern und Käse.

Gammelost

Ein schnellreifender norwegischer Käse, der einen besonderen Schimmel auf der Rinde entwickelt. Dieser wird regelmäßig in die Käsemaße gepreßt und gibt dem Käse seinen charakteristischen scharfen Beigeschmack. Die Masse ist weich und dunkelbraun.

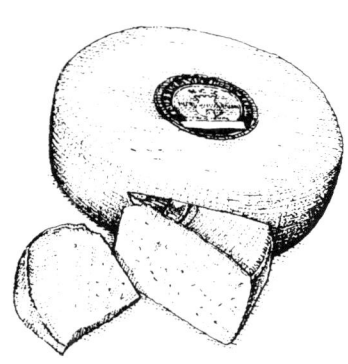

Leidener Käse

Gloucester und Double Gloucester ✦

Vollfettkäse, die einst aus der Milch von Gloucester-Kühen gemacht wurden. Sie sind von sahniger Farbe und mildem Geschmack. Die zylindrischen Laibe wiegen 4,5 bis 15 kg und werden für Sandwiches und Salate verwendet.

Gouda ✦

Ein ausgezeichneter, milder dänischer Käse mit butterweicher Konsistenz. Er reift über ein Jahr lang und entwickelt dabei einen exzellenten Geschmack, der ihn zu einem der großen Käse der Welt macht. Nachdem er in einem Laugebad gelegen hat, entwickelt er eine natürliche Rinde.

Gruyère ✦

Gruyère ist ein Schweizer Käse, der aber auch in Frankreich produziert wird. Frankreich und die Schweiz stritten um die Rechte an dem Namen, die sie schließlich beide durch die Konvention von Stresa 1951 erhielten. Der Schweizer Gruyère ist von geschmeidiger, gleichmäßiger Beschaffenheit mit nur wenigen erbsengroßen Löchern und hat eine dunkelbraune, natürliche Rinde. Einige Verwirrung herrscht über die französischen Gruyèrearten: der **Gruyère de Comte** hat größere Löcher, während der **Gruyère de Montagne** oder **Beaufort** der Schweizer Art sehr nahekommt. Gruyère ist ein feiner Dessertkäse und wird auch in zahlreichen Rezepten benutzt, da er keine Fäden zieht.

Havarti

Eine dänische Tilsiterart von lockerer, poröser Konsistenz mit einer natürlichen oder gewaschenen Rinde – durch die trockene Rinde erhält der Havarti einen säuerlichen Geschmack, die Bakterien der gewaschenen Rinde machen ihn schärfer. Havarti war der Name des Gehöfts, wo der Käse einst von Hanne Nielson geschaffen wurde.

Jarlsberg ✦

Ein norwegischer Käse, 1959 in Oslo entstanden. Er ist wagenradförmig und hat eine dicke natürliche Rinde mit gelber Wachshülle. Er hat unregelmäßige runde Löcher; sein feiner Nußgeschmack erinnert an Emmentaler.

Lancashire ✦

Ein englischer Käse mit weißer, weicher, bröckliger Masse, der aus gemahlenem, gesalzenem und gepreßtem Bruch hergestellt wird. Er gleicht dem weißen Cheshire, der manchmal als »Lancashire« verkauft wird. Er reift 2–3 Monate.

Leicester ✦

Ein fester englischer Käse mit mildem Geschmack und von auffallender hellorangeroter Farbe, die er einem Zusatz von Orleanfarbstoff verdankt. Er wird wie Lancashire zum Schmelzen und für Toasts verwendet.

Leyden; Leiden ✦

Ein pikanter, eher trockener Käse. Bauern-Leyden wird mit einer Mischung aus Vormilch oder Kolostrum (die erste Milch nach dem Kalben) und Orleanfarbstoff eingerieben. Oft wird auch Kümmel unter die Käsemasse gemischt.

Limburger

Eigentlich ein belgischer Käse, der jetzt aber in Deutschland hergestellt wird; er ist pikant bis scharf. Die Rinde wird mit Bakterien benetzt; die Reifezeit beträgt 3–4 Wochen.

Manchego ✦

Ein spanischer Schafskäse in der Form eines großen zylindrischen Laibes, der etwa einen Monat reift. Die Rinde ist hart und gelb, das Innere weiß bis gelb und fest, manchmal hat es Löcher.

Monterey ✦

Ein amerikanischer Käse nach einem alten Klosterrezept mit natürlicher Rinde, der 1916 zum ersten Mal auf den Markt kam. Die Masse ist sahnig und weich und hat viele Löcher. Eine als **Montery Jack** ✦ bekannte Art ist aus unverrührtem, leicht gepreßtem Bruch und hat einen hohen Feuchtigkeitsgehalt. Es gibt auch einen Monterey zum Reiben, der zum Kochen sehr geeignet ist.

Mysost und Gjetost ✦

Zwei beliebte norwegische Frühstückskäse; **Mysost** ist aus Molke und entsteht durch Verdampfen des Wassers, bis nur das Albumin und die Laktose als bräunlicher Teig übrigbleiben, wodurch der Käse einen süßlichen Geschmack und eine feste Konsistenz erhält. Ursprünglich wurde er aus Ziegenmilch hergestellt und hieß **Gjetost** (*gje* = Ziege, *tost* = Käse).

Pont l'Evêque

Ein quaderförmiger weicher Käse, einer der ältesten der Normandie, von ziemlich kräftigem Aroma und Geschmack. Er hat eine gewaschene Rinde und ist wie Camembert in einer Spanschachtel verpackt.

Port Salut ✦

Ein milder und fester französischer Käse mit gewaschener Rinde. Die kleinen, runden Käse werden von Trappistenmönchen nach einem alten Rezept hergestellt und wurden nach dem Kloster benannt, in das die Mönche aus dem durch die Französische Revolution verursachten Exil zurückkehrten. Ein ähnlicher Käse ist der **Saint Paulin**.

Raclettekäse ✦

Racler bedeutet im Französischen »abschaben«, denn dieser Käse ist der Hauptbestandteil eines Schweizer Gerichts, das aus geschmolzenem Käse besteht, der mit Kartoffeln und Essiggurken serviert wird. Es gibt mehrere Sorten, z. B. **Gomser, Bagnes** und **Orsières,** alles feste und würzige Käse.

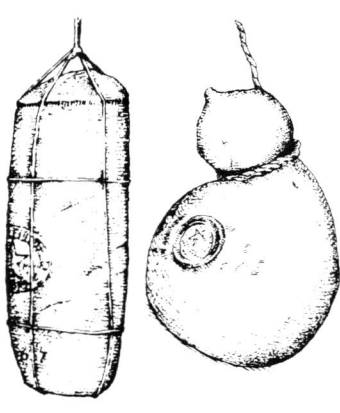

Provolone

Reblochon

Ein französischer Käse der Haute-Savoie, einer bergigen Region, wo der Käse in Höhlen reift. Reblochon ist ein fetter, sahniger, milder Käse mit gewaschener Rinde. Der Name bedeutet »zweites Melken«, denn die französischen Schäfer, die den Käse ursprünglich machten, nahmen die Milch von einem zweiten, illegalen Melken.

Samso

Ursprünglich eine dänische Kopie des Schweizer Emmentalers, nach der Insel Samso genannt, wo er gemacht wurde. Andere verwandte Käsearten haben das Suffix »bo« an den Namen der Insel oder Stadt, wo sie produziert werden, angehängt; **Danbo** ist ein quaderförmiger Käse mit natürlicher Rinde und enthält manchmal Kümmel; **Fynbo** ist ähnlich wie **Samso**, aber kleiner, und er hat kleinere Löcher; **Elbo** hat eine gleichmäßigere feste Konsistenz mit wenigen Löchern und eine natürliche Rinde; **Tybo** ist ein kleinerer, recht fester Käse mit dem gleichen Fettgehalt; **Molbo** ist mit dem holländischen Edamer zu vergleichen, er ist kugelförmig und hat eine rote Rinde; **Maribo** ist eine Goudaart mit kleinen Löchern und roter Wachsrinde.

Sauermilchkäse

Eine Gruppe von deutschen Käsen aus fettarmer Milch, die durch Milchsäurebakterien, ohne Labzusatz, gesäuert wird. Sie haben unterschiedliche Formen, aber alle eine Schimmel- oder Bakterienrinde, so daß ihre Farbe von hellgelb bis rotbraun variiert. Sie schmecken säuerlich und scharf; manchen werden Gewürze zugesetzt. Zu den Sauermilchkäsen gehören der **Mainzer, Harzer, Handkäse, Spitkäse** und **Stangenkäse**.

Tilsiter ✦

Ein kräftig schmeckender, meist radförmiger Käse mit gewaschener Rinde, der erstmals von in Tilsit lebenden dänischen Käsern hergestellt wurde. Heute wird er auch in Deutschland produziert.

Wensleydale ✦

Ein englischer Käse aus Yorkshire, einst von Zisterziensermönchen aus Schafs- oder Ziegenmilch, heute jedoch fabrikmäßig aus Kuhmilch hergestellt. Der weiße Wensleydale ist ein leicht

Wensleydale

gepreßter, salziger Käse mit Buttermilchgeschmack und einer natürlichen Rinde und die traditionelle Beilage zu Apfelpastete (*apple pie*).

HARTKÄSE (siehe auch S. 56)

Asiago

Ein italienischer Käse aus der Provinz Vicenza. Es gibt den **Asiago d'Allevio** aus einer Mischung aus Mager- und Vollmilch, ein ziemlich pikanter Reibkäse, und den **Asiago Grasso di Monte,** der weicher und von zarterem Geschmack ist. Sie werden für viele Gerichte genommen, in denen geriebener Käse verlangt wird, wie Suppen, Pasta und Fleischgerichte.

Bergkäse

Ein österreichischer Käse in der Form großer Räder, aus einer weichen Masse und von mildem Geschmack. Der Bruch wird fein geschnitten und der Käse hart gepreßt, bis er eine natürliche Rinde entwickelt.

Caciocavallo ✦

Das bedeutet »Käse zu Pferd«, denn dieser angeblich einst von Nomaden gemachte Käse soll Satteltaschen gleichen. Es ist ein alter römischer Käse; der erhitzte Bruch wird geknetet und zu einer geschmeidigen Masse verarbeitet, die am Ende in verschiedene Formen gebracht wird. Die Käse heißen *formaggio di pasta filata,* zu denen auch der **Provolone** gehört.

Kefalotyri

Ein verbreiteter griechischer Käse – der Name bedeutet »harter Käse« –, bei dessen Herstellung der Bruch fein geschnitten und gerührt und dann erhitzt wird, bevor er in oft helm- oder hutähnliche Formen gepreßt wird. Er wird dann trocken gesalzen und muß mehrere Monate reifen. Gerieben wird der Käse für verschiedene Nationalgrichte verwendet.

Parmesan ✦

Parmesan oder, korrekter, **Parmigiano Reggiano** ist der edelste einer Gruppe von italienischen Käsen mit der Bezeichnung *formaggi die grana,* d. h. harter Käse von körniger Beschaffenheit. Die wagenradgroßen, goldfarbenen Käse werden aus feingeschnittenem, sorgfältig getrenntem Bruch gemacht, der dann gerührt und auf 58°C erhitzt wird, bevor man

ihn preßt. Die Käse werden über Wochen hinweg gesalzen und reifen dann 2–3 Jahre oder noch länger – sie werden kategorisiert als *vecchio* (alt); *stavecchio* (ganz alt); *tipico* (4 oder 5 Jahre alt); *giovane* (weniger reif, Tafelkäse). Andere *grana*-Käse sind **Grana Padano,** der in beträchtlichem Umfang in der Lombardei hergestellt wird; **Grana Lodigiano,** ein magerer Käse mit kleinen Löchern; **Grana Lombardo** aus der Gegend um Mailand. Grana wird zum Reiben für viele italienische Gerichte verwendet.

Pecorino ✦

Ein Hartkäse aus Schafsmilch aus Mittel- und Süditalien. **Pecorino Romano** entsteht, indem die Milch erhitzt und mit Lab dickgelegt, feingeschnitten und gepreßt wird. Der Käse hat etwa acht Monate Reifezeit. **Pecorino Sardo** wird auf Sardinien hergestellt; der sizilianische **Pecorino Pepato** enthält Pfefferkörner. Beide werden als Tafelkäse und zum Reiben genommen.

Provolone ✦

Ursprünglich aus Büffelmilch, wird dieser gerührte Käse heute aus Kuhmilch hergestellt. Man findet ihn birnen-, konus- oder zylinderförmig; die Käse werden an Schnüren zum Reifen und Hartwerden aufgehängt. Alle Provolonearten sind geräuchert, die jüngeren sind milder, weicher und werden als Tafelkäse gegessen, die älteren, kräftigeren und härteren werden zum Kochen verwendet.

Schabziger ✦

Ein harter Reibkäse aus der Schweiz, wo er schon vor über 500 Jahren gemacht wurde. Er ist kegelförmig, ohne Rinde, hart und trocken. Wegen seiner Farbe, die, wie sein Aroma, von getrocknetem Klee herrührt, ist er auch als *grüner Käse* bekannt.

Sbrinz ✦

Ein Schweizer Käse, bei dem der Bruch fein geschnitten und auf über 55°C erhitzt wird. Die Masse wird zu einer flachen Scheibe oder einem Rad gepreßt, in Salzlösung gelegt, wo er vier Monate lang bei 20°C »schwitzt«. Dann wird er zwei Jahre zum Reifen gelagert. Sbrinz ist ein pikanter, aromatischer Käse, der als Tafelkäse und – da er sich gut reiben läßt – auch zum Kochen, für Saucen und Aufläufe, verwendet wird.

EDELPILZKÄSE
(siehe auch S. 57–58)

Bayrischer Edelpilzkäse ✦
Ein sehr nahrhafter, vollfetter (70%) Käse mit einem mild-säuerlichen Geschmack. Er hat einen Schimmelbelag mit blauen Adern und die Form runder Laiber.

Bleu d'Auvergne
Ein kleiner (2 kg) französischer Käse aus der Auvergne, der geimpft oder mit *Penicillium glaucum* benetzt wird. Der Käse wird erst gewaschen, dann trocken mit Salz abgerieben und mit Nadeln durchbohrt, um die Schimmelbildung anzuregen.

Bleu de Bresse ✦
Ein französischer Käse aus der Region zwischen Saône-et-Loire und Jura. Er ist weich und mild und wiegt etwa 2 kg. Sein Fettgehalt (50%) ist etwas höher als bei den meisten Edelpilzkäsen. Bleu de Bresse ist eine der Zutaten zu *fromage cardinal*. Ein größerer und sahnigerer Edelpilzkäse derselben Region um Ain ist **Pipo Crem'✦**.

Bleu de Corse
Ein weißer Schafskäse aus Korsika, der im Innern blauen Schimmel entwickelt. Andere Käse dieser Art werden zum Reifen in den Roquefort-Höhlen gelagert.

Bleu de Gex
Ein Käse aus dem Jura, von fester Konsistenz, mild, mit zarten blauen Adern; aus dem benachbarten Septmoncel kommt ein ganz ähnlicher Käse, der **Bleu de Septmoncel**. Beide wiegen 5 bis 6 kg.

Bleu de Laqueuille
Ein ziemlich neuer französischer Käse aus Puy-de-Dome, ab 1850 hergestellt. Wie die meisten französischen Edelpilzkäse ist er ziemlich klein (2–2,5 kg), hat eine trockene Rinde und ist von mildem Geschmack.

Bleu de l'Aveyron
Ein französischer Käse, der in den natürlichen Höhlen des Massif Central reift, so wie auch der **Bleu de Causses** und der **Roquefort** (siehe unten). Dieser kleine, lokale Edelpilzkäse hat einen zarten, köstlichen Geschmack und eine weiche Konsistenz.

Bleu de Sassenage
Ähnlich wie der **Bleu de Gex** (siehe oben), aber von festerer Beschaffenheit und kleiner. Er kommt aus der Isère-Gegend in Frankreich.

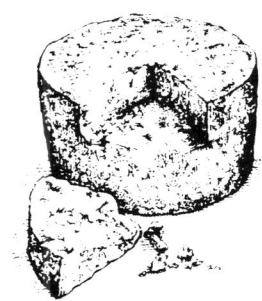

Stilton

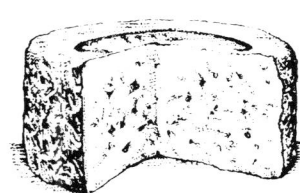

Roquefort

Blue Cheshire ✦
Eine große, zylindrische »blaue« Version des gefärbten Cheshire-Käses, einer der feinsten aller Edelpilzkäse. Der reifende Käse wird nur zufällig schimmlig, obwohl die Käser versuchen, die Schimmelbildung zu fördern, indem sie mit Nadeln in den Käse stechen und ihn in günstigem Klima reifen lassen.

Blue Shropshire ✦
Eine neue, kleinere Version des Blue Cheshire (siehe oben), der nicht in Shropshire, sondern in Schottland hergestellt wird.

Dänischer Edelpilzkäse; Danablu ✦
Da ein einheimischer Edelpilzkäse fehlte, begannen dänische Käser im frühen 19. Jahrhundert Experimente mit Schimmelkulturen und brachten eine Auswahl exzellenter Schimmelkäse hervor, von denen der Danablu der berühmteste ist. Die weiße Masse ist von blauen Adern durchzogen. **Mycella** ist ein anderer, milderer dänischer Schimmelkäse, der mit einer anderen Schimmelkultur versetzt wird. **Bluecreme** ist ein Schimmelkäse mit zusätzlicher Sahne; er ist weicher und cremiger als Danablu und wird zu 4 kg-Laiben geformt.

Dolcelatte ✦
Der Name bedeutet »süße Milch«; es handelt sich um einen italienischen Edelpilzkäse von sehr weicher, cremiger Konsistenz und grünlichen Adern, einer fabrikmäßig hergestellten Version des berühmten Gorgonzola.

Fourme d'Ambert ✦
Ein kräftig schmeckender, dicht von blauen Äderchen durchzogener Schimmelkäse der französischen Region Haute-Savoie.

Gorgonzola ✦
Gorgonzola, Roquefort und Stilton sind die drei besten Edelpilzkäse, unmittelbar gefolgt von Blue Cheshire. Bei der Herstellung von Gorgonzola wird *Penicillium gorgonzola* zur Schimmelbildung in die gerinnende Milch gegeben. Die Masse wird dann geschnitten und in Formen gepreßt; dann wird der unreife Käse gesalzen, mit Nadeln angestochen und drei Monate liegen gelassen, damit die Adern entstehen. Er wird zum Füllen von Birnen, für *mousse au fromage* und Salate verwendet. Der Käse ist angenehm scharf, weiß und weich, von grünlichen Adern durchzogen. Er ist etwas fetter als Roquefort und feuchter als Stilton.

Roquefort ✦
Ein edler, aus Schafsmilch hergestellter Schimmelkäse aus dem südlichen Massif Central, bereits im 1. Jahrhundert n. Chr. von Plinius d. Ä. gerühmt. Weißer Roquefort wird auch aus der Milch korsischer Schafe in den Pyrenäen gemacht. Der Käse wird nach Roquefort geschickt, wo er schließlich reift und »blau« wird. Der Erfolg des Roqueforts erklärt sich aus dem einzigartigen, sehr feuchten Klima in dem örtlichen Höhlenkomplex. Der geschnittene Bruch kommt in Formen, wird mit Salz abgerieben und mit Nadeln angestochen. Der unreife Roquefort kommt zum Reifen in die Höhlen des Combalou, in deren feuchter Luft Sporen des *Penicillium glaucum* var. *roqueforti* frei zirkulieren, und nach etwa sechs Wochen beginnen die Käse zu schimmeln. Der weiße Roquefort hat blaugrüne Adern und einen ziemlich kräftigen Geschmack. Man nimmt ihn für *tartelettes au Roquefort* und Salatsaucen.

Stilton ✦
Stilton ist ein relativ neuer Edelpilzkäse. Gorgonzola und Roquefort wurden schon vor tausend oder mehr Jahren gemacht, aber der Stilton kam erst im frühen 18. Jahrhundert auf. Der Legende nach wurde er erstmals von einer Mrs. Paulet in Leicestershire in England hergestellt und dem Bell Inn in Stilton geliefert.

Die Milchkäsemasse wird fein geschnitten, nicht gepreßt, gesalzen und zum Reifen gelagert. Weißer Stilton wird ziemlich jung verkauft, während der blaue sechs Monate zum Reifen braucht. Der Käse wird mit Stahlnadeln gespickt und reift in einer sorgfältig kontrollierten Umgebung. Er entwickelt eine braune, runzlige, natürliche Rinde. Er wird in hohen zylindrischen Laibern verkauft, wodurch er sich der Form nach von Gorgonzola und Roquefort unterscheidet.

Eier

Eier sind eines der unentbehrlichsten und vielseitigsten Nahrungsmittel in der Küche; sie werden seit Anfang der Geschichte gegessen. Oft als Symbol des Lebens und der Fruchtbarkeit verehrt, wurden die Eier von vielen alten Philosophen als Symbol der Welt und der vier Elemente betrachtet: die Schale repräsentierte die Erde, das Weiße das Wasser, der Dotter das Feuer, und Luft war unter der Schale am runden Ende des Eis. Für die ersten Christen waren Eier ein Symbol der Wiedergeburt; sie wurden hartgekocht, verziert und zu Ostern verschenkt.

Die meisten heute verwendeten Eier kommen vom Haushuhn – entweder von Hof- bzw. Freilandhühnern, oder von sogenannten »Batterie«-Hühnern; Eier aus Legebatterien werden normalerweise in Supermärkten verkauft. Hinsichtlich ihres Nährwerts gibt es keinen Unterschied zwischen Freiland- und Batterie-Eiern, ebensowenig wie zwischen braunen und weißen Eiern, denn die Farbe der Schale ist lediglich Merkmal der Hühnerrasse. Für die Küche ist jedoch von Bedeutung, daß Freilandeier schneller verderben.

Die Zusammensetzung
Das Ei besteht aus der *äußeren Schale* (etwa 12% seines Gesamtgewichts); dem *Eiweiß* (etwa 58%) und dem *Eigelb* (etwa 30%), das durch die Hagelschnüre an beiden Eipolen gehalten wird; sie sind verwendbar, ebenso wie der oft vorhandene kleine dunkle Fleck – ein Zeichen, daß das Ei befruchtet ist. Er sollte nur entfernt werden, wenn die Eier für helle Saucen verwendet werden. Am runden Ende des Eis ist ein Luftraum, die *Luftkammer*. Sie wird mit zunehmendem Alter des Eis größer.

Wenn Eiweiß geschlagen wird, spalten sich die Proteine und dehnen sich aus, wodurch Zellen mit elastischen Wänden entstehen, die Luft aufnehmen, die sich ihrerseits bei Erwärmung (im Ofen) ausdehnt. Das macht Eiweiß zu einem so wertvollen Treibmittel. Das Protein des Dotters hingegen wirkt bindend und eindickend. Es ist weniger stabil als das des Eiweißes, und setzt man es großer Hitze aus, wird es hart und trennt sich vom Fett und den Wassermolekülen des Dotters – dadurch gerinnt der Dotter. Deshalb sollten Eigelbmischungen vorsichtig erhitzt werden.

Die Auswahl
Alle Eier werden nach Größe klassifiziert. Nach den Vorschriften des Gemeinsamen Markts gibt es sieben Größen. Größe 1 ist am größten (70 g) und 7 (unter 45 g) am kleinsten. Eier werden auch nach der Qualität in A, B und C eingeteilt, und wenn sie in Kartons verpackt sind, werden sie mit dem Verpackungsdatum versehen. Klasse A ist frisch, B weniger frisch (sie sind einige Wochen ge-

kühlt) und C bedeutet, daß die Eier nur zur Verwendung in der Lebensmittelindustrie geeignet sind. Frische Eier sinken in 12%iger Kochsalzlösung unter, alte schwimmen an der Oberfläche.

Das Eiweiß frischer Eier sollte fest und dick sein und den Dotter halten. Ein weniger frisches Ei hat ein dünnflüssiges Weiß, das sich vom Gelben löst, und einen Dotter, der leicht ausläuft.

Eier in der Küche
Eier sind sehr vielseitig nutzbar. Neben ihrer Verwendung in vielerlei Hauptgerichten, Soufflés und Backwaren, können sie auch für eine Reihe allgemeiner kochtechnischer Zwecke gebraucht werden: zum Eindicken, Emulgieren, Bestreichen, Binden oder Glasieren anderer Speisen und als schaumige Grundsubstanz. Sie können gekocht, pochiert, gebacken, gebraten oder eingelegt werden; manche sind allerdings wegen ihrer Größe zum Kochen weniger geeignet (siehe die Aufstellung unten). Verwenden Sie, sofern ein Rezept nichts anderes vorschreibt, ein großes Ei; es kann aber immer durch zwei kleine ersetzt werden.

Eiweiß läßt sich leichter zu Schnee schlagen, wenn die Eier Zimmertemperatur haben und mindestens drei Tage alt sind. Die kleinste Spur von Eigelb oder Fettspuren am Rührgerät oder an der Schüssel verhindern das Steifwerden ebenso wie Salz. Ein kleiner Zusatz von Säure (wie z. B. Weinstein) macht den Schnee steifer und vergrößert die Masse, während Zucker das Eiweiß geschmeidig hält. Zucker oder Säure sollten zugegeben werden, wenn das Eiweiß gerade anfängt, schaumig zu werden; sonst bleiben sie als feste Partikel bestehen. Für Kuchen, Soufflés, Cremespeisen und weiche Meringen sollte der Schnee so lange geschlagen werden, bis er fest ist, aber noch nachgibt, wenn man den Rührer herausnimmt. Für harte Meringen und Biskuitkuchen sollte der Schnee sehr weiß und glatt sein und stehen. Schlagen Sie nicht zu lange, da der Schnee sonst trocken wird und Luft verliert.

Das Lagern von Eiern
Im Kühlschrank bleiben Eier 3-4 Wochen frisch, aber sie sollten von stark riechenden Speisen ferngehalten werden, da sie Gerüche absorbieren. Kalte Eier sind weniger geschmeidig; will man sie nicht trennen oder braten, sollte man sie zum Kochen am besten auf Zimmertemperatur bringen. Eier sollten mit dem spitzen Ende nach unten aufbewahrt werden, so daß der Dotter auf dem Weißen und nicht auf der Luftkammer liegt. Eier können nur aufgeschlagen und getrennt eingefroren werden, da die Schalen bei niedriger Temperatur platzen. Man kann sie eingefroren bis zu neun Monaten aufbewahren, sie sollten aber vor Gebrauch im ungeöffneten Behälter vollständig aufgetaut werden.

Enteneier ◆
Etwas größer und geschmackvoller als Hühnereier, sollten sie sehr frisch gegessen werden; für Meringen nicht geeignet.

Fasaneneier ◆
Sie sind blaßrosa, etwa so groß wie Wachteleier und können wie diese verwendet werden.

Gänseeier ◆
Sie gleichen in Größe und Geschmack den Enteneiern, schmecken aber leicht ölig und sollten immer sehr frisch sein.

Hühnereier ◆
Die meist von Batteriehennen ge-

Eierständer

legten, in der Küche vielseitig verwertbaren Hühnereier sind der gewohnte Standard, an dem andere Eier gemessen werden. Sie werden auch hartgekocht verkauft oder geschält und in Essig eingelegt. Man serviert sie dann mit kaltem Fleisch und Salaten oder mit Bier und Kartoffelchips. Das Eidotter besteht aus 49% Wasser, 30% Fett und ca. 21% anderen Substanzen. **Bantameier** ◆ sind Eier verschiedener Zwerghühnerrassen; sie haben unterschiedliche Farben und werden hartgekocht häufig in ihrer dekorativen Schale serviert.

Kiebitzeier
Wie Wachteleier eine Delikatesse. Man serviert sie kurz gekocht.

Möweneier ◆
Die wegen ihres fischigen Geschmacks geschätzten Möweneier sind etwas kleiner als Hühnereier. Sie werden meist hartgekocht (5 Min.), abgekühlt und kalt mit etwas Selleriesalz gegessen.

Perlhuhneier ◆
Sie sind braungefleckt; am besten schmecken sie weich- oder hartgekocht (3-5 Min.), abgekühlt und geschält in grünen Salaten.

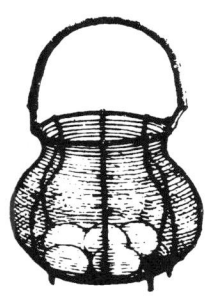

Eierkorb

Rebhuhneier ✦
Diese winzigen Eier werden wie Perlhuhn- oder Wachteleier gekocht und verzehrt.

Schildkröteneier ✦
Seeschildkröteneier werden aus Südamerika, der Karibik, Afrika und Australien importiert, sind aber selten erhältlich. Geschätzt von Kennern wegen ihres vollen, leicht öligen Geschmacks.

Straußeneier ✦
Acht- bis zehnmal größer als ein Hühnerei und mit dickerer Schale, kann ein Ei eine vierköpfige Familie satt machen. Sie werden wie Hühnereier verwendet.

Tausendjährige Eier ✦
Eine chinesische Delikatesse. Die Enteneier sind von gräulicher Farbe, nachdem sie 100 Tage lang in einer Lösung aus Kalk, Salz, Tee, Asche und Holzkohle gebeizt wurden. Die Eier werden gewöhnlich geschält, in Scheiben geschnitten, gedämpft und kalt serviert.

Truthenneneier
Sie sind cremefarben und braungefleckt, manchmal doppelt so groß wie Hühnereier; sie schmecken ähnlich und können anstelle von Hühnereiern genommen werden.

Wachteleier ✦
Sie sind beige gesprenkelt, ihre Größe beträgt etwa ein Drittel eines Hühnereis; sie werden weich- oder hartgekocht, geschält und für Salate verwendet, eingelegt oder in Aspik eingesetzt.

Gemüse

Gemüse ist wie Obst das eßbare Produkt gewisser Pflanzen. Die verschiedenen Gemüsearten haben mehrere gemeinsame Merkmale: sie sind eher herb als süß und werden gesalzen; in den meisten Ländern sind sie zusammen mit Geflügel, Fleisch oder Fisch Teil einer Mahlzeit oder eine Zutat. Manche Gemüse werden botanisch als Früchte klassifiziert: Tomaten sind Beeren und Avocados Steinobst, aber beide werden gewöhnlich als Gemüse verwendet, weil sie nicht süß sind.

Man könnte noch auf den Unterschied hinweisen, daß Gemüse normalerweise gekocht wird, während Früchte roh gegessen werden, aber das ist eine sehr vage Definition, denn wir essen Salatgemüse roh, und viele Gerichte verlangen gekochtes Obst.

Alle unsere angebauten Gemüse gehen auf primitive Sorten zurück, deren Ursprünge in manchen Fällen unbekannt sind, aber man weiß, daß viele unserer heutigen Gemüsesorten bereits in vorgeschichtlichen Zeiten gezüchtet wurden. Die Jäger- und Sammlergemeinschaften, die schließlich den Nutzen von Ackerbau und Vorratswirtschaft erkannten, erkannten auch die Bedeutung von Feldfrüchten, und es gibt Beweise, daß um 6500 v. Chr. in der Türkei Erbsen (der wilden Form *Pisum elatus)* angebaut wurden.

In der Neuen Welt wurden Kürbisse, Limabohnen und vielleicht Mais vermutlich schon vor 5000 v. Chr. in Mexiko angebaut. Es ist auch möglich, daß in dieser Zeit bereits Kartoffeln und wahrscheinlich auch Tomaten geerntet wurden. Die alten Peruaner schlitzten ihre Kartoffeln auf und trockneten sie an der Sonne; dieses Produkt nannten sie *tunta.* Um 1000 v. Chr. hatten die Inkas eine ähnliche, doch fortgeschrittenere Technik: Sie froren erst die Kartoffeln im Schnee der Anden ein, ließen sie dann auftauen und preßten den Saft so lange aus, bis sie trocken waren. Dieser *chuno* war ein Hauptnahrungsmittel außerhalb der Kartoffelzeit; er nahm die moderne Gefriertrockentechnik zur Haltbarmachung von Lebensmitteln um 3000 Jahre vorweg.

Wahrscheinlich entstanden spontan primitive Formen des Gemüseanbaus in weit voneinander entfernten Teilen der Welt – in China, im Mittleren Osten und in Südamerika. Um 3000 v. Chr. pflanzten die Bauern in Mesopotamien Rüben, Zwiebeln, Gartenbohnen, Erbsen und Linsen, Lauch, Knoblauch und Rettiche an. Die Chinesen zogen Gurken, Rüben und Rettiche – die Männer, die im 3. Jahrhundert v. Chr. die Chinesische Mauer bauten, wurden regelmäßig mit fermentierten Gemüsen, und zwar mit Kohl, Beten, Rüben und Rettichen, versorgt. Diese Gemüse ersetzten das immer knappe Fleisch – den ägyptischen Pyramidenbauern ging es nicht besser; es ist überliefert, daß ihre Kost aus Rettichen, Bohnen, Knoblauch und Zwiebeln bestand. Die Zwiebel wurde tatsächlich so hoch geschätzt, daß die Ägypter sie zu einer Gottheit erhoben.

Ausgehend von diesem frühen Feldfruchtanbau im westlichen Asien breiteten sich die verschiedenen Arten nach Europa aus.

Griechen und Römer förderten den Gemüseanbau in größerem Maßstab, und dort, wo die römischen Heere durchgezogen waren, begannen die Bauern, die von den Römern eingeführten Feldfrüchte anzubauen – Karotten, Lauch, Artischocken, Blumenkohl, Knoblauch, Zwiebeln und Lattich. Die über Spanien nordwärts nach Frankreich vorstoßenden islamischen Invasoren hielten sich lange genug in Europa auf, um Reis, Spinat, Auberginen, Karotten und Zitrusfrüchte anzupflanzen.

Im Mittelalter wurde der Gemüseanbau in Europa intensiviert, besonders in den Niederlanden, wo die Gärtner einen Teil ihrer Ernte exportieren konnten. In der Folge der spanischen Eroberung Südamerikas im späten 15. Jahrhundert entstand ein bedeutender Austausch von Feldfrüchten zwischen der Alten und der Neuen Welt. Im 16. und 17. Jahrhundert wurden sie allmählich auf beiden Kontinenten heimisch. Aus Amerika kamen Mais, Kartoffeln, Süßkartoffeln, Tomaten, Pfefferschoten, Sau- oder Ackerbohnen, Kürbisse, Topinamburs und Grüne Bohnen. Europäische Siedler brachten Saubohnen, Kichererbsen, Spargel- oder Augenbohnen, Rettiche, Karotten, Kohl, Okra und Yamswurzeln nach Amerika – Augenbohnen, Okra und Yamswurzel gelangten mit den Sklavenschiffen aus Afrika in die Neue Welt.

Über die Jahrhunderte haben die verschiedenen Gemüse schließlich ihren individuellen Platz in unserer Nahrung gefunden: Die Köche wußten anfangs nicht so genau, was sie mit der Tomate anfangen sollten, als sie zum ersten Mal auftauchte – war es ein Gemüse oder eine Frucht? Die Italiener nannten sie *pomo d'oro* (eine Verballhornung von »Apfel der Mauren«) und verglichen sie mit einem Apfel; die Franzosen nannten sie *pomme d'amour.*

Die Einführung von Chilischoten in Indien gab den ohnehin würzigen Gerichten zusätzliches Feuer; spanischer Pfeffer wurde von den Ungarn zu Paprika verwandelt; die Kartoffel fand bei den Iren sofortigen Anklang, während sie anderswo nur langsam übernommen wurde. In Deutschland wurden die Knollen 1588 erstmals im Botanischen Garten von Frankfurt am Main gezüchtet, doch wurde die Kartoffel erst nach Friedrich dem Großen, der den Anbau gegen hartnäckigen Widerstand der Bauern durchsetzte, zu einem Volksnahrungsmittel.

Die Produktion von Tafelgemüse wurde zu einer gut entwickelten Industrie, besonders in Frankreich, wo der Chemiker Nicolas Appert Ende des 18. Jahrhunderts als erster Nahrungsmittelkonserven herstellte. Seine Methode sollte den Gemüsemarkt bald revolutionieren; eine gleichbedeutende Leistung auf diesem Gebiet erbrachte erst wieder der amerikanische Physiker Clarence Birdseye, als er 1929 eine neue Einfriermethode für Nahrungsmittel entwickelte.

Die Zusammensetzung von Gemüsepflanzen

Aromastoffe sind prozentual der geringste Bestandteil eines Gemüses. Die meisten enthalten mindestens 80% Wasser, der Rest sind Kohlehydrate, Protein und Fett. Insbesondere Kürbisse enthalten einen hohen Prozentsatz Wasser, während Kartoffeln einen großen Anteil an Stärke enthalten, die von der Pflanze als Nahrungsvorrat verwendet wird. Auch umgewandelter Zucker ist ein Nährstoff, und Saccharose ist in Mais, Karotten, Pastinaken, Zwiebeln usw. enthalten. Wenn Gemüse alt wird, nimmt das holzige Lignin zu, Wasser verdunstet, und der Zucker wird konzentriert: alte rohe Karotten scheinen süßer als junge. Aber der Zucker verändert sich, sobald das Gemüse von der Pflanze getrennt wird. (Ein gutes Beispiel ist Gemüsemais, der oft direkt von der Staude in den Topf kommt, damit sein Geschmack erhalten bleibt.) Der Proteingehalt eines Gemüses liegt bei 1%, er kann sich bei Mais bis zu 4% und bei Hülsenfrüchten bis auf 8% erhöhen. Gemüse ist auch eine wertvolle Vitaminquelle; die Vitamine variieren je nach Tageszeit, Temperatur und Zeitpunkt der Ernte. Sonne läßt das Vitamin C in Rüben anwachsen, die auch mehr Vitamin B enthalten, wenn sie morgens geerntet werden; bei 10 – 15° C gezogener Kohl hat, wenn er frisch geerntet ist, eine höhere Konzentration von Vitamin B und einen höheren Nährwert. Die Nährstoffe tendieren dazu, sich eher in den äußeren Blättern als in den inneren und im Stiel zu konzentrieren.

Gemüse verdankt seinen besonderen Charakter dem Aufbau der Zellen und den darin enthaltenen verschiedenen Substanzen. Die Zellwände bestehen aus Zellulose und Lignin – einer zellbildenden Substanz, die Eigenschaften wie Fasrigkeit (Artischocke), Zähigkeit (Sellerie) und knackige Beschaffenheit (Karotte) hervorrufen; Knackigkeit hängt auch von der Ligninmenge und dem Wassergehalt ab. Die Zellen werden durch Pektin, ein Kohlenhydrat, aneinandergekettet. Allen Gemüsen gemeinsame Bestandteile sind Wasser und Stärke; die meisten enthalten einen wesentlichen Anteil Wasser, besonders Kürbisse und Eierkürbisse.

Die typischen Eigenschaften mancher Gemüsearten rühren von kleinen Mengen chemischer Verbindungen her, z. B. dem Schwefel im Kohl – daher der durchdringende Geruch gekochten Kohls. Zwiebeln enthalten ein Enzym, das Tränen in die Augen treibt. Außerdem gibt es Lipide oder Fette, organische Säuren und Pigmente wie Chlorophyll (Kohl), das gelbe und orangefarbene Karotin (Karotten und Kürbisse) und das rote oder blaue Anthozyan (Broccoli und Rotkohl).

Gemüse in der Küche

Wenn man Gemüse auswählt, sollte man solches meiden, das lasch und welk, verfärbt oder durch das Ernten beschädigt ist. Blattgemüse muß sorgfältig verlesen werden, damit man kein Ungeziefer mitserviert. Gemüse sollte zum Kochen so einfach wie möglich vorbereitet werden. Waschen Sie es kurz vorher, aber weichen Sie es nicht ein; da es durch das Schälen und Schneiden Nährstoffe verliert, sollte es nur dünn geschält werden. Die Vitamine sitzen meist direkt unter der Schale.

Wir kochen Gemüse, um Stärke und Zellulose zu spalten und das Gemüse verdaulicher zu machen; dazu brauchen wir Hitze. Die meisten Gemüse sollten am besten so kurz wie möglich gekocht werden, damit sie ihren Charakter, ihren Geschmack und ihre Frische behalten. In Wasser gekochtes Gemüse verliert einen Teil der Nährstoffe – Kohl kann 40% des Vitamin-C- und B6-Gehalts verlieren, besonders wenn er geviertelt oder in Streifen geschnitten wurde –, die Wassermenge spielt dabei keine Rolle. Das Kochwasser von Gemüse enthält oft wertvolle Vitamine und Minerale und ist gut für Suppen zu verwenden. Eine gute Alternative zum Kochen oder Braten ist das Garen von Gemüse in einem Dampftopf oder im Mikrowellenherd; durch beide Methoden wird das Maximum der im Gemüse enthaltenen Nährstoffe erhalten.

Manche Gemüsearten haben die Neigung, sich an der Luft zu verfärben, ganz gleich, ob sie roh oder gekocht sind, d. h. sie oxydieren. Der durch gewisse Enzyme verursachte Vorgang kann durch einen Zusatz von Säure aufgehalten werden; deshalb legt man Knollensellerie – und Äpfel – nach dem Schälen in mit etwas Zitronensaft gesäuertes Wasser.

Durch Blanchieren wird die Farbe erhalten, besonders bei grünen Gemüsen, aber bestimmte Gemüsefarbstoffe gehen beim Kochen verloren. Rote Broccoli enthalten sowohl Chlorophyll (grün) als auch Anthyanin (rot), das aber wasserlöslich ist, so daß gekochte Broccoli immer grün sind. Rotkohl reagiert wie Lackmuspapier – er wird in Verbindung mit Alkali (der Kalk im Leitungswasser) blau; deshalb muß man, um die Farbe zu erhalten, etwas Säure hinzufügen (Essig z. B.).

Gemüse kann nach der botanischen Familienzugehörigkeit klassifiziert werden – Kohl z. B. gehört zur Gattung *Brassica* – oder nach dem eßbaren Teil als Blatt-, Sproß-, Wurzel-, Knollen- und Samengemüse.

BLATTGEMÜSE
(siehe auch S. 62–64)

Brennessel (*Urtica dioica*) ✦
Ein fruchtbares europäisches Unkraut, das als Gemüse verwendet wird. Schottische und irische Köche machen seit Generationen Suppen aus den jungen Frühjahrsnesselblättern. Die Ameisensäure enthaltenden brennenden Härchen werden beim Kochen zerstört. Brennnesseln können wie Spinat gekocht werden.

Brunnenkresse
(*Nasturtium officinale*) ✦
Brunnenkresse wächst vorwiegend wild, seit dem frühen 19. Jahrhundert wird sie auch angebaut. Sie ist reich an Vitamin C, und ihr frischer, pikanter Geschmack macht sie besonders für Salate geeignet. Man verwendet sie auch in Suppen, in chinesischen und japanischen gebratenen Gerichten und als Gar-

Löwenzahn

nierung. Brunnenkresse ist das ganze Jahr über erhältlich.

Calalou (*Colocasia, spp.*)
Der kreolische Name für die Blätter der Taropflanze, auch **karibischer Kohl** genannt. Auf den Westindischen Inseln werden die Blätter wie Spinat verwendet.

Endivien (*Cichorium endivia*)
Ein bitterer Salat mit gekräuselten Blättern, der aus Asien oder Ägypten stammt. Es gibt verschiedene Sorten, darunter den breitblättrigen Batavia und Eskariol. Er wird hauptsächlich als Salat gegessen, kann aber auch gedünstet werden. Im Winter und im Sommer erhältlich.

Feldsalat (*Valerianelle olitoria*)
Rapunzel
Eine in Europa beheimatete Wildpflanze, die in ihrer Kulturform gegessen wird. Aus den Blättern wird Salat zubereitet. Es ist ein Wintergemüse.

Gartenlattich (*Lactuca sativa*)
Diese aus China stammende Lattichart gleicht in Geschmack und Beschaffenheit dem Staudensellerie. Er kann roh oder gekocht verwendet werden und ist im Frühjahr und Sommer erhältlich.

Guter Heinrich oder **Gänsefuß**
(*Chenopodium bonus-henricus*) ✦
Eine wilde Pflanze, die früher angebaut und als grünes Gemüse verwendet wurde; sie ist winterhart und ersetzt Spinat.

Kopfsalat (*Lactuca sativa*) ✦
Von dieser seit frühester Zeit im Mittleren Osten kultivierten Pflanze gibt es mehrere Sorten: **Kopfsalat** ✦, **Römischer Salat** ✦ und **Krachsalat** ✦, von dem die berühmteste Variante die **Eissalat** ✦ ist. Kopfsalatblätter können von ganz zart bis fest sein; Römischer Salat hat lange, gekräuselte Blätter, und Krachsalat ist ganz fest. Kopfsalat kann auch gedünstet oder in Suppen gege-

Rosenkohl

Knoblauch

ben werden, normalerweise wird er jedoch roh gegessen. Kopfsalatherzen sind auch in *Petit pois à la française* erforderlich.

Löwenzahn
(Taraxacum officinale)
Eine wilde Wiesenpflanze mit strahlend gelber Blüte. Die blanchierten Blätter werden für Salate verwendet, insbesondere in Frankreich, wo Löwenzahn angebaut wird, und in den Südstaaten der USA, wo er zusammen mit Gänsefuß, Rübenkraut und Kresse in den sogenannten »Poke«-Salat kommt. Löwenzahn sollte gegessen werden, bevor er blüht, da er dann bitter wird. Aus den Wurzeln bereitet man einen Kaffee-Ersatz; in Japan werden sie als Gemüse gegessen.

Mangold *(Beta vulgaris,* var. *cicla)* **Beißkohl** ✦
Von dieser mit der roten Bete verwandten Pflanze gibt es fleischige, rhabarberähnliche und eher spinatähnliche, die auch wie Spinat schmecken. Die Pflanzen werden wegen ihrer festen weißen Stiele geschätzt, aber auch die zähen, grünen Blätter sind verwendbar. Mangold ist von Winter bis Frühling erhältlich.

Meerfenchel oder **Queller**
Meerfenchel *(Crithmum maritimum)* und Queller oder **Glaskraut** *(Salicornia europaea* – so genannt, weil es bei der Glasherstellung verwendet wurde) sind wilde europäische Pflanzen. Queller wird in den USA angebaut und zu Sommersalaten verwendet oder als Gemüse gekocht; Meerfenchel wird auch als Gemüse gekocht und kann eingelegt werden.

Sauerampfer ✦
Es gibt mehrere Sorten, die verbreitetsten sind der **Große Ampfer** *(Rumex acetosa)* und der **Schildampfer** *(Rumex scutatus).* Der saure Geschmack kommt von der im Ampfer enthaltenen Oxalsäure. Er kann gemildert werden, wenn man den Sauerampfer mit Spinat oder Mangold mischt. Viele Leute halten Sauerampfer für ein Kraut, doch die Blätter können auch für Salate, Suppen, Saucen, Kuchen und Eierspeisen verwendet werden. Er ist vor allem im Frühjahr erhältlich.

Spinat *(Spinacea oleracea)* ✦
Ursprünglich ein persisches Gemüse: *aspanakh.* Wie Sauerampfer schmeckt Spinat wegen

der darin enthaltenen Oxalsäure angenehm säuerlich. Er ist das ganze Jahr erhältlich und wird für viele Speisen benutzt, z. B. für *Oeufs Florentine,* Suppen, Kuchen und Aufläufe. Neuseeländischer Spinat *(Tetragonia expansa)* ist botanisch nicht mit Spinat verwandt, wird aber auf dieselbe Weise zubereitet. Er soll in Neuseeland von Captain Cook entdeckt worden sein – daher der Name.

Weinblätter *(Vitis vinifera)* ✦
Frisch oder in Salzlösung eingelegt, werden Weinblätter für Salate und *dolmades* (gefüllte Weinblätter) genommen. Man hüllt auch Wild damit ein und verwendet sie als Dekoration für frisches Obst.

Weißer Senf und **Gartenkresse** *(Lepidium sativum* und *Sinapis alba)* ✦
Eine englische Mischung von Kresse- und Senfsprößlingen, die man für Sandwiches und als Garnitur verwendet. Das ganze Jahr über erhältlich.

Winterkresse *(Barbarea verna)* ✦
Eine wilde (aber auch angebaute), in Europa und Amerika heimische Pflanze. Sie hat einen leichten Pfeffergeschmack und wird im Winter als Salat gegessen.

KOHL (siehe auch S. 66–68)

Alle Kohlarten gehören zur Familie *Cruciferae,* d. h. zu den Kreuzblütlern. Die hier beschriebenen Kohlarten gehören alle zur Variation *Brassica oleracea.*

Blattkohl oder **Krauskohl** ✦
Diese Kohlarten stammen wahrscheinlich aus dem östlichen Mittelmeerraum, wo sie seit 2000 Jahren angebaut werden. »Kale« war in Schottland einst ein Grundnahrungsmittel und wurde als *kail brose,* eine Suppe, gegessen. Kohlblätter mit Schweinefleisch sind ein traditionelles Gericht in den amerikanischen Südstaaten.

Blumenkohl ✦
Der dichte, weiße, blütenähnliche Kopf gab der Pflanze ihren Namen. Er wurde erstmals im Mittleren Osten angebaut und kam im 13. Jahrhundert nach Europa. Blumenkohl kann mit Béchamelsauce oder mit Käse überbacken serviert werden; man kann ihn auch mit gekochten Eidottern und in Butter gebräunten

Bröseln *à la polonaise* reichen. Die Röschen können in Eierteig ausgebacken, roh als Salat (in (in einer *bagna cauda)* oder mit Mayonnaise serviert werden.

Broccoli ✦
Eine Abart des Blumenkohls mit mehreren Varianten: **rotknospiger** Broccoli; **roter Blumenkohl** ✦; **weißer** und **grüner** Broccoli ✦ (Calabrese). Die Römer liebten Broccoli; der italienische Bezug ist im Namen erhalten: Das Wort *brocco* bedeutet »Sprößling«. Er ähnelt dem Spargel und schmeckt deshalb auch ausgezeichnet mit zerlassener Butter, Holländischer oder Béarner Sauce. Broccoli wird auch für Vorspeisen und Suppen verwendet. Er ist das ganze Jahr über erhältlich.

Kohl ✦
Er wurde wahrscheinlich aus dem in Nordeuropa und an der englischen Küste vorkommenden wilden Kohl gezüchtet. Kohl wird nach Jahreszeiten und Arten klassifiziert: Frühjahr-, Sommer-, Herbst- und Wintersorten; und als Krauskohl, Grünkohl, roter und weißer Kopfkohl. **Frühjahrskohl** hat weiche Blätter, ist locker und kleinköpfig. **Grünkohl** kann runde oder konische Köpfe haben; zu dieser Art gehört der **Wirsing** mit seinen dunklen, krausen Blättern. **Weißkohl** hat harte, weiße Köpfe. **Frühjahrsgrünkohl** ist junger Kohl ohne Herz. Wirsing wird als Gemüse gekocht und ist auch roh in Salate geschnitten sehr gut. Weißkohl wird für Krautsalat und Sauerkraut, für Kohlrouladen oder zu Suppen und Eintopfgerichten verwendet. **Rotkohl** ✦ wird in England eingelegt; auf dem Kontinent wird er mit Äpfeln und Gewürzen gekocht.
Zwei chinesische Kohlarten sind **Pak-choi** *(B. chinensis)* ✦ und **Pe-tsai** *(B. pekinensis)* ✦, in Japan als *hakusai* bekannt. Pakchoi hat dunkelgrüne Blätter und dicke weiße Stengel wie Mangold. Petsai ist groß, fest und hat gekräuselte Blätter. Beide werden kurz gebraten in vielen orientalischen Fleischgerichten verwendet.

Kohlrabi ✦
Kohlrabis stammen vermutlich aus Nordeuropa. Sie sind wie Rosenkohl eine durch eine Mutation entstandene Kohlart. Man kann sie wie Rüben kochen und für gemischtes Gemüse verwen-

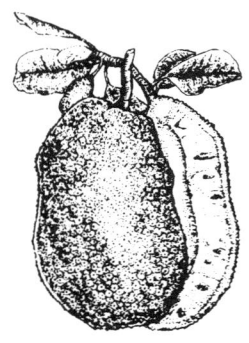

Jackfrucht
Große aus Indien stammende Frucht eines Brotbaumes, die gekocht, gebraten oder roh gegessen werden kann; manchmal wird sie eingemacht. Die Samen können geröstet werden.

Chayote
Ein rundes oder birnenförmiges Gurkengewächs, das roh oder gekocht gegessen werden kann.

den. In Deutschland werden sie oft in Scheiben geschnitten und gedämpft. Sie werden vom Frühjahr bis zum Spätherbst angeboten.

Rosenkohl ◆
Er soll erstmals in den im Mittelalter blühenden Gärtnereien der Niederlande gezüchtet worden sein. Es sind kleine Kohlröschen, die an langen, holzigen Stielen wachsen und am besten jung geerntet und gerade so lange gekocht werden sollten, daß sie noch fest sind und »Biß« haben. Es ist eigentlich ein Wintergemüse und wird von Oktober bis April angeboten. In manchen Rezepten werden die Röschen zusammen mit Kastanien oder Walnüssen gekocht; sie können mit Sahne zubereitet, sautiert oder in Suppen gegeben werden. Die Blätter von der Spitze des Stiels können wie Kohl als Gemüse gekocht werden.

SPROSSGEMÜSE
(siehe auch S. 70)

Adlerfarn (Pteridium aquilinium) ◆
Die fest eingerollten jungen Triebe einer wilden Pflanze, die in Frankreich beheimatet ist und in vielen Teilen der Welt wächst. Sie können wie Broccoli gekocht und mit Holländischer Sauce oder roh in Salaten serviert werden. In angelsächsischen Ländern als Konserve erhältlich.

Artischocke (Cynara scolymus) ◆
Ein den Karden ähnliches Distelgewächs. Junge, frische Artischocken können roh gegessen werden; ältere werden gekocht und heiß oder kalt mit Vinaigrette, Mayonnaise oder Holländischer Sauce serviert. Sie sind auch gefüllt oder gebacken beliebt. Artischockenböden können als Konserve gekauft werden und dienen gewöhnlich als Vorspeise. Artischockenherzen sind konserviert im Handel und werden als Gemüse oder Vorspeise serviert.

Bambus (Bambusa vulgaris) ◆
Die konischen Bambussprossen werden auf fernöstlichen Märkten frisch, fast überall sonst in Wasser konserviert, verkauft. Die Sprossen wachsen aus dem Boden und werden abgeschnitten, wenn sie etwa 15 cm lang sind, und dann von ihrer äußeren Schale befreit. Sie werden roh oder kurz gekocht serviert.

Chicorée (Cichorium intybus) ◆
Über Chicorée und Endivien herrscht sprachliche Verwirrung – die Angelegenheit bleibt unentschieden: die Belgier nennen ihn *witloof* (»weißes Blatt«); die Franzosen und Amerikaner nennen ihn *endive*, die Engländer *chicory*. Chicorée wird zumeist als Salatgemüse verwendet, kann aber auch gedämpft werden. Er ist von Herbst bis Frühsommer zu haben.

Fenchel (Foeniculum vulgare) ◆
Sellerieähnliches Gemüse mit zartem, leicht süßem Anisgeschmack. Das Fenchelkraut wird zum Würzen von Fisch benützt; die Fenchelknollen werden roh als Salat oder in Vorspeisen ebenso wie für Suppen und als Gemüse verwendet. Fenchel ist das ganze Jahr hindurch erhältlich.

Karden (Cynara cardunculus)
Eine mit der Artischocke verwandte Distelart, die aus dem Mittelmeerraum kommt. Die Wurzeln und Stiele ähneln dem Sellerie; man ißt sie roh oder als Gemüse.

Meerkohl (Crambe maritima) ◆
Eine wild am Strand wachsende (aber auch kultivierte), in Westeuropa heimische Pflanze, die wegen ihrer weißen Stengel gesammelt und wie Spargel gegessen wird.

Spargel (Asparagus officinalis) ◆
Bereits in der Antike war der Spargel eine beliebte und teure Gemüsepflanze, über deren Preis schon Kaiser Diokletian einen Erlaß veröffentlichte. Es gibt über zwanzig verschiedene Sorten; die bekannteste ist der **grüne Spargel** (eine eher unkrautartige Version ist in England als *sprue* bekannt), gefolgt von dem dicken **weißen Spargel** mit leicht blauvioletten Köpfen, der von den Franzosen und Italienern bevorzugt wird. Spargel wird heiß mit Butter oder kalt mit Vinaigrette serviert.

Stauden- oder Bleichsellerie (Apium graveolens) ◆
Er wurde im 16. Jahrhundert von italienischen Gärtnern aus dem wilden Sellerie zu dem uns heute bekannten, angenehm würzig schmeckenden, knackigen Gemüse gezüchtet. Sein arteigenes Aroma wird in Selleriesalz entfaltet. Neben dem Bleichsellerie mit weißen Rippen und gel-

ben Blättern gibt es den Schnittsellerie mit krausen Blättern, die wie Petersilie verwendet werden können. Sellerie wird auf vielfältige Weise als Salat, Vorspeise oder Gemüse in Suppen und Eintöpfen sowie als Würzzusatz verwendet.

FRUCHTGEMÜSE
(siehe auch S. 72)

Akee, Akipflaume (Blighia sapida)
Die Akeefrüchte sollen von Captain Bligh von der »Bounty« auf die Westindischen Inseln gebracht worden sein – daher die botanische Bezeichnung. Die rosa Schale der Frucht ist giftig, aber die eßbaren Teile werden in Jamaika als Gemüse zu gesalzenem Fisch gereicht. In Dosen erhältlich.

Aubergine oder Eierfrucht (Solanum melongena) ◆
Ein Nachtschattengewächs, das wahrscheinlich aus Indien stammt und in verschiedenen Sorten und Farben vorkommt. Alle werden als Gemüse verwendet – gebraten, gekocht, gefüllt, gebacken, in Eintöpfen und eingelegt; am bekanntesten ist ihre Verwendung in *Moussaka*. Auberginen sind das ganze Jahr über erhältlich.

Avocado (Persea americana) ◆
Eine in vielen tropischen Ländern gedeihende, nahrhafte, schmelzend weiche Frucht mit grüner Schale (oder narbiger schwarzer Schale, je nach Sorte), die als Salat oder Suppe, als Vorspeise, in Saucen, Tunken und als Creme gereicht wird; sie ist Hauptbestandteil des mexikanischen *guacamole*. Im Südwesten Amerikas gibt es eine wilde Abart, die *aguacate*.

Brotfrucht (Artocarpus communis) ◆
Wie die Akee wird die Frucht des Affenbrotbaums mit Bligh von der »Bounty« assoziiert, der sie in die Karibik brachte. Die großen Früchte enthalten ein Fruchtfleisch, das gebacken als Gemüse gegessen wird.

Paprika; Pfefferschoten (Capsicum annuum) ◆
Es gibt die süßen Paprikaschoten bzw. den **Gemüsepaprika** und die scharfen **Chillis** ◆. Von den vielen Varietäten sind die bekanntesten die bittersüßen grünen, roten und gelben, spitz zulaufenden Schoten. Die klei-

nen, länglichen roten oder grünen Pfefferschoten sind die feurigen Chillis. Gemüsepaprika wird für Salate, Eintopfgerichte und Saucen verwendet und kann auch gefüllt werden. Chillis spielen in den indischen Currygerichten eine große Rolle, ebenso wie in mexikanischen und lateinamerikanischen Speisen. Die beliebtesten Sorten sind dort *serrano* und *jalapeno*. Pfefferschoten und Paprika sind das ganze Jahr über erhältlich und werden auch als Konserven angeboten.

Planten *(Musa paradisiaca)*
Gemüse- oder Kochbananen
Mit der Banane verwandte Frucht, aber größer und mit grüner Schale. Sie kommen aus Mittelamerika, wo sie als Gemüse gegessen werden.

Tomate *(Lycopersicum esculicum)* ✦
Nur wenige Gemüsearten haben größeren kulinarischen Einfluß als die Tomate, die eigentlich eine Beere und ein Nachtschattengewächs wie die Kartoffel ist. Aus Südamerika stammend, wurde sie ursprünglich als Zierpflanze gezogen, da man sie für giftig hielt. Es gibt zahlreiche Sorten dieser attraktiven Frucht, die einst als »Liebesapfel« bekannt war: u. a. **grüne Tomaten, Eiertomaten, Fleischtomaten** ✦ und **Kirschtomaten** ✦. Sie sind Bestandteil zahlloser Saucen (wie die klassische neapolitanische Tomatensauce), Ketchups, von Tomatenmark, Suppen, Gemüsetöpfen, sogar für süße Gerichte werden sie verwendet. Manche Sorten gibt es das ganze Jahr; andere, wie die mexikanischen grünen Tomaten, sind seltener.

KÜRBISGEWÄCHSE
(siehe auch S. 74–80)

Gurken *(Cucumis sativus)* ✦
Obwohl sie im allgemeinen nicht als Kürbisse gelten, gehören sie doch zur gleichen Familie, *Cucurbitaceae* – deshalb werden sie hier genannt. Die Gurke ist eine alte Pflanze, jahrtausendelang angebaut. Die verschiedenen Sorten reichen von der kleinen, gefruchten **Gemüse- oder Einlegegurke** ✦ bis hin zu den langen, glatthäutigen **Salatgurken** ✦. In Indien werden die erfrischenden Gurken mit Joghurt zu *raita* vermischt, mit dem die Currygerichte gemildert werden. Die Nordeuropäer kombinieren

Gurken mit saurer Sahne, und die Franzosen garnieren Gurkensalat mit gesalzener Schlagsahne. Gurken werden eingelegt, gesalzen, für Suppen verwendet, auch für eine Sauce (besonders zu pochiertem Lachs) und natürlich für Salate. Die Scheiben sollten gesalzen und ausgedrückt werden, um ihnen das Wasser zu entziehen, bevor der Salat angemacht wird.

Kürbisarten
Kürbisse kommen aus der Neuen und der Alten Welt, auch dem Namen nach – »squash« kommt von dem indianischen Wort *askutasquash;* »gourd« vom lateinischen *cucurbita*. Kürbisse spielen in der amerikanischen und karibischen, in der afrikanischen und orientalischen Küche eine große Rolle. Es gibt viele verschiedene Sorten, darunter **Gelber Zentner** ✦, **Butternuß** ✦, **Schlangenkürbis** ✦, **Spaghettikürbis** ✦ und **Markkürbis** ✦.
Eine weitere Art ist die **Chayote** *(Sechium edule),* deren Name, von aztekisch *chayotl,* seine mittelamerikanische Herkunft verrät. Sehr unterschiedlich in Größe, Form, Farbe und Konsistenz, haben Chayoten mit allen anderen Kürbissen den hohen Wassergehalt gemein, je größer die Frucht wird, um so fader schmeckt sie. Chayoten können auf dieselbe Weise zubereitet werden wie kleinere Kürbisse. Sie werden für Chutneys verwendet, gebraten oder gefüllt. In den meisten angelsächsischen Ländern gibt es keinen Unterschied zwischen Zucchini und **Marrows** ✦ (beide *Cucurbita pepo),* denn die Zucchini werden geerntet, bevor sie zu den bei den englischen Gärtnern so beliebten großen Marrows heranwachsen. Beide können gefüllt werden; Marrows werden gewürfelt und überbacken oder zu Konfitüre verarbeitet. Zucchinis können gebraten, in Scheiben geschnitten und in Eierteig ausgebacken, oder mit süß-saurer Sauce serviert werden; man verwendet sie auch für Suppen und Schmorgerichte. Sie gehören auch in Ratatouille, ein provençalisches Gemüsegericht und sind das ganze Jahr erhältlich.
Der **Gartenkürbis** *(Cucurbita pepo)* ✦, einer der größten Kürbisse, dient als Frucht und als Gemüse. Er wird püriert, geröstet, gebraten und gebacken,

und man macht Suppen daraus. Kleine Kürbisse können gefüllt oder wie Zucchini zubereitet werden, je nach Art und Gegend; im Südwesten Amerikas sind sie Bestandteil des Gemüseeintopfs *colache.*

ZWIEBELN
(siehe auch S. 82)

Knoblauch *(Allium sativum)* ✦
Ein wahrscheinlich aus Asien stammendes Liliengewächs, da es in der Frühgeschichte der Chinesen und der Ägypter eine Rolle spielt. Knoblauch wird nicht einfach als Gemüse verwendet, sondern hebt den Geschmack zahlloser würziger Speisen. Eines der berüchtigsten ist *lièvre à la royale,* ein französisches Hasengericht, bei dem 30 Knoblauchzehen erforderlich sind; ein anderes ist ein Huhn- oder Entengericht, das zusammen mit 40 Knoblauchzehen (ganz, geschält) langsam geschmort wird. Knoblauch ist das ganze Jahr erhältlich.

Lauch *(Allium porrum)* ✦
Er besitzt den Charakter der Zwiebelgewächse, ist aber weniger scharf und eignet sich oft besser für Suppen und Schmortöpfe. Manchmal wird er »der Spargel der Armen« genannt, da er auch ein selbständiges Gemüse ist. Lauch kann gedünstet, mit Saucen und gratiniert serviert werden, auch ist er ein Hauptbestandteil des schottischen *cock-a-leekie.* Er ist von Herbst bis Frühling erhältlich.

Zwiebel *(Allium cepa)* ✦
Wegen ihres dominierenden Geschmacks, ihrer langen Herrschaft und ihres großen Einflusses »Königin der Gemüse« genannt, ist die Zwiebel äußerst vielseitig. Es gibt zwei Hauptarten und -formen: milde und scharfe bzw. runde und längliche. Beliebte Sorten sind die großen **spanischen** Gemüsezwiebeln und die **italienischen** roten Zwiebeln. Kleine Sorten sind besonders geeignet zum Einlegen. **Grüne** Zwiebeln sind sehr junge Pflanzen; zu ihnen gehören Lauch, Schalotten, Schnittlauch und Frühlingszwiebeln. **Frühlingszwiebeln** ✦ werden für Salate und in der orientalischen Küche verwendet. Die **Schalotte** *(A. ascalonicum)* ist besonders in der feinen Küche geschätzt.

Krummhalsiger Gartenkürbis
Dieser hellgelbe Kürbis ist ein Sommergemüse und hat eine dünne Schale. Jüngere Früchte können mit Schale und Kernen gegessen werden.

Baumzwiebel oder Ägyptische Zwiebel
Im Gegensatz zu anderen Zwiebeln wachsen diese in Büscheln an der Spitze von Pflanzenstengeln. Im Geschmack und in der Verwendung unterscheiden sie sich nicht von anderen Zwiebeln.

WURZELGEMÜSE
(siehe auch S. 84–86)

Rote Bete (*Beta vulgaris*) ✦
Die rote Bete und ihre Verwandten, Mangold und Spinat, haben sich aus der *Beta maritima* entwickelt, einer europäischen Küstenpflanze, deren Wurzeln im Mittelalter in Deutschland gezüchtet wurden. Andere Wurzelarten sind die **Zuckerrübe,** die Zucker liefert, und die **Futterrübe,** die als Rinderfutter dient. Rote Bete gehören in die klassische russische Borschtschsuppe, werden viel als Salatgemüse verwendet und auch eingelegt und konserviert. In Amerika werden kleine Rüben als »Yale beets« in Orangensaft serviert.

Haferwurzel (*Tragopogon porrifolius*) und **Schwarzwurzel** (*Scorzonera hispanica*)
Eng verwandte Korbblütlergewächse mit langen, spitz zulaufenden Wurzeln. Die **Haferwurz** hat eine weiße Haut, die **Schwarzwurzel** eine schwarze. Die in Europa und im Mittelmeerraum heimischen Gewächse können für Suppen, Salate, als Gemüse, püriert, als Vorspeise oder in Eintöpfen verwendet werden. Haferwurz kann beim Kochen leicht klebrig und glänzend werden.

Möhre (*Daucus carota*) ✦
Die Möhre ist eine alte Kulturpflanze und wurde bereits im 1. Jahrhundert n. Chr. von Dioskurides erwähnt. Sie wurde im Mittelalter von den Holländern kultiviert und soll das Sehvermögen verbessern. Karotten (die kurzen runden Wurzeln) sind fester Bestandteil der Babynahrung. Möhren werden – wie die Zwiebel – in der ganzen Welt als ein Grundgemüse für gekochte Speisen, Suppen, Geschmortes, Eintöpfe und roh für Salate verwendet.

Knollensellerie (*Apium graveolens,* var. *rapaceum*) ✦
Dieses Wurzelgemüse wird für Salate, Vorspeisen, als Püree, für Suppen und Schmortöpfe verwendet. Es ist ein Wintergemüse.

Kohlrübe (*Brassica napobrassica*) ✦
Eine schwere, rauhschalige Rübe mit orangerotem Fleisch. Man kann sie kochen und pürieren, in dieser Form wird sie im schottischen Nationalgericht *Haggis* serviert. Im amerikanischen Mittelwesten werden die Rüben zerdrückt und gezuckert. In Finnland werden sie mit Sahne und Gewürzen gedünstet.

Lotos (*Nelumbium nuciferum*)
Diese in Indien und China heilige Pflanze wird in der Küche des Fernen Ostens, wo sie beheimatet ist, ausgiebig verwendet. Das geschnittene Rhizom ist durchlöchert und hat eine dekorative Funktion in chinesischen und japanischen Gerichten. Man erhält sie frisch und konserviert. Die rohen Blätter werden als Salat angerichtet.

Meerrettich (*Armoracia rusticana*)
Diese ursprünglich in Südosteuropa und Westasien beheimatete Wurzel wird gewöhnlich gerieben und als Sauce oder Beilage zubereitet. Schmeckt scharf und wird mit Vorliebe zu Roastbeef und kaltem Fleisch gereicht.

Pastinaken (*Plastinaca sativa*) ✦
Diese lange, süßliche Wurzel mit ihrem arteigenen Geschmack wird als Gemüse verwendet. Pastinaken, obwohl vermutlich aus Osteuropa stammend, sind in England schon lange fester Bestandteil der Regionalküche. Sie können gedämpft, gekocht, in der Pfanne gebraten, püriert, gezuckert oder zu Wein verarbeitet werden. Sie sind von Herbst bis Frühling erhältlich.

Pfeilkraut (*Sagittaria sagittifolia*)
Eine Wasserpflanze mit pfeilförmigen Blättern. In der chinesischen Küche werden Blätter und Wurzeln verwendet.

Rettich (*Raphanus sativus*) **Radieschen** ✦
Rettiche werden seit vorgeschichtlicher Zeit im Mittleren Osten angebaut und waren im alten Ägypten sehr beliebt. Es gibt schwarz- und weißschalige Arten, die sich in Form und Größe unterscheiden. Das rote Radieschen ist die Zwergform des Rettichs. In Japan wird der weiße **daikon** ✦-Rettich in feine Scheiben geschnitten und mit anderem Gemüse gekocht oder in Suppe eingelegt.

Stachys oder **Knollenziest** (*Stachys affinis*)
Diese aus Japan stammenden und in Europa von den Franzo-
sen gezüchteten Knollen können roh in Wintergemüsesalat gerieben oder als Beilage zu Fleischgerichten gereicht werden und sind Bestandteil von chinesischen Gemüsegerichten. Man erhält sie im Spätherbst.

Stoppel- oder Wasserrübe (*Brassica rapa*) ✦
Dieses Wurzelgemüse kann sich in Größe, Form und Farbe sehr unterscheiden: rund oder zylindrisch, gelblich oder weiß. Eine in Deutschland beliebte Kulturform der Wasserrübe sind die **Teltower Rübchen.** Die Japaner schneiden die Wasserrübe fein und geben sie in Suppen und Gemüsegerichte. Die grünen Blätter werden als Blattgemüse verwendet.

Wurzelpetersilie (*Petroselinum hortense*)
Diese Pflanze wird wegen ihrer weißen, dünnen, karottenähnlichen Wurzel angebaut. Sie ist in Nord- und Osteuropa verbreitet. Sie wird mit dem Suppengrün an Suppen und Eintöpfe gegeben und kann wie Knollensellerie auch als Beilage dienen.

KNOLLEN (siehe auch S. 87–88)

Bataten oder **Süßkartoffeln** (*Ipomoea batatas*) ✦
Bataten sind nicht mit Kartoffeln verwandt, doch sie kommen aus der gleichen Region: Mittelamerika. Die Süßkartoffeln gelangten noch vor den Kartoffeln nach Europa und waren hoch geschätzt. Meist sind sie länglich, es gibt aber auch runde Arten. Das Fleisch ist gewöhnlich weiß, die Schale kann weiß oder rötlich sein. Süßkartoffeln werden in der kreolischen Küche gern mit Äpfeln gekocht und zu Schinken serviert oder zu Kuchen oder Pudding verarbeitet; sie werden ganz gebacken oder gekocht und dann glasiert. In Amerika sind sie fester Bestandteil des traditionellen Truthahngerichtes zu »Thanksgiving«. Sie sind von Herbst bis Frühsommer erhältlich.

Cassave oder **Maniok** (*Manihot utilissima*)
Eine stärkehaltige Knolle, die auf den Westindischen Inseln und in Mittelamerika verwendet wird. Aus ihr wird Tapioka hergestellt, das in Form von Körnern oder Flocken exportiert und als Bindemittel für Desserts und Konfekt

Schwarzer Rettich
Anders als der normale Rettich hat diese schwarze Wintersorte die Größe einer kleinen Rübe. Sie wird zumeist als Wintersalatgemüse verwendet.

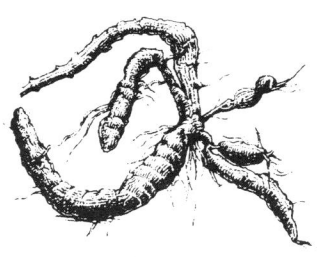

Cassave

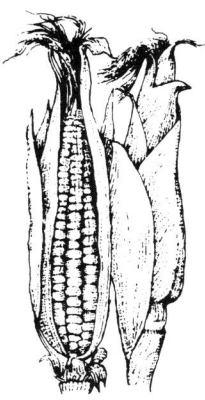

Gemüsemais

verwendet wird. Aus fermentierten Cassaven wird Likör gebraut, und die Blätter können als Gemüse gekocht werden. Das Stärkemehl wird für Kuchen und Torten gebraucht.

Kartoffel (*Solanum tuberosum*) ✦
Ein aus dem Andengebiet stammendes Nachtschattengewächs. Es gibt viele verschiedene Kartoffelsorten, darunter rote, lila, gefleckte und gestreifte Arten. Manche Sorten werden um besonderer Eigenschaften willen angebaut: besonders lagerfähige, frühtragende, ertragreiche, mehlige oder festkochende Sorten. Kartoffeln kommen in Dosen, getrocknet, püriert, in Würfeln, als Flocken, fritiert und tiefgefroren und als Kloßmehl in den Handel. Die mehligen Sorten eignen sich besser zum Pürieren, die festkochenden eher zum Salat. In Deutschland beliebte Sorten sind **Grata** ✦, **Hela**✦, **Sieglinde**✦, **Irmgard** ✦ und **Hansa** ✦.

Taro (*Colocasia antiquorum*) ✦
Diese Knolle enthält feinkörnte, verdauliche Stärke und wird in der Küche der Westindischen Inseln als Gemüse verwendet. Die Knolle wird wie Kartoffeln gekocht. Auf den Inseln werden auch die kohlähnlichen Blätter gegessen.

Topinambur
(*Helianthus tuberosus*) ✦
Die Heimat der mit der Artischocke und der Sonnenblume verwandten Topinamburs ist Nordamerika; im frühen 17. Jahrhundert kamen sie nach Europa. Sie können roh, mit Petersilie sautiert oder langsam gekocht und gebraten werden. Man nimmt sie für Salate, Saucen und Eintöpfe. Es ist vor allem ein Wintergemüse, aber bis zum Frühsommer erhältlich.

Yamswurzel (*Dioscorea,* spp.) ✦
Es gibt viele Arten dieser kartoffelähnlichen tropischen Nutzpflanze; die wichtigste ist die in Afrika und Asien heimische *D. alata*. Yams enthalten viel Stärke, tragen aber sonst nicht

viel zur Ernährung bei. Die chinesische Art (*D. esculenta*) spielt in vielen orientalischen Gerichten eine Rolle. In Afrika wird aus zerdrückten, gepfefferten und gewürzten Yams *foufou* gemacht, ein Gericht der Elfenbeinküste; oder *kalajoum,* ein Hühnergericht mit Pfefferschoten und Kokosnuß. Die Wurzeln werden auch kandiert.

SCHOTEN UND SAMEN
(siehe auch S. 90)

Bohnenkeimlinge
(*Phaseolus aureus*) ✦
Die zarten jungen Keime der Mungobohne werden als Sprossensalat als Gemüse zu gekochten Gerichten gereicht.

Erbsen (*Pisum sativum*) ✦
Sie wurden, vermutlich als erste Kulturpflanze überhaupt, im Mittleren Osten aus der wilden Erbse gezüchtet. In der Fastenzeit wurden sie einst als Fleischersatz gegessen. Die verbreiteten Sorten sind **Gartenerbsen** ✦, die jung geerntet als zarte **petits pois**✦ gehandelt werden, und **Zuckererbsen** ✦, die wegen ihrer zarten Schoten angebaut werden; Gartenerbsen werden konserviert, getrocknet, püriert, als Suppen zubereitet (*Potage St. Germain* ist eine klassische Erbsensuppe) und als Gemüse gekocht. Die chinesische Küche macht von Zuckererbsen in gebratenen Speisen ausgiebigen Gebrauch. Erbsen sind von Frühsommer bis Herbst erhältlich.

Garten- oder **Stangenbohne**
(*Phaseolus vulgaris*) ✦
Wie die Kartoffel stammt auch die Gartenbohne aus dem Andengebiet und wurde nach der Entdeckung Amerikas nach Europa gebracht. Es gibt zahlreiche Bohnenarten, wie z. B. *Buschbohnen, Limabohnen, Urd-* und *Mungobohnen* und die kleinen *Prinzeßbohnen.* Bohnen werden als Frischgemüse gekocht oder als Eintopf oder Salat zubereitet.

Mais oder **Gemüsemais**
(*Zea mays*) ✦

Die Heimat des Maises ist Amerika, heute wird er überall auf der Welt angebaut. Einst war er Grundnahrungsmittel der Indianer, und sie verkauften ihn an die ersten englischen Siedler, die ihn »Indian corn« nannten. Mais wird als Gemüse verwendet, kurz gekocht oder geröstet mit frischer Butter gegessen. Er wird immer jung gegessen und geerntet, bevor das Getreide reif ist. Mais wird auch für Suppen verwendet, er kann püriert werden und in den USA bäckt man zu einer Art Krapfen heraus; man verarbeitet ihn auch zu Maismehl (S. 257).

Okra oder **Gombo**
(*Hibiscus esculentus*) ✦
Die unreife Schote eines Hibiskusgewächses aus Afrika. Gekochte Okras werden klebrig und sirupartig. In den amerikanischen Südstaaten werden sie viel in Okrasuppe und Reisgerichten verwendet. In der indischen Küche kommen sie als *bindi* vor; als *bamia* in einem Lammgericht im Mittleren Osten. Okra ist als Konserve erhältlich, von Sommer bis Frühherbst auch frisch.

Saubohne, Acker- oder **Puffbohne**
(*Vicia faba*) ✦
Diese Samen werden seit vorgeschichtlicher Zeit in Europa und im Mittleren Osten angebaut und gegessen (siehe Getrocknete Hülsenfrüchte, S. 244). Diese Sorte war in der Neuen Welt vor Kolumbus unbekannt. Vornehme Griechen und Römer allerdings betrachteten sie als schädlich für die Augen, und es gibt heute Beweise, daß die als Fabismus bekannte hämolytische Anämie bei den Mittelmeervölkern mit dem Verzehr von Saubohnen zusammenhängt. Eine braune ägyptische Variante ergibt das Hauptnahrungsmittel *ful.* Saubohnen können mit Sahne zubereitet, mit Sauce oder püriert serviert werden und sind die traditionelle Beilage zu Schinken oder Speck. Saubohnen sind tiefgefroren oder in Dosen und in den Sommermonaten auch frisch erhältlich.

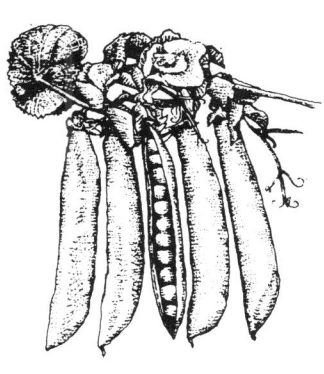

Gartenerbsen

Getrocknete Hülsenfrüchte

Hülsenfrüchte sind die eßbaren Samen gewisser Gemüsepflanzen; zu ihnen gehören Bohnen, Erbsen und Linsen. Manche, wie die grünen Bohnen, Saubohnen, Lima-Bohnen und die grünen Erbsen werden frisch gegessen; andere werden getrocknet verarbeitet, und in dieser Form waren sie in vielen Teilen der Welt jahrtausendelang ein Grundnahrungsmittel.

Archäologische Forschungen über die Ursprünge der Pflanzen belegen, daß die Bohnen zu den ersten je angebauten Nutzpflanzen überhaupt gehören. Die Gartenbohne wird heute als Buschbohne und Stangenbohne kultiviert und wurde erstmals in Mittelamerika angebaut; Lima-Bohnen erstmals in Peru; Saubohnen und Kichererbsen im Mittleren Osten; Soja- und Reisbohnen in China, und Pferdebohnen und Strauchbohnen (Taubenerbsen) in Afrika. Hülsenfrüchte haben sich jedoch außerhalb ihrer Heimatländer weithin eingebürgert, so daß die meisten heute weltweit erhältlich sind.

In der Küche des Mittleren Ostens, Asiens, der Karibik, Mexikos, Mittel- und Südamerikas sind Hülsenfrüchte so beliebt wie eh und je, während sie in Amerika und Europa erst jetzt zunehmend beliebter werden, einesteils wegen der hohen Fleischpreise und anderenteils wegen der wachsenden Beliebtheit der vegetarischen Küche.

Trockenverfahren
Bohnen werden nach dem Pflücken so schnell wie möglich getrocknet, damit sie ihren Geschmack, ihre Form und ihre Beschaffenheit behalten. Vor dem Verpacken werden sie sortiert und verlesen, um Steine zu entfernen. Die meisten Hülsenfrüchte werden heute künstlich getrocknet und maschinell sortiert. Getrocknete Bohnen, Erbsen und Linsen sind bisweilen auch gekocht und konserviert erhältlich, und einige Arten werden fermentiert oder zu anderen Produkten verarbeitet.

Die angewandten Fermentationsmethoden unterscheiden sich beträchtlich. In China werden schwarze Bohnen in Salz fermentiert und in Afrika in Holzkohlenasche. Der Prozeß kann Monate dauern, so bei den Sojabohnen, aus denen Sojasauce gemacht wird.

Mungo- und Sojabohnen werden auch wegen ihrer Sprossen zum Keimen gebracht, die als frisches Gemüse gegessen werden.

Getrocknete Hülsenfrüchte in der Küche
Die meisten Hülsenfrüchte sind fast überall erhältlich; weniger bekannte Arten findet man gewöhnlich in Spezialläden für orientalische Lebensmittel oder in Reformhäusern.

Sie sind lange haltbar und leicht zu verarbeiten, aber sie sollten an einem kühlen, trockenen Ort aufbewahrt und innerhalb von sechs bis neun Monaten verwendet werden, sonst werden sie runzlig und hart.

Bohnen, Erbsen und Linsen können ganz für Eintopfgerichte, Salate und Gemüsegerichte, püriert für Suppen und gemahlen für Kroketten und Saucen verwendet werden. Alle Bohnen- und Linsenarten sind reich an Proteinen, und weitere 30% werden freigesetzt, wenn man sie mit einem Getreide ißt. Deshalb gibt es überall auf der Welt viele Gerichte, bei denen Hülsenfrüchte zusammen mit Reis oder Brot serviert werden.

Bei vielen Rezepten kann eine Hülsenfrucht ohne weiteres durch eine andere ersetzt werden, doch sollte man Unterschiede in Geschmack und Beschaffenheit beachten, denn dadurch sind manche Hülsenfrüchte für gewisse Gerichte geeigneter als andere. Bohnen, Erbsen oder Linsen, die beim Kochen sehr weich werden, nehmen andere Aromen gut auf und sind besonders geeignet für würzige oder kräuterreiche Eintöpfe, während solche von festerer Konsistenz am besten ganz als Gemüse oder in Salaten serviert werden.

Denken Sie daran, daß die meisten Hülsenfrüchte vor dem Kochen quellen müssen; die genauen Zeiten sind abhängig von der jeweiligen Sorte und Qualität. Vor dem Waschen und Einweichen müssen die Bohnen verlesen und von Steinen und Sand gereinigt werden; gegen Ende der Kochzeit sollte Salz hinzugefügt werden, damit die Bohnen schneller weich werden.

ERBSEN UND LINSEN
(siehe auch S. 92)

Erbsen *(Pisum sativum)* ✦
Als getrocknete Erbsen werden alle Markerbsen angeboten, die eine ziemlich harte Schale und eine weiche, mehlige Konsistenz haben, sowie die schalenlosen gelben oder grünen Spliterbsen, die zu einem weichen Brei verkochen. Schälerbsen haben ein süßeres Aroma – die grünen ähneln geschmacklich den gefrorenen Gartenerbsen.

Bevor es gefrorene Erbsen gab, waren getrocknete Erbsen ein wichtiges Gemüse, aber jetzt haben sie viel von ihrer Popularität verloren. In Deutschland werden jedoch getrocknete Erbsen noch immer mit Sauerkraut serviert, und englische Köche verwenden sie für den traditionellen Erbsenbrei, der mit gepökeltem Schweinefleisch serviert wird – eine gelungene Zusammenstellung, die auch mit Erbsensuppe, die mit einem Schinkenknochen gekocht wurde, und mit Gemüsegerichten erfolgreich abgewandelt werden kann.

Kichererbsen *(Acer arietinum)* ✦
Auch als *garbanzos, ceci* (Italien) und *chana dal* (Indien) bekannt. Diese haselnußförmigen, großen Erbsen sind gewöhnlich beige oder goldgelb, doch es gibt auch eine kleine, dunkelbraune Art. Sie schmecken nach Nuß und sind von knackiger Konsistenz. Im Mittleren Osten sind sie ein Grundnahrungsmittel; sie werden zu Mehl gemahlen, ganz geröstet oder nach dem Kochen zermahlen und als Hauptbestandteil von *hummus*, einer pikanten Sauce, oder *felafel*, im schwimmenden Fett gebackenen Pastetchen, verwendet. Kichererbsen kommen auch in vielen Mittelmeer- und orientalischen Gerichten vor.

Linsen *(esculenta)* ✦
Es gibt viele verschiedene Linsensorten, die gewöhnlich nach ihrer Farbe benannt werden; es gibt **grüne, orangerote, braune, graue, gelbe** und **schwarze**. Alle haben dieselbe flachrunde Form, fast wie eine kleine Erbse, sind aber von unterschiedlicher Größe und werden ganz oder halbiert verkauft. In der indischen Küche spielen Linsen eine große Rolle; sie werden dort gewöhnlich als Hauptgericht oder als Beilage mit Curry serviert. Die halbierten roten Linsen sind ein Grundnahrungsmittel im ganzen Mittleren Osten und werden oft mit Reis serviert. Die bekannten grünen und roten Linsen verkochen zu einem weichen Brei und ergeben auch gute Suppen, während die bräunlichen und grauen Arten ihre Form behalten und als Gemüse serviert werden können. In Deutschland werden Linsen gern mit Speck gekocht oder süßsauer angerichtet. Linsen sind die einzigen Hülsenfrüchte, die nicht unbedingt quellen müssen, bevor sie gekocht werden.

Linsen

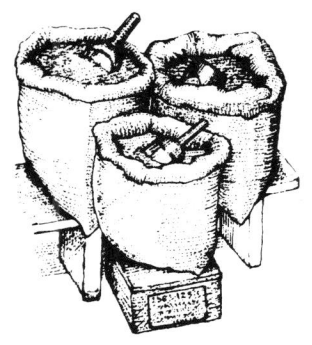

Säcke mit getrockneten Bohnen
und Erbsen

BOHNEN (siehe auch S. 94)

Adzuki-Bohnen

(Phaseolus angularis) ◆
Diese kleinen, dunkelroten oder schwarzen Bohnen werden beim Kochen sehr zart und haben einen ungewöhnlich süßen, ziemlich kräftigen Geschmack. Sie kommen aus dem Fernen Osten, wo sie auch aus medizinischen Gründen geschätzt werden und seit Jahrtausenden in Reisgerichten und Suppen gegessen werden. Wegen ihrer Süße sind sie auch ein Bestandteil der orientalischen Zuckerbäckerei.

Augenbohnen oder Chinesische Bohnen

(Vigna sinensis) ◆
Diese kleinen, weißlichen Bohnen mit einem deutlichen schwarzen oder gelben »Auge« werden beim Kochen weich und nehmen andere Aromen gut auf. Sie sind in den amerikanischen Südstaaten sehr beliebt, wo ein klassisches Gericht aus gepökeltem Schweinefleisch mit Bohnen und Tabasco nach ihnen benannt wurde. (»black-eyed-peas«). In China werden sie geröstet und ergeben mit Fleisch oder Fisch vermischt das *chiang ton chia.*

Schwarze fermentierte chinesische Bohnen *(Glycine max)* ◆

Kleinere schwarze (gewöhnlich Soja-)Bohnen, die in China oft in Salz fermentiert und zu Fleisch und Gemüsegerichten gegeben werden.

Weiße Bohnen

(Phaseolus vulgaris) ◆
Eine Varietät der gemeinen oder Gartenbohne, die, dick und nierenförmig, von unterschiedlicher Größe sein kann.

Weiße Bohnen werden gewöhnlich in Tomatensauce konserviert gegessen, aber sie sind auch ein Bestandteil klassischer Eintopfgerichte, wie z. B. der *Boston Baked Beans* aus Neuengland, oder *Cassoulet,* einem französischen Gericht aus Bohnen, Würsten und geräuchertem Gänsefleisch, sowie der westfälischen weißen Bohnen, die mit Äpfeln gekocht und mit Muskatnuß gewürzt werden.

Grüne Bohnenkerne oder Flageolets *(Phaseolus vulgaris)* ◆

Eine Bohnensorte mit blaßgrünen länglichen nierenförmigen Kernen. Sie haben einen frischen, köstlichen Geschmack und werden daher gern als Gemüse

gegessen. In Frankreich werden sie traditionell mit geröstetem Lamm oder auch in Salaten serviert.

Borlotti- oder Saligia-Bohnen

(Phaseolus vulgaris)
Eine rötliche italienische Sorte mit roten Flecken; sie werden für würzige Eintopfgerichte verwendet oder kalt in Salaten serviert.

Cannellini-Bohnen oder Fisolen

(Phaseolus vulgaris) ◆
Eine Varietät der gemeinen Bohne. Sie sind cremefarben und von weicher Konsistenz. Sie werden hauptsächlich in der italienischen Küche verwendet; zusammen mit Thunfisch ergeben sie *tonno e fagioli.*

Gefleckte Feldbohnen

(Phaseolus vulgaris)
Diese nierenförmigen Bohnen sind beige und braun gesprenkelt. Beim Kochen verlieren sie ihre Farbe, aber nicht ihren Geschmack.

Ful medames *(Lathyvus sativus)* ◆

Dies ist eine Saubohnenart, die unter ihrem ägyptischen Namen bekannt ist. Überall im Mittleren Osten ißt man Pasteten aus getrockneten Puffbohnen, *taamiya* genannt, und *ful medames* heißt auch ein ägyptisches Nationalgericht, in dem diese Bohnen mit Eiern, Kümmel und Knoblauch gebacken werden. Man kann sie auch gut als Gemüse essen.

Rote Kidneybohnen

(Phaseolus vulgaris) ◆
Sie sind rosa bis kastanienbraun, haben eine mehlige Konsistenz und einen ziemlich süßen Geschmack. Sie bilden die Grundlage von *chili con carne,* dem scharf gewürzten texanischen und nordmexikanischen Gericht, ebenso wie von *frijoles refritos.*

Lablab-Bohnen

(Dolichos lablab) ◆
Ursprünglich aus Indien stammende, hartschalige schwarze Bohnen, die jetzt in ganz Asien und im Mittleren Osten gegessen werden, besonders in Ägypten. Daher wird sie auch Ägyptische Bohne genannt.

Limabohnen

(Phaseolus lunatus) ◆
Es gibt zwei Größen und mehrere Arten dieser nierenförmigen Bohnen, die frisch und getrock-

net gegessen werden. Sie sind gewöhnlich blaßgrün oder cremefarben und auch als Madagaskar-Bohnen bekannt, weil sie dort in großen Mengen angebaut werden, obwohl sie ursprünglich aus Südamerika stammen. Getrocknete Limabohnen behalten ihre Schale und werden oft allein als warmes Gemüse oder in Salaten gereicht.

Mungobohnen

(Phaseolus aureus) ◆
Sie sind auch unter ihrem indischen Namen, *moong dal,* bekannt. Diese kleinen olivgrünen Bohnen haben ein gutes Aroma und einen sehr hohen Vitamingehalt. Sie sind halbiert, ganz und geschält erhältlich. Mungobohnen werden in China viel verwendet, wo man sie wegen der süßen, zarten Keimlinge treiben läßt und sie zu *fen-tiao*-Nudeln verarbeitet. In Indien würzt man sie mit Curry. Die rohen Keimlinge sind köstlich in Salaten, gekocht sind sie Bestandteil vieler orientalischer Gerichte. Die Bohnen werden für Eintopfgerichte verwendet.

Reisbohnen

(Phaseolus calcaratus) ◆
Der Name rührt von dem reisähnlichen Geschmack. Sie werden in China und Indien angebaut.

Sau- oder Puffbohnen

(Vicia faba) ◆
Puffbohnen werden frisch und getrocknet gegessen; die getrockneten sind von feiner Konsistenz und weißlich, beige, oder braun.

Schwarze Schmink- oder Gartenbohnen

(Phaseolus vulgaris) ◆
Eine glänzende schwarze Art der gemeinen Bohne, weich und süß schmeckend, die in der Karibik, Mittel- und Südamerika und Mexiko ein Grundnahrungsmittel ist. Gebratene schwarze Bohnen mit Reis gelten als Nationalspeise vieler südamerikanischer Staaten; *feijoada completa,* ein Gericht aus verschiedenem Fleisch und schwarzen Bohnen, serviert mit Maniokmehl *(farofa),* gewürfelten Orangen, scharfer frischer Pfeffersauce und Kohlgemüse, ist das Nationalgericht Brasiliens.

Sojabohnen *(Glycine max)* ◆

Sojabohnen sind klein und oval, ihre Farbskala geht von **gelb** über **grün** zu **rot** bis **schwarz**. Sie sind

Sojabohnen

reich an Nährstoffen, besonders an Protein, und seit jeher ein wichtiger Bestandteil der orientalischen Kost. Sie werden für die Herstellung von Sojabohnenkäse verwendet (der frisch oder getrocknet sein kann, und in Japan als *tofu* bekannt ist), ebenso für köstliche Nudeln (*harusame*) und für eine süße Paste.

Die Bohnen werden auch fermentiert und zu aromatischen Pasten und Würzstoffen verarbeitet, insbesondere zu Sojasauce (in Japan *shoyu* genannt), zu *tempeh* in Indonesien und in Japan zu *miso*. In jüngerer Zeit sind die Sojabohnen zur wichtigsten ge-

handelten Hülsenfrucht der Welt geworden; sie werden zur Herstellung einer Vielzahl westlicher Grundnahrungsmittel gebraucht sowie für industrielle Zwecke, etwa bei der Plastikherstellung. Sie liefern ein wichtiges Öl (S. 220), können zu Mehl gemahlen werden (S. 257) und sind in Form von Granulat oder Würfeln die Grundlage der meisten Fleischersatzprodukte. Auch die Milch der Sojabohnen wird verwendet. Die grünen Bohnen, frischer und getrockneter Bohnenkäse und Sojawürze werden in vielen chinesischen und japanischen Gerichten verwendet. Man kann die

Bohnen auch keimen lassen, meist werden für Keimlinge jedoch Mungobohnen verwendet.

Tauben- oder **Kongoerbsen (Toor dal)** *(Cajanus cajan)* ✦ Diese beigen Bohnen mit süßlichem Aroma werden wegen ihrer Form und Größe als Erbsen bezeichnet. Sie sind in der Karibik ein Grundnahrungsmittel, wo sie für eine Vielzahl von Reisgerichten und Suppen verwendet werden, z. B. auf Barbados für *jugug*, das als eine Verfälschung des schottischen *haggis* gilt, ebenso wie für die Taubenerbsensuppe von Trinidad.

Pilze und Trüffeln

Mit dem Wort »Pilz« bezeichnen wir alle Formen eßbarer Schwämme. Pilze wachsen wild oder können gezüchtet werden; es gibt sie frisch, konserviert, eingelegt und getrocknet. Sie werden zu Saucen und Ketchup verarbeitet und in den meisten Ländern der Welt verwendet man sie für viele verschiedene Gerichte. Pilze enthalten etwa 80% Wasser, 8% Kohlenhydrate und 1% Fett. Sie sind auch reich an Proteinen, Riboflavin und Thiamin, Eisen und Kupfer, Kalium und Phosphaten.

Pilzesammeln ist in vielen Ländern ein beliebter Zeitvertreib, doch nicht überall werden die gleichen Arten gesammelt. Allein in Amerika gibt es etwa fünfzig eßbare wilde Sorten. Jedoch sind nicht alle Pilze eßbar. Manche Pilze der Amanita-Familie sind tödlich; so ist der *Knollenblätterpilz* im Englischen auch als *Todesbecher* oder, noch bildlicher, als *Todesengel* bekannt. Pilze der Gattung *Psilocybe*, die vor allem in Mexiko gefunden werden, sind halluzinogen und galten einst als heilig. Amateurpilzsammler sollten nur leicht zu bestimmende Pilze sammeln, zu denen die Morchel gehört, die als der feinste Pilz gilt, sowie Steinpilze und Maronen. In Amerika kann man als Mitglied einer der vielen pilzkundlichen Gesellschaften zur Pilzbestimmung die Hilfe von Beratungsstellen in Anspruch nehmen.

Pilzzucht
Über die Vermehrung und den Lebenszyklus der Pilze war wenig bekannt, bis der französische Botaniker Marchant 1678 nachwies, daß Pilze auf einem Fadengeflecht, dem Myzel wachsen, das sich direkt unter der Erdoberfläche befindet. Handelsgärtner in Paris setzten die Theorie gleich in die Praxis um; sie verpflanzten die »Wurzeln« der wilden Pilze in ein Beet mit Pferdedünger und züchteten so die Ahnen eines bemerkenswert erfolgreichen Produkts.

Um 1890 festigten die französischen Wissenschaftler vollends ihre Monopolstellung, indem sie pasteurisierten Myzel entwickelten und damit verläßlichere Ernten erhielten. Amerikanische Züchter, die in New York City erstmals Pilzzuchten angelegt hatten, übernahmen im späten 19. Jahrhundert die französische Technik. Heute blüht die Pilzindustrie nicht nur in Europa und Amerika, sondern auch in Australien und Südamerika.

Heute werden fünf Pilzarten in größerem Maßstab gezüchtet: der Champignon, die französische und italienische Trüffel, der chinesische *Paddystraw*-Pilz (Reisstrohpilz) sowie der *Cloud-Ear*-Pilz und der japanische *shiitake*. Der *Matsutake*-Pilz aus Japan wird nicht gezüchtet, aber in großem Umfang gesammelt und für den Export konserviert.

Pilze in der Küche
Manche Pilze müssen zuerst überbrüht werden, besonders Pfifferlinge. Große Sorten können in Scheiben geschnitten, in Ei und Paniermehl gewendet und in Fett ausgebacken werden, während junge Pilze roh in Salat geschnitten ausgezeichnet schmecken. Wenn die Haut nicht zäh und verfärbt ist, müssen Pilze nicht geschält werden. Man wischt die Köpfe mit einem feuchten Tuch oder Papiertuch ab. Wenn sie sehr schmutzig oder sandig sind und gewaschen werden müssen, sollte das schnell geschehen, damit sie sich nicht vollsaugen. Wildwachsende Pilze sollten sorgfältig verlesen und von Insekten und Steinchen befreit werden. Kochen Sie sie nach dem Sammeln so schnell wie möglich. Getrocknete Pilze müssen etwa 15 Minuten in Wasser eingeweicht werden. Frische Pilze halten sich in einem offenen Plastikbeutel im Kühlschrank vier oder fünf Tage. Getrocknete Pilze halten sich mindestens ein Jahr. 85 g getrocknete Pilze entsprechen 450 g frischen Pilzen.

GEZÜCHTETE SORTEN

Champignons ✦
Der Zuchtchampignon (*Agaricus bisporus*) wird gewöhnlich jung geerntet, entweder **mit noch geschlossenem Hut** ✦, wenn die

Lamellen blaßrosa sind; oder mit halb geöffnetem Hut ✦. Der reife Champignon mit ganz geöffnetem, **flachem Hut** ✦* hat dunkelbraune Lamellen.

Die meisten Züchter verwenden Stallmist, maschinell mit

Gips und Baumwollsamen oder mit Gerste gemischt (wegen ihres hohen Stickstoffgehalts). Der Kompost wird mit Dampf pasteurisiert und unter kontrollierten Bedingungen mit dem Myzelgeflecht versetzt. Das

Myzel wird dann mit einer schützenden Lage Erde bedeckt, die drei Wochen lang bei 18°C ruht, während der Kompost konstant feuchtgehalten wird. Nach einem Monat erscheinen die Pilze und wachsen noch weitere drei oder vier Monate. Ein Drittel des Ertrags wird frisch verkauft, ein Drittel konserviert und der Rest wird für Suppen verwendet.

Matsutake (*Tricholoma matsutake*)
Dieser Pilz wächst in Japan auf dem *Matsu*-Baum und ist ein Verwandter des europäischen **Ritterlings** ✦. Der delikate Pilz wird in Japan frisch oder in Dosen angeboten und für zahlreiche Regionalgerichte wie *tori mushiyaki* (gedünstetes Huhn) gebraucht.

Paddy-Straw- oder **Reisstroh-Pilz** (*Volvariella volvacea*) ✦
Diese kleinen konischen, aus China stammenden Pilze wachsen auf nassen Reisstrohunterlagen; sie werden frisch und getrocknet verkauft. In Kanton werden sie wahrscheinlich schon sehr lange gezüchtet. Sie sind Hauptbestandteil des vegetarischen Gerichts *sushi-chin* und werden für gekochte oder gebratene Hühnergerichte verwendet.

Shiitake (*Lentinus edodes*) ✦
Dieser Pilz ist der verbreitetste in der Orientalischen Küche; er wächst in China und Japan auf dem Holz toter Laubbäume. Seinen Namen verdankt er dem *shii*-Baum (*Pasania*), er wächst aber auch auf Eichen und Buchen. Das Myzel wird in Löcher oder in die herausgehauenen Keile von Stämmen eingesetzt und trägt 3–6 Jahre. Shiitake werden an der Sonne oder bei künstlicher Hitze getrocknet. Getrocknete Pilze sollten 20 Minuten in warmem Wasser eingeweicht werden.

Wood oder **Cloud ear** (*Auricularia polytricha*) ✦
Ein entfernter Verwandter des europäischen **Judasohrs**, wird dieser chinesische Pilz auf Holz gezüchtet oder von Baumstämmen gesammelt, auf denen er wild wächst. Getrocknet ist er zäh und gallertartig und muß etwa 30 Minuten in mehrmals erneuertem warmem Wasser eingeweicht werden. Er wird in Suppen, Huhn- und Fischgerichten geschätzt.

Austernpilz
Ein wildwachsender Pilz mit einem bläulich-grauen Hut; er wird gebraten, gekocht oder gegrillt gegessen. In Frankreich ist er sehr beliebt.

WILDWACHSENDE SORTEN

Wildwachsende Pilze sollten im Zweifelsfall von einer Pilzberatungsstelle geprüft werden, bevor man sie kocht und ißt.

Morchel (*Morchella esculenta*) ✦
Die Morchel erkennt man an dem braunen, schwammähnlichen Hut, in dessen kleinen Löchern die Sporen gebildet werden. Er wächst im Frühling und Frühsommer in Waldlichtungen und kann in Spezialläden auch getrocknet oder konserviert gekauft werden.

Parasolpilz oder **Großer Schirmling** (*Lepiota procera*) ✦
Parasolpilze wachsen von Juli bis November auf sandigen Wiesen und Waldlichtungen. Der Name *Lepiota procera* kommt von dem lateinischen Wort *lepis*, d. h. »Schuppe«, und *procerus*, d. h. »große«, eine treffende Beschreibung dieses eleganten Pilzes mit seinen dünnen Schuppen auf dem Hut. Obwohl er ausgezeichnet schmeckt, sollte man den Fuß nicht essen, denn er ist zäh und faserig.

Pfifferling (*Chantarellus cibarius*) ✦
Man findet Pfifferlinge meist in Buchenwäldern. Unter dem trichterförmigen gelben Hut verbirgt sich ein blasseres Fleisch, der Fuß ist bis unter den Hut zart gerippt. Pfifferlinge können nicht künstlich gezüchtet werden; sie haben einen köstlichen Geschmack und sollten nicht zu lange gekocht werden, da sie dann ledrig und zäh werden. Von Juni bis August sind Pfifferlinge frisch auf dem Markt, ansonsten kann man sie in Dosen und Gläsern oder auch getrocknet kaufen.

Riesenbovist (*Lycoperdon giganteum*)
Alle echten Boviste sind eßbar, aber nur, solange sie jung, fest und weiß sind. Der Riesenbovist ist von August bis Oktober in Wäldern und Wiesen zu finden.

Schafegerling (*Agaricus arvensis*)
Im Geschmack dem Wiesenchampignon ähnlich, hat der Egerling, der auch in Wiesen wächst, einen gelben Hut und graue Lamellen.

Steinpilz (*Boletus edulis*)
Ein in Europa weit verbreiteter, köstlich schmeckender Pilz. Die Griechen und Römer verwandten das Wort *bolites*, um die besten eßbaren Pilze zu bezeichnen, aber seither wurde nur der *Boletus* so genannt. Man findet ihn im Spätsommer und Herbst in Waldlichtungen, gewöhnlich unter Nadelbäumen; man erkennt ihn an seinem gedrungenen Stiel mit leicht erhabenen, nach oben verlaufenden weißen Äderchen und an den weißen bis olivgrünen vertikalen Röhrchen unter dem braunen Hut.

Trüffeln ✦
Diese Knollenpilze wachsen in der Nähe von Eichenwurzeln; sie werden insofern gezüchtet, als Eichen gepflanzt werden, um ihr Wachstum zu fördern. Die beiden Hauptsorten, die in der Küche am meisten geschätzt werden, sind die schwarze **Périgord-Trüffel** ✦ (*Tuber melanosporum*) und die weiße **Piemonteser-**Trüffel ✦ (*T. magnatum*) aus der Gegend von Alba in Italien. Beide sind teure Delikatessen. Es gibt außerdem die **rotgekörnte schwarze Trüffel** (*T. aestivum*), die in England wächst, aber weitgehend unbekannt ist, und die **violette** europäische Trüffel (*T. brumale*). Französische Trüffeln werden im Herbst gesammelt und lokal gehandelt, so daß wir sie meistens nur gekocht und konserviert kaufen können, wenn sie bereits etwas von ihrem charakteristischen Aroma verloren haben.

Weiße Trüffeln haben einen starken Geschmack und sind sehr aromatisch. Sie werden gewöhnlich roh über Pasta, Risotto oder Eiergerichte gerieben; nach einem klassischen Rezept werden sie mit Parmesankäse gekocht. Schwarze Trüffeln können als dekorative Garnierung für Gänseleberpastete, für Gerichte in Aspik oder zusammen mit Rührei verwendet werden, wie in dem französischen Rezept *brouillade de truffe*.

Wiesenchampignon oder **Egerling** (*Agaricus campestris*) ✦
Der bekannte weiße Hut wächst vom Frühsommer bis Herbst in den Wiesen; auf Gemüsemärkten und in Spezialgeschäften ist er das ganze Jahr über reichlich vorhanden.

Obst

Versuche mit Obstanbau sind schon vor über 8000 Jahren belegt. Archäologen fanden Spuren verkohlter Äpfel in alten Siedlungen in der Türkei, und aus neolithischen Stätten in Dänemark und der Schweiz stammen die versteinerten Reste von Schlehen, Brombeeren, Himbeeren, Erdbeeren, Heidelbeeren und Holzäpfeln. Diese Äpfel waren größer als die heutigen wilden Arten; daher nimmt man an, daß sie einem frühen Kultivationsstadium zuzuordnen sind.

Wir können weder die Herkunft von Obst genau bestimmen, noch können wir präzisieren, wann eine allmähliche Wanderung einsetzte, denn schriftliche Zeugnisse gibt es wenige, zudem sind sie oft vage, doch gewisse Fakten sind bekannt.

Aprikosen und Pfirsiche wurden vor etwa 3000 Jahren in China gezüchtet. Ihr Anbau verbreitete sich allmählich nach Westen, wobei die Aprikose sich in Armenien so durchsetzte, daß sie von den Römern *armeniacum*, d. h. »Armenischer Apfel« genannt wurde; danach verzögerte sich ihre Westwärtswanderung, denn sie erreichte Palästina erst in nachbiblischer Zeit.

Armenien, das nördliche Persien und die Ausläufer des Kaukasus waren die feinsten Obstgärten der Alten Welt. Hier war die Heimat des Weins, der Quitte, der Mispel, des Granatapfels und wahrscheinlich auch der Pflaume und der Pflaumenschlehe. Man nimmt an, daß der Wein mit den Phöniziern von Armenien nach Griechenland und Rom kam; die Römer ihrerseits pflanzten Wein in Südfrankreich und entlang den Steilufern des Rheins an. Der Obstanbau verbreitete sich auch nach Süden, ins fruchtbare Schwemmland Assyriens und Babyloniens, wo die Bauern Granatäpfel, Äpfel, Kirschen, Pfirsiche, Maulbeeren und Feigen kultivierten.

Die in China beheimateten Orangen sollen während des 1. Jahrhunderts n. Chr. in Indien aufgetaucht sein, und von dort kamen sie zuerst an die Ostküste Afrikas und dann in den östlichen Mittelmeerraum. Römische Gärtner pflanzten Orangenhaine in Italien und haben die Orange vielleicht in Spanien eingeführt, obwohl die spanische Orange auch den moslemischen Eindringlingen zugeschrieben wird, die die Zitrone mitgebracht hatten. Die Orangen machten ihren Weg im 16. Jahrhundert in die Neue Welt und hatten sich schließlich 1769 in Kalifornien eingebürgert. Die Bananen nahmen schon etwas früher einen ähnlichen Weg; sie erreichten Indien um 500 v. Chr. und wanderten von dort zu den Kanarischen Inseln und gelangten über Afrika auf die Westindischen Inseln.

Im 17. und 18. Jahrhundert gab es zwischen Europa und Amerika einen bedeutenden Austausch von Obst. Einer der willkommensten Beiträge aus der Neuen Welt war die in Amerika gezüchtete großfruchtige Gartenerdbeere, die 1660 erstmals in England angeboten wurde.

Um 1770 tauchten auf den Londoner Märkten erstmals amerikanische Äpfel auf, ebenso wie Bananen von den Westindischen Inseln und eine neue, hellrosa Pflanze mit saftig-fleischigen Blattstielen, die niemand zu kochen wußte. Diese saure und vitaminreiche Pflanze wurde »Rhabarber« genannt und ist heute überall ein sehr geschätztes und auf vielerlei Weise verwendbares Frühjahrsobst.

Die Ananas war die einzige Frucht aus Mittelamerika, die es zu internationaler Geltung brachte, bis der moderne Trend zur Avocado ihr den Rang ablief. In Peru und Brasilien war sie damals mindestens schon seit tausend Jahren gezüchtet worden; in Europa bürgerte sie sich zusammen mit Guava, Papaya, Sternapfel und Saurer Sobbe ein. Alle diese Früchte verbreiteten sich über die karibischen Inseln und vermischten sich dort mit den einheimischen.

Südostasien ist reich an interessanten und saftigen Früchten wie Banane, Mango, Karambola, Zibetfrucht, Rambutan und Mangostin. Die Rambutanfrucht findet man wahrscheinlich außerhalb ihrer Heimat Malaysia nicht, aber die Mangofrucht, die im 17. Jahr-

hundert in die Karibik gebracht wurde, ist seither in der ganzen Welt bekannt geworden.

Früchte wurden jedoch trotz ihres weitverbreiteten Anbaus mit Argwohn betrachtet; man glaubte, sie würden Magenbeschwerden hervorrufen, eine Ansicht, die erstmals der griechische Arzt Galen äußerte. Dieser Glaube hielt sich bis ins späte 19. Jahrhundert, als exotische Früchte noch immer den Wohlhabenden vorbehalten waren, denn Importe waren teuer.

Sorten und Hybriden

Die Bereitschaft mancher Früchte, sich mit anderen zu vermischen und auf Kreuzungsversuche zu reagieren, hat die Gärtner begeistert, seit die Römer erstmals Pflaumenbäume zu veredeln versuchten.

Die mannigfaltigen Obstsorten entstanden durch zwei botanische Systeme, die Variation und die Hybridisation. Varietäten entstehen durch zwei Elternpflanzen derselben Gattung, die verschiedene Merkmale oder Qualitäten haben. Die Kreuzung zweier Apfelsorten wie Worcester und McIntosh Red ergibt eine dritte Sorte – »Tydeman's Early Worcester«. Diese Sorte vereint die besten Qualitäten beider Elternpflanzen.

Die Kreuzung von Elternpflanzen, die genetisch ungleich oder auf charakteristische Weise verschieden sind, ergibt eine Hybridzüchtung. Wenn man eine Grapefruit mit einer Tangerine kreuzt, entsteht eine Frucht, die einige Merkmale beider Gattungen aufweist, in diesem Fall die Tangelo. Die Familie der Zitrusfrüchte hat von allen am besten auf die Hybridisation reagiert. Einige Beispiele sind die Uglifrucht, eine Kreuzung von Tangerine und Grapefruit; die Clementine, eine Hybride aus Tangerine und Süßorange; und die Citrange, die aus einer Kreuzung von Zitrone und Orange entstand. Versuche, Abarten der Kumquat, einer in China beheimateten Zitrusfrucht, zu züchten, ergaben die Limequats, Orangequats und Citrangequats.

Viele dieser Hybriden mögen sich als bloße botanische Kuriositäten mit geringer kommerzieller Bedeutung erweisen, aber einige werden auf dem Weltmarkt bereits populär. Die Clementine, eine Kreuzung zwischen Orange und einer Tangerinensorte und nach ihrem ersten Züchter, dem Trappistenmönch Père Clément benannt, ist ein Beispiel dafür.

Einige saisonabhängige Obstsorten haben eine attraktive Qualität oder finden ungewöhnlichen Anklang; Beispiele sind die Blutorangen, rotfleischige Grapefruits und rote Bananen mit rosa Fleisch. Blutorangen enthalten ein rotes Pigment, das Anthocyanin, das dem Fleisch der Orange die Röte verleiht, während die Thompson-Sorte der rotfleischigen Grapefruit ihre Farbe einem Karotinpigment, dem Lycopen, verdankt.

Kommerzielle Verwertung von Obst

Alle Zitrusfrüchte enthalten in ihrer Schale aromatische Öle – Öle, die zum Kochen und bei der Likörherstellung verwendet werden und die in der Parfümindustrie unentbehrlich sind. Limonenöl wird vielfach als Aromastoff gebraucht, und die Schale von bitteren Orangen wie der Bergamotte und der Sevilla-Orange liefert Neroliöl und Bergamottöl für Parfüm.

Zahllose Früchte werden als Aromastoffe für Liköre und Branntweine verwendet; zu den berühmteren zählen der Curaçao aus Orangen und das Kirschwasser.

Zitronensäure, die hauptsächlich aus dem Fruchtfleisch gewonnen wird, ist ein nützliches Nebenprodukt der Zitronen. In Kristallform verarbeitet wird sie zum Aromatisieren von belebenden Getränken und Konfekt verwendet. Enzyme aus Papayas und Ananas sind in Fleischzartmachern enthalten, weil sie zur Spaltung von Proteinen beitragen.

Viele Fruchtaromen, wie Bananen-, Birnen-, Orangen- und Ananasaroma, sind für die Nahrungsmittelindustrie künstlich hergestellt worden (S. 215), und diese synthetischen Produkte sind besonders bei der Herstellung von Speiseeis und Getränken nützlich.

Einkauf und Lagerung von Obst

Beim Kaufen von Früchten ist auf weiche Stellen oder Druckstellen zu achten. Kaufen Sie möglichst offen ausliegende Produkte und verlassen Sie sich lieber nicht auf abgepacktes Obst; kaufen Sie auch aus geschmacklichen und ökonomischen Gründen Saisonobst. Die Methoden, um den Grad der Reife festzustellen, sind bei jeder einzelnen Obstsorte verschieden.

Wenn Sie die Frucht nicht sofort essen wollen, empfiehlt sich, leicht unreife Ware zu kaufen und sie zu Hause einen bis drei Tage lang reifen zu lassen. Die meisten reifen Früchte sollten im Kühlschrank aufbewahrt werden, während unreifes Obst bei Zimmertemperatur gelagert werden kann. Alle Früchte haben individuelle Merkmale, und man kann unmöglich eine allgemeine Regel dafür aufstellen, wann eine jeweils eßreif ist.

Obst in der Küche

Frische, eingemachte oder getrocknete Früchte finden vielfältige Verwendung in der Küche. Sie können roh in Salaten, mit Käse als Dessert gegessen, mit Fleisch oder allein gekocht werden.

Zucker- und Säuregehalt der Frucht tragen wesentlich zu ihrem Geschmack und dem ihr zugedachten Verwendungszweck bei – ob sie zum Kochen oder als frische Dessertfrucht gedacht ist. Kochäpfel beispielsweise enthalten wenig Zucker, aber viel Apfelsäure; sie werden beim Kochen leicht breiig, während Dessertäpfel fest bleiben. Kochapfelsorten sind auch am besten zum Backen geeignet. Verwenden Sie Dessertäpfel für gedünsteten Rotkohl und für Rezepte, für die festkochende Apfelstücke nötig sind.

Zitrusfrüchte für Salate oder Kompott sollten mit einem Messer geschält werden, um das Weiße zu entfernen. Im Idealfall sollten auch das innere Gehäuse, die Kerne und die Segmenthäute entfernt werden. Soll mit der Schale von Zitrusfrüchten gewürzt werden, nimmt man einen Kartoffelschäler und löst nur die oberste Schicht ab. Wird eine größere Menge gebraucht, um eine Nachspeise zu aromatisieren, nimmt man die ganze Schale, bindet die Teile zusammen und blanchiert sie mehrmals. Dann wird sie abgetrocknet und in Zuckersirup gelegt. Soll die Schale der Zitrusfrucht zum Süßen verwendet werden, reibt man die Schale mit einem Stück Würfelzucker ein, bevor man sie ans Dessert gibt.

Zuckern Sie Erdbeeren nicht im voraus, denn der Zucker zieht den Saft und die Frucht wird matschig. Rote, Schwarze und die selteneren Weißen Johannisbeeren müssen entstielt werden, eine Arbeit, die weniger mühsam ist, wenn man die Beeren mit einer Gabel vom Stiel abzieht. Die meisten Beeren geben eine ganze Menge Saft ab; fügen Sie etwas Zucker hinzu und kochen Sie sie kurz auf, damit sie ganz bleiben.

Melonen sollten erst unmittelbar vor dem Servieren vorbereitet werden; sonst büßen sie etwas von ihrem feinen Aroma ein.

Geschälte Bananen, Äpfel und Birnen werden an der Luft braun und sollten deshalb in gesäuertes Wasser getaucht werden (Wasser mit einem Spritzer Zitronensaft oder einem Teelöffel voll Weinstein oder Ascorbinsäure).

Wenn Sie frisches Obst einmachen, verwenden Sie am besten leicht unreife Früchte, die den höchsten Pektingehalt haben (siehe Konfitüren, Marmeladen und Gelees, S. 227).

STEINOBST (siehe auch S. 98)

Aprikose (*Prunus*, spp.) ◆
Eine Frucht, die ursprünglich aus China kommt, aber jetzt überall erhältlich ist. Sie wird frisch gegessen und für Kuchen und Kompott verwendet. Sie ist auch in Dosen und getrocknet erhältlich – in Trockenform wird sie meist gedünstet.

Dattel (*Phoenix,* spp.) ◆
Hauptsächlich in den Wüstenoasen der arabischen Halbinsel angebaut, wachsen aber auch in Südcarolina und Arizona. Die jetzt angebauten beliebtesten Dattelsorten, z. B. Medjool und Deglet Noor, sind – wie ihre Namen verraten – arabischen Ursprungs. Datteln werden frisch oder getrocknet angeboten; man kann sie als Garnierung für eine Obstschale servieren oder mit Weichkäse füllen. Datteln lassen sich auch gut einfrieren und können so längere Zeit aufgehoben werden.

Kirsche (*Prunus,* spp.) ◆
Zu den bekanntesten Süßkirschen gehören die weichfleischigen **Ochsenherzkirschen**, die **Bigarreau Napoléon** und die **Hedelfinger Riesenkirsche**; zu den beliebtesten Sauerkirschen zählen die tiefdunklen **Schattenmorellen**,

Dattelpalme

die **Diemitzer** und die **Königliche Amarelle**. Alle werden als Tafelobst, Kompott oder Kuchenbelag verwendet und sind frisch oder in Dosen erhältlich.

Loquat oder **Japanische Mispel**
(*Eriobotrya japonica*)
Sie gehört zur gleichen botanischen Familie wie der Apfel. Ursprünglich aus China und Japan, ist sie heute auch in den Mittelmeerländern weit verbreitet. Die gelbe birnenförmige Frucht hat die Größe eines Holzapfels. Sie kann frisch oder gedünstet gegessen werden und wird auch zu Konfitüren verarbeitet.

Mispel (*Mespilus germanica*)
Eine Frucht von der Größe eines kleinen Apfels, mit einer braunen Schale und festem Fleisch. Sie ist in Vorderasien heimisch und wird vornehmlich in Italien angebaut. Sie wird im allgemeinen frisch gegessen, kann aber auch eingemacht werden.

Nektarine (*Prunus,* spp.) ◆
Eine Kreuzung zwischen Pfirsich und Pflaume, die frisch gegessen oder gekocht und zu Konfitüre verarbeitet werden kann.

Pfirsich (*Prunus,* spp.) ◆
Die sehr zahlreichen Sorten werden gewöhnlich nach solchen mit leicht auslösbarem und solchen mit am Fleisch haftendem Stein unterschieden. Die ersteren werden bevorzugt frisch gegessen und konserviert oder getrocknet. Die letzteren mit hellerem Fleisch sind zum Dünsten geeignet.

Pflaumen (*Prunus,* spp.) ◆
Viele verschiedene Sorten sind erhältlich. Die **Pflaumenschlehe** ist mit der Damaszenerpflaume verwandt und in Europa beheimatet. Sie wird hauptsächlich für Konfitüre verwendet. Die **Zwetschge** ◆ ist eine europäische Sorte, die im Gegensatz zu anderen weniger zum Rohessen geeignet ist. Sie ist sehr dunkel und sauer und hat eine dicke Haut. Sie eignet sich ausgezeichnet zum Einmachen. Die **Reineclaude** ist eine Pflaume mit gelbgrüner Haut. Diese Sorte ist die süßeste und hat den besten Geschmack. Die **Mirabelle** ist eine kleine goldgelbe Pflaume; man ißt sie gedünstet, als Konfitüre (S. 42), und macht Likör daraus. Die Schlehe ist wegen ihrer Säure nicht eßbar. In Frankreich wird sie destilliert und zu Likör verarbeitet; in anderen Gegenden macht man Konfitüre daraus. Die

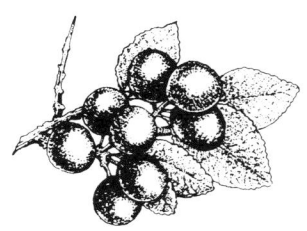

Schlehen
Die kleine, dunkelblaue, pflaumenähnliche Frucht des Schleh- oder Schwarzdorns wird hauptsächlich zur Ginherstellung verwendet, doch kann man sie auch einkochen.

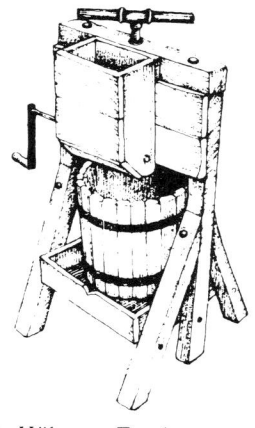

Hölzerne Fruchtpresse

meisten Pflaumen können frisch gegessen werden und aus allen Sorten kann man Konfitüre oder Kompott machen. Kochpflaumen, die sich durch Säure und saftloses Fleisch auszeichnen, werden in verschiedenen Sorten angeboten und normalerweise zu Konfitüren verarbeitet. Pflaumen sind frisch, konserviert und getrocknet erhältlich.

BEERENOBST
(siehe auch S. 100)

Arbutus *(Arbutus unedo)*
Diese fast geschmacklose Beere ist die Frucht des Erdbeerbaums. Sie wird hauptsächlich eingemacht und zur Alkoholgewinnung verwendet.

Blaubeere, Heidelbeere
(Vaccinium, spp.) ✦
Diese kleine dunkelblaue Frucht reift im Sommer. Sie kann frisch oder mit Zucker gekocht gegessen werden. Auch als Kuchenbelag, in Aufläufen und eingemacht sehr beliebt.

Brombeere *(Rubus fruticosus)* ✦
Im Spätsommer und Frühherbst erhältlich, wird diese nahrhafte Frucht im allgemeinen frisch gegessen, oder sie kann eingekocht, für Kuchen und Sirup verwendet werden. Brombeeren sollen auch bei Mund- und Rachenleiden helfen.

Büffelbeere oder **Büffeljohannisbeere** *(Shepherdia argentea)*
Die herbe gelbe Frucht eines nordamerikanischen Ölweidengewächses von der Größe einer Johannisbeere, mit einem Kern. Man verwendet sie für Kuchen, Marmeladen und zum Einkochen.

Erdbeere *(Fragaria spp.)* ✦
Die aus Amerika stammenden Gartenerdbeeren sind frisch oder gefroren erhältlich und schmecken köstlich allein oder mit Sahne. Sie können eingekocht werden oder zu Kaltschalen, Kuchen und vielen Süßspeisen verwendet werden. Die Erntezeit ist im Spätfrühling und Frühsommer, doch sie sind das ganze Jahr über erhältlich. Die **Walderdbeere** ✦ ist kleiner und geschmackvoller als die gezüchtete Erdbeere und kann genauso verwendet werden.

Erdkirsche *(Physalis fruinosa)*
Eine süße, leicht säuerliche

Frucht mit einer laternenförmigen Hülse; sie wird normalerweise eingekocht, kann aber auch roh gegessen werden.

Amerikanische Heidelbeere
(Gaylusacia frondosa)
Eine Blaubeerenart, die in einigen Gegenden von Amerika wild wächst. Die süße Beere wird frisch gegessen oder in Nachspeisen und Kuchen verwendet.

Himbeere *(Rubus idaeus)* ✦
Himbeeren reifen im Hochsommer. Diese sehr aromatischen Beeren sind frisch oder gefroren erhältlich und können frisch gegessen bzw. für Süßspeisen, Getränke und zum Einmachen verwendet werden. Sie gelten auch als harntreibend.

Honigbeere *(Rubus, spp.)*
Verwandt mit der Himbeere, kann die Honigbeere roh gegessen oder als Dessert gekocht und eingemacht werden.

Rote Johannisbeere
(Ribes rubrum) ✦
Eine rote, durchsichtige, ziemlich saure Beere. Man kann sie frisch essen; häufiger wird sie eingekocht, zu Sirup und Wein verarbeitet. Ihr Saft gilt als sehr wirksames harntreibendes Mittel. Die Beeren sind während des Sommers erhältlich.

Schwarze Johannisbeere
(Ribes nigrum) ✦
Die süße schwarze Frucht ist bekannt als Grundlage für den Cassislikör, aber sie kann auch gekocht als Dessert zu Konfitüre verarbeitet werden. Man schreibt ihr auch eine Heilwirkung bei Arthritis zu. Es ist eine Sommerfrucht.

Weiße Johannisbeere
(Ribes sativum)
Sie ist weniger sauer als die Rote Johannisbeere und wird roh oder eingemacht gegessen.

Kapstachelbeere
(Physalis peruviana)
Diese gelbe Beere ähnelt der Erdkirsche; sie kann roh gegessen werden, wird aber häufiger eingekocht.

Kratzbeere *(Rubus caesius)*
Eine kleine wildwachsende, auch als Kroatzbeere bekannte Beere, die normalerweise zu Nachspeisen oder Konfitüre verkocht wird.

Loganbeere
(Rubus loganbaccus)
Diese dunkelrote Frucht ist eine nordamerikanische Kreuzung von Brombeere und Himbeere. Sie ist als Konserve und im Hochsommer frisch erhältlich.

Maulbeere *(Morus, spp.)*
Es gibt verschiedene Sorten; die bekanntesten sind die **weiße** *(Morus alba)* und die **schwarze** Maulbeere *(Morus nigra)*. Sie werden im allgemeinen frisch gegessen oder zu Konfitüren und Wein verarbeitet.

Moosbeere (Cranberry)
(Vaccinium oxycoccus) ✦
Diese sauer schmeckende Frucht wird in den USA fast immer für die dort zum Truthahn gehörende Moosbeerensauce verwendet. Frische Beeren gibt es in den Wintermonaten, aber gefrorene oder konservierte Moosbeeren werden das ganze Jahr über angeboten.

Prachtbrombeere
(Ribes spectabilis)
Eine amerikanische wilde Brombeerart mit großen lachsroten oder – wenn sie ganz reif sind – weinroten Beeren. Sie werden frisch gegessen oder für Kuchen und Desserts verwendet. Manchmal werden sie eingemacht.

Sapote *(Achras sapota)*
Das Fleisch dieser braunen Frucht ist mit schwarzen, nicht eßbaren Samenkernen durchsetzt; sie ist nur reif genießbar. Der köstliche Geschmack erinnert an braunen Zucker.

Stachelbeere
(Ribes grossularia) ✦
Stachelbeeren können im reifen Zustand roh gegessen werden, für Kuchenbelag, Konfitüre und Kompott werden sie unreif geerntet. Von Spätfrühling bis Spätsommer erhältlich.

Torf-, Lakka- oder **Moltebeere**
(Rubus chamaemorus)
Eine kleine goldfarbene Frucht, die in großen Moorgebieten, vor allem in Skandinavien, gesammelt wird. Sie kann für Desserts oder Konfitüren verwendet werden.

Weißdorn *(Crataegus, spp.)*
Die Mehlbeeren, die Früchte des Weißdorns, werden für Konfitüren und Gelees verwendet. Aus Beeren und Blüten kann Wein hergestellt werden.

Worcesterbeere
(Ribes divaricatum)
Eine amerikanische Variante der Stachelbeere. Diese kleine schwarze Frucht wurde erstmals in Worcester verkauft; man hielt sie für eine Kreuzung von Stachelbeere und Schwarzer Johannisbeere. Sie kann wie die Stachelbeere verwendet werden.

ÄPFEL ✦ (siehe auch S. 106)

Heute werden in der Welt weit über 20000 Apfelsorten *(Malus communis)* gezüchtet. Im Handel werden Tafel und Kochäpfel angeboten, die Ernte in den Hauptproduktionsländern Europas liegt zwischen Juli und November. Zu den beliebtesten Tafelsorten gehören in Deutschland **Goldparmäne, Cox's Orange ✦, Berlepsch, Boskoop** und **Golden Delicious ✦.** Äpfel werden als Tafelobst, Kompott und Kuchenbelag verwendet und können auch als Dörrobst gekauft werden.

TRAUBEN ✦ (siehe auch S. 108)

Es gibt blaue und weiße Trauben *(Vitis vinifera);* verschiedene Sorten zum frisch essen, für die Weinproduktion und zum Trocknen (als Rosinen) werden in vielen Teilen der Welt angebaut. Beliebte Tafeltraubensorten sind **Muskateller, Alicante** und **Almeria.** Speziell für die Weinherstellung bestimmte Trauben sind u. a. **Chardonnay, Pinot Noir, Cabernet** und **Riesling.** Die meisten in Deutschland angebauten Traubensorten sind für die Weinherstellung bestimmt; Tafeltrauben sind fast immer Importe aus wärmeren Ländern.

BIRNEN ✦ (siehe auch S. 105)

Es gibt viele Birnensorten *(Pyrus communis)* auf der Welt, die sich nach Größe, Farbe und Beschaffenheit unterscheiden. Sie können frisch gegessen oder gekocht und eingelegt werden. Die bekanntesten Tafelbirnen sind die **Williamsbirne,** die im Spätsommer reift, und die **Gute Luise,** die später im Jahr erhältlich sind. Birnen sind auch als Konserven erhältlich und können mit Sahne oder anderen Früchten als Dessert gereicht werden. Frisch können sie im Ganzen mit Käse serviert oder in Stücke geschnitten an Obstsalat gegeben werden.

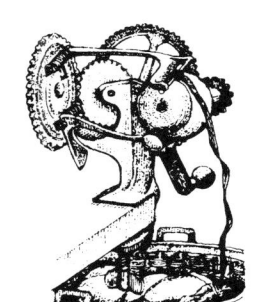

Ein mechanischer Apfelschäler aus dem 19. Jahrhundert.

ZITRUSFRÜCHTE
(siehe auch S. 102–104)

Clementine *(Citrus,* spp.*)* ✦
Man kann sie für eine Tangerinensorte ebenso wie für eine Kreuzung zwischen Tangerine und Süßorange halten. Sie wird hauptsächlich in den nordafrikanischen Ländern angebaut und ist praktisch kernlos.

Grapefruit *(Citrus paradisi)* ✦
Diese von den Westindischen Inseln stammende Zitrusfrucht wird heute in vielen heißen Zonen angebaut. Grapefruits werden gern zum Frühstück gegessen; sie sollen ein Enzym enthalten, das den Stoffwechsel anregt – daher die häufige Verwendung in Schlankheitsdiäten. Zwei der meistimportierten Sorten sind die **Jaffa, Outspan** und US-Züchtungen; sie können roh oder mit braunem Zucker gekocht gegessen oder auch zu Saft und Marmeladen verarbeitet werden.

Kumquat *(Fortunella,* spp.*)* ✦
Eine kleine, ovale, orangenähnliche Frucht mit süßer Schale und saftigem, leicht bitterem Fruchtfleisch. Sie kann frisch mit der Schale gegessen werden, ist aber auch in Sirup eingelegt erhältlich. Kumquats werden mitunter eingekocht.

Saure Limette
(Citrus aurantifolia) ✦
Eine der kleineren Zitrusfrüchte, die hauptsächlich in tropischen Ländern angebaut wird. Sie wird wegen ihres Saftes verwendet, und ihre geriebene Schale wird für Sorbets und Eis gebraucht. Man nimmt sie auch zum Einmachen und für Currygerichte.

Mandarine und **Tangerine**
(Citrus reticulata) ✦
Sie werden im allgemeinen als identisch angesehen, wenn auch die Biologen wegen der Benennung noch im Zweifel sind. Die Früchte sind kleiner als Orangen und haben eine sehr lose Schale, die leicht zu entfernen ist. Sie sind frisch und als Konserve erhältlich; man ißt sie so oder in Obstsalaten. Sie werden auch kandiert, glasiert oder zur Likörherstellung verwendet.

Orange *(Citrus sinensis)* ✦
Wie andere Mitglieder der Zitrusfamilie stammt dieses bekannteste aus China und Südostasien. Es gibt bittere und süße Orangen. Die Hauptsorten der Bitteroran-

gen sind die blaßgelbe **Bergamotte** *(Citrus bergamia),* die vor allem für Parfüm und Duftöle verwendet wird, und die **Pomeranze** *(C. aurantium),* deren bitterer Geschmack sie als Tafelobst ungeeignet macht. Sie wird hauptsächlich für Marmelade verwendet; aus der Rinde wird Öl extrahiert und für Liköre wie Curacao ebenso wie für Orangenblütenwasser verwendet (S. 25). Mit Pomeranzen werden manchmal Fleisch- und Fischgerichte pikant verfeinert. Süßorangen *(Citrus sinensis)* werden meist frisch verzehrt oder für Orangensaft gepreßt; sie können auch an Obstsalate gegeben werden. Sie wachsen vor allem in Spanien, Italien, Marokko, Israel, Südafrika und in den amerikanischen Südstaaten. Man klassifiziert sie gewöhnlich als **normale, Blut-** und **Navel**orangen. Verbreitete Sorten der normalen Orangen sind die **Valencia ✦-** und die **Jaffa**orangen; sie eignen sich gut zum Auspressen und zum Zerteilen in Schnitze für Salate und Obstsalat. **Florida-Temple-Orangen** laufen am Stielende leicht spitz zu. Obwohl sie als Orangen gehandelt werden, sind sie eine Kreuzung zwischen Tangerine und Süßorange. Sie sind leicht zu schälen und können für Salate verwendet werden. Die Navelorangen, deren Name von einem nabelähnlichen Mal am Stielende herrührt, haben eine dickere Schale als die normalen Orangen, weshalb man sie leichter schälen und zerteilen kann. Blutorangen haben häufig eine etwas narbige Schale und süßes, saftiges, rotes Fruchtfleisch.

Pampelmuse oder **Pomelo**
(Citrus glandis)
Die größte aller Zitrusfrüchte hat eine dicke Schale und bitteres, faseriges Fruchtfleisch, ähnlich der Grapefruit. Sie wird im allgemeinen allein gegessen.

Satsuma *(Citrus,* spp.*)* ✦
Sie hat ähnlich wie die Tangerine eine lose Schale und enthält keine Kerne. Sie kann konserviert werden, wird aber gewöhnlich frisch gegessen.

Tangelo *(Citrus,* spp.*)*
Eine Kreuzung zwischen Tangerine und Grapefruit, die am Stielende leicht spitz zuläuft. Sie wird gern ausgepreßt, frisch gegessen oder zu Salaten gegeben.

Papaya

Cherimoya
Die fleischige Frucht eines peruanischen Baumes, die zu der Familie der Annonen gehört. Auch als Sorbetfrucht bekannt, wird sie roh, ohne die Kerne, gegessen oder für Getränke und Eis verwendet.

Ugli *(Citrus,* spp.*)* ✦
Eine in Indonesien heimische, rauhschalige Hybride von Pampelmuse und Mandarine. Das Fruchtfleisch ist süßer als das der Grapefruit. Man kann sie konservieren oder auch zum Backen verwenden.

Zitrone *(Citrus medica)* ✦
Im Gegensatz zu anderen Zitrusfrüchten wird die Zitrone nicht wegen ihres Fruchtfleisches oder ihres Saftes angebaut, sondern wegen ihrer dicken, duftenden Schale, die kandiert für Kuchen und Konfekt verwendet wird; man braucht sie auch für die Zubereitung von kandierten Früchten und Likören.

Saure Zitrone *(Citrus limon)* ✦
In den Mittelmeerländern wild wachsend; wegen ihrer Säure wird sie selten als Frucht gegessen, findet aber vielfache Verwendung, besonders für Salate und Süßigkeiten, in der Feinbäckerei und bei der Herstellung von Zitronensaft und Limonade. Sie wird oft auch zu Fischgerichten gereicht.

MELONEN ✦
(siehe auch S. 110–112)

Es gibt mehrere Zuckermelonensorten *(Cucumis melo),* die man nach Form und Farbe in drei Gruppen einteilen kann: **Netzmelonen** (mit einem Netzmuster auf der Schale); **glatte** Melonen, deren Schale ziemlich weich ist, und **Cantaloupe**-Melonen mit warziger, gerippter Schale. Außerdem gibt es **Wasser**melonen ✦ *(Cucumis citrullus),* mit dunkelgrüner Schale und hellrotem Fleisch. Netzmelonen haben gelblich-grünes Fruchtfleisch, glatte Melonen grünliches – die bekanntesten Arten sind **Casaba**- und **Honig**melonen ✦. Das Fleisch der Cantaloupe-Melone ist orangefarben. Eine neue Variante ist die in Israel gezüchtete **Ogen-Melone** ✦ mit grünlichem Fleisch.
Melonen werden in ihrem natürlichen Zustand gekühlt entweder zu Beginn der Mahlzeit als Vorspeise (delikat mit Schinken) oder am Ende als Nachtisch serviert; oft würzt man sie mit Ingwer.

TROPISCHE FRÜCHTE
(siehe auch S. 114)

Ananas *(Ananas comosus)* ✦
Eine Frucht, die in den meisten tropischen und subtropischen Ländern angebaut wird. Sie hat einen hohen Zuckergehalt – über 15% – und ist eine der feinsten Tafelfrüchte. Ebenso attraktiv wie geschmackvoll, werden frische Ananas oft als Tischdekoration verwendet. Sie sind frisch, konserviert oder kandiert erhältlich; das Fleisch sollte ungekocht gegessen werden, in Scheiben geschnitten als eigenes Dessert oder zusammen mit Eis oder anderen Süßspeisen.

Annonen-Früchte oder **Flaschenbaumgewächse**
Damit bezeichnet man eine Gruppe von Früchten wie die **Cherimoya,** die **Süße** und **Saure Netzannone** und das **Ochsenherz** *(Anona,* spp.*).* Diese tropischen Früchte gelangen selten auf die Märkte der gemäßigten Zone. Die Cherimoya schmeckt nach Ananas; die besonders auf den Westindischen Inseln verbreitete Süße Sobbe hat süßes, sahniges Fleisch. Das Fruchfleisch der Sauren Sobbe ist weiß und saurer als das der anderen Annonengewächse. Das Fleisch des Ochsenherzens ist fester und süßer und verdankt seinen Namen seiner Form und seiner dunkelbraunen Farbe.

Feijoa oder **Ananas-Guava** *(Feijoa sellowiana)* ✦
Obwohl in Südamerika beheimatet, wird diese Frucht heute hauptsächlich in Neuseeland kultiviert. Die dunkelgrüne Frucht mit weißem Fleisch schmeckt roh vorzüglich in Obstsalaten, wird aber vor allem zu Konfitüre oder Kompott eingekocht.

Guava *(Psidium guajava)* ✦
Sie kann Walnuß- bis Apfelgröße erreichen und ist eine der am häufigsten angebauten tropischen Früchte. Reif ist die Schale hellgelb, das Fleich saftig und durchsetzt von kleinen Kernen. Die Farbe des Fruchtfleisches reicht von weiß über gelb zu hellrosa. Guavas ißt man roh oder gekocht, als Konfitüre und in Pasteten. Sie sind auch konserviert erhältlich. Guavas haben einen bemerkenswert hohen Vitamin-C-Gehalt; bei manchen Sorten ist er höher als bei Zitrusfrüchten.

Kiwi oder **Chinesische Stachelbeere** *(Actinidia sinensis)* ✦
Diese Frucht wird in großem Umfang in Neuseeland angebaut. Sie hat die Größe einer Pflaume, eine haarige braune Haut und hellgrünes Fleisch. Kiwis sind reich an Vitamin C; sie werden frisch oder gegart serviert und mit Zitronensaft beträufelt.

Mango *(Mangifera indica)* ✦
Diese Frucht ist stark Vitamin-A-haltig. Sie wird vor allem frisch gegessen, aber auch zu Chutney und Konfitüre verarbeitet und manchmal konserviert. Meist kommen Mangos aus Indien, obwohl sie in vielen tropischen Zonen angebaut werden. Sie sehen aus wie längliche Pfirsiche, haben saftiges Fruchtfleisch und einen großen Kern. Sie können in Scheiben geschnitten und mit Eis und anderen Nachspeisen serviert werden.

Papaya *(Carica papaya)* ✦
Diese Frucht wird in allen tropischen Ländern angebaut. Sie ist von unterschiedlicher Größe, hat eine gelbliche Schale und gelbbis lachsfarbenes Fleisch; in der Mitte befindet sich eine Höhlung mit vielen Kernen. Papayas werden als Vorspeise serviert (wie Melonen), und ihr Saft ergibt ein köstliches Getränk. Ein Enzym (Papain) aus dem Kerngehäuse wird als Fleischzartmacher verwendet, während man die schwarzen Kerne, die Pepsin enthalten, manchmal zum Garnieren gebraucht. Unreife Früchte können gekocht und auf die gleiche Art verarbeitet werden wie Sommerkürbisse. Papayas sollten gekühlt und mit Zitronen- oder Limettensaft beträufelt werden.

Passionsfrucht *(Passiflora edulis)* ✦
Die purpurrote Frucht hat etwa die Größe eines Eies. Das süße saftige Fruchtfleisch wird roh gegessen; in den Herkunftsländern wird sie zu einem beliebten Getränk verarbeitet. Im besten Stadium ist die Frucht etwas verschrumpelt.

Rambutan *(Nephelium lappaceum)*
Die der Litschipflaume eng verwandte Frucht stammt vom bis zu 15 m hohen, in Südostasien heimischen Rambutanbaum. Die kleine Baumfrucht ist von einer dünnen Schale mit rotorange schimmernden weichen Borsten umhüllt, unter der das süße, aromatische Fruchtfleisch liegt. Es kann roh oder als Kompott gegessen werden; die fetthaltigen

Kaktusfeige
Die Kaktus- oder Indische Feige ist die Frucht einer Kaktusart. Die Pflanzen tragen ihre Früchte an den Spitzen der gegliederten Stämme, und das Fruchtfleisch befindet sich unter einer stachligen Schale.

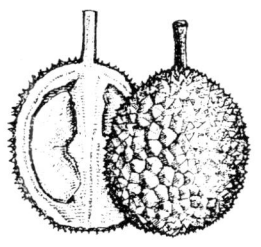

Zibetfrucht
Diese Frucht des südostasiatischen Durianbaumes kann bis zu 9 kg wiegen. Die großen Kerne werden geröstet und wie Nüsse gegessen.

Samen werden mitunter geröstet verzehrt.

ANDERE FRÜCHTE
(siehe auch S. 116)

Banane *(Musa, spp.)* ✦
Aus den tropischen Ländern kommend, werden Bananen gewöhnlich roh gegessen, können jedoch auch kurz gebacken oder mit Rum flambiert werden. Die Schale der unreifen Frucht ist grün und wird gelb, wenn sie eßreif ist. Bananen sind nahrhaft und reich an Vitamin A.

Durian oder **Zibetfrucht**
(Durio zibethinus)
Eine aus Südostasien stammende Frucht, die dort sehr beliebt ist. Ihr Hauptcharakteristikum ist ein sehr unangenehmer Geruch, der vielleicht schuld daran ist, daß sie nie eine größere Popularität erreicht hat. Reif sieht die Haut mattgelb aus und das Fruchtfleisch ist sahnig und kann roh gegessen werden.

Feige *(Ficus carica)* ✦
Es gibt weiße, purpurne und rote Feigensorten, die heute besonders in den Mittelmeerländern viel angebaut werden. Gewöhnlich ißt man sie frisch, manche werden konserviert oder für

Süßigkeiten verwendet, viele trocknet man. Sie eignen sich ausgezeichnet zum Backen und für Nachspeisen und sind auch gedünstet sehr gut.

Granatapfel *(Punica granatum)* ✦
Wahrscheinlich ursprünglich aus Persien, wird der Granatapfel heute auch in vielen anderen tropischen und subtropischen Gegenden angebaut. Er hat die Größe einer dicken Orange, eine dünne, aber harte Schale und mit Saft gefüllte Kerne. Granatapfelsaft dient zur Aromatisierung von Erfrischungsgetränken; im Mittleren Osten wird er für Suppen verwendet. Auf den Westindischen Inseln werden Granatäpfel gekocht und eingemacht.

Kakifrucht *(Diospyros kaki)* ✦
Es gibt verschiedene Sorten; die wichtigsten sind die **nordamerikanische** und die **orientalische**. Die reife Frucht ist ziemlich weich und hat die Größe und Farbe einer Orange. Kakis können frisch in Obstsalat, als Sorbets oder Kompott gegessen werden.

Kaktusfeige oder **Indische Feige**
(Opuntia ficus-indica) ✦
Diese Kaktusfrucht ist in Amerika beheimatet, wird jetzt aber

auch in anderen Ländern angebaut. Die Früchte sind rot oder gelb und mit Stacheln bedeckt. Das hellrosa oder weißliche Fruchtfleisch ist von harten Kernen durchsetzt. Kaktusfeigen werden roh oder gekocht gegessen.

Planten, Gemüsebananen
(Musa, spp.) ✦
Diese tropische Frucht ist mit der Banane verwandt und hat einen höheren Stärke- und einen niedrigeren Zuckergehalt als Tafelbananen. Sie eignet sich nicht zum Rohessen; in der Küche der Westindischen Inseln wird sie häufig für Suppen und andere Gerichte verwendet.

Quitte
(Cydonia vulgaris/oblonga) ✦
Obwohl eine der ältesten bekannten Früchte, ist sie doch nicht allzu beliebt. Quitten werden vor allem zu Gelee verkocht und zu Süßigkeiten verarbeitet; beim Kochen werden sie rötlich.

Rhabarber
(Rheum rhaponticum) ✦
Eigentlich ein Gemüse, das aber als Obst verwendet wird. Frischer Rhabarber wird mit Zucker gekocht, als Kuchenbelag und für Konfitüren verwendet.

Getrocknete Früchte

Wenn eine reife Frucht getrocknet wird, verliert sie den Großteil ihrer Flüssigkeit, konzentriert damit Fruchtzucker und ist fast unbegrenzt haltbar. Im Mittleren Osten war dieses Faktum schon vor über 5000 Jahren bekannt. Dort wurden seit jeher Datteln, Feigen und Aprikosen an der Sonne getrocknet, was immer noch die beliebteste Technik ist, obwohl man manche Früchte heute künstlich trocknet.

In Europa legte man früher Äpfel in den warmen Ofen, schälte und entkernte sie und fädelte sie auf Schnüre auf, die an der Küchendecke aufgehängt wurden. In den Klöstern trockneten Mönche im Mittelalter ihre Pflaumen, Trauben und Äpfel auf strohbedeckten Steinböden.

Die Siedler führten das Trockenobst in Amerika ein; sie brachten auch Äpfel, Trauben, Pfirsiche, Quitten und Aprikosen mit, die sich zu den einheimischen Pflaumen, Kirschen und Kakis gesellten. Heute ist Kalifornien der Hauptproduzent von Trockenobst.

Trockenverfahren
Sechs Pfund Frischobst ergeben nur ein Pfund Trockenobst. Die Früchte werden von Hand geerntet, Stiele und Kerne entfernt. Dann werden sie geschwefelt und sortiert, bevor man sie in der

Sonne zum Trocknen ausbreitet. Während das Trocknen an der Sonne der Frucht ein goldenes, durchsichtiges Aussehen gibt, das mechanisch nicht erreicht werden kann, hat es auch viele Nachteile, darunter die hohen Kosten, die das billige mechanische Trockenverfahren attraktiver machen. Die meisten Früchte werden gepflückt, wenn sie reif sind (außer Birnen, die noch grün gepflückt und zum Reifen auf Holzgestelle gelegt werden).

Dörrobst in der Küche
Getrocknete Früchte sind süßer und gehaltvoller als frische, deshalb sind sie für Gebäck und Desserts von unschätzbarem Wert. Meistens werden sie für Früchtekuchen und Plätzchen und gelegentlich zum Füllen verwendet. Dörrobst kann pur, als Konfekt, mit Getreideflocken oder mit Sahne, Joghurt oder Pudding verfeinert gegessen werden.

Dörrobst wird in Supermärkten fertig abgepackt angeboten; pfundweise kann man es auch in Reformhäusern kaufen. Rosinen, Korinthen und Sultaninen werden vor dem Trocknen meist gewaschen und können so verzehrt werden; anderes Trockenobst muß man einweichen, am besten über Nacht. Das Einweichwasser sollte anschließend zum Dünsten verwendet werden.

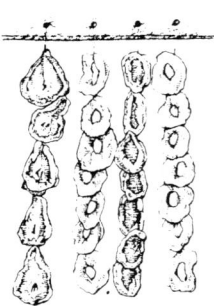

Dörren von Obst

Äpfel ✦

Die meistverwendeten Sorten sind **Baldwin, Golden Delicious, Jonathan, Winesap** und **Königsapfel.**

Äpfel ziehen Feuchtigkeit an und können deshalb nicht so lange gelagert werden wie anderes Trockenobst. Sie können allein gegessen oder zum Backen verwendet werden.

Aprikosen und Pfirsiche ✦

Verwendete Aprikosensorten sind **Moorpark, Royal** und **Blenheim**; Pfirsichsorten **Muir, Alberta** und **Lovell.** Man ißt sie allein; im Mittleren Osten auch mit Fleisch.

Bananen ✦

Bananen werden geschält und im Ganzen oder in Längsstreifen getrocknet. Sie werden geschwefelt und an der Sonne oder maschinell getrocknet. Das vakuumgetrocknete Püree der reifen Frucht ergibt eine Art Mehl; getrocknete Bananen werden auch zum Backen verwendet.

Birnen ✦

Die bevorzugte Sorte ist die **Bartlett-Birne.** Die Früchte werden halbiert, geschwefelt und sonnengetrocknet. Getrocknete Birnen werden allein gegessen oder zum Backen verwendet.

Datteln ✦

Man unterteilt sie in *trokkene, halbtrockene* und *weiche* Sorten, von denen die letzte die verbreitetste ist. Man verwendet vor allem die aus dem Mittleren Osten stammenden Arten **Deglegt Noor, Hallawi** und **Khadrawi.** Datteln ißt man so oder nimmt sie zum Backen.

Rote oder Chinesische Datteln

Obwohl als Datteln bezeichnet, handelt es sich eigentlich um **Jujubes**, aus China stammende olivenförmige Früchte, die auch im Mittelmeerraum angebaut werden. Gewöhnlich an der Sonne getrocknet, werden sie in der orientalischen und indischen Küche zum Würzen von süßen und pikanten Gerichten verwendet.

Feigen ✦

Die berühmtesten Sorten sind die **Smyrna-Feige** aus der Türkei und die **Black Mission** aus Amerika sowie die **Calimyrna**, eine Kreuzung aus einer amerikanischen Sorte und der Smyrna. Feigen können allein oder mit Parmaschinken gegessen werden. Man kann auch eine Paste und Konfitüre daraus machen, und im Mittleren Osten stellt man Konfekt daraus her.

Korinthen, Rosinen und Sultaninen ✦

Das sind verschiedene Arten getrockneter Trauben: Korinthen, nach der griechischen »Korinth«-Traube benannt, sind klein und kernlos; Rosinen und Sultaninen sind große, saftige und oft kernlose Trauben, verwandt mit der spanischen Muskatellertraube. Die hauptsächlich verwendeten Traubensorten sind die **Thompson Seedless** und die **Muskattraube.** Sie werden vor allem zum Backen und für Süßspeisen gebraucht.

Pflaumen ✦

Die ganzen Früchte werden getrocknet. Die beliebtesten Backpflaumensorten in Kalifornien und Oregon sind die **Agen**, die **Robe de Sergeant** und die **Imperial** aus Frankreich; ferner die **Italienische** Pflaume und die **Zuckerpflaume** aus Amerika.

Dörrpflaumen können allein gegessen oder für Kuchen, Puddings, Saucen und als Füllung für Klöße und Fettgebackenes verwendet werden. Auch konserviert oder in Weinbrand oder Essig eingelegt sind sie beliebt; sie werden entsteint oder unentsteint angeboten.

Nüsse

In botanischer Hinsicht sind Nüsse einsamige, trockene, hartschalige Früchte. Die Bezeichnung »Nuß« wird aber auch für jeden Samen oder jede Frucht mit eßbarem Kern in einer harten oder spröden Schale verwendet; so etwa für Erdnüsse – streng genommen ein Gemüse – oder Mandeln, Walnüsse und Kokosnüsse. Schon in frühester Zeit, noch vor der Entstehung von Ackerbau, wurden Nüsse als Nahrungsmittel und Öllieferanten gesammelt und verwertet. Sie wurden schon vor den Griechen extensiv verwendet und von den Römern kultiviert: es gibt Zeugnisse dafür, daß schon im 2. Jahrhundert v. Chr. von den Römern bei erfreulichen Anlässen, wie Geburten und Hochzeiten, gezuckerte Mandeln verteilt wurden. Auch in der Küche des Mittleren Ostens spielen Nüsse eine wichtige Rolle. Tatsächlich übernahm das mittelalterliche Europa den Gebrauch von Nüssen in der Küche von den Arabern, die sie nicht nur in Soßen mit Fleisch und Geflügel verwendeten, sondern auch für Marzipan, Nougat und andere Süßigkeiten. Das fast acht Jahrhunderte lang von den Mauren besetzte Spanien übernahm die Verwendung von Nüssen in der Küche und brachte sie mit der spanischen Eroberung nach Amerika. Die Azteken verwendeten damals schon Kürbissamen und Erdnüsse und wahrscheinlich auch Pekannüsse zum Eindicken von Geflügel und Fisch- und Schaltiersaucen. Die skandinavische Küche macht vielfältigen Gebrauch von Mandeln; wer die Mandel in dem schwedischen Weihnachtsreispudding findet, wird angeblich als erster der Versammelten heiraten. Nüsse sind auch ein wichtiger Bestandteil der indonesischen, fernöstlichen und afrikanischen Küche. Sie werden in der Tat universell gebraucht und sind in der Küche von der Vorspeise bis zum Dessert nicht wegzudenken.

Der Umgang mit Nüssen

Manche Nüsse, wie Pekannüsse und Paranüsse, sind leichter zu schälen, wenn man sie 15 bis 20 Minuten in kochendes Wasser legt. Die dünne innere Haut geschäler Nüsse, wie Mandeln, Pistazien und Walnüsse, wird entfernt, indem man erst kochendes Wasser darübergießt und sofort danach mit kaltem abschreckt. Haselnüsse müssen einige Minuten unter den Grill gelegt werden, bevor man sie schält. Nüsse sind leichter kleinzuhacken, wenn sie warm und feucht sind.

Durch Rösten kommt das Aroma der Nüsse besser zur Geltung, nachdem sie geschält und (falls gewünscht) enthäutet worden sind, können sie 10 bis 20 Minuten bei mittlerer Hitze (175°C) in der Backofen gestellt werden.

Das Lagern von Nüssen

Nüsse halten sich je nach Art verschieden lange: Ungeschälte Nüsse sind gegen Hitze, Luft, Licht und Feuchtigkeit geschützt und halten sich daher sehr lange; geschälte Nüsse halten sich dage-gen nicht so gut und sollten fest verschlossen an einem kalten, dunklen, trockenen Ort oder im Tiefkühlfach gelagert werden. Gesalzene und ungesalzene Nüsse sollten eingefroren werden, wobei sich die ungesalzenen länger halten.

Kokosnüsse
Die Frucht, wie sie auf dem Baum wächst, bevor ihre äußere grüne Hülle entfernt wird.

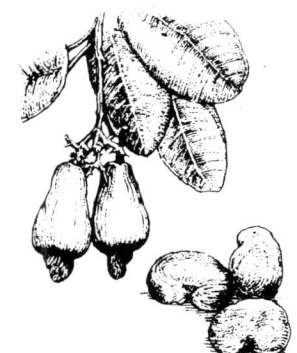

Cashewnuß
Der Cashewbaum trägt saure, rötliche, birnenförmige Früchte (links), an deren unterem Ende die nierenförmige Nuß herauswächst (rechts).

Wasserkastanie
Die schwimmenden Blätter der Pflanze sind sichtbar, während die Frucht unter der Wasseroberfläche wächst. Rechts ein vergrößerter Ausschnitt der Frucht.

Cashewnuß

(Anacardium occidentale) ✦
Die Cashewnuß wächst als harter Auswuchs aus einer fleischigen apfelähnlichen Frucht heraus. Die weiche Haut und der Kern sind eßbar, aber die Schale enthält ein toxisches Öl und muß daher vor dem Essen durch Rösten entfernt werden. Aus der Frucht wird ein Likör, der *Kajú,* hergestellt; die Nüsse werden zum Backen oder für Cashewbutter verwendet oder als Cocktailnüsse gegessen.

Erdnuß *(Arachis hypogaea)* ✦
Eine sehr nahrhafte, unter der Erde wachsende Hülsenfrucht. Die Erdnüsse können roh oder geröstet gegessen werden; man verwendet sie vor allem für Erdnußbutter und Erdnußöl. Erdnußbutter wird aus den gemahlenen, gerösteten Nüssen hergestellt (Haut und Keim werden entfernt). Erdnußöl wird zum Braten und für Salate benutzt.

Kastanie *(Castanea sativa)* ✦
Die Edelkastanie wurde jahrhundertelang angebaut und für Suppen, Getreidegerichte, Eintöpfe und Füllungen verwendet. Es ist die einzige Nuß, die als Gemüse behandelt wird – weil sie mehr Stärke und weniger Öl als andere Nüsse enthält, kann sie anders gekocht werden. Man kann sie ganz geröstet, gekocht oder gedämpft essen. Geschält werden sie als *Marrons glacés* (S. 128) in Zucker oder Sirup eingelegt; gehackt werden sie in Füllungen gegeben oder mit Gemüse kombiniert; sie werden auch zu Mehl vermahlen.

Es gibt zwei Arten von **Wasserkastanien:** *Trapa natans* haben einen eßbaren Samen und sind mehlig; in Mitteleuropa und Asien ißt man sie roh, geröstet oder gekocht. Eine verwandte Wasserpflanze, **ling** *(Trapa bicornis)* wächst in China, Korea und Japan. Die Samen werden gekocht gegessen oder in Honig und Zucker eingelegt oder zu Mehl verarbeitet.

Die chinesische Wasserkastanie oder **pi tsi** ist ein Knollengewächs aus Ostindien, China und Japan.

Man ißt sie in Scheiben geschnitten als Gemüse; außerhalb Asiens kauft man sie gewöhnlich in Dosen.

Kokosnuß *(Cocos nucifera)* ✦
Alle Teile der Frucht werden verwendet, doch nur die Milch und das Fruchtfleisch als Nahrungsmittel. Kokosnußmilch ist ein erfrischendes und nahrhaftes Getränk und kann auch Currysaucen zugesetzt werden. Das Fruchtfleisch kann frisch oder getrocknet gegessen werden; getrocknete Kokosraspeln werden für Gebäck und Süßigkeiten verwendet (S. 128). Das meiste Fruchtfleisch von Kokosnüssen wird aber zu Kopra getrocknet, aus dem Kokosöl gewonnen wird. Der Saft der Kokospalme kann zu Palmenwein oder Arrak vergoren werden.

Lambertsnuß *(Corylus maxima)*
Haselnuß *(Corylus avellana)* ✦
Beide sind Früchte des Haselnußstrauches; Lambertsnüsse sind gezüchtete und robustere Nüsse. Der englische Name **Filbert**-Nuß ist eine Anspielung auf den französischen Abt St. Philbert, dessen Namenstag im August mit ihrer Reifezeit zusammenfällt. Beide Haselnußarten sind ölhaltig und werden für Butter, Konfekt und Dessert verwendet.

Lychee oder **Litschipflaume** *(Litchi chinensis)* ✦
Obwohl sie normalerweise als Früchte gelten (S. 248), werden Lychees auch als Nüsse bezeichnet. Sie werden frisch gegessen, konserviert oder in Sirup eingemacht. Die »Nüsse« werden durch Trocknen der Frucht zubereitet, wodurch das Fruchtfleisch einen nussigen, rosinenartigen Geschmack erhält.

Macadamia-Nuß; Queensland-Nuß *(Macadamia ternifolia)* ✦
Sie wird hauptsächlich als Cocktailnuß geknabbert, gelegentlich aber auch für Konfekt verwendet. Die Nüsse werden fertig geröstet und gesalzen aus Hawaii importiert.

Mandel *(Prunus dulcis)* ✦
Dies ist eine der beliebtesten Nüsse der Welt. Es gibt zwei

Arten: **süße** ✦ und **bittere** ✦. Bittere Mandeln enthalten Blausäure und werden nie roh gegessen, sondern man destilliert eine Essenz, die als Aromastoff gebraucht wird. Süße Mandeln werden ganz zum Backen und für Konfekt verwendet; zu einer Paste gemahlen für Mandelbutter, Pralinen, Füllungen und Nougat; gehackt, gestiftet und als Splitter zum Überziehen und Garnieren; sie können geröstet, gesalzen und gezuckert oder mit Zucker, Sirup oder Honig glasiert werden.

Erdmandeln *(Cyperus esculenta)* ✦
Erdmandeln sind ein Knollengewächs und sehr stärkehaltig; sie werden roh oder gekocht gegessen oder zu Mehl verarbeitet.

Paranuß *(Bertholletia excelsa)* ✦
Eine reiche und nahrhafte Frucht, die 66 % Fett und 14 % Protein enthält. Paranüsse werden roh geknabbert oder geröstet für Kuchen verwendet.

Pekannuß *(Carya illinoensis)* ✦
Diese nordamerikanische Nuß wird viel als Dessertnuß, pur oder gesalzen, gegessen. Sie wird auch für die berühmte Pekantorte *(pecan pie)* verwendet, für Nußbrot, Süßigkeiten, Eis und für vegetarische Gerichte.

Pinienkerne *(Pinus pinea)* ✦
Die Samen der Pinie werden wie Erdnüsse roh oder geröstet und gesalzen gegessen. In Italien verwendet man sie für Saucen und Suppen und für den berühmten *pesto;* im Mittleren Osten gehören sie in *dolmas.*

Pistazie *(Pistacia vera)* ✦
Gepriesen wegen ihres angenehmen, milden Geschmacks und ihrer dekorativen Farbe, werden Pistazien für Füllungen und Saucen ebenso wie für Konfekt, Gebäck und Eis verwendet. Sie können gesalzen als Cocktailoder Dessertnüsse gegessen werden; man kann sie mit hellrot gefärbter Schale oder in ihrer natürlichen braunen kaufen. Um ihre Farbe zu erhalten, sollte man sie schälen, einige Minuten in

Wasser kochen und dann enthäuten.

Walnuß *(Juglans regia)*
Englische Walnuß;
Persische Walnuß ✦
Walnüsse werden unreif oder reif, getrocknet oder geröstet verwendet. Junge, grüne Nüsse werden in Essig eingelegt; unreife Walnüsse sind eine wichtige Zutat im mexikanischen

Nationalgericht *chiles en nongada* (Chilis in Walnußsauce); reife Walnüsse werden als Dessertnüsse gegessen und für Konfekt, Gebäck, Salate und vegetarische Gerichte verwendet. Aus der grünen Schale der Nüsse wird ein Likör, *brou*, gemacht. Walnußöl mit seinem arteigenen Geschmack wird gern für Salatsaucen genommen. Die in Nordamerika heimischen

Schwarznüsse *(Juglans nigra)* haben dicke, harte Schalen und sind gewöhnlich größer als europäische Walnüsse und schmecken auch kräftiger. Sie werden mit Spezialknackern geöffnet und für Konfekt und Eis verwendet. Die **Butternuß** *(Juglans cinera)*, auch bekannt als **Weiße Walnuß**, hat ein volles, angenehmes Aroma und wird für Konfekt verwendet.

Getreide

»Zerealien« sind nach der römischen Göttin des Ackerbaus, Ceres, benannt; es sind eßbare Körner, wie Weizen, Hafer, Mais, und aus diesen Körnern hergestellte Produkte. Zu Beginn des Ackerbaus (der im allgemeinen den Frauen zugeschrieben wird) um 7000 v. Chr. spielte Getreide im Mittleren Osten, in Mittel- und Südamerika eine sehr wichtige Rolle – Weizen und Gerste stammen aus dem Mittleren Osten, Mais aus Mexiko.

Die stärkehaltigen Kohlenhydrate, die das Getreide liefert, sind wesentlich für die menschliche Ernährung. Reis ist für die Hälfte der Weltbevölkerung ein Grundnahrungsmittel; für die andere Hälfte ist es Weizen, Hafer, Mais, Gerste, Hirse usw., in Abhängigkeit von Boden und Klima. Es gibt einen großen Reichtum stärkehaltiger Gerichte in jeder Küche der Welt, wie z. B. die mexikanischen Mais-*Tortillas* aus *masa harina* (wörtlich Teigmehl aus gekochten Maiskörnern), die italienische *Pasta* mit ihrer Formenvielfalt und das brasilianische *farofas* aus Maniokmehl.

Getreidekörner werden aus gezüchteten Gräsern (*Graminaceae*), Weizen, Mais, Reis, Hafer, Gerste und Roggen gewonnen. Daneben gibt es sehr stärkehaltige andere Feldfrüchte wie Tapioka und Cassavemehl aus der Wurzel der Cassave und Sago von der Sagopalme. Stärke oder mehlähnliche Produkte werden auch aus den Wurzeln von Pflanzen wie Lotus, Aronstab, Adlerfarn, Kartoffeln und anderer Knollengewächse gewonnen.

Von den Getreidegräsern ernten wir die wertvollen Körner – die Früchte der Pflanze –, und die Verwendungsart hängt von ihrer individuellen Struktur und ihren Eigenschaften als Nahrungsmittel ab.

Reis
Es gibt etwa 7000 Reissorten *(Oryza sativa)*. Wahrscheinlich aus Indien und Indochina stammend, kommt Reis in vielen Formen vor. *Brauner* Reis (Naturreis) ist der Reis mit der Kleie; sie wird beim zweiten Mahlvorgang (oder Schleifen) entfernt und legt das vertraute weiße *polierte* Korn frei. Die Spelzen des braunen Reises enthalten zusätzlich Protein und Spuren von Eisen, Kalzium und Vitamin B; er muß dafür aber länger gekocht werden. Nicht alle Reissorten sind nach dem Polieren weiß: der amerikanische Karolinareis und einige italienische Sorten sind bernsteinfarben.

Reis wird in drei Gruppen aufgeteilt: *Langkorn*reis ist vier- oder fünfmal so lang wie breit und kocht körnig und locker. Er wird für Salate, Curry-, Eintopf-, Fleisch- oder Huhngerichte verwendet. *Rund-* und *Medium*kornreis hat kurze, dicke Körner, die weich, feucht und klebrig kochen. Jeder Reistyp eignet sich für eine bestimmte Regional- oder Nationalküche: indische Köche bevorzugen einen trockenen Reis, besonders für Pilaw; japanische und chinesische Köche benutzen Rundkornreis, der mit den Fingern geformt werden kann und leicht mit Stäbchen zu essen ist.

Zu den Langkornreissorten gehört der amerikanische Karolinareis und der köstliche Basmatireis aus Pakistan. Zu den Rundkornsorten gehört der japanische *kome* und der stumpfrunde italienische Reis. Es gibt auch wilden Reis, der aber seinem Namen zum Trotz eine Wassergraspflanze ist und kein Getreide. Die Botaniker kennen die aus Amerika stammende Pflanze als *Zizania aquatica*; er hat lange Körner, die grau-braun sind und nach Nuß schmecken. Wilder Reis wird vor allem zum Füllen von Wild und Geflügel verwendet.

Behandelter, vorgekochter (parboiled) oder *vorgequollener* Markenreis ist ein kommerzielles Produkt, das halbgar gekocht und dann getrocknet wurde; man erzielt zwar leichter gute Resultate damit, aber der Reis hat etwas an Geschmack eingebüßt.

Reis in der Küche
Reis ist fast unbegrenzt haltbar, was allerdings nur für die westliche Welt von Bedeutung ist, wo Reis nicht als Hauptnahrungsmittel gebraucht wird. Beim Kochen absorbiert Langkornreis je nach Sorte das Anderthalbfache seines Volumens in Flüssigkeit; Basmati z. B. weniger als Patna- oder Karolinareis. Kochen Sie Langkornreis in 1½ Tassen Wasser pro Tasse Reis 20 Minuten lang in einem fest verschlossenen Topf bei sehr niedriger Hitze. Rundkornreis absorbiert mehr als das Vierfache seines Volumens in Flüssigkeit; auf eine Tasse Reis kommen je nach Rezept 4 oder 4½ Tassen Flüssigkeit.

Reis kann separat gekocht oder als Reismehl, Reisflocken und gemahlener Reis in Pudding, Kuchen und als Bindemittel für Saucen, Suppen und Eintöpfe verwendet werden. Als Hauptbestandteil gegorener Getränke liefert Reis einige sehr alkoholreiche chinesische Spirituosen sowie den berühmten japanischen *Sake*.

Weizen und Mehl
Weizen ist ein Ährengras und wurde wahrscheinlich erstmals in Mesopotamien angebaut. Es gibt zwei Hauptsorten, Saat- oder Weichweizen *(Triticum aestivum)* und Hartweizen *(T. durum)*, der für Teigwaren (S. 257) und Grieß verwendet wird.

Weichweizen ist das wichtigste Getreide der Welt; seine einzigartige Qualität verdankt er dem hohen Glutengehalt des Weizenkorns. Gluten ist eine klebrige Substanz von großer Elastizität, die die Zellstruktur des Brotes festigt. Wenn die Hefe beim »Gehen« Kohlendioxyd freisetzt und das Wasser beim Backen verdampft, hilft das Gluten, daß das Brot aufgeht – ohne Gluten wäre unser Brot flach und schwer.

Das Weizenkorn wird in Mehle verschiedener Sorten und Klassen gemahlen. Das Korn besteht aus der äußeren Hülse oder Kleie, dem Endosperm, das die meiste Stärke enthält und das Mehl abgibt, und dem inneren Kern oder Weizenkeim. Wird das ganze

Korn gemahlen, erhalten wir braunes, an Nährstoffen und Proteinen reiches Mehl. In Amerika ist dieses Mehl als *Graham-* oder *Vollweizenmehl (whole-wheat flour)*, in England als *Vollmehl (wholemeal flour)* bekannt. Die Farbe des Mehls hängt von der Menge der enthaltenen Kleie ab; weißes Mehl wird nur aus dem Endosperm gewonnen.

Kraft-, Hart- oder Brotmehl wird aus bestimmten Saatweizensorten gemahlen, während Allzweck-, Weich- oder Kuchenmehl weniger Gluten enthält und aus weichen Mehlarten ist. *Selbstaufgehendes* Mehl enthält ein kohlensäureentwickelndes Mittel.

Mehl in der Küche

Als Hauptzutat bestimmt Mehl die Struktur von Brot, Kuchen, Eierkuchen und Gebäck; diese Struktur wird darüber hinaus noch von der verwendeten Mehlsorte und dem Triebmittel beeinflußt. Brotmehl braucht Hefe zum Aufgehen, braunes Mehl Hefe oder auch Natriumbikarbonat. Brot muß noch geknetet werden, um das Gluten zu verstärken. Das weiche Kuchenmehl geht durch Eier oder Gas (Backpulver und/oder geschlagene Eier) auf. Die geschlagenen Eier setzen bei im Ofen gebackenen Eierteigen Dampf frei, während Gebäck seine Beschaffenheit der Plastizität des Fetts und dem dampfabgebenden Wasser verdankt, das, je nach Gebäckart, im Teig enthalten ist. Weichmehle ergeben eine weichere, luftigere Konsistenz –, man kann Brotmehl nicht durch Schlagen lockern, aber Weichmehle kann man durch gründliches Schlagen – also durch Sauerstoffzufuhr – zum Aufgehen bringen.

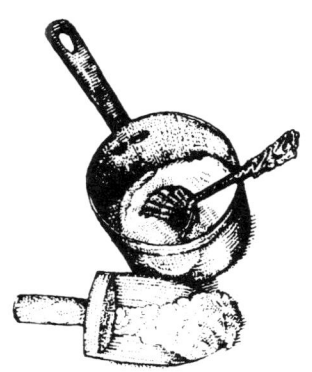

GETREIDEKÖRNER
(siehe auch S. 122)

Buchweizen ✦
Wahrscheinlich aus dem Amurgebiet stammend, werden die Samen geröstet und zu Mehl gemahlen, das für Pfannkuchen, knusprige, dünne Fladen und im Fernen Osten für die *soba* genannten Nudeln verwendet wird. Buchweizengrütze wird für Suppen oder *kasha* gebraucht.

Gerste ✦
Ursprünglich aus Mesopotamien, wo sie gemahlen und Brot daraus gebacken und auch zu Bier gegoren wurde. Braugerste wird für die Herstellung von Whisky, Gin und Bier verwendet. In Ländern, wo Gerste und Roggen wächst, findet man auch Gerstenbrei und Gerstenbrot. Gerste wird normalerweise jedoch nicht als Brotmehl verwendet. **Rollgerste ✦** ist das geschälte, polierte Korn und wird Suppen beigefügt.

Hafer ✦
Der aus Mitteleuropa stammende Hafer ist in Schottland ein Grundnahrungsmittel. Er wird verschieden fein gemahlen. Mit Wasser gekocht ergibt er *porridge*; Hafermehl ist ein Bestandteil der schottischen Nationalspeise *haggis*, Haferflocken werden zu Müsli, Gebäck und Süßspeisen verwendet.

Hirse ✦
Die aus Asien stammende Hirse war einst das Hauptgetreide Europas und machte der Gerste den Rang streitig. Hirse hat einen ebenso hohen Proteingehalt wie Weizen, ist aber zum Backen weniger geeignet. Hirsemehl wird für flache Brote und Fladen verwendet. Die Körner können mit Hülsenfrüchten und Gemüsen gemischt und für Suppen und Eintöpfe verwendet werden.

Mais
Mais ist in Mexiko beheimatet und wurde jahrtausendelang als Gemüse und Mehlgetreide angebaut. Die getrockneten Körner werden zu *Maismehl* vermahlen. Der aus Amerika stammende Bourbon Whisky wird aus vergorenem Mais destilliert; außerdem wird aus den Körnern Maissirup und Maisöl hergestellt.

Reis ✦
Reis stammt vermutlich aus dem tropischen Südostasien; es gibt zahllose Sorten, u. a. **wilden Reis ✦**, **behandelten ✦** (halbgar gekocht, um die Stärkehülle zu entfernen), den italienischen **Arborio**-Reis; **Kome** aus Japan; **Basmati ✦** aus Pakistan; den langkörnigen **Patna-Reis** (amerikanischer **Karolinareis ✦**); **Milchreis ✦** und den ungeschälten **braunen** Reis ✦.

Roggen ✦
Ein wichtiges Getreide in Europa, wo es zu Brotmehl gemahlen wird. In Deutschland wird Roggenmehl für den dunklen Pumpernickel verwendet. In Amerika werden Roggenkörner auch zu Roggenwhisky vergoren. Wegen des geringen Glutengehalts wird Roggenmehl zum Brotbacken meist mit Weizenmehl gemischt.

Sorghum, Moorenhirse oder Durra ✦
Eine in Afrika und Asien angebaute Hirseart, deren gemahlene Samen zu Brei, Fladen und für Suppen verwendet werden. Andere Sorghumarten liefern einen süßen Sirup.

Weizen ✦
Seine Heimat ist Mesopotamien. Es gibt zwei Hauptsorten: **Saatweizen** oder **Weicher Weizen,** aus dem Brotmehl gemahlen wird, und **Hartweizen,** der für Teigwaren und Grieß verwendet wird.

GETREIDEPRODUKTE
(siehe auch S. 124)

Grieß ✦
Das zerkleinerte Endosperm von Hartweizenkörnern wird für Pudding, Suppen und Klößchen verwendet; vermischt mit Wasser und zu kleinen Kügelchen geformt, ergibt es das nordafrikanische *couscous*.

Maismehl oder Polenta ✦
Feingemahlener Mais; Maisstärke ist die aus dem Mehl hergestellte pulverisierte Stärke. Da Polenta weniger Gluten enthält, wird manchmal Weizenmehl darunter gemischt.

Sago ✦
Das getrocknete, stärkehaltige Mark der Sago- und anderer im Fernen Osten wachsender Palmen wird als Schonkost, für Grütze und als Zutat in verschiedenen skandinavischen Gerichten verwendet.

Tapioka ✦
Kügelchen aus Maniok- oder Cassavemehl bilden die Grundlage von Kinderbreis und werden auch als Bindemittel für Suppen und Eintopfgerichte verwendet.

Weizenkeime ✦ und -kleie
Kleie dient bei Diäten als Ballaststoff; sie kann weißem Mehl oder Vollweizenmehl hinzugefügt werden. Weizenkeime sind reich an Proteinen und können als Bindemittel an Suppen und Eintopfgerichte gegeben werden.

Weizenschrot, Burgul oder Bulghur ✦
Hierfür werden die Körner gekocht und getrocknet und dann gemahlen. Ein Hauptnahrungsmittel im ganzen Mittleren Osten, wird er in *tabbouleh*-Salat verwendet und zu einer Paste zerstoßen, die mit Lammfleisch gekocht das libanesische *kibbi* ergibt.

Reis
Eine Rispe (links) der zu den Süßgräsern zählenden Kulturpflanze (rechts)

Backzutaten

Trotz ihrer Unscheinbarkeit spielen manche Zutaten beim Backen eine entscheidende Rolle, andere haben eher dekorative Funktionen. Zu ersteren zählen die Treibmittel und Gelierstoffe, also die Zutaten, die die »inneren chemischen Veränderungen« beim Backen bewirken. Zur zweiten zählen die für zusätzliche Verfeinerung sorgenden Farbstoffe und Zuckergüsse.

Hefe und Backpulver sind zwei Beispiele für Quellstoffe in Brot und Kuchen, während Gelatine und Pfeilwürzstärke zum Eindicken von Sülzen und Saucen Verwendung finden. Farbige Zuckerstreusel und Farbstoffe sind Beispiele eher dekorativer Zutaten.

Verwendung in der Küche

Hefe bringt das starke, glutenhaltige Mehl von Brotteigen zum Gehen, und Backpulver wird als Treibmittel für die meisten Kuchen und einige Brotarten verwendet. Frische Hefe sollte graubraun und von leicht krümelnder Konsistenz sein. Ist sie alt, dunkelt der braune Farbton nach. Vor der Mischung mit den anderen Zutaten sollte man sie in handwarmer Milch auflösen. Trockenhefe sollte man in die Milch streuen; sie erfordert stärkere Hitze und mehr Feuchtigkeit als frische Hefe.

Viele Eindicker, wie z.B. Pfeilwurz und Getreidestärke – in Braten- und anderen Saucen so wichtig –, werden auch beim Backen verwendet, während Gelatine, die gemahlen und in Blättchen verkauft wird, sowohl zur Herstellung von Sülzen als auch für Süßspeisen auf Gelatinebasis verwendet wird. Backzutaten, wie beispielsweise Trockenhefe, Backpulver und Weizenstärke, sind im allgemeinen lange haltbar, wenn sie an einem kühlen, trockenen Platz aufbewahrt werden.

Dem Konditor steht eine weite Palette von Zuckerverzierungen und Farbstoffen zur Verfügung. Viele der herkömmlichen Lebensmittelfarbstoffe, etwa Chlorophyll und Koschenille, werden durch synthetische Farbstoffe ersetzt, die in vielen Schattierungen erhältlich,sind. Auch gibt es verschiedene Arten harten und weichen Zuckerwerks sowie kandierte Früchte zu kaufen.

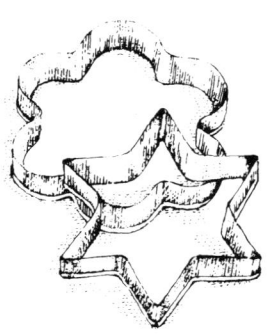

Plätzchenformen

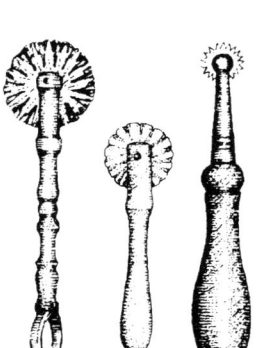

Alte Teigrädchen
Diese frühen Exemplare wurden zum Ausschneiden von Kuchen- und Törtchenteig verwendet.

TREIBMITTEL UND GELIERSTOFFE
(siehe auch S. 126)

Agar-Agar oder **Makassargummi** ✦
Ein gelatineartiges Produkt, das aus getrocknetem Tang gewonnen wird. In Fladen- oder Pulverform erhältlich, löst es sich nur gekocht vollständig auf. Es findet in Eiscreme, Fruchtgummis und Marshmallows Verwendung.

Ammoniumbicarbonat
Der Vorläufer moderner Treibmittel. Es macht ungesäuerten Teig locker.

Backpulver ✦
Im wesentlichen bestehen alle Backpulverarten aus **Natriumbicarbonat** und verschiedenen Säuren oder Säuresalzen. Fügt man ihm Wasser hinzu, wird Kohlendioxid frei, und die Teigmischung wird mit Luftblasen durchsetzt. Zu viel Backpulver kann Geschmack und Konsistenz eines Kuchens zerstören, daher ist es wichtig, nur die im Rezept angegebene Menge zu verwenden.

Backnatron ✦
Wirkt nur in Verbindung mit einer sauren Zutat, wie etwa Sauermilch.

Gelatine ✦
Ein Geliermittel, daß in Pulverform oder als durchsichtige Blattgelatine verkauft wird.

Gummiarabikum ✦
Gewonnen aus dem *Acacia-senegalis*-Baum. Es verhütet die Kristallisation von Zucker und wird zum Glasieren von Marzipanfrüchten verwendet.

Hefe ✦
Pilze mit aktiven, lebenden Zellen, die sich von Zuckern ernähren und Alkohol und Kohlendioxid produzieren. Gepreßte und getrocknete Hefe wird beim Backen verwendet und reagiert bei verschiedenen Temperaturen. Frische Hefe sollte so schnell als möglich verbraucht werden, hält sich aber in Papier eingewickelt zwei bis drei Tage im Kühlschrank. Getrocknet und in einer luftdichten Dose hält sie sich sechs Monate. **Brauhefe** ✦ wird hauptsächlich zum Bierbrauen verwendet und **rote Hefe** ✦ in orientalischen Essigen.

Kuzu oder **Kudzu** ✦
Ein Eindicker aus einem Knollengewächs, der in der orientalischen Küche häufig verwendet wird.

Maisstärke ✦
Die aus Maismehl gewonnene Stärke wird zum Eindicken von Saucen verwendet.

Pektin ✦
Eine in vielen Früchten enthaltene Substanz, die hauptsächlich bei der Herstellung von Marmeladen und Konfitüren zum Gelieren verwendet wird.

Pfeilwurz ✦
Ein feines, weißes Mehl, das aus einem indischen Knollengewächs (*Maranta arundinacia*) gewonnen und als Stärke für Puddings verwendet wird.

Tragant-Gummi ✦
Ein aus einer im Nahen Osten heimischen Pflanze gewonnener Gummi, der zur Herstellung einer modellierbaren Gummipaste für Konfektblumen und Kuchenverzierungen verwendet wird.

Weinstein ✦
Eine Substanz aus fermentiertem Traubensaft; in Verbindung mit Backpulver erzeugt sie Kohlendioxyd als Treibmittel für geschlagenen Eierteig.

FARBSTOFFE UND ZUCKERWERK
(siehe auch S. 127–128)

Alkannawurzel
Ein roter oder blauer Farbstoff aus der Wurzel von *Anchusa tinctoria*.

Kandierte Früchte ✦
Kirschen, Angelikafrüchte, Zitronenschalen oder ganze Früchte, die mit Sirup überzogen und getrocknet werden. Beliebt als Dekoration oder Kuchenzutat.

Koschinelle-Rot
Ein rosafarbenes Pigment, das aus den Weibchen einer in Mexiko und im Iran heimischen Insektenspezies, dem *Dactylopius coccus* gewonnen wird.

Marrons glacés ✦
Kastanien von erster Qualität werden überbrüht, in Sirup getaucht und dann glasiert.

Marshmallow ✦
Ein amerikanisches Konfekt aus Gelatine, Zucker und Sirup. Ursprünglich aus den Wurzeln der Marshmallow-Pflanze hergestellt, die Öle, Stärke und gelatineartige Substanzen enthält.

Marzipan ✦
Wahrscheinlich aus dem Nahen Osten stammend. Es ist eine Mischung aus Eiweiß, Mandelpaste und Konditoreizucker.

Nougat
Französischen Ursprungs. Nougat wird aus gerösteten und gemahlenen Mandeln oder Nüssen, Sirup und Kakaomasse hergestellt; weißes Nougat enthält Eiweiß und häufig kandierte Kirschen.

Oblaten
Hauchdünnes, papierähnliches Gebäck aus ungesäuertem Teig, das als Unterlage für Lebkuchen, Makronen und Pralinen verwendet wird.

Orlean
Ein oranger Farbstoff aus den Samen der indischen *Bixa orellana*.

Reispapier ✦
Ein sehr feines, aus dem Mark eines orientalischen Baumes hergestelltes Papier, das als Unterlage für Konfekt und Honiggebäck verwendet wird.

Schokolade ✦
In verschiedenen Formen erhältlich: als ungesüßte oder Backschokolade; süße oder bittere, entweder zum Essen, als Backzutat oder für Glasuren.

Zuckerverzierungen ✦
Meist Handelsware, die entweder aus gekochtem hartem Zucker oder aus Zuckerguß hergestellt wird.

Pasta

Pasta oder Teigwaren sind die Basis der italienischen Küche und weitaus beliebter als seine Rivalen Brot, Polenta (Maisgericht) und Reis. Pasta – oder um sie mit ihrer vollständigen Bezeichnung *Pasta alimentari* vorzustellen – läßt sich in zwei Hauptsorten aufteilen: den industriell hergestellten Mehl- und Wasserteig, der als *Pasta secca* oder trockene Pasta abgepackt verkauft wird, und den frischen mit Mehl und Eiern, den *Pasta all'uovo* oder auch *Pasta-fatta in casa* – Hausmacher-Pasta – genannten Teig. Obwohl die letzteren selbstgemacht sein sollten, gibt es doch jetzt auch eine industriell gefertigte *Pasta all'uovo*, die abgepackt angeboten wird.

Pasta secca ist zunächst ein elastischer Teig aus Mehl, Salz und Wasser, der in einer Vielzahl von Formen und Größen geschnitten, gepreßt und geknetet wird, etwa in Röhrchen, Bändern, Spiralen, Muscheln, Bogen und Rädern, und eine vielfältige Grundlage für eine ebenso erstaunliche Anzahl an Saucen bietet. Sogar für einen Italiener ist das Studium der Pasta verwirrend, ändern sich doch Formen und Namen von Provinz zu Provinz.

Zur Pasta wird das aus dem harten, glasigen *Triticum-durum*-Weizen gemahlene Mehl verwendet; es gibt allerdings auch eine Sorte, die mit Buchweizen hergestellt wird. Aus Durum wird ein feinkörniger, bernsteinfarbiger Weizengrieß gewonnen, der haltbarer als Brotmehl ist. Mit Wasser zu einem Teig gemischt, ergibt er eine nährstoffreiche Masse, die getrocknet und unbegrenzt gelagert werden kann; die Qualität einer guten Pasta kann man prüfen, indem man mit dem Finger über ihre Oberfläche streicht – sie sollte seidig glatt und ziemlich geschmeidig sein.

Strenggenommen sollte selbstgemachte Pasta auch aus Weizengrieß bestehen, aber normales Backmehl ist ein guter Ersatz, und fügt man noch Eier, Salz und vielleicht ein wenig Wasser oder Öl hinzu, um den Teig weicher zu machen, erhält man eine schöne *Sfoglia*, wie das ausgewellte Stück fertiger Pasta genannt wird.

Einige Pasta-Hersteller, besonders aus der Gegend der Emiglia Romana, fertigen ihren Teig mit püriertem Spinat, was eine grüne Pasta ergibt – *Lasagne verdi* oder *Tagliatelle verdi* sind Beispiele dafür. Es gibt auch Varianten aus Vollweizenmehl, das eine dunkler gefärbte Pasta ergibt.

Ursprung und Entwicklung der Pasta
Geschichtsforscher werden sich immer über den Ursprung der Pasta streiten. Wahrscheinlich stammt sie aus Italien, wo sie von den Etruskern aus einem griechischen Rezept entwickelt wurde, einem Teig, der in Streifen geschnitten und *Laganon* genannt wurde – das Wort Lasagne verweist darauf. Andererseits war einer der ersten Begriffe für Pasta *Tri*, aus dem arabischen *Itriyah*, »Schnur«, das als Beschreibung für Spaghetti (wörtlich kleine Fäden) auf einen arabischen Ursprung weist. Um das 15. Jahrhundert war die Pasta als *Vermicelli* oder »kleine Würmer« bekannt und in Sizilien als *Maccheroni*, ein Wort, dessen Herkunft ungeklärt ist. Heute bezeichnet das Wort Makkaroni quasi alle Sorten der *Pasta secca,* und Rezepte und Saucen haben die Ränge der Pasta zu einer verwirrenden Legion von beinahe 600 verschiedenen Arten anschwellen lassen.

Wie aber ist es zu dem phantasievollen Artenreichtum der Pasta gekommen, der selbst Frankreichs Vielzahl an Käsen in den Schatten stellt? Zum Teil ist er auf den blühenden Handel während der italienischen Renaissance zurückzuführen. Gab es damals doch eine ständig wachsende Konkurrenz zwischen so großen Pasta-Fabrikanten wie Buitoni in der Toscana, Pezzullo in Salerno und Pittalunga in Genua, jeder mit seinem speziellen Katalog an Pastaprodukten und -formen.

Außerdem erfanden die Italiener – Künstler in der Küche – einige zu bestimmten Saucen besonders passende Form; Spaghetti aus Neapel ergänzen das Fleischragout aus Bologna; die delikaten *Fettucine* passen am besten zu einer Sahne- und Pilzsauce; und die Fäden aus Pasta, *Trenette* genannt, wurden der ideale Gefährte für das ligurische *Pesto* aus Basilikum und Pinienkernen

Man kann die meisten Pasta-Arten jedoch unbedenklich mit der unendlichen Vielfalt an Saucen variieren – die Spiralen aus Pasta, *Fusilli* oder *Archimede* genannt, passen genausogut zu Muschelrezepten wie die traditionellen *Spaghettini*. Einige Formen eignen sich besonders gut zum Überbacken und Füllen. Die Röhrchen der *Canneloni* und *Rigatoni* werden mit Fleisch oder gehacktem Gemüse gefüllt, einer mit Käse abgerundeten Béchamelsauce bedeckt und schließlich *al forno* gebacken. *Lasagne,* die großen Teigblätter, werden abwechselnd mit Hackfleisch und gewürzter Béchamelsoßauce geschichtet und dann gebacken. Kleinere Formen, wie *Ravioli, Cappelletti* (Hüte) oder *Tortellini* (Halbmonde) werden gefüllt und können in *brodo* oder in Wasser gekocht werden.

Bedenkt man die lange Geschichte dieser einfachen Zuspeise, könnte man stimmig folgern, die Entwicklung der Pasta sei nun abgeschlossen, nachdem der Höhepunkt ja erreicht ist. Weit gefehlt; erst vor kurzem wurde wieder eine völlig neue Pasta-Art eingeführt.

Die zahllosen Pasta-Hersteller sind ständig bemüht, die Vielfalt ihrer Produkte mit neuen Rezepten und Formen zu vergrößern (eine *Pasta secca* in Form fliegender Untertassen – *Dischivolanti* – ist ein solches Beispiel) und hoffen, daß die neueste Pasta-Form von heute zum traditionellen Gericht von morgen wird.

Pasta in der Küche
Die Grundtypen der Pasta, ob trocken oder frisch, lassen sich, je nach Verwendung, in weitere Kategorien aufteilen: *Pasta asciutta* und *Pasta in brodo* oder *Pastina.*

Pasta asciutta umschreibt alle täglichen Grundgerichte, die – wie die bekannten *Spaghetti* oder *Maccaroni* – mit Sauce serviert werden; mit Fleisch, Käse oder püriertem Gemüse gefüllte Pasta sowie *Ravioli, Canneloni (Pasta ripieni,* d. h. gefüllt); Pasta-Gerichte, die, wie *Lasagne,* im Ofen – *al forno* – gebacken werden.

Pasta in brodo, die zweite Kategorie, ist Pasta en miniature; winzige Pasta-Formen *(pastina),* die in der Suppe – *in brodo* – serviert werden, wie etwa Räder *(Ruote),* Muscheln *(Conchiglie),* Schmetterlinge *(Farfalle),* Sterne *(Stelle)* und eine Reihe anderer Motive. Sparsame Köche verwenden die gebrochenen Stückchen von *Pasta secca,* die am Boden der handelsüblichen Dosen oder Säcke übrigbleiben, für ein rustikales *tuoni e lampi* oder »Blitz und Donner« genanntes Pasta-Gericht.

Während die Meinungen darüber, welche Pasta am besten zu welcher Soße passe, auseinandergehen, besteht Einigkeit darüber, wie Pasta zu kochen ist. *Pasta asciutta* braucht viel Salz und kochendes Wasser, zirka 4,5 Liter und zwei Eßlöffel Salz auf je ein Pfund Pasta, sonst wird die Pasta klebrig. Manche Feinschmecker fügen das Salz erst nach der Pasta hinzu, da sonst angeblich ein leichter Phenolgeschmack entsteht, aber die Mehrzahl der Köche ignoriert solche Feinheiten und besteht lediglich darauf, daß die Kochzeit auf die Minute genau eingehalten wird.

Die Kochzeit ist je nach Pasta verschieden, aber das Endergebnis sollte *al dente* sein, mit anderen Worten: nicht weich, sondern mit festem Biß. Manche mögen ihre Pasta härter oder sogar hart; man bezeichnet sie dann als *fil di ferro* (wörtlich: Kabel). Pasta sollte nicht zu lange abgeschwenkt werden, da sie sonst zusammenklebt, besonders Lasagne. Es empfiehlt sich, einen Teelöffel Öl zur kochenden Pasta zu geben, um das Zusammenkleben zu verhindern.

Nudeln und Knödel

Die Chinesen als Pioniere und Entdecker haben offenbar schon früh in ihrer Geschichte die Vorzüge stärkehaltiger Teigwaren entdeckt, und Marco Polos Bericht seiner Reise nach China im Jahre 1270 folgten enthusiastische Beschreibungen fernöstlicher Nudeln. Wir können jedoch annehmen, daß Pasta eine unabhängige Entdeckung war, denn Vermicelli waren in Italien schon lange vor dem 13. Jahrhundert populär.

Da Getreide schon seit mehr als 8000 Jahren angebaut wird, ist zu vermuten, daß es Nudeln schon recht lange gibt. Der Umgang mit Getreide zeigte, daß sich aus den Körnern Mehl gewinnen und aus Mehl und Wasser eine elastische Masse herstellen ließ, die man schneiden, trocknen und lagern konnte. Das Wort Nudel beschreibt in Süddeutschland und Österreich oft auch bestimmte Hefeteigformen, die entweder im Ofen oder im geschlossenen Topf gebacken werden. Beispiele dafür sind die in Bayern beliebten Rohrnudeln oder die bekannten, im geschlossenen Topf in etwas Milch gebackenen Dampfnudeln.

Nudelarten

Bei aller Gemeinsamkeit fallen Nudeln und Pasta unter verschiedene Kategorien. Nudeln sind ein Teig aus Mehl, Wasser und Milch, der entweder getrocknet oder frisch gekauft und verwendet werden kann. Die im Handel erhältliche italienische Pasta (S. 259) enthält keine Eier und wird in einer Vielzahl traditioneller Formen aus Hartweizenmehl hergestellt. Dagegen müssen Nudeln in vielen europäischen Ländern und in Amerika Eier enthalten, falls sie nicht einfach als »Nudeln« gekennzeichnet sind. Fadennudeln werden auch als *Vermicelli* bezeichnet, gleichgültig, ob sie aus Italien oder Hongkong kommen, und die wichtigsten Herstel-

lungsgebiete sind Mitteleuropa, Amerika und der Ferne Osten. Den Deutschen wird das Verdienst zugesprochen, als erste einen Nudelteig mit Eiern und in der gewohnten Bandform hergestellt zu haben. Diese Art Nudel-Eier-Teig ist auch bei Italienern und Chinesen beliebt. Hingegen gibt es zahlreiche asiatische Nudelarten, die mit oder ohne Eier und aus dem Mehl von Mungobohnen, Sojabohnen, Buchweizen, Seetang, Mais, Kichererbsen, Reis und Hartweizen hergestellt und in den typisch fernöstlichen Bündeln feiner Nudelfäden angeboten werden.

Die Japaner produzieren eine ausdrucksvolle Palette von *Menru* (Nudeln) aus weißem Weizen- oder goldenem Buchweizenmehl wie *Soba, Somen* oder *Udon.* Mit den Chinesen teilen sie ihre Vorliebe für Bohnen-, Reis oder Glasnudeln, die in Japan *Harusame* heißen. Eine andere beliebte japanische Nudel ist *Shirataki,* die aus *Konnyaku* (einem Aronstabgewächs) hergestellt wird.

Nudeln in der Küche

An einem kühlen, luftigen Platz halten sich die im Handel erhältlichen Nudeln fast unbegrenzt. Sie sollten nach Rezept oder nach den Anweisungen auf der Packung gekocht werden. Vorgewässerte Nudeln benötigen eine kürzere Kochzeit als getrocknete und werden gewöhnlich gewässert, um das Kochen von Schnellbratgerichten zu erleichtern – fünf Minuten sind hier im allgemeinen ausreichend. *Harusame*-Nudeln und chinesische Glasnudeln müssen bisweilen bis zu 30 Minuten vorgewässert werden.

Direkt aus der Packung brauchen *Soba*-Nudeln etwa 7 Minuten, *Somen* 7 Minuten und *Udon* 20 Minuten Kochzeit. Anders als Vermicelli werden sie weich gegessen und nicht *al dente,* auf italienische Art.

Chinesischer Wok
Ein chinesischer Topf mit flach ausladenden Wänden, hauptsächlich zum Garen von Gemüsen und Nudeln verwendet.

EIERNUDELPRODUKTE
(siehe auch S. 138)

Chinesische Nudeln ✦
Unterscheiden sich beträchtlich, sind meist 6 mm breit und werden wie lose gewickelte Wollknäuel verkauft. Nudeln heißen in der chinesischen Küche *mein* oder *mee* und gehören zusammen mit Fleisch und Gemüse zu *Chow-mein*-Gerichten.

Eiernudeln
Gehen möglicherweise auf die württembergischen Spätzle zurück, bei deren Herstellung Eierteig durch die Löcher einer Presse in kochendes Wasser gedrückt wird. Sie werden gern als Beilage oder mit verschiedenen Saucen gereicht oder mit Käse oder Wurst gemischt und als Salat serviert. Regional wird auch ein süßer Auflauf daraus gemacht.

Handelsübliche Nudeln
Das Rezept variiert natürlich von Firma zu Firma, meist werden sie aber aus etwa 6 kg frischen Eiern auf je 50 kg Weizengrieß hergestellt. Der Teig wird maschinell gemischt, geknetet, ausgerollt, gewellt, geschnitten und getrocknet.

Uszka ✦
Eine Art Ravioli aus Polen aus

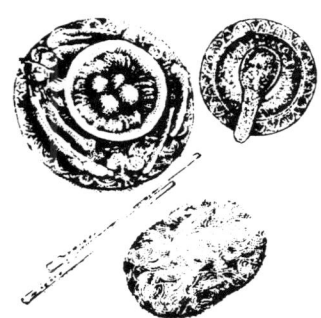

einem mit Pilzen gefüllten und in Suppe gekochten Mehl-Eier-Teig. Uszka heißt »kleine Ohren« und ist nach der Form der Teigtaschen benannt.

ANDERE NUDELARTEN
(siehe auch S. 140)

Dazu gehören Nudeln aus verschiedenen Mehlsorten oder Teigwaren ohne Ei.

Bijon
Diese Nudeln werden in Südostasien aus Maiskörnern kommerziell gefertigt. Die Körner werden 4–7 Tage in Wasser eingeweicht, um die Gärung von Buttersäure zu fördern, dann zerquetscht und mit Maisstärke zu Klößchen geformt. Der Teig wird zu langen Bahnen ausgezogen, zwei Minuten angekocht und dann etwa vier Stunden sonnengetrocknet.

Andere Nudeltypen aus der gleichen Region sind: **Kanton-**Nudeln aus Weizenmehl, Enteneiern, Salz und pflanzlichem Öl; **Miki** aus Weizenmehl, Eiern und Soda; **Misua** sind feine Weizennudeln wie die japanischen **Udon sotanghon,** eine Art Glasnudeln. Diese Nudeln werden gewöhnlich zu typischen Regionalgerichten wie *Laksa,* einer Fisch- und Kokosmilchsuppe, gereicht.

Glasnudeln
Chinesische und japanische Glas-

nudeln werden aus Mungo-Bohnen-Teig oder Weizenmehl hergestellt. In Japan sind sie als **Harusane** (»Frühlingsregen«) bekannt und gehören zu *Yosenabe,* einer Art *Chop Suey* aus Fisch und Gemüsen in Bouillon. In Indien bezeichnet man Glasnudeln als **Sevian** (wörtlich »China-Gras«) und verwendet sie für Süßspeisen.

Shirataki (»weißer Wasserfall«)
Diese Nudeln werden aus der Stärke der Knollen der in China und Japan angebauten Teufelszungenpflanze (*Amorphopallus rivieri*) gemacht, die getrocknet zu *Konnyaku*-Mehl verarbeitet werden. Sie gehören zum bekannten *Sukiyaki*-Gericht.

Soba
Japans beliebteste Nudel aus goldfarbenem Buchweizenmehl wird in vielen *Soba-ya*-Restaurants serviert. Die Nudeln können in *Zaru*-Schalen, begleitet von *Nori* (Seetang) und Meerrettich gereicht werden.

Somen
Dünne, sehr zarte, weiße Weizennudeln, die als Sommergericht häufig kalt serviert werden.

Udon
Sehr schmale, bandartige weiße Weizennudeln, in heißen Suppen und in gemischten Fleisch- und Gemüsegerichten gereicht.

KNÖDEL oder KLÖSSE

Csipetke
Ungarische Eier-Mehl-Knödel aus Teigstücken, die in Wasser gekocht und in Suppen zu Gulasch serviert werden.

Germ- oder **Hefeklöße**
Germknödel sind eine mit Pflaumenmus gefüllte österreichische Hefeteigspezialität, ebenso wie die beliebten Marillenknödel, die mit brauner Butter übergossen und mit Zimtzucker bestreut serviert werden.

Grießnockerl
Kleine Suppenklößchen, die aus einer Mischung aus Grieß, Eigelb und weicher Butter hergestellt werden.

Kasnudeln
Eine Spezialität aus Österreich, wobei ein ausgewellter Nudelteig in kleine Formen geschnitten und mit Topfen gefüllt, in Wasser gekocht und mit zerlassener Butter serviert wird.

Semmelknödel
Die bayrischen und österreichischen Semmelknödel werden ebenso wie die tschechischen **Knedliky** aus altbackenen, in Milch eingeweichten und mit Mehl und Eiern gemischten Semmeln zubereitet. Sie werden zu herzhaften Braten serviert.

Fisch

Meeres- und Süßwasserfische stellen einen wichtigen Anteil der menschlichen Ernährung dar, und zwar schon lange bevor prähistorische Gesellschaften Ackerbau und Viehzucht erlernten. Fische gaben Eiweiß und Vitamine und waren leicht zu fangen und zuzubereiten – es ist sogar wahrscheinlich, daß ein großer Teil der Fische und Schaltiere roh gegessen wurden (heute ist dieser Anteil weit geringer).

In Ägypten gab es Fische im Überfluß und zudem war er billig – billiger als Brot. Neben der Seefischerei hatten die Ägypter Fischteiche, deren Bestand zum Verzehr gemästet wurde. Die Fische wurden über Holzkohlenfeuern gegrillt und mit Eiern serviert. Fische wie Karpfen, Barben, Ukeleien und Schmerlen gab es in Flüssen und Seen, Meeräschen und Thunfische lieferte das Meer. Schon in der Frühgeschichte fingen die Bewohner der Iberischen Halbinsel Anchovis, Sardinen und Kabeljau, pökelten sie und exportierten ihren *Bacalao* bis nach Kleinasien.

Der Hecht erfreut sich in Europa bei Sportanglern und Köchen seit jeher großer Beliebtheit, und im Schottland des 17. Jahrhunderts war der Lachs so verbreitet, daß ein Gesetz erlassen wurde, das es den Herrschaften verbot, ihren Dienstboten öfter als dreimal die Woche Lachs zuzugestehen. In ganz Europa und dem Nahen Osten, wo Karpfen schon immer Bestandteil der jüdischen

Küche waren, und in China und Japan, wo sie Poeten und Köche gleichermaßen inspirierten, züchtete man sie in Teichen und Seen; sie erreichen dort häufig beachtliche Größen.

Die kommerzielle Bedeutung einiger Arten leitete schließlich die Hochseefischerei ein, und Nationen stritten sich über Fischereirechte und Fangquoten. Zweifellos ist der Hering der wertvollste Fisch aller Zeiten; er macht jährlich noch immer ein Drittel des Weltfanges aus. Der große Heringsreichtum spielte in der Handels- und Wirtschaftsgeschichte Nordeuropas eine entscheidende Rolle: Es heißt, Amsterdam sei auf Heringsgräten gebaut. Heute ist der Hering dicht gefolgt von Kabeljau, Makrele und Thunfisch.

Fisch in der Küche
Fisch liefert hochwertiges Eiweiß, und die meisten Fische haben einen niedrigen Fettgehalt. Man kann sie auf viele Weise zubereiten: braten, sautieren, backen, rösten oder grillen, dünsten und schmoren. Lachs, der König der Fische, wird frisch und gedünstet, mariniert als »Gravad lax«, kalt in Aspik oder als *Kulebiaka* in Pastete verzehrt.

Seezunge ist Grundlage einer bemerkenswerten Anzahl klassischer französischer Gerichte wie *Filets de soles Joinville* und Escoffiers *timbale,* am köstlichsten vielleicht einfach gegrillt oder nach Müllerin Art zubereitet. Steinbutt sollte gedünstet oder gedämpft und mit einer passenden Sauce serviert werden, während der trokkenere Heilbutt gedünstet oder gegrillt und mit zerlassener Butter oder *à la dieppoise,* mit Hummerkrabben und Miesmuscheln garniert in Weißwein serviert werden kann. Ebenso kann man mit Scholle verfahren. Andere Plattfische wie Limande, französische Seezunge, Flunder und Goldbutt sollten so frisch als möglich gegessen werden, entweder gegrillt oder auf Müllerin Art serviert.

Wie man Fisch auswählt

Frischer Fisch hat hervortretende Augen, fest haftende Schuppen und festes Fleisch; er sollte nie einen unangenehmen Geruch haben. Manche Fische werden gehäutet verkauft, wie z. B. der Hundshai, andere gehäutet und geköpft – so der Engelhai. Fisch sollte baldmöglichst gekocht werden, da er sehr schnell verdirbt. Länger als einen Tag kann man ihn nicht gekühlt aufbewahren; soll er innerhalb dieser Zeitspanne nicht gekocht werden, muß man ihn einfrieren.

Fischarten

In den Meeren der Welt gibt es mehr als 20 000 verschiedene Fischspezies, wir beuten dagegen nur einen Bruchteil dieses riesigen potentiellen Fangs aus. Zugegebenermaßen sind mindestens 50 Prozent kommerziell unbrauchbar – der kleine, regenbogenfarbene Korallenfisch ebenso wie Tiefseefische –, vom Rest aber tauchen nur etwa ein Dutzend verschiedene Fischarten regelmäßig auf europäischen Märkten auf. Portugiesen und Japaner bilden eine Ausnahme. Auf dem Tokioter Fischmarkt werden jeden Tag mehr als 60 Arten verkauft, und japanische Fischerboote durchpflügen die Ozeane, um die tägliche Nachfrage von etwa 7000 Tonnen Fisch zu befriedigen, von denen der Großteil roh, als *Sashimi* verzehrt wird.

In anderen Teilen der Welt ist der Geschmack sehr konservativ. Der Hauptanteil des europäischen Fangs setzt sich aus Kabeljau, Seehecht, Hering, Makrele, Sardine und Anchovis zusammen, und sei es auch nur, weil es sie in so reichlicher Menge gibt; für etwa ein Dutzend aus den möglichen im Mittelmeer und Atlantik lebenden 160 Fischarten besteht eine regelmäßige Nachfrage. Die Amerikaner genießen den Vorteil, daß ganzjährig ein breites Angebot an Salzwasserfischen besteht. Dazu zählen Lachs, Scholle, Barsch, Heilbutt, Forelle, Fluß- und Seebarsch.

Im Rahmen dieses Buches ist es nicht möglich, eine detaillierte Liste der zahllosen eßbaren Fische aufzuführen, doch eine Auswahl der wichtigsten ist unten beschrieben. Leser, die an einer vollständigen Liste aller Fische und ihrer Verwendung interessiert sind, sei das »Multilingual Dictionary of Fish and Fish Products« (Vereinte Nationen) empfohlen.

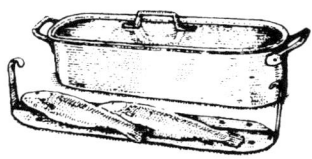

Fischkocher mit Einsatz

Barsch

SÜSSWASSERFISCHE
(siehe auch S. 142–145)

Aal ✦
Laicht in der Saragossa-See und wandert in Süßwasser, um heranzuwachsen. Wird vor dem Kochen gehäutet und ist köstlich mit Dillsauce.

Äsche
Ein schöner, silbriger Fisch, mit einem leichten Thymiangeruch, daher sein lateinischer Name *Thymallus.* Sie ist auch ein hervorragender Speisefisch, am besten schmeckt sie blau oder mit Kräutern gefüllt und gebacken.

Austernfische oder Seewölfe
Die meisten Vertreter dieser Gruppe sind Süßwasserfische, zu ihnen zählt der **Blaue, Kanal-, gelbe,** der **Gefleckte,** der **Rotkopf-** oder **Katzenwels.** Es gibt einige wenige im Meer lebende Arten: den **Atlantischen Seewolf** und den **Gefleckten Kattfisch.** Sie werden in den nordeuropäischen Küstengewässern und vor Neufundland gefangen. Kattfisch kommt im allgemeinen filetiert als Austernfisch oder Steinbeißer in den Handel und eignet sich zum Braten und Backen.

Forelle ✦
Es gibt viele Unterarten; am bekanntesten ist die **Braune Forelle,** die **Regenbogenforelle** ✦ oder der **Stahlkopf,** die **Bachforelle,** die **Seeforelle** und der **Saibling.** Alle diese Fische kann man blau, nach Müllerin Art, *en papillote,* gebacken, gebraten oder gekocht reichen. Viele Arten werden auch geräuchert.

Hecht ✦
Wird in europäischen Binnengewässern gefangen und gewöhnlich gefüllt und mit Austern, Anchovis, Butter und Kräutern gebacken. Beliebt auch als Hechtklößchen.

Karpfen ✦
Die Karpfen stammen aus China, wo sie gedämpft oder gebacken werden, häufig mit einer süßsauren Sauce. Zur Familie der Karpfenarten zählen auch **Rotauge, Schleie, Gründling, Barbe** und **Brache,** die mit Ausnahme von Gründling und Karpfen alle einen etwas modrigen Beigeschmack haben.

Lachs ✦
Ein Fisch, der in nordamerikanischen und nordeuropäischen Flüssen heimisch ist, aber einen großen Teil seines Lebens auch in der See verbringt. Es gibt viele Unterarten, dazu zählen der *Oncorhyuchus gorbuscha* oder **Rosa Lachs; Keta-Lachs, Chinook-Lachs,** eine nordamerikanische Unterart, **Cohu-Lachs** und **Rotlachs.** Es gibt viele gute Rezepte für diesen Fisch, wie die russischen *Kulebiaki* – mit Lachs gefüllte Hefeteigpasteten. Man kann ihn grillen oder in *Court-Bouillon* dünsten und heiß oder kalt mit einer passenden Sauce servieren. Lachs wird auf vielerlei Art gebeizt, geräuchert und konserviert.

Lachsforelle ✦
Auch **Weiß-** oder **Meerforelle** genannt, ist sie weniger fett als der Echte Lachs und größer als andere Forellenarten; sie hat das rosa Fleisch des Lachses und wird wie er zubereitet.

Weiß- oder Karpfenfische
Zu den Karpfenfischen gehören zahlreiche als Speisefisch sehr geschätzte Unterarten, darunter der bis zu 3 kg schwere **Döbel,** die bis zu 8,5 kg wiegende **Flußbarbe,** die vielfach auch in Teichen gezüchtete **Karausche,** die **Schleie** und die in Eurasien heimische **Rotfeder.** Weißfische können in vielen Rezepten die Forelle ersetzen.

SEEFISCHE
(siehe auch S. 146–155)

Barsch
Häufiger Mittelmeerfisch, besonders entlang der afrikanischen Küste. Die Filets werden gegrillt, gebraten oder gebacken.

Bonito
Eine Makrelenart, die im Atlantik, Pazifik und Mittelmeer gefangen wird und als **Thunfisch** in den Handel kommt. Gewöhnlich wird er in Scheiben geschnitten verkauft, mitunter auch eingesalzen.

Breitling ✦
Darunter versteht man die Jung-

Shad
(ein amerikanischer
Süßwasserhering)

Anchovis

fische von Hering und Sprotte. Sie werden gewöhnlich fritiert und ganz gegessen. Auch tiefgefroren im Handel.

Dorsch
Es gibt verschiedene Arten, die im Amerikanischen nach der Anzahl der Bartfäden um das Maul als drei-, vier- und fünfbärtig bezeichnet werden. Dorsch wird an den europäischen Küsten und vor Neufundland gefangen. Zubereitung wie **Hechtdorsch.**

Flunder
Ist dem **Goldbutt** (siehe unten) ähnlich und wird im europäischen Atlantik gefischt, im Mittelmeer gibt es Unterarten. Man kann sie dünsten oder braten.

Glattbutt ✦
Er wird in der Nordsee, im Mittelmeer und Schwarzem Meer gefangen und wie Seezunge zubereitet.

Goldbutt ✦
Wird in Nord- und Ostsee gefangen. Kleinere Fische lassen sich im Ganzen schmoren oder grillen; Filets kann man braten.

Goldmakrele ✦
Wird an der Atlantikküste und im Mittelmeer gefangen. Sie eignet sich zum Grillen und wird auch mit Tomaten, Zwiebeln und Kräutern gebacken.

Große Goldmakrele
Ein großer, goldener Fisch, der in warmen Gewässern gefangen und gewöhnlich als Filet oder Schnitzel zu kaufen ist, die man grillen oder braten kann.

Hechtbarsch
Eine andere verwandte Art ist der **Norwegische Rotbarsch.** Er wird im Atlantik und im Mittelmeer gefangen und ist recht zäh; man verwendet ihn am besten für Fischsuppen.

Hechtdorsch oder Seehecht ✦
Naher Verwandter des Seehechts und wird wie dieser zubereitet. Von beiden gibt es viele Arten.

Heilbutt ✦
Die größte Plattfischart, zu der auch der grönländische Heilbutt und andere Unterarten zählen. Heilbutt wird von Neufundland bis Norwegen und auch in der Barentssee gefangen und vorwiegend gekocht oder gebraten.

Hering ✦
Ein kleiner, 8–14 cm langer, öliger Fisch, dessen Fleisch und Ro-

gen sehr geschätzt werden. Hering läßt sich zu Konserven verarbeiten, räuchern (S. 267) und einsalzen. Er wird hauptsächlich im Nordatlantik gefangen und kann gefüllt und gebakken, geschmort, gebraten, mariniert und zu Salaten verarbeitet werden.

Hornhecht oder Seenadel ✦
Ihr leicht öliges Fleisch wird manchmal mit dem der Makrele verglichen. Man kann sie braten oder grillen.

Kabeljau ✦
Kabeljau kann recht groß werden und bis zu 35 kg wiegen, aber das Fleisch des jungen Kabeljaus ist fester und süßer. Es gibt verschiedene Arten, dazu zählen der **Pazifik-**, der **Grönland-** und der **Polardorsch.** Kabeljau eignet sich zum Füllen, Backen, Dämpfen und Braten.

Knurrhahn oder Seehahn
Gepanzerte, stachelbürstige Fische, zu denen der **Rote** und der **gestreifte Knurrhahn** zählen. Es gibt auch verschiedene Mittelmeerarten. Knurrhähne können gebacken oder geschmort werden.

Köhler oder Seelachs ✦
Eine im Nordatlantik lebende Dorschart, die in Skandinavien gewöhnlich zu Stockfisch verarbeitet wird und in Deutschland als Seelachs in den Handel kommt; er wird auch geräuchert oder in Öl als Konserve (Lachsersatz) angeboten. Wird vor den Küsten Neufundlands und Europas gefangen.

Makrele ✦
Die echte Makrele wird im Atlantik und Mittelmeer gefangen, es gibt aber verschiedene verwandte Arten. Dazu zählen die **Spanische Makrele** und die **Roßmakrele** oder die **Stöcker-fische.** In amerikanischen und südostasiatischen Gewässern gibt es noch den **Amberfisch,** die **Jack-makrele** und die **Kalifornische Makrele** (Pompano). Makrelen sollten gegrillt werden, sind aber auch in Weißwein gekocht gut.

Kalifornische Makrele
(Pompano)
Wird im Atlantik, der Karibik und im Golf von Florida gefangen. Filets kann man grillen, backen oder *en papillotte* kochen.

Makrelenhecht
Ähnelt dem **Hornhecht** sehr, ist

aber dicker. Man kann ihn braten, schmoren oder grillen.

Meeraal oder Muräne
Obwohl man sie füllen kann, schmeckt sie am besten in Suppen und Fischeintöpfen. Sie wird vor der europäischen und amerikanischen Atlantikküste und im Mittelmeer gefangen.

Meeräsche ✦
Ein festfleischiger und wohlschmeckender Fisch, den man füllen und backen, grillen und braten kann.

Meerbrassen ✦
Eine Familie von über 200 Arten, zu der wir die **Seebrasse** und **Goldbrasse** als amerikanische, **Sonnenfisch, Schwarzbrasse,** die **echte Dorade** und die **Pandora-brasse** als europäische Arten zählen, sowie die **Japanische Brasse.** Am besten gegrillt und gebacken, wird sie im Mittelmeerraum häufig auch auf getrocknetem Fenchel gebettet serviert.

Petermännchen und kleines Petermännchen
Wird in den flachen Küstengewässern Europas gefangen, Gräten und Giftsack müssen vor dem Kochen entfernt werden. Wird zur *Bouillabaisse* verwendet oder gegrillt und fritiert.

Petersfisch
Eignet sich für Steinbutt- oder Seezungenrezepte und wird in europäischen und afrikanischen Küstengewässern gefangen, anderswo gibt es verwandte Arten.

Plattrochen ✦
Es werden nur die »Flügel« verzehrt. Ein klassisches französisches Rezept schlägt Rochen mit Kapern und brauner Butter vor. Plattrochen werden im Nordatlantik und in arktischen Gewässern gefangen.

Pollack ✦
Läßt sich backen oder braten, ist aber am besten in Suppen oder Eintöpfen. Der **Großaugenköhler-fisch** wird in Amerika eingesalzen, getrocknet oder mariniert.

Quakfisch und Meagre
Der Quakfisch findet sich in den Gewässern der Ostküste Amerikas, der Meagre im Atlantik und im Mittelmeer. Beide kann man wie Barsch zubereiten.

Sardine oder Pilchard ✦
Die Jugendform des Pilchard wird meist als Ölsardine in

Thunfisch

Schwertfisch

Dosen verkauft. Frisch werden Sardinen gegrillt. **Kronsardinen** sind junge Ostseeheringe.

Schellfisch ✦
Schellfisch kann bis zu 12 kg wiegen und wird geräuchert, filetiert oder tiefgefroren angeboten. Er wird im Nordatlantik vor Neufundland und Europa gefangen.

Schnapper ✦
Im Golf von Mexiko heimisch. Kleine Fische können ganz gebacken werden, größere werden filetiert.

Scholle ✦ und Kliesche
Die Scholle, ein kleiner Plattfisch, wird an der nordeuropäischen Atlantikküste gefangen. Die amerikanische **Kliesche** ist von höherer Qualität. Man kann sie ganz oder filetiert kaufen und grillen oder braten.

Schwertfisch
In wärmeren Gewässern gefangen, wird er im allgemeinen in Scheiben verkauft, gelegentlich geräuchert. Er schmeckt gut mit Tomaten gebacken oder gegrillt.

Seebarbe ✦
Ist im Amerikanischen auch als »Seeschnepfe« bekannt, weil sie wie der Wildvogel mit den Eingeweiden gegessen wird. Man sollte sie braten, grillen oder backen.

Seehecht ✦
Eignet sich zum Backen, Dämpfen oder Dünsten, er wird aber auch eingesalzen und getrocknet.

Seeteufel ✦
Ein großköpfiger, häßlicher Fisch; aus diesem Grund wird er vor dem Verkauf enthauptet. Wird an der europäischen Atlantikküste und im Mittelmeer gefangen. Er eignet sich zum Dünsten, Dämpfen und Braten.

Seezunge ✦
Die **Ostender** oder **Dover-Seezunge** ✦ wird von Südnorwegen bis zur nordafrikanischen Küste und im Mittelmeer gefangen. Die **Französische Seezunge** wird in europäischen Küstengewässern gefangen. Beide werden ganz oder filetiert verkauft, und man kann sie dünsten, braten und grillen.

Shad
Es gibt verschiedene Arten, **Allis-Shad** oder **Felshering**, den **Twait-Shad** und den amerikanischen **Shad**. Shad ist eine größere, dickere Heringsart, die meist in Flüssen gefangen wird, in die sie zum Laichen aufsteigt. Shad wird wie Hering zubereitet. Es gibt ihn auch geräuchert oder als Konserve in Öl oder Lake. Wird im Mittelmeer, Atlantik und Pazifik gefangen.

Sonnen- oder Mondfisch
Ein großer, hübsch gefärbter Fisch, mit einem dicken, ovalen Körper. Er läßt sich grillen und wird in Japan roh gegessen. Er ist auf der ganzen Welt erhältlich.

Sprotte ✦ und Briesling
Beide sind ölig wie Hering und sollten gegrillt oder gebraten werden. Sie werden in europäischen Küstengewässern gefangen und sind geräuchert oder als Konserven in Öl erhältlich.

Steinbutt ✦
Ein Plattfisch, der an der europäischen Atlantikküste, im Mittelmeer und im Schwarzen Meer gefangen wird und sich zum Dünsten eignet.

Stint ✦
Kommt in der Ostsee und um England vor; eine spezifische Art wird im St.-Lorenz-Strom gefangen. Stint wird gewöhnlich gebraten.

Stör
Dieser Fisch ist für seinen Rogen berühmt, der zu Kaviar (S. 267) verarbeitet wird, aber weniger bekannt ist sein sehr gutes Fleisch. Gefangen wird er im Kaspischen Meer, im Schwarzen Meer und in der Donaumündung.

Thunfisch
Meist als Konserve bekannt, wird aber auch frisch verkauft und eignet sich zum Grillen, Backen oder Schmoren mit Wein, Tomaten und Kräutern. Gehört auch in *Salade niçoise.*

Wittling oder Merlan ✦
Es gibt zwei Arten, die im Nordatlantik und im Mittelmeer gefangen werden. Schmeckt am besten in Wein gedünstet, oder in Form kleiner würziger Klöße.

Zackenbarsch ✦
Wird im Nordatlantik und Mittelmeer gefangen, doch gibt es auch Süßwasserarten. Barsch wird geschmort oder gegrillt; mit Kräutern gefüllt und gebacken.

Meeresfrüchte

Von Julius Cäsar wird berichtet, er sei der erste Herrscher gewesen, der Schaltiere zu einem Staatsbankett gereicht habe. Die in prähistorischen Siedlungen über die ganze Erde gefundenen Austern- und Muschelschalenhaufen sind jedoch ein schlüssiger Beweis dafür, daß Schaltiere schon in frühester Zeit wichtige Grundnahrungslieferanten waren.

Krusten- und Schaltiere sind vorwiegend eßbare Süßwasser- und Meerestiere ohne Gräten, d. h. Krustazeen und Mollusken. Krustentiere, wie Hummer und Krabben, haben ein hartes, gegliedertes Exoskelett oder einen »Panzer«, den sie von Zeit zu Zeit abwerfen und der im Verlauf des weiteren Wachstums wieder nachwächst. Mollusken bewohnen entweder zweiteilige, scharnierartig aneinanderhängende Gehäuse, wie Austern oder Miesmuscheln, oder einteilige, wie Abalone (Ohrschnecke), Wellhornschnecke und andere große Meeresschnecken. Die wissenschaftliche Bezeichnung für Mollusken mit zweiteiliger Muschel ist *Lamellibranchiata,* mit einteiliger Muschel *Gastropoden.*

Aus kulinarischen Gründen werden im angelsächsischen Sprachgebrauch andere Mollusken – wie Landschnecken und die schalenlosen Meerestiere, Tintentfisch, Sepia und Krake ebenso wie eßbare Frösche und Schildkröten ebenfalls zum *seafood* gezählt.

Bekannterweise ändert sich bei einigen Krustentieren beim Kochen die Farbe der Schale auf geradezu dramatische Weise. Der Grund ist, daß sie rote und gelbe Pigmente enthalten, die an Eiweißmoleküle gebunden sind, denen Hummer, einige Krabben und Shrimps ihre graublaue Färbung verdanken. Werden diese Tiere gekocht, färben sie sich orangerot oder rosa, weil die Hitze die Pigment-Protein-Bindung löst und die Pigmente freisetzt.

Schaltiere werden ihres zarten, feinen Fleisches wegen geschätzt, das sich einfach und auf vielfältige, dekorative und wohlschmeckende Weise anrichten läßt, doch sind sie auch für ihre besonders schnelle Verderblichkeit bekannt. Die Ursache hierfür scheint im hohen Gehalt an bestimmten Proteinen und Aminosäuren der Schaltiere zu liegen, die bakterielles Wachstum begünstigen. Auch kann der Genuß von Schaltieren aus verschmutzten Gewäs-sern unangenehme Folgen haben. Eine Grundvoraussetzung ist, daß sie absolut frisch sind, oder, falls tiefgefroren, nach dem Auftauen sofort verspeist werden und aus unverschmutzten Gewässern kommen.

Frische Schaltiere kann man das ganze Jahr über kaufen, aber das Angebot spiegelt die saisonale und regionale Nachfrage, die bei den meisten Schaltierarten im Sommer einen Höhepunkt erreicht. Krabben wechseln ihre Schale mehrmals während ihrer Reifung. Wenn sie gerade aus ihrer letzten Schale geschlüpft sind, sind sie kleiner, geschmackvoller und so zart, daß man beinahe jeden Teil der Krabbe (mit Ausnahme des »Gesichts«, der dünnen oberen Schale und der inneren schwammigen Substanz) essen kann. Austern dagegen pflegt man traditionellerweise in der kalten Saison zu essen, wenn sie fetter sind und mehr Geschmack haben.

Einkauf von Krusten- und Schaltieren

Für Frische und den besten Geschmack sollte man lebende Tiere auswählen und sie selbst kochen. Häufig ist das möglich, da ein schwunghafter Handel mit lebenden Krusten- und Schaltieren, die Märkte der Welt per Flugzeug beliefert. Süßwasserkrebse, Hummer, Langusten und Krabben sollten recht lebendig sein, und ein Hummer oder Panzerkrebs sollte seinen Schwanz unter seinem Körper einrollen, wenn man ihn hochhebt. Frische Shrimps und Garnelen, die man im allgemeinen nur auf seenahen Frischmärkten kaufen kann, sollten fest und trocken sein; zu alte sind dagegen schlaff.

Lebende Miesmuscheln, Venusmuscheln und Austern sollten fest geschlossen sein. Offene, die sich bei kräftigem Klopfen nicht schließen, sind zu alt und tot und man sollte sie wegwerfen. Dagegen können Jakobsmuscheln am Leben sein, obwohl sie offen sind – berühren Sie die innere Haut der Muschel, und sie wird sich bewegen. Wie die Schnecken ziehen sich die Wellhornschnecken und andere Gastropoden bei Berührung in ihr Gehäuse zurück.

Beim Kochen sollten sich Miesmuscheln, Venusmuscheln und Austern öffnen. Die sich nicht öffnen, werfen Sie weg. Manchen Leuten allerdings schmecken Muscheln, besonders Austern, roh am besten. Die Schale wird mit einem scharfen Austernmesser geöffnet. Häufig kann man sie offen auf der Halbmuschel oder aus der Schale gelöst und abgepackt zusammen mit Austernschalen kaufen, auf denen sie serviert werden. Sie sind zum sofortigen Verzehr bestimmt.

Krustentiere werden häufig gekocht verkauft und sollten dann einen frischen, angenehmen Geruch haben. Besonders Hummerkrabben werden häufig schon an Bord des Schiffes abgebrüht, um sie vor dem Verderben zu schützen. Ein frisch gebrühter Hummer oder eine Languste sollte einen trockenen, glänzenden Panzer haben, ohne Sprünge und Löcher. War das Tier vor dem Kochen lebendig, ist der Schwanz fest und elastisch. Ein überalteter Hummer oder eine Languste hat einen schlaffen Schwanz und unangenehm riechende Beine. Im allgemeinen gilt für Krabben dasselbe, die manchmal auch etwas ausgebleicht aussehen können. Wählen Sie gekochte Hummer, Langusten oder Krabben, die schwer für ihre Größe sind, denn das bedeutet, daß sie gerade in ihren neuen Panzern gewachsen sind.

Werden Mollusken oder Weichtiere nicht frisch verkauft, legt man sie gewöhnlich in Essig oder Lake ein oder packt sie als Konserve ab. Eingelegt ißt man sie im allgemeinen roh mit Bier oder anderen Getränken, will man sie aber in Salaten oder ähnlichen Speisen verwenden, sollte man sie erst unter fließendem kaltem Wasser waschen. Mollusken- und Krustazeenkonserven sind schon gekocht; tiefgefrorene Krustentiere muß man unter Umständen noch kochen.

Zubereitung von Schaltieren

Hummer oder Languste sollte man folgendermaßen zum Grillen vorbereiten: Man lege ihn auf den Rücken und stoße ein schweres, scharfes Messer zwischen Körper und Schwanz ein, um das Rückgrat zu durchtrennen und das Tier zu töten. Der Panzer wird der Länge nach aufgespalten und die nicht eßbaren Teile entfernt. Die Hummerscheren sollte man aufbrechen. Hummer und Langusten werden mit der Fleischseite nach oben auf den Grill gelegt (etwa 10 cm über dem Feuer) und etwa 10-12 Minuten gegart und dabei häufig mit zerlassener Butter bepinselt. Taschenkrebse werden 30 Minuten lang in etwa 21°C warmes Wasser gelegt, bevor man sie siedet – ein Taschenkrebs, den man direkt ins kochende Wasser wirft, wirft seine Scheren ab. Man legt ihn in einen gut schließenden Topf und bringt ihn zum Sieden, läßt sie 8 Minuten pro Pfund kochen und dann im Wasser abkühlen.

Rohe oder gekochte Hummerkrabben, Garnelen und Süßwasserkrebse werden zubereitet, indem man den Kopf, den äußeren Panzer (Rückenschild), das Schwanzstück und der dunkle, den Rücken entlanglaufende Darm entfernt. Wenn sie roh sind, gibt man sie in kochendes Wasser und siedet 2-3 Minuten lang oder man sie in kochendes Wasser und siedet sie 2-3 Minuten lang oder taucht sie in Butter und fritiert sie 2-3 Minuten, bis sie goldfarben sind. Von Hummer, Langusten und Taschenkrebse sind alle Teile eßbar, mit Ausnahme der graufarbenen Kiemen (bezeichnenderweise »Totenfinger« genannt), des harten Magens hinter den Augen, beim Hummer der schwarzen Eingeweidevene, den Augen, und beim Hummer den schwarzen Darm, der sich durch den Körper zieht. Die graugrüne Hummerleber, die beim Kochen lohfarben wird, kann im Tier belassen oder ausgelöst und für Saucen verwendet werden.

Hummer- und Langustenmännchen sind etwas größer und haben mehr Fleisch als Weibchen, aber ein Weibchen trägt mitunter auch die Hummereier oder Corail bzw. Hummer-Rogen, der nicht nur im Tier gekocht köstlich schmeckt, sondern auch als Garnierung zu anderen Speisen verwendet werden kann, da er beim Kochen rot wird. Auch haben Taschenkrebsweibchen kleinere Scheren als Männchen und können braunen Rogen enthalten.

Alle Schaltiere sollten gründlich gewaschen werden und eine Zeitlang in erneuertem Wasser liegen (Venusmuscheln über Nacht), um sie vor dem Kochen von Salz und Sand zu befreien. Die Haut oder die Hülle und das weiße Fleisch von Jakobsmuscheln sollte man entfernen. Aber sowohl Fleisch als auch der rote Rogen sind eßbar. Austern und Jakobsmuscheln werden vor dem Kochen aus der Schale gelöst – Austern brauchen nur etwa eine Minute Kochzeit; Jakobsmuscheln werden je nach Größe 1-2 Minuten gekocht, gedämpft oder fritiert. Miesmuscheln sollten von ihrem »Moos« – den Fäden, mit denen sie sich an Felsen anheften – gereinigt und sorgfältig gebürstet werden. Miesmuscheln und andere Mollusken werden in ihren Schalen gewöhnlich 1-2 Minuten, je nach Größe, gedämpft oder gekocht.

Das Einfrieren von Schaltieren

Wenn Schaltiere frisch gefangen sind, kann man sie einfrieren, aber sie müssen ganz frisch sein und dürfen nur bis zu einem Monat gefroren aufbewahrt werden. Man bürste und entferne Weichtiere aus ihren Schalen, wasche sie in kaltem Wasser, lasse sie abtropfen, packe sie mit dem abgeseihten Saft in feste Behälter (dabei Platz für Ausdehnung lassen), schließe die Behälter und beschrifte sie. Aufgetaut eignen sie sich am besten für Suppen und Saucen, denen man sie kurz vor Ende der Kochzeit zugibt. Hummerkrabben, Garnelen und Süßwasserkrebse kann man ohne Köpfe, roh oder leicht vorgekocht und abgekühlt, in Plastiktüten verpacken und einfrieren. Hummer und Languste sollten am Tag des Fangs gekocht, abgekühlt und eingefroren werden.

Zubereitung von Kalmar, Sepia und Octopus

Frische Kalmare und Sepia werden vorbereitet, indem man Arme und Kopf vom Schwanz- oder Körperteil abtrennt. Ein etwaiger, intakter Tintensack wird vom Kopf abgelöst und kann zum weiteren Gebrauch beim Kochen aufgehoben werden. Fangarme, Kopf und Eingeweide werden weggeworfen, ebenso wie der dünne Kalkschulp, der vom Schwanzteil abgetrennt wird. Anschließend wird das Tier gewaschen und unter laufendem kaltem Wasser abgerieben, so daß die rötlich-violette Membran entfernt wird.

So vorbereitet können Kalmare, deren Schwanzteil nicht länger als 7,5 cm ist, gedünstet, gegrillt oder in runde Scheiben geschnitten (die Fangarme läßt man am Stück), paniert und kurz fritiert werden. Größere Kalmare und Sepia werden gewöhnlich in Scheiben geschnitten und gekocht, da sie eine längere, langsamere Kochzeit benötigen, um zart zu werden; man kann sie aber auch – wie Kraken – mit einer Mischung aus haschierten Fangarmen, geschlagenen Eiern und Kräutern füllen und in Wein dünsten.

Octopus bereitet man vor, indem man die schnabelartige Mund- und Analgegend wegschneidet. Der Tintensack kann je nach Belieben aufgehoben werden. Der Körper wird von innen nach außen umgestülpt und die Eingeweide, Saugnäpfe und Spitzen der Fangarme entfernt. Ist die Krake noch jung (unter 900 g), sollte das Fleisch weichgeklopft und 2½–3 Stunden gekocht werden, oder so lange, bis man es leicht mit dem Messer schneiden kann. Gegen Ende der Kochzeit kann man die Tinte mit etwas Mehl mischen und zum Eindicken, Färben und Würzen des Gerichts verwenden.

Zubereitung von Schnecken
Schnecken kann man vielerorts fertig zubereitet, tiefgefroren oder auch als Konserven kaufen, doch ist es möglich, sie auch zu Hause zuzubereiten. Man verwendet dazu die gewöhnliche Gartenschnecke (*Helix aspersia*) oder die saftigere, in Frankreich gebräuchliche Art (*H. pomatia*). Bevor man die Tiere jedoch zubereiten kann, muß man sie zwei Tage lang hungern lassen und dann zwei Tage mit Kopfsalat füttern, um sie von allen etwa von ihnen aufgenommenen Giftstoffen zu reinigen. Ihre Häuser werden gebürstet und mehrmals mit Wasser, das mit Essig und Salz versetzt ist, gespült. Schnecken, deren Kopf nicht aus dem Gehäuse kommt, sollte man wegschmeißen; den Rest wirft man in kochendes Wasser und läßt ihn fünf Minuten sieden. Sobald sie abgetropft und abgekühlt sind, werden die Schnecken aus ihren Häusern gezogen, ihre Eingeweidesäcke abgeschnitten und weggeworfen, und die Schnecken in einer *Court Bouillon* gedünstet, bis sie zart sind. Die Häuser werden kurz in Wasser und doppelt kohlesaurem Natron aufgekocht, abgetropft, gebürstet und gespült.

Froschschenkel
In vielen Ländern gibt es Zuchten, die diese Delikatesse liefern. Froschschenkel werden enthäutet und in mehrmals erneuertes Wasser eingetaucht, um das Fleisch aufzuquellen und zu blanchieren und so für Delikatessenläden oder zum kommerziellen Eindosen und Tiefgefrieren vorzubereiten. Ihr delikater Geschmack und ihr zartes Fleisch eignen sich für vielerlei Rezepte. Häufig werden sie mit Knoblauchbutter gereicht.

Hummerfang
Hummerfischer geben ihren Fang zum Aufbewahren in salzwassergefüllte Eimer.

Muschelsammler
Um die eßbaren Schalentiere zu sammeln, werden am Strand Löcher gegraben.

KRUSTENTIERE
(siehe auch S. 156–165)

Flußkrebse ✦
Kleine Süßwasserkrebse mit Scheren. Sie werden wie Garnelen und Hummerkrabben zubereitet. In der französischen *Bisque d'écrevisse* sind sie die Hauptzutat.

Hummer ✦
Die Hummer als größte Krustentiere sind wegen ihres Geschmacks und ihrer Ergiebigkeit geschätzt. Sie sind in den Küstengewässern des Atlantiks von Neuschottland bis North Carolina und von Skandinavien bis ins Mittelmeer heimisch. Ihr Fleisch ist von zarterer Beschaffenheit als das von Langusten und am besten, wenn das Tier ein Gewicht von 450 bis 900 g hat.

Hummerkrabben und Garnelen ✦
Die Bezeichnung für diese scherenlosen Krustentiere wechselt von Land zu Land; in Italien heißen die großen Garnelen **Gambas;** in Deutschland unterscheidet man die größeren **Tiefseegarnelen** von den kleineren **Ostseegarnelen,** während in Nordamerika die Bezeichnung **shrimps** (in England **prawns**) alle Arten umfaßt. Ihr rohes Fleisch hat eine graue Färbung und wird beim Kochen rosa bis feuerrot.

Kaisergranat ✦,
Scampi oder Meereskrebse
Diese Krustentiere mit Scheren wurden beim Fischen nach anderer Beute oft in den Netzen gefunden. Heute sind sie rar und sehr geschätzt. Die Italiener, die sie in der Adria fangen, nennen sie Scampi. Ihre Schwänze, wie Hummerkrabben zubereitet, werden gewöhnlich tiefgefroren, und man bekommt sie nur in guten Restaurants zu Reisgerichten oder Salaten, fritiert oder gebraten, serviert.

Krabben
Viele Arten dieser Krustentiere kommen in amerikanischen und europäischen Küstengewässern vor. An der Atlantikküste besonders beliebt sind **Blaue ✦-, Jonah-** und **Steinkrabbe,** während die Pazifikküste, besonders gegen Alaska, für **Dungeness**-Krabbe und **Königskrebs** bekannt ist. Beliebte europäische Arten sind der **Taschenkrebs ✦,** die **Strandkrabbe** und die **Seespinne ✦.** Frische Krabben können harte oder weiche Schalen haben.

Languste ✦
Dieses Krustentier (engl. **Crawfish**) hat keine Scheren, aber fast die Größe eines Hummers. Languste kommt in den warmen Küstengewässern von Atlantik, Mittelmeer, Pazifik und Karibik vor und wird wie Hummer zubereitet.

WEICHTIERE
(siehe auch S. 162–165)

Abalone oder Ohrenschnecken
Ohrenschnecken haben ein sehr festes Fleisch, das vor dem Kochen weichgeklopft werden muß. Gewöhnlich wird es zur Verwendung in Suppen und orientalischen Gerichten eingedost, aber manchmal sind auch frische Tiere erhältlich. Dann werden sie weichgeklopft, in dünne Scheiben geschnitten und roh oder nur 45–55 Sekunden sautiert gegessen.

Austern ✦
An den Küsten Europas und Amerikas heimisch, kamen schon zu Zeiten der Römer die besten und meisten dieser Weichtiere von künstlichen Austernbänken. Die Austernarten unterscheiden sich in Konsistenz, Größe und Geschmack. Zu den bekanntesten gehören die **Galway Bays** aus Irland; die **Whitstables** und **Colchesters** aus Großbritannien; die **Marennes, Belons, Dives, Arcachons** und **Courseulles** aus Frankreich. Sie werden selten im Sommer verkauft, da sie dann durch das Laichen dünner und weniger fleischig sind. Die meisten schmecken roh mit etwas Zitronensaft am besten.

Herzmuscheln ✦
Die etwa 2,5 cm langen Herzmuscheln sind runde Meeresweichtiere, die besonders in England

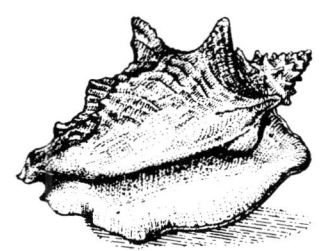

Schneckenmuschel
Ein Warmwasserweichtier mit rosa Gehäuse, das hauptsächlich in Florida und auf den Karibischen Inseln gegessen wird. Ähnelt in Geschmack und Konsistenz der Jakobsmuschel. Im allgemeinen vor dem Kochen mariniert und weichgeklopft, wird sie zu Salaten und Fischsuppen verwendet.

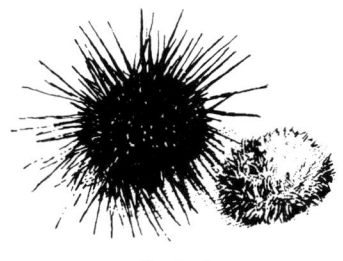

Seeigel
Die rechts gezeigte weiße Art, auch als Meerei bekannt, gilt als große Delikatesse. Links ist der schwarze Seeigel gezeigt.

beliebt sind. In Amerika werden sie entlang der Nordwestküste häufig in *Chowders* verwendet. Außer direkt an der Küste werden Herzmuscheln meist als Konserve verkauft. Sie sind gut in Salaten und Suppen und eignen sich für Pasta-Gerichte.

Jakobsmuscheln oder **Fächer-, Kamm-** oder **Pilgermuscheln** ✦
Nach der fächerförmig gezackten Form ihrer Schale benannt, sind Jakobsmuscheln entlang der europäischen und amerikanischen Atlantikküste heimisch. Die zwei Grundarten sind die **kleine Bucht-** und die größere **Tiefsee-Jakobsmuschel**. Sie eignen sich zum Schmoren, Panieren und Fritieren oder Dünsten und werden mit Sahnesauce auch in der Schale serviert.

Kalmar, Sepia und **Krake** oder **Octopus** ✦
Diese Cephalopoden (d.h. Kopffüßer, nach den direkt aus dem Kopf sprießenden Gliedmaßen benannt) gehören zur Regionalküche vieler Länder. Sie werden frisch, als Konserven, geräuchert oder getrocknet verkauft.

Mies- oder **Pfahlmuscheln** ✦
Die der Venusmuschel verwandte Miesmuschel gibt es an Meeresküsten und Flußmündungen der ganzen Welt. Es gibt verschiedene Arten, die jeweils für eine bestimmte Gegend charakteristisch sind, aber die gewöhnliche **Pfahlmuschel** kommt entlang der amerikanischen und europäischen Atlantikküste gleichermaßen vor und wird dort auch gezüchtet. Miesmuscheln werden

im allgemeinen frisch in der Muschel verkauft und roh, gedämpft als *moules marinière* oder in Salaten, Suppen und *pâtés* serviert.

Napfschnecken
Napfschnecken sind weltweit verbreitete Meeresweichtiere mit einem einfachen, zeltartigen Gehäuse, die sich an Felsen heften und bei Ebbe zum Vorschein kommen. Gewöhnlich 2,5–5 cm lang, kann man sie roh essen, oder in Suppen- und Austerngerichten verwenden.

Schnecken ✦
Eßbare Schnecken sind Gastropoden und Weichtiere und seit dem antiken Griechenland eine Delikatesse. Als Konserve oder tiefgefroren fast überall erhältlich, werden sie manchmal auch frisch angeboten. Am besten in Kräuterbutter gebacken.

Venusmuscheln ✦
Leben auf der ganzen Welt im feuchten Sand von Süßwasserströmen und Meeresküsten und werden häufig zusammen mit Austern gezüchtet (in Europa vor allem in Frankreich und Portugal). Beliebt sind auch die **Tell-** und **Islandmuscheln**. Die amerikanische **Quahog**-Muschel wird unter verschiedenen Namen verkauft: **little necks** sind die kleinsten, gefolgt von **cherry stones**, **mediums** und schließlich **chowders**. Venusmuscheln werden auch geräuchert und als Konserven angeboten.

Wellhorn- und **Nabelschnecken** ✦
Diese beiden Weichtiere gibt es

in Mengen an der amerikanischen und europäischen Meeresküste. Wellhornschnecken haben ein spiralförmiges Haus und sind größer als Nabelschnecken mit runden Häusern. Beide werden im allgemeinen ohne Gehäuse und gebrüht verkauft und kalt mit Zitronensaft und Brot gegessen.

ANDERE MEERESFRÜCHTE UND SPEZIALITÄTEN
(siehe auch S. 162)

Froschschenkel ✦
Nur die Hinterkeulchen bestimmter Frösche (gewöhnlich *Rana esculenta*) werden verwendet. Das zarte, weiße Fleisch wird meist paniert und fritiert oder sautiert und mit Sauce serviert.

Seeigel
Kein Weichtier, sondern ein Stachelhäuter. Seeigel leben an Korallen anhaftend vor den Küsten Amerikas und Europas. Sie haben einen salzigen Geschmack, eine Konsistenz wie rohes Ei und eine harte, stachelige Schale. Sie können roh gegessen oder zum Würzen von Omeletten und Saucen verwendet werden.

Seeschildkröte
Die in den Küstengewässern der Karibik, des Mittelmeers und des Roten Meeres gefangene Suppenschildkröte wird im Handel als Schaltier geführt. Der Großteil des fetten Fleisches wird in Scheiben geschnitten und zum Gebrauch in Suppen tiefgefroren oder eingedost.

Konservierter Fisch

Die Verfahren der Lebensmittelhaltbarmachung durch Trocknen, Räuchern und Salzen waren Entdeckungen von großer Wichtigkeit und gehen ohne Zweifel auf die Analyse von Naturphänomenen zurück – der in Salzablagerungen an der Küste angeschwemmte Fisch beispielsweise erwies sich als haltbar. Heute werden die verschiedensten Konservierungsmethoden angewendet.

Für Stockfisch wird *ungesalzener* Fisch gereinigt, geköpft, ausgenommen, zu Paaren zusammengebunden und etwa sechs Wochen in einem Luftstrom getrocknet. *Stark gesalzene* Fische werden geköpft, ausgenommen, entgrätet und lagenweise mit einer Mischung aus grobem und feinem Salz (etwa 13,5 kg Salz auf 45 kg Fisch) geschichtet. Dann werden die Fische luft- oder maschinengetrocknet. *Leicht gesalzene* Fische werden geköpft, ausgenommen, gewaschen und gespalten, und etwa ein Drittel des Fisches

wird mit trockenem Salz (etwa 3,5 kg bis 4,5 kg auf 45 kg Fisch) gesalzen. Dann werden die Fische in Wannen gelegt, bis ihr Saft das Salz auflöst und Lake bildet, in der die Fische zwei oder drei Tage liegenbleiben und schließlich sonnen- oder maschinengetrocknet.

Eingesalzene Fische werden gereinigt, ausgenommen, mit viel Salz in Holzfässer gepackt und zehn Tage gelagert, während sie schrumpfen. Der Fischsaft und das Salz ergeben eine bräunliche Flüssigkeit, die abgezapft wird, um von oben wieder aufgegossen zu werden; das volle Faß wird dann verschlossen und gelagert.

Anchovis werden gereinigt, trocken eingesalzen, gepreßt, um Fett zu entfernen, und einige Monate lang bei Zimmertemperatur mit ihrer eigenen Lake übergossen. Sardinen werden geköpft und ausgeweidet, dann etwa eine Viertelstunde in Lake getaucht und anschließend tunnelgetrocknet.

Es gibt zwei Grundräucherverfahren: Kalträuchern bei unter 30°C und Heißräuchern bei 120°C, was den Fisch gleichzeitig gart. Der Rauch in Räucherkammern wird mit Sägemehl erzeugt, das man immer wieder nachfüllt, damit das Produkt gleichmäßig durchgeräuchert wird; dafür werden aromatische Hölzer verwendet. Die Fische werden vor dem Räuchern in Lake getaucht.

Fischrogen
Ova oder Eier des Fischweibchens nennt man Rogen, die des Fischmännchens Milch. Der beste Rogen kommt von Stör und Lachs. Daneben liefern Karpfen, Dorsch, Hecht, Seehase und Hering schmackhaften Rogen. Kaviar, der Rogen des Störs, ist der begehrteste und teuerste.

Fischkonserven in der Küche
Getrockneter Fisch wie Stockfisch und Klippfisch muß einen Tag gewässert werden, damit er weich und ihm Salz entzogen wird. Als *Bacalao* wird Klippfisch zu Gerichten wie dem französischen *Brandade de Morue* verwendet. In Spanien und Portugal wird er geschmort, gekocht, gebraten oder roh in Salaten gegessen. Geräucherten Fisch kann man kleinhacken, um daraus eine würzige Paste oder Butter zu machen, die man in Pasteten oder Soufflés verwendet. Räucherfisch ist je nach Art verschieden lange haltbar. Allgemein hält sich geräucherter Fisch bei normaler Temperatur bis zu fünf Tagen, und bis zu vierzehn bei niedrigeren Temperaturen. Saure und eingesalzene Fischkonserven sollten nach dem Öffnen gekühlt aufbewahrt werden, wenn sie nicht sofort verbraucht werden. Anchovis werden für Salate, Saucen, Anchovisbutter und -pasten verwendet. In Skandinavien sind Fischmarinaden fester Bestandteil der alltäglichen Küche ebenso wie von *Smörgås-Bord*.

FISCHKONSERVEN
(siehe auch S. 166–173)

Geräucherter Aal ✦
Aale werden ausgenommen, geköpft und in Lake eingelegt, dann trocken eingesalzen. Schließlich werden sie gewaschen, gebrüht und zum Räuchern aufgehängt.

Anchovis, Sardellen ✦
Ein kleiner, sehr fetter Fisch mit starkem, würzigen Geschmack. Der Großteil seines Fettes wird ihm durch Auspressen und Gären entzogen. Anchovis werden meistens in Öl abgepackt.

Arbroath Smokies ✦
Eine englische Spezialität: Schellfisch oder Weißfisch wird geköpft, ausgenommen, aber nicht gespalten und zu Paaren zusammengebunden. Die Fische werden in Lake eingelegt.

Austern
Sie werden gedämpft, gesalzen, in Öl getaucht und heißgeräuchert. Dann werden sie in sterilisierte Dosen abgepackt.

Bismarckhering
Ostseehering, der einfach filetiert und mit Zwiebelringen 2–3 Tage in Essig mariniert wird.

Bloaters
Dieser englische Räucherhering wurde 1835 erstmals in Yarmouth, England, hergestellt. Bloaters werden ganz zubereitet und sollen ihre besondere Würze der Aktivität von Eingeweideenzymen verdanken. Die Fische werden für etwa 12 Stunden gedörrt und eingesalzen, gewaschen, um überflüssiges Salz zu entfernen, auf Metallspieße aufgespießt und in der Räucherkammer zum Räuchern aufgestellt.

Fischräucherung

Bombay duck oder »Bombil« ✦
Eine bekannte indische Würzzutat, die aus getrocknetem Seewels hergestellt wird. Getrocknet verliert Bombay duck seinen Fischgeschmack und nimmt einen arteigenen, an verbranntes Öl oder Fett erinnernden Geschmack an. Wird als Zutat in Curries verwendet.

Bückling ✦
Eine aus Schleswig-Holstein stammende, leicht gesalzene und heißgeräucherte Heringsspezialität. Bücklinge werden meist zu herzhaftem Brot und klaren Schnäpsen serviert.

Finnan haddie oder Findon haddock ✦
Die Fische werden geköpft, ausgeweidet, entlang der Rückengräte gespalten und in Lake getaucht. Farbstoffe werden nicht zugefügt. Die Schellfische werden dann auf Stecken aufgespießt und stehengelassen, bis sich eine glänzende Eiweißschicht entwickelt hat und dann geräuchert.

Geräucherte Forelle ✦
Regenbogen- oder braune Forellen werden ausgenommen, die Köpfe aber belassen. Die Fische werden in Lake eingelegt, auf Stäbe gespießt, geräuchert und dann heißgeräuchert.

Red herring
Im Englischen ist dieser Räucherhering nach der Farbe, die seine Haut nach dem Räuchern annimmt, benannt. Ganzer Fisch, gedörrt und gesalzen oder in Lake eingelegt und stufenweise geräuchert.

Katsuoboshi
Ein japanischer Dörrfisch, der auch geräuchert werden kann.

Kippers ✦
Eine englische Spezialität, die aus gutem, frischem Hering hergestellt wird. Die Fische werden maschinell gespalten und ausgenommen, in Lake gelegt, der häufig Farbstoffe beigegeben sind. Die Fische werden eine Stunde lang an Haken aufgehängt oder auf Stecken gespießt und dann geräuchert.

Geräucherter Lachs ✦
Die Fische werden geköpft, ausgeweidet und filetiert, und durch die Kiemengräten wird eine Schnur gezogen, um sie leichter aufhängen zu können. Die Haut wird mit einem scharfen Messer eingeschnitten und die Seiten, je nach Größen, mit feinem Salz trocken eingesalzen. Der Lachs wird in kaltem Wasser gewaschen, einen Tag zum Trocknen aufgehängt und schließlich geräuchert.

Lutefisk
Der ungesalzene, luftgetrocknete Kabeljau aus Norwegen, der als Stockfisch oder *Stockfisk* bekannt ist, wird gewöhnlich bei Frühjahrsbeginn hergestellt. In Schweden gibt es eine kleinere, aus getrocknetem Leng gemachte Art.

Matjeshering ✦
Junge, im Frühling gefangene Heringe aus Holland. Sie werden leicht eingesalzen und nur ein paar Tage in Fässern gelagert, gerade lange genug, um die Eingeweideenzyme zur Fermentierung zu bringen.

Migaki-mishin
Japanische, getrocknete Fischfilets und Abalonen.

Pedah
Ein teilgetrockneter Fisch aus Thailand von zarter roter Farbe, der seinen einmaligen Geschmack Methylketonen verdankt.

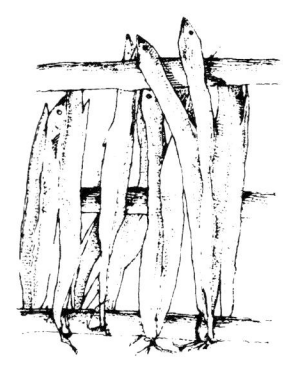

**Bombay duck
(getrockneter indischer Seewels)**
*Abgebildet ist die Sonnentrocknung
des Fisches auf Bambusgestellen;
er kann als Curry zubereitet, gebraten oder eingelegt werden.*

Rollmops ✦
Um Gurke und Zwiebeln gerollte
Heringshälften, mit Holzstäbchen
zusammengehalten und in Essig
mariniert.

Ölsardine ✦
Die Schuppen werden am Fisch
gelassen, der vor der Verarbeitung sorgfältig ausgenommen
werden muß. Die Sardinen werden entweder in Erdnußöl gebraten oder dampfgekocht.

Geräucherte Sprotten ✦
Die berühmtesten sind die Kieler
Sprotten. Die Fische werden
frisch geräuchert und eingedost.

KAVIAR UND ROGEN
(siehe auch S. 173)

Kaviar ✦
Beluga ✦ stammt von einer
großen kaspischen Störart, dem
Hausen, der ein Lebensalter von
über 70 Jahren erreicht und drei
Meter lang werden kann. **Botargo**
ist eine sardische Spezialität aus
gepreßtem und gesalzenem
Meeräschenrogen. Der **dänische**
oder **deutsche** Kaviar besteht aus
kleinen, schwarzen Körnern, dem
Rogen des Seehasen. **Ossiotr** wird
dem im Kaspischen Meer und
seinen Flußmündungen lebenden
Waxdick entnommen. **Sevruga ✦**
stammt von einem kleinen
kaspischen Stör, dem Scherg.
Malassol bezeichnet die wenig gesalzene Art (das Wort bedeutet
im Russischen »wenig gesalzen«).

Rogen ✦
Kabeljaurogen ✦ wird gewaschen,
6–8 Stunden trocken eingesalzen, erneut gewaschen und gebrüht, damit er quillt. Dann wird
er geräuchert. In den japanischen

konservierten Rogen gehört
Hontarako, ein gesalzener und getrockneter Dorschrogen; **Kara-
sumi**, aus dem Rogen von Meeräschen oder Thunfisch gemacht,
gesalzen, gepreßt und getrocknet.

FISCHPRODUKTE

Bagoong
Eine in den Philippinen hergestellte Krabbenpaste, die auch
aus kleinen Fischen gemacht
wird. Sie werden gereinigt, mit
Salz gemischt, in Bottiche gepreßt und gefärbt. **Nam pla** aus
Thailand ist ein ähnliches Produkt.

Nuoc-mam
Eine klare, bräunliche Flüssigkeit
mit käsigem Geruch und salzi-
gem Geschmack. Es wird in Viet-
nam aus kleinen Fischen hergestellt. Die ganzen Fische werden
in Wannen gepreßt, eingesalzen
und dicht verschlossen; so
werden sie etwa 12 Wochen gelagert und dann die Flüssigkeit
abgelassen. Sie sind stark gesalzen, und als zusätzliche Würze
kann Karamel, Melasse, Reis
oder gekochter Mais zugefügt
werden. **Petis** und **Nuoc-mam roc**
sind Variationen.

Prahoc
Eine Fischpaste aus Kambod-
scha. Prahoc wird aus ausge-
nommenem, geschupptem, ge-
waschenem und mit Bananen-
blättern ausgepreßtem Fisch hergestellt. Die Fische werden dann
mit grobem Salz gemischt und
sonnengetrocknet, um ihnen
Flüssigkeit zu entziehen, bevor
sie zu einer Paste zermahlen werden. Das Produkt wird dann zum
Fermentieren gelagert.

Trassi oder **Trasi-udang**
Eine haltbare Krabbenpaste aus
Sumatra. Die Krabben werden
mit 10–15 % Salz versetzt; die
Mischung wird dann für ein paar
Tage an der Sonne ausgebreitet,
dann geknetet und Farbstoffe zu-
gefügt, bis eine klebrige, rote
Masse entsteht. Fertiges Trassi ist
unbegrenzt haltbar und wird mit
Chili zu *Sambal goreng*, einem
beliebten Gewürz, gemischt.

MEERESPFLANZEN
(siehe auch S. 166)

Mekabu ✦
Eine japanische Alge, die in
Form lockiger, getrockneter
Zöpfe erhältlich ist. Sie wird vor
allem zu Suppen, Salaten und als
Beilage verwendet. **Kombu ✦** ist
eine andere beliebte Art.

Perltang oder
Irischer Knorpeltang ✦
Das Ausgangsmaterial von *Agar-
Agar* − ein Eindicker für Saucen.

Purpurtang oder **Rotalge ✦**
Eine Rotalge, die an der Küste
von England und Irland schon
seit Jahrhunderten gesammelt
wird. Eine Art wird zu Salaten,
Saucen und Suppen verwendet.
Die feine, seidige Pflanze wird
püriert, gekocht und als Tangbrot
verkauft. Der japanische Purpurtang *Porphyra tenera* wird gesammelt und zu einem dünnen,
elastischen, dunkelbraunen Blatt
getrocknet, das man **Hoshinori**
und **Askusa nori** nennt. Er wird
zu Saucen, Suppen, belegten
Broten und einem Reisgericht
mit Essig verwendet.

Geflügel

Das Wort Geflügel bezeichnet alle domestizierten Vögel, die speziell zum Verzehr gezüchtet werden; dazu gehören Hühner, Truthühner, Enten, Gänse, Perlhühner und Zuchttauben. Unsere
Hühner stammen von dem alten Dschungelvogel *Gallus gallus* aus
der Fasanenfamilie *Phasiaminae* ab, der im Industal bereits vor
etwa 4000 Jahren domestiziert wurde. Nach schriftlicher Überlie-
ferung züchteten schon die Bauern des antiken Mesopotamien
Enten, und Gänse waren in Deutschland schon um 1000 v. Chr.
beliebt. Man nimmt an, daß alle unsere Hausentenarten von der
Stockente (*Anas platyrhyncha*) abstammen - mit Ausnahme der
Moschusente, die aus Südamerika kommt -, während die Gänse
auf die Graugans (*Anser feras*) zurückgehen.

Der Truthahn, den wir heute kaufen, ist nicht der wilde Truthahn, den die Pilgerväter 1620 in Amerika vorfanden (*Meleagris
gallopavo silvestris*). Er ist ein Abkömmling von *Meleagris gallopavo gallopavo*, dem von den Azteken in Mexiko domestizierten

Truthahn, der von den Konquistatoren nach Spanien gebracht
wurde. Von Spanien gelangte der Truthahn nach England, und vor
etwa einem Jahrhundert überquerte er den Atlantik nach Amerika.

Im Laufe der Zeit hat sich die Geflügelhaltung stark entwickelt.
Die Forderung nach spezialisierter Aufzucht, getrennt nach Lege-,
Zwie- und Fleischrassen, hat zu automatisierten Produktionsme-
thoden geführt, und heute ist Geflügel beliebter als das Fleisch
irgendeines anderen Tieres oder Vogels. Allein in England werden
jedes Jahr 60 000 Tonnen Geflügel verzehrt. Man kann sowohl
Freilandhühner als auch batteriegezüchtete kaufen.

Auswahl und Kauf von Geflügel
Heutzutage sind Hühner sowohl frisch als auch tiefgefroren auf
dem Markt. Supermärkte verkaufen verpacktes Geflügel in bratfer-
tigem Zustand nach Gewicht, aber ein frischer Vogel vom Fach-

händler wird gewöhnlich gerupft, aber nicht ausgenommen, nach Gewicht verkauft. Der Metzger weidet Ihnen das Tier auch aus. (Verlangen Sie die Innereien, denn man kann sie für Saucen und Füllungen verwenden.) Gewöhnlich lohnt sich ein größerer Vogel, da das Verhältnis von Fleisch- zu Knochenanteil günstiger ist. Geflügel kann man auch tranchiert kaufen - z.B. Beinchen, Flügel, Schenkel, Unterschenkel, Hälften und Viertel. Hühner und Truthühner werden häufig auch als besondere Delikatesse geräuchert.

Geflügelzubereitung

Besonders Hühnerfleisch ist delikat und verlangt vorsichtiges Kochen, da es bei hoher Hitze sehr schnell zusammenschmort, obwohl das Alter des Vogels eine große Rolle spielt: Zartes, junges Geflügel eignet sich zum Grillen, Braten oder Backen; alte Vögel müssen lange und vorsichtig geschmort oder gekocht werden; traditionelle Gerichte, wie das schottische *Cock-a-leekie* oder der französische *Coq au vin* werden meist aus Kapaunen zubereitet. Alter und Art des Geflügels bestimmen also Zubereitungsart, Garzeit und Rezept. Will man Hühner braten, sollte man vorgeschnittene Portionen in einer tiefen Pfanne bei 150-160° C 20-25 Minuten fritieren. Zum Grillen werden die Hühner 17-22 cm über die Hitzequelle gelegt und gegrillt, bis sie schön braun und zart sind.

Will man ein Hühnchen backen, bepinselt man es mit Öl oder Fett, will man es füllen, gibt man die Füllung locker direkt vor dem Backen hinein; zu fest gestopfte Füllung wird klitschig. Füllen Sie nie im voraus; ein Huhn, das aus Bequemlichkeit am vorherigen Tag gestopft worden ist, kann die Bakterienvermehrung begünstigen. Vögel, die in Aluminiumfolie oder im Römertopf gebacken werden, werden durch den Dampf und nicht durch die ausstrahlende Hitze gegart - sollen sie braun werden, muß man sie ca. 20 Minuten unbedeckt lassen. Im allgemeinen rechnet man ca. 20 Minuten Garzeit pro Pfund Brathähnchen (bei 200° C). Um nachzuprüfen, ob der Vogel gar ist, stechen Sie den Unterschenkel oder Schlegel mit einem scharfen, spitzen Messer oder einer Gabel zum Knochen an. Ist der austretende Saft klar und ohne Blut oder lassen sich die Glieder durch Ziehen leicht ablösen, ist das Huhn fertig zum Anrichten.

Huhn, das geschmort werden soll, sollte zunächst tranchiert und die Stücke in heißem Fett angebraten werden, um die Poren zu schließen, dann wird gewürzt. Geschmortes Huhn muß langsam, zusammen mit den passenden Gemüsen und Kräutern, in einem geschlossenen, feuerfesten Gefäß ohne Flüssigkeitszugabe gegart werden; Saucen, Eier oder Sahne zum Abbinden dürfen erst am Schluß der Kochzeit hinzugefügt werden.

Truthahn wird gewöhnlich gebacken, und ein Fleischthermometer ist hier eine Hilfe: Ein 5,5-7 kg schwerer Vogel braucht unbedeckt etwa 3 Stunden, oder bis ein in die Keule eingeführtes Thermometer 85° C anzeigt. Bedeckt man einen Truthahn vergleichbaren Gewichts mit Folie und bäckt bei 230° C, braucht er etwa 2½-3 Stunden. Enten oder Gänse sollte man zum Braten an verschiedenen Stellen der Haut anstechen, um überflüssiges Fett ablaufen zu lassen. Eine 1,5-2 kg schwere Ente braucht unbedeckt bei 170° C etwa 2 bis 2½ Stunden, eine Gans bei gleicher Temperatur und einem Gewicht von 2-3,5 kg etwas länger.

Wenn man Perlhühner backen will, sollte man jüngere Vögel von ca. 1-1½ Pfund wählen. Ältere (und wahrscheinlich zähere) Vögel von 1-1,5 kg eignen sich besser zum Braten in der Kasserolle oder zum Schmoren. Beim Backen belegt man Perlhühner gewöhnlich mit Speck- oder Schwartenstreifen, damit die Brüstchen nicht austrocknen. Ein 1½ Pfund schwerer Vogel braucht bei 180° C etwa 45 Minuten. Junge Täubchen sollten etwa 30 Minuten gebraten werden - die ersten 15 Minuten bei 220° C und dann noch einmal 15 Minuten bei 180° C. Die Brüstchen werden mit Speck oder Schinkenspeck bedeckt.

Geflügellagerung

Frisches, ungekochtes Geflügel sollte innerhalb von 2-3 Tagen nach dem Kauf verbraucht werden, vorausgesetzt, es wurde im Kühlschrank gelagert. Nach dem Kochen sollte man es lose eingewickelt im Kühlschrank aufbewahren und im Laufe einiger Tage verbrauchen. Man kann das Fleisch auch einfrieren, wenn man Füllung und Saft getrennt einfriert.

Will man gefrorenes Geflügel auftauen, so geschieht das am besten allmählich im Kühlschrank, für einen 1,5 kg schweren Vogel rechnet man 15 Stunden; als Alternative kann man ihn auch in einem Spülbecken mit kaltem Wasser bedecken (man sollte das Wasser bis zum Auftauen des Vogels regelmäßig wechseln).

Römertopf
(Engl.: *Chicken brick*)

Ente ✦

Enten werden meistens geschlachtet, wenn sie 6 Wochen bis 3 Monate alt sind. Zu den bekannteren Fleischenten zählen die **Aylesbury, Long Island-, Peking-, Rouen-,** die **blaue** oder **schwarze Pommernente** und die **Hochbrutflugente.** Enten haben weniger Fleisch als Hühner, und da sie häufig etwas fett sind, schmecken sie im Ofen gebraten am besten. Sie sind frisch oder tiefgefroren im Handel und wiegen im Durchschnitt 1,8-2,7 kg. Entenküken oder **Jungenten** wiegen ca. 1,6 bis 1,8 kg und eignen sich am besten zum Braten.

Gans ✦

Es gibt viele Arten, darunter die **Emdener** Gans, die **Diepholzer** Gans, die **Pommersche** Gans, die **chinesische** Gans, die **Brecon Buff** - und alle werden für Weihnachten und Michaeli gezüchtet. Die französische **Toulouser** Gans wird für *Pâté de Foie Gras* gezüchtet, die Straßburger für *Confit d'Oie* (kleingeschnittene Gänseteile, in Gänseschmalz konserviert). Die Tafelgans wird trotz ihres hohen Preises und der im Vergleich zum Truthahn geringen Fleischausbeute von vielen für das beste Geflügel gehalten. Sie ist ein fetter Vogel mit arteigenem Geschmack. Im Handel ist sie frisch oder tiefgefroren erhältlich, wiegt 2,5-5 kg und schmeckt am besten im Ofen gebraten.

Hühner ✦

Es gibt hunderte von Hennenarten: die **Light Sussex** in England; die **Faverolles** und **Bresse** in Frankreich und die **White Cornish** und **White Rock** in Amerika; oder **Brahma** und **Langschan** in Deutschland; die Zuchtmethoden dieser Rassen sind ein wohlgehütetes Geheimnis. Die Hühner werden nach ihrer Leistung beurteilt - d.h. nach den Tagen, die sie benötigen, um ein bestimmtes Gewicht zu erreichen - das englische **Ross 1** z.B. erreicht innerhalb von 5 Wochen das gewaltige Gewicht von 2,3 kg. Hühner sind frisch oder tiefgefroren das ganze Jahr im Handel und werden gewöhnlich bratfertig verkauft. Prinzipiell kann man sie tranchiert zubereiten (grillen, braten oder kochen) oder als ganzen Vogel (braten, schmoren oder in der Kasserolle braten). Hühner werden unter verschiedenen Namen, normalerweise nach Alter und Gewicht unterschieden, gehandelt, z.B. **Poussins** oder **Stubenküken** ✦, 6-8 Wochen alte und bis zu 600 g schwere Küken, die zum Braten oder Grillen verwendet werden; **Brathähnchen** (mit einem Gewicht von 1-1,5 kg), die meist zum Braten in der Pfanne oder Grillen verwendet werden; **Poularden**, d.h. junge, nicht geschlechtsreife Masthühner, deren besonders zartes Fleisch durch

Truthahn
Der aus Amerika stammende
Vogel wurde über Irland und die
Engländer wieder in sein
Ursprungsland eingeführt.

entsprechende Haltung und Fütterung erzielt wird, mit einem Gewicht von ca. 2,5 kg; **Mast-hühner**, die eigens für die Fleisch-gewinnung gezüchtet werden und ein beträchtliches Gewicht er-reichen können (bis zu 5 kg), und schließlich **Suppenhühner**, ältere, zähere Vögel, die bis zu 2,5 kg wiegen können.

Kapaun ◆
Kapaune sind kastrierte Hähne, die wegen ihres geschmackrei-chen Fleisches gezüchtet werden. Sie wiegen zwischen 1,5 und 2 kg und schmecken hervorragend im Ofen gebraten.

Perlhuhn ◆
Es ist dem Fasan verwandt und

wurde einst zu den Wildvögeln gezählt. Jetzt allerdings wird es zum Verzehr gezüchtet und zum Geflügel gerechnet, obwohl man es wie Wild vor dem Rupfen, Füllen und Kochen 2-3 Tage abhängen sollte. Perlhühner werden in Frankreich in großem Maßstab gezüchtet und eignen sich zum Braten und Schmoren und für Fasan geeignete Rezepte.

Täubchen und Taube
Ein Täubchen ist eine junge, be-sonders delikate, gemästete Taube. Normalerweise ist es 4 Wochen alt und wiegt zwischen 350 und 650 g. Täubchen werden wie anderes Geflügel ausgeweidet und zubereitet. Sie sind zart, und man kann sie backen, dämpfen, grillen oder dünsten.

Truthahn ◆
In Amerika heimisch, wird der Truthahn als traditioneller Weih-nachtsvogel betrachtet und in Amerika zum Erntedankfest *(Thanksgiving)* serviert. Obwohl der Hahn größer ist als die Henne, ist letztere oft zarter. Zu den verschiedenen Arten zählt der englische **Norfolk Black,** die **Bronzeputen** und die **Beltsville-Puten.** Die jüngeren Vögel brät man besser auf dem Rost, ältere finden gewöhnlich in Eintopf-gerichten und Suppen Verwen-dung. Sie werden frisch oder tiefgefroren im Ganzen oder als Einzelteile verkauft. Sie können von 2,5-13 kg wiegen, ihr Normalgewicht liegt jedoch zwischen 4,5 und 6 kg.

Wild

Das Wort Wild wird für kulinarische Zwecke zur Beschreibung von eßbarem Jagdwild verwendet, obwohl man einige Arten - wie Fasanen, Rebhühner, Wachteln und Karnickel - heute auch züch-tet.

Die zum Wild zählenden Tiere sind von Land zu Land verschie-den; hinzu kommt, daß unterschiedliche Tierschutzgesetze, Jagd-bestimmungen und Einfuhrverbote das Angebot an Jagdwild ent-scheidend beeinflussen. Die in Frankreich und Italien begehrten Singvögel beispielsweise dürfen in Deutschland nicht gejagt wer-den und sind so auch nicht im Handel. Manche Tiere wiederum kommen nur in Amerika vor, wie z. B. der mexikanische Fasan aus Yucatán, der jetzt seltene Hokko, der Waschbär, das Opposum, die kanadische Schnepfe, das amerikanische Eichhörnchen (beson-ders beliebt als *Brunswick stew*), der amerikanische Elch, der wilde Truthahn und das Rentier, das auch in Nordeuropa gegessen wird. In Frankreich sind Drosseln sehr beliebt, besonders in den Arden-nen. Sie werden auf vielerlei Weise zubereitet, gebraten oder ge-dämpft, aber besonders bevorzugt werden sie als *pâté de grives* (Drosselpastete). In Italien gibt es einen Begriff für kleine Vögel, *Ucelletti,* der Drosseln, Lerchen, Amseln, Rotkehlchen, Gimpel, Wachteln, Gartenammern, Sumpfschnepfen, Waldschnepfen und Feigenpicker umfaßt. Sie werden im allgemeinen gebraten oder gegrillt.

Wild wird unterteilt in Feder- und Haarwild. Hasen zählen zwar zum Wild, aber viele Leute betrachten Karnickel und Tauben nicht als solches, obwohl es wildlebende Tiere sind, die wegen ihres Fleisches gejagt werden. Wild zeichnet sich im übrigen durch seine charakteristische Beschaffenheit und seinen arteigenen Ge-schmack aus: im allgemeinen ist es dunkler, würziger im Ge-schmack und häufig zäher als andere Fleischarten.

Wildtiere haben - durch Ernährung und Lebensweise bedingt - gewisse arteigene Gewebsenzyme, die Fleischproteine abbauen oder metabolisieren. Diese Enzyme, die etwa 24 Stunden, nach-dem das Tier erlegt worden ist, aktiviert werden, machen das Fleisch weich und schmackhaft und verleihen ihm den begehrten »Wild«-Geschmack. Während die Enzyme arbeiten, beherbergt der Wildkadaver *Anaerobia*, also Mikroorganismen, die den Abbau des Proteins und die Erzeugung ungiftiger Ptomaine begünstigen. Vorausgesetzt, es sind keine gefährlichen Staphylokokken darun-ter, sind die in Wildbret befindlichen Bakterien harmlos; es ist

bemerkenswert, daß Wildbret in einem Zustand fortgeschrittener Verwesung ohne Risiko gegessen werden kann, in dem viele weiße Fleischarten, besonders Schweinefleisch, in jedem Fall gefährlich sind.

Obwohl Wild gewöhnlich abgehängt wird, gibt es doch schrift-liche Überlieferungen, nach denen Wild auch frisch erlegt verzehrt wurde. So empfiehlt Apicius, ein Römer, der zur Zeit des Kaisers Tiberius gastronomische Traktate verfaßte, Vögel im Federkleid zu kochen, um zu verhindern, daß sie verderben. Die Ägypter konser-vierten ihr Federwild, indem sie es einsalzten, eine Methode, die bis ins England des 14. Jahrhunderts gepflegt wurde: 1387 gab Kö-nig Richard II. ein Staatsbankett, zu dem u. a. drei Tonnen gepökeltes Wildbret sowie 400 Kaninchen, 12 Keiler, 50 Schweine und 140 Fasanen, Brachvögel und Kraniche aufgetragen wurden.

Der Einkauf von Wild
Der wichtigste Faktor beim Kauf von Wild ist Kenntnis des Alters, da es für die Art der Zubereitung entscheidend ist (siehe unten). Altersmerkmale sind keineswegs verläßlich, doch gibt es einige allgemeine Richtlinien für den Kauf junger Vögel. Schauen Sie nach sauberen und weich beschaffenen Ständern, nachgiebigem Brustbein und abgerundeten Sporen. Auch sind bei jungen Reb-hühnern die beiden äußeren Schwungfedern spitz, bei älteren an der Spitze abgerundet. Wenn sie Wild kaufen, denken Sie daran, daß die Löffel von Junghasen sich leicht einreißen lassen und weich sind. Im allgemeinen jedoch ist Altersbestimmung von Wild ein eigenes Gebiet, das man am besten Fachleuten überläßt.

Abhängen von Wild
Beim Händler gekauftes Wild wird wahrscheinlich richtig behan-delt und abgehangen sein, aber Sie können natürlich im voraus bestellen und Ihre Wünsche genauer angeben. Hier einige unge-fähre Abhängzeiten für frisch erlegtes Wild: Schneehuhn 3-4 Tage, Fasan 6-14 Tage, Rebhuhn 7-8 Tage, Ringeltaube 2-3 Tage, Sumpf- und Waldschnepfe 7-10 Tage, Hase und Karnickel 2 bis 3 Tage, Hochwild und Schwarzwild bis zu 3 Wochen. Wachteln muß man überhaupt nicht abhängen.

Wild sollte an einen kühlen, trockenen, luftigen Platz gehängt und vor Fliegen geschützt werden. Obwohl es keinen triftigen Grund gibt, Wild abzuhängen, sollte man den Kadaver hängen lassen, bis man den ersten leichten Verwesungsgeruch wahrnimmt – bei Vögeln am Kropf oder Waidloch. Wild wird – mit Ausnahme von Hochwild, Hasen und Kaninchen, die sofort aufgebrochen bzw. ausgeworfen werden können – zum Abhängen intakt gelassen.

In England wird Federwild im allgemeinen am Kopf aufgehängt, Karnickel und (besonders) Hase hingegen mit dem Kopf nach unten. (Der Hasenschweiß wird gewöhnlich in einer Schüssel aufgefangen und zum Dicken der Sauce von Hasenpfeffer verwandt.)

Zubereitung von Wildbret

Wild eignet sich am besten zum Braten auf dem Rost. Junges Federwild wird meist gebraten, und es wird gewöhnlich nicht gefüllt. Große Vögel wie Fasan und Schneehühner kann man mit gewürztem Hackfleisch füllen, denn es bewahrt das Fleisch vor dem Austrocknen. Älteres, zäheres Wild sollte man kochen, schmoren oder zu Pasteten und Terrinen verarbeiten. Eine Beize aus einer Mischung aus Öl, Essig, Wein oder Bier, mit Kräutern und Gewürzen macht zähes Fleisch zart und verbessert den Geschmack.

Die Backröhre sollte in den ersten 10 Minuten eine Temperatur von 200° C haben und dann für die restliche Garzeit auf 180° C reduziert werden; danach braucht Waldhuhn 30 Minuten, Rebhuhn 30 Minuten, Fasan 45 Minuten, Taube 40 Minuten, Schneehuhn 45 Minuten, Wachtel 25 Minuten, Sumpfschnepfe 45 Minuten, Ente 45 Minuten und Waldschnepfe 30 Minuten. Hasen oder junge Kaninchen erfordet bei 220° C etwa 45 Minuten Bratzeit; Hochwild 20–25 Minuten bei 220° C, dann wird bei 180° C fertiggebraten.

Krickente

Die Krickente ist eine der kleinsten Enten der Welt und wird von Feinschmeckern hoch geschätzt. Man kann sie für alle Wildentenrezepte verwenden, gewöhnlich wird sie gebraten, geschmort oder gegrillt.

Amerikanischer Bär

Rentier

FEDERWILD
(siehe auch S. 178–180)

Ente ✦
Die berühmteste Art ist die **Stockente ✦**, von der alle domestizierten Arten abstammen. Es gibt noch verschiedene andere Rassen; dazu gehören **Krickente, Pfeifente, Löffelente, Tafelente** und **Tauchente**. In der Regel ist sie nicht besonders fleischig, aber das vorhandene Fleisch schmeckt gut. Am besten brät man sie auf dem Rost.

Fasan ✦
Es gibt viele Arten auf der ganzen Welt, die Gattung wurde im späten 19. Jahrhundert aus Shanghai in Amerika als Federwild eingeführt. Er ist der vielleicht beliebteste Wildvogel, und Abhängen bekommt ihm gut. Zuchtfasane werden ofenfertig, (frisch oder gefroren) verkauft.

Rebhuhn ✦
Von dem mit dem Fasan verwandten Vogel gibt es viele verschiedene Arten, wie das **Rothuhn** und das **Steinhuhn**. In Frankreich wird es mit Kohl und anderen Gemüsen als *Chartreuse de perdreaux* serviert. Generell werden Jungvögel am besten gebraten, ältere Vögel schmort oder kocht man in der Kasserolle.

Schnepfe ✦
Am besten im Ofen gebacken. Sie wird oft mit dem Schnepfendreck, d. h. den Innereien, die als besondere Delikatesse gelten, gekocht.

Wachtel ✦
Die Wachtel ist ein Wandervogel, der heute lebend aus Ägypten exportiert wird. Zu den verbreiteten Arten gehören die **kalifornische** und **europäische** Wachtel, die von Wachtelfarmen gezüchtet und an Spezialitätenrestaurants verkauft werden. Man kann sie braten, dünsten oder grillen, und sie ist Bestandteil vieler Gerichte der *haute cuisine*.

Waldschnepfe ✦
Ist eine Verwandte der Schnepfe und schmeckt am besten im Ofen gebacken oder geschmort; sie wird wie die Schnepfe häufig mit den Innereien gekocht.

Wildhuhn
Zur Familie der Wildhühner gehören viele Arten: Das **schottische Moorschneehuhn ✦**, der **Birkhahn**, der **Auerhahn** und das **Waldhuhn** Nordeuropas. In Amerika gibt es keine echten Hühner, aber das **Steppenhuhn** und das **Haselhuhn** sind nahe Verwandte. Normalerweise sind Hühner gut haltbar. Man kann sie braten, kochen oder grillen, solange sie jung sind; ältere Vögel sollten geschmort oder gedämpft werden.

Wildtaube
Tauben sind manchmal zäh und eignen sich daher am besten zum Kochen oder Schmoren. In Nordafrika wird aus Tauben eine delikate, *Bstilla* genannte Blätterteigpastete mit Zucker und Nüssen zubereitet.

HAARWILD
(siehe auch S. 181)

Bär
Der **europäische** Bär *(Ursus arctus)* und der **amerikanische Bär** *(Ursus americanus)* werden gelegentlich wegen ihres Steakfleisches geschätzt, aber die Bärentatzen gelten als der schmackhafteste Teil.

Feldhase ✦
Feldhasen, obwohl sie zur gleichen Familie wie Wildkaninchen gehören, haben einen »wildartigen« Geschmack. Sie sind auch größer und ihr Wildbret ist dunkler. Junge Hasen brauchen nicht abgehängt zu werden und man kann sie frisch braten; ältere Tiere (ab 2 Jahre) sollte man abhängen und das Wildbret zu Ragouts, Eintöpfen und Pasteten verarbeiten. Beliebt als Hasenpfeffer oder *Lièvre à la Royale*.

Rotwild
Mit Rotwild bezeichnet man die Tiere aus der *Cervidae*-Familie; es ist eine der beliebtesten Fleischarten, doch muß es abgehängt und gebeizt werden, es sei denn, das Tier ist sehr jung. Das beste Wildbret stammt vom zweijährigen Rehbock und das beliebteste Stück ist der Schlegel, obwohl die Lenden und die Filets auch eine gute Mahlzeit abgeben. Vom Rotwild wird gewöhnlich das Wildbret und die Leber gegessen. Der **Elch** *(Alces alces)* ist besonders fleischreich, und geräucherte Elchzunge ist eine Delikatesse. Junges, zartes Wildbret kann man schmoren oder grillen oder mit Schweinespeck belegen, aber auch mit saurer Sahne begießen und auf dem Rost braten.

Wildkaninchen ✦
Kaninchenfleisch ist gewöhnlich zart und die Tiere müssen nicht abgehängt werden. Sonderbarerweise sind sie nie in die *Haute Cuisine* eingegangen, obwohl es zahllose Rezepte für köstliche Pasteten und Eintopfgerichte gibt.

Wildschwein
Das **eurasische** Wildschwein *(Sus scrofa)* ist in Europa seit dem frühen Mittelalter bekannt. Nur das Wildbret des jungen Keilers ist wirklich zart; ältere Tiere müssen 2–3 Tage abgehangen und das Wildbret vor dem Kochen gebeizt werden. Gewöhnlich brät man es im Ofen, und es ist vor allem in der deutschen und russischen Küche beliebt.

Fleisch

Schon seit Urzeiten ernährt der Mensch sich von Fleisch. Da Fleisch sehr proteinreich ist und wichtige Vitamine enthält, brauchte der Mensch der Frühzeit nicht viel Zeit auf die Ernährung zu verwenden und konnte seine Energien erfolgreich anderen nutzbringenden Aktivitäten widmen, die ihn mit der Zeit schließlich über seine Artgenossen hoben. Fleisch war von Anfang an gleichbedeutend mit Leben, und bestimmte Jagdriten waren dazu angetan, reiche Beute zu gewährleisten. Die Bedeutung von Fleisch in der Ernährung erfährt heute allerdings eine Neueinschätzung, denn man fragt sich, ob hoher Cholesterinspiegel und hohe Preise seinen Wert als Proteinlieferanten nicht aufwiegen, oder ob der Genuß von Fleisch – wie Vegetarier behaupten – nicht eine ethische Frage ist. Dennoch ist Fleisch nach wie vor der teuerste Posten im Haushaltsbudget und es lohnt sich immer, über kluge Auswahl und Verwendung nachzudenken.

Das Fleisch, das in unsere Küche kommt, stammt von den drei Haupttypen von Schlachtvieh – von Rind, Schaf und Schwein, die uns Rind- und Kalbfleisch, Hammel-, Lamm und Schweinefleisch liefern. Während Regionalküche und Klima eine gewisse Rolle spielen, sind diese Fleischsorten doch für den Großteil der Nationalküchen der Welt typisch und werden durch andere, einheimische Arten von Nutzvieh wie Pferd, Ziege und Rentier ergänzt.

Nationale und regionale Vorlieben für bestimmte Fleischsorten – Schweinefleisch in China, Hammel und Lamm im Mittleren Osten, Rindfleisch in Europa und Amerika – sind teilweise uralten Ursprungs: Schafe und Ziegen wurden in Mesopotamien bereits in den Anfängen der Zivilisation domestiziert; mit Schweinefleisch begann traditionsgemäß das chinesische Neujahrsfest; Rindfleisch wurde von den Griechen und Römern gegessen und ist neuerdings das beliebteste Fleisch Westeuropas und Amerikas.

Schlachtfleisch ist heutzutage weitgehend ein Produkt selektiver Zucht- und Mastverfahren, um hohen Standards und speziellen Bedürfnissen zu entsprechen; die Nachfrage gilt heute magerem und zartem Fleisch – verglichen mit ihren Vorfahren vor einem Jahrhundert sind heutige Rinder, Schafe und Schweine stark fleischige, jedoch feste Tiere. Erst seit diesem Jahrhundert werden Tiere ausschließlich zu Nahrungszwecken gezüchtet: Im vergangenen Jahrhundert war unser Rind- und Hammelfleisch zäh, fett, teuer und hatte vermutlich einen durchdringenden Geschmack. Aus Rinder- und Hammelfett wurden Kerzen gemacht, so daß fette Tiere gefragt waren. Ferner wurden Schafe in erster Linie wegen ihres Leders und ihrer Wolle gezüchtet (sie wurden erst geschlachtet, wenn das Vlies nicht mehr ergiebig war, und das Fleisch war dann bereits zäh und faserig) und Rinder oder Ochsen vor allem als Zugtiere. Bevor mit der Entwicklung des Straßen- und Schienentransports Tiere schnell zu weit entfernten Märkten befördert wer-

den konnten, wurden Rinder und Schweine zu Fuß die Triftstraßen entlanggetrieben, oft über Hunderte von Kilometern – ein weiterer Faktor, der zur Zähigkeit des Fleisches beitrug.

Zuchtverfahren

Tierzüchter streben danach, Schlachtvieh von hoher Qualität durch Kreuzung verschiedener Rassen mit bestimmten und wünschenswerten Eigenschaften zu produzieren; die guten Eigenschaften jeder einzelnen Rasse verbinden sich in ihren Nachkommen, so daß schwerere, fleischigere Rassen entstehen, mit einem höheren Anteil an magerem Fleisch (zwischen fünfzig und siebzig Prozent des Körpergewichts) gegenüber Fett und Knochen. Weil das zarteste und magerste Fleisch an Rückgrat und Steiß liegt, versucht man, Tiere mit breiten Rücken und schweren Hintervierteln zu züchten, die Steaks und Braten liefern. Junge männliche Tiere werden oft kastriert (und dann als Ochsen bezeichnet): Das Fehlen männlicher Hormone bewirkt schnelles Wachstum und Gewichtszunahme und damit größere Mengen an zartem Fleisch; die Griechen und Römer gehörten zu den ersten, die dieses Verfahren praktizierten. Das Alter von Schlachtvieh wurde beträchtlich herabgesetzt, um die gestiegene Nachfrage nach kleineren Fleischstücken zum Braten (und damit auch nach kleineren Tieren) zu befriedigen. Rinder, die mit Getreidearten wie Sojabohnen und mit gemahlenen Nüssen oder Gerste gefüttert werden, erreichen das erwünschte Gewicht innerhalb von zehn bis zwölf Monaten, gegenüber zwei Jahren bei Mast mit Grünfutter.

Fleisch

Die Wünsche der Verbraucher (durch soziale und ökonomische Tendenzen beeinflußt), sowie die tierische Anatomie und religiöses Brauchtum bestimmen, wie der Metzger den Rumpf zerlegt. Regionales Klima, Beruf und der Gebrauch von örtlich verfügbaren Zutaten wie Kräutern, Früchten und Gemüsen beeinflussen die Zubereitungsmethoden und somit die Nachfrage nach bestimmten Fleischstücken. Zerlegtechniken variieren beträchtlich, und zwar nicht nur zwischen Ländern, sondern mitunter sogar zwischen Städten. Auch die Bezeichnungen für die verschiedenen Teile sind unterschiedlich, außer in Amerika, wo regionale Variationen in den siebziger Jahren standardisiert wurden. In England können Namen regional derart variieren, daß ein bestimmtes Fleischstück – die dicke Rinderflanke z. B. – bis zu siebenundzwanzig verschiedene Namen hat.

Fleisch von bestimmten Teilen eines Tieres kann nach örtlichem Brauch zerlegt und zubereitet werden, ebenso wie nach bestimmten religiösen Vorschriften – besonders in der jüdischen koscheren und der mohammedanischen *halal*-Metzgerei, nach denen das Tier nur von einer autorisierten Person der jeweiligen Religion getötet werden darf und ihm durch Ausbluten, Wässern und Salzen alles Blut entzogen werden muß; das Fleisch muß dann innerhalb von zweiundsiebzig Stunden verzehrt werden. Zudem dürfen nach koscheren Ernährungsgesetzen nur die Vorderteile von erlaubten Tieren – Ziege, Schaf, Rotwild und Rind – verwendet werden.

Auswahl des Fleisches

Fleisch ist ein natürliches Produkt von unterschiedlicher Beschaffenheit, das in der Qualität von Tier zu Tier wechselt, während Geschmack, Gewebe und Aussehen von Rasse und Aufzucht bestimmt werden. Es trifft nicht zu, daß nur Fleisch mit einem gewissen Fettanteil Geschmack entwickelt, obwohl Fett dem Fleisch einen charakteristischen Geschmack verleiht und dazu beiträgt, es beim Braten saftig zu halten. Die Farbe des Fleisches ist ebenfalls kein Anzeichen für Qualität. Verbraucher neigen dazu, helles Fleisch auszuwählen – hellrotes Rindfleisch beispielsweise – in der Annahme, es sei frischer als ein dunkelrotes Stück. Frisch zerlegtes Rindfleisch ist hellrot, weil das Pigment im Gewebe, Myoglobin, durch den Sauerstoffgehalt der Luft chemisch verändert worden ist. Nach einigen Stunden wechselt die Farbe zu dunkelrot oder braun, wenn das Pigment weiter oxydiert und zu Metamyoglobin wird. Die Farbskala von Fett reicht von fast reinem Weiß bei Lamm bis zu hellgelb bei Rindfleisch. Die Farbe wird vom Futter, von der Rasse und zu einem gewissen Grad von der Jahreszeit bestimmt.

Will man Zartheit und Qualität der Fleischstücke beurteilen, muß man wissen, wie das Tier zerlegt wird. Die verschiedenen Teile werden unten einzeln beschrieben, aber prinzipiell gilt, daß die magersten und zartesten Teile von den Hintervierteln kommen. Das weniger zarte Fleisch von Hals, Beinen und Vorderteilen, also die Stücke der Tiere, deren Muskeln viel bewegt und deren Fasern härter geworden sind, liefern Fleisch zum Schmoren und Sieden. Für viele haben diese Stücke mehr Geschmack, obwohl sie langsam gegart werden müssen, damit sie zart werden. Das Fleisch junger Tiere ist im allgemeinen zarter, und da Zartheit am stärksten gefragt ist, wird den Tieren vor dem Schlachten mitunter ein Enzym injiziert, zum Beispiel Papain, das die Fasern und Muskeln weich macht. Dies beschleunigt jedoch nur einen natürlichen und effektiveren Prozeß: Fleisch enthält seine eigenen proteolytischen Enzyme, die während der Lagerung die Proteinzellwände allmählich abbauen. Deshalb wird Fleisch zehn bis zwanzig Tage unter kontrollierten Temperatur- und Feuchtigkeitsbedingungen abgehangen, bevor es zum Verkauf angeboten wird. Länger abgehangenes Fleisch wird teurer, da die Kühlkosten hoch sind und das Fleisch durch Verdunstung und das Wegschneiden hartgewordener Außenschichten schrumpft.

Fleisch in der Küche

Fleisch ist ein äußerst vielseitiges Produkt, das auf unterschiedlichste Weise zubereitet und mit nahezu allen Gemüsen, Früchten und Kräutern kombiniert werden kann. Sowohl das Stück (Haxe, Steak, Bruststück) als auch die Art des Erhitzens (Braten, Schmoren, Grillen) sowie Garzeit und Temperatur haben einen Einfluß darauf, wie das Fleisch schmecken wird. Rohes Fleisch ist schlecht zu kauen, weil die Muskelfaser ein elastisches Protein (Kollagen) enthält, das nur durch Zerkleinern - wie bei Tartar - oder durch Kochen weich gemacht werden kann. Beim Kochen oder Braten gerinnt das Protein mit zunehmender Fleischtemperatur. Bei 77°C ist der Gerinnungsprozeß abgeschlossen, das Protein beginnt hart zu werden, und weiteres Kochen macht das Fleisch zäher.

Da Zartheit und ausgeprägter Geschmack oberstes Ziel der Fleischzubereitung ist, hängt viel vom Verhältnis zwischen Garzeit und Temperatur ab. Prinzipiell werden durch langsames Garen die Säfte erhalten und ein zarteres Ergebnis erzielt als durch schnelles Kochen bei hohen Temperaturen. Es gibt natürlich Gelegenheiten, bei denen hohe Temperaturen wichtig sind: Ein Steak muß sehr kurze Zeit bei starker, trockener Hitze gegrillt werden, wenn eine knusprige braune Oberfläche und ein saftiges, rosafarbenes Innenfleisch gewünscht wird - bei niedriger Temperatur würde

man dieses Ergebnis nicht erzielen. Aber bei potentiell zähen Teilen wie Brust oder solchen mit viel Bindegewebe verwandelt langsames Garen das Protein in Gelatine und hilft das Fleisch zarter zu machen. Fleisch, das einen Knochen enthält, erfordert übrigens eine längere Garzeit, da Knochen schlechte Wärmeleiter sind. Zähes oder grobfasriges Fleisch sollte man schmoren, im Topf braten oder dämpfen. Das Einlegen in einer passenden Marinade, etwa aus Wein oder Weinessig, macht das Fleisch zarter und verleiht ihm eine zusätzliche Geschmacksnuance. Brät man Fleisch in heißem Fett oder in einem heißen Ofen kurz an, bevor man es schmort oder garzieht, erhält man eine knusprige Kruste, die durch die Gerinnung des Proteins entsteht, nicht aber - wie weithin angenommen wird - die Säfte einschließt. Hingegen bewirken zu hohe Außentemperatur und langes Braten schnelle Verdunstung und Zusammenziehen des Fleisches sowie einen beträchtlichen Verlust an Säften und Fett. Salz, vor dem Braten auf das Fleisch gestreut, beschleunigt ebenfalls den Flüssigkeitsverlust, da Salz Wasser absorbiert. Fleischknochen verleihen Suppen und Grundbrühen Geschmack, besonders Rinderknochen mit viel Mark. Kalbsknochen enthalten Gelatine und verbessern und legieren Suppen und Saucen. Fett kann zum Braten ausgelassen oder in Rezepten verwendet werden, bei denen Talg oder Schmalz verlangt sind.

Garmethoden

Man kann die Zubereitungsmethoden von Fleisch kurz folgendermaßen unterteilen: Schnelles Garen bei mittlerer bis starker Hitze, wie Grillen in der Pfanne oder über Holzkohlenfeuer - geeignet für erstklassige, zarte Stücke wie Steaks, Koteletts, Kalbsschnitzel und *Kebabs* (Spießchen); Garen bei mäßiger bis mittlerer Hitze, wie beim Braten im Ofen oder bei Verwendung eines Drehspießes - geeignet für erstklassige, zarte Bratenstücke wie Rinderlende, Lammkeule, Teile vom Schwein und Kalb; Garen bei geringer Hitze unter Zugabe von Flüssigkeit, wie Schmoren, Dünsten oder Garen im Bräter - geeignet für grobfasrige Teile wie Bauchstück, Bein, Wade und Nacken.

Ein großer Vorteil dieser Garmethoden ist, daß Reste leicht aufgewärmt werden können. Tatsächlich werden viele Gerichte aufgewärmt noch besser. Bratenfleisch dagegen ist zum Aufwärmen weniger geeignet, da ihm die notwendige Feuchtigkeit fehlt.

Wenn man Fleisch vorbereitet, sollte man es nie waschen, sondern die Oberfläche lediglich mit einem feuchten Tuch abtupfen. Beim Braten ist ein Fleischthermometer nützlich; viele haben außer der Temperaturskala auch eine Skala für die verschiedenen Fleischtypen und -stücke und zeigen die Innentemperatur des Fleisches an. Fleisch, das tranchiert werden muß, sollte fünfzehn Minuten ruhen, damit es seine Elastizität verliert und sich leichter schneiden läßt und damit der Saft nicht so leicht herausläuft. Fleisch sollte immer auf einer nichtrutschenden Oberfläche geschnitten werden, die gleichzeitig den beim Schneiden austretenden Saft auffängt. Man sollte eine Tranchiergabel und ein scharfes Messer verwenden, da das Fleisch sonst entlang der Faser reißt.

Rindfleisch

Haustiere, von denen wir unser Rindfleisch beziehen, sind Ergebnis jahrtausendelanger Züchtung. Ihr Vorfahr war der wilde Auerochse, *Bos primigenius,* der etwa 6000 v. Chr. erstmals in Anatolien und Griechenland domestiziert wurde. Diese uralte Zuchtrasse erwies sich als so dauerhaft, daß das letzte bekannte Exemplar eines Auerochsen 1627 in Polen bekundet wurde. Die Griechen und später die Römer bereiteten ihre Rindfleischgerichte mit großen Mengen von Pfeffer und anderen Gewürzen zu, nicht weil das Fleisch nicht frisch gewesen wäre oder es ihm an Geschmack

gemangelt hätte, sondern weil Gewürze kostspielig waren, ebenso wie Rindfleisch. Solch feine Zutaten wurden bei besonderen Anlässen verwendet und ließen auf den Reichtum des Gastgebers schließen.

Rindfleisch in Europa

Rindfleisch war schon immer ein teures Fleisch. Im Mittelalter waren gepökeltes Schweinefleisch und Hammel die Festtagsspeise des einfachen Mannes und Rindfleisch das Privileg der Wohlha-

benden. In England hielten Bauern Rinder- und Schafherden, von denen sie nur einen Teil schlachteten, wenn der Winter einbrach und die Wiesen abgeweidet waren. Rindfleisch wurde frisch gegessen und der Rest für die kommenden Monate eingesalzen. Doch bereits im 18. Jahrhundert waren die Engländer als eine Nation von Rindfleischessern bekannt. Wie ein Beobachter notierte, waren die Tische beladen »mit großen Platten voller Fleisch« und gekochtem Rindfleisch, »bekränzt von fünf oder sechs Haufen von Kohl, Mohrrüben und Rüben«. Große Fleischstücke wurden an Spießen vor dem offenen Feuer gebraten. Dies könnte den Eindruck erwecken, daß Metzgerei ziemlich primitiv war und kleinere Stücke unbekannt waren oder nicht beachtet wurden. Doch fand in London ein Ereignis statt, das in mancher Hinsicht eine kulinarische Revolution war – die Einführung des Beefsteaks. Steaks erfreuten sich solcher Beliebtheit, daß Klubs gegründet wurden, um »Rindfleisch unter den günstigsten Umständen zu studieren«. Ein solcher Klub war die »Sublime Society of Beefsteaks«, 1735 in Covent Garden gegründet. Ihr Motto war: »Rindfleisch und Freiheit«, und ihr Emblem der Gitterrost, auf dem die Steaks gebraten wurden.

Die allgemeine Verfügbarkeit von Rindfleisch rührte teilweise von den einmaligen Experimenten her, die Lord Townshend – »Rüben-Townshend«, wie man ihn nannte – durchgeführt hatte und mit denen bewiesen war, daß man Schlachtvieh durch den Winter bringen konnte, indem man es mit Rüben fütterte. Townshends Bemühungen regten später Robert Blakewell an, der Englands erster gewerbsmäßiger Viehzüchter wurde; er erkannte, daß für bessere Beafsteaks widerstandsfähigeres, schwereres und ergiebigeres Vieh gebraucht wurde.

In Frankreich war das *bifteck* von dem Feinschmecker Brillat-Savarin besonders erwähnt worden. Hier wie in London wurden die Zerlegtechniken allmählich verbessert, doch nur bei den Metzgern in den Städten konnte man sich darauf verlassen, daß sie ein Steak für den Grill zu schneiden verstanden. »Es möchte scheinen«, schrieb ein Steakliebhaber, »daß die Metzger auf dem Lande die Geheimnisse des richtigen Zuschneidens nicht gelernt haben.« Steaks fanden Eingang in die *grande cuisine,* besonders in der *Belle Époque* am Ende des 19. Jahrhunderts. Ein *Chef de cuisine* erfand ein Rezept für in Streifen geschnittenes Filetsteak mit Pilzen und saurem Rahm und widmete es dem Grafen Stroganoff. Im Café Anglais in Paris wurde der Komponist Rossini mit *Tournedos Rossini* geehrt, einem Filet Mignon mit einer Trüffel und einer *Sauce Madère.*

Rindfleisch in Amerika

Rindfleisch war in Amerika seit jeher das meistbegehrte Fleisch, und Steak ist bereits seit Mitte des 19. Jahrhunderts der Favorit Oft wurde es Reisenden in den Kneipen der Poststationen, den *porterhouses,* serviert. Um diese Zeit wurde dort auch der sogenannte Reflektorofen eingeführt, der den Bratspieß als wichtigstes Gerät zum Garen von Rindfleisch ersetzte. Dieses kleine gerundete Metallstück reflektierte die Hitze eines Kohlenfeuers auf das Fleisch, das unter dem Reflektor auf dem Feuer brutzelte. Der Braten selbst ruhte auf einem Dreifuß oder einem Rost, wurde häufig mit Fett begossen und durch den Reflektor rundherum gar. Andere beliebte amerikanische Rindfleischgerichte hatten sogar noch frühere Vorgänger: *Corned beef* (Rinderpökelfleisch) wurde von Generationen von Amerikanern gegessen, die sonst den Winter über ohne Fleisch gewesen wären; Fleischpasteten, die von frühen englischen Siedlern eingeführt wurden, stellten eine gute Verwertung von Bratenresten dar und konnten in großen, im Freien stehenden Öfen gebacken werden; Schmorbraten *(pot roasts)* wurden nach den Brätern benannt, in denen sie zubereitet wurden, so z. B. nach den sogenannten *Dutch ovens* (holländischen Brätern) der frühen Bewohner Neuenglands; und sogar der allgegenwärtige Hamburger ist eine Variante des gehackten Rindfleischs, das – ohne Gabeln zwar – schon von den ersten Siedlern gegessen wurde.

Die frühe Nachfrage der Amerikaner nach Rindfleisch wurde durch die erfolgreiche Verpflanzung spanischer Rinder nach Texas befriedigt. Eine Zuchtrasse, die die Hitze und den Wassermangel Andalusiens zu widerstehen vermochte, verkrafteten die *Texas Longhorns,* sogar Viehtriebe bis zu tausend Meilen zu den Eisenbahnzentren, wo sie für ihre Bestimmungsorte im Osten verladen wurden. Und wenn die Rinder die Amerikaner mit ihrem Lieblingsfleisch versorgten, so waren es die Cowboys, die eine besonders beliebte Art der Zubereitung popularisierten – das *Barbecue.* Obwohl die *Texas Longhorns,* Hauptlieferant der amerikanischen Fleischwirtschaft, seit langem durch fleischigere Rassen aus Großbritannien verdrängt worden sind, ist es heute Amerika, und nicht England, das eine Nation von Rindfleischessern ist – mit einem jährlichen Verbrauch von ca. 29 kg pro Kopf importieren die Amerikaner mehr Rindfleisch als jedes andere Land der Erde, das in Form von Lendensteaks, Hamburgern, *T-bone* und *Porterhouse Steaks,* in den mit *Corned beef* gekochten Gerichten von Neuengland und dem *Chili con carne* des Südwestens verzehrt wird.

Auswahl und Zubereitung von Rindfleisch

Die verschiedenen Rindfleischstücke sind von sehr unterschiedlicher Beschaffenheit und reichen vom sehr zarten Filetsteak bis zur zähen Brust oder dem Wadenbein; es gibt beim Rindfleisch eine größere Vielfalt von Stücken als bei jeder anderen Fleischart. Die Bezeichnungen sind regional verschieden, aber eine Rinderhälfte wird stets in bestimmte Teile zerlegt, von denen jedes aus Muskeln, Fett, Knochen und Bindegewebe besteht. Die am wenigsten entwickelten Muskeln, gewöhnlich aus dem inneren Bereich, können gebraten oder gegrillt werden, während mageres Fleisch aus den stärker entwickelten äußeren Muskeln geschnitten wird. Ausnahmen sind Rippen- und Lendenstücke, die zwar von äußeren, aber im Grunde unbeweglichen Muskeln stammen.

Um die richtige Garmethode zu wählen, muß man wissen, aus welchem Teil des Körpers das Fleischstück stammt. Ein Vorderteil, das normalerweise zwischen 70 und 85 kg wiegt, liefert acht Stücke: Nacken, Kammstück, Wade, Bug oder Schulter, Hochrippe, Querrippe, kurze Rippe und Brust. Nacken, Kammstück und Wade liegen an den beweglichsten Teilen des Tieres. Stücke aus diesen Bereichen sind mit großer Wahrscheinlichkeit sehnig, haben viel Bindegewebe und müssen, um zart zu werden, langsam mit Flüssigkeit im Bräter geschmort oder gedämpft werden. Der Kamm- und Schulterabschnitt – hinter dem Nacken gelegen – kann in zwei Teile, in mehrere kleinere Teilstücke oder in Scheiben geschnitten werden. Der Schulter- und Kammabschnitt ist zwar weniger grobfasrig als der Nacken, wird aber ebenfalls mit Flüssigkeit gegart.

Die Hochrippe ist ein unbeweglicher Abschnitt aus der Rückenmitte und das einzige erstklassige Fleisch, das im Vorderteil zu finden ist. Es kann im Ganzen gebraten oder entbeint und gerollt werden, oder man kann es zum Grillen oder Braten in Rippensteaks aufschneiden. Unterhalb des Kamm-, Schulter- bzw. Hochrippenabschnitts über der Brust liegt die Querrippe und dahinter der dünne Flachrippenabschnitt. Beide Stücke werden am besten ausgelöst, geschnitten und langsam gebraten oder geschmort. Die Brust ist ebenfalls ein stark bewegtes Stück und erfordert langsames Garen in Flüssigkeit, kann aber auch durch Pökeln – wie bei *Corned beef* – zart und schmackhaft gemacht werden.

Das Hinterviertel, das normalerweise zwischen 68 und 80 kg wiegt, besteht aus verschiedenen Teilstücken: Oberschale, Unterschale, Hüfte, Roastbeef mit Filet und Nuß oder Kugel. Das Beinfleisch wird am besten geschmort oder gekocht, während andere bindegewebsreiche Teile gewöhnlich als Hackfleisch verkauft werden. Stücke aus den verschiedenen Abschnitten des Hinterviertels sind erstklassiges Fleisch und können gebraten oder in Steaks geschnitten, kurzgebraten oder gegrillt werden. *Porterhouse-*, Rump- und Filetsteaks stammen alle aus dem Lendenstück.

RINDFLEISCHSTÜCKE

Entrecôte oder **Rumpsteak**
Ein Steak vom Roastbeefstück, das weniger zart ist als das Filet. Zum Grillen oder Kurzbraten geeignet.

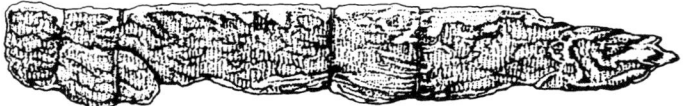

Filet oder **Lende**
Stammt aus dem Rücken des Tieres und ist der zarteste Teil. Wird gewöhnlich in Steaks geschnitten und kann gebraten oder gegrillt werden.

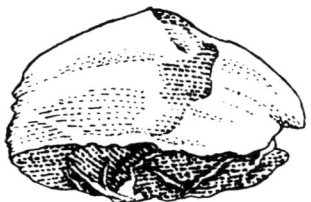

Dickes Bugstück
Ein Braten aus dem dicken Bugstück ist einem Stück aus der Unterschale vergleichbar. Das kräftige Fleisch eignet sich gut zum Schmoren und wird gern auch als Sauerbraten eingelegt.

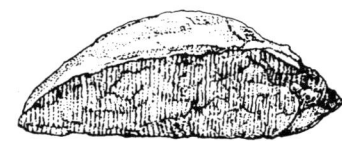

Oberschale oder **Rouladenstück**
Ein mageres, zartes Stück aus dem Hinterviertel, das geschmort oder im Bräter gegart werden kann.

T-bone Steak
Dieses Steak mit Knochen stammt vom Ende des Lendenstücks; ist zum Braten oder Grillen geeignet.

Filetsteak
Ein mageres Stück, quer aus dem Filet geschnitten; zum Grillen oder Braten geeignet.

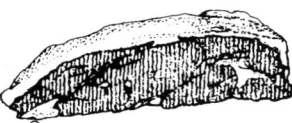

Roastbeef
Ein Stück von guter Qualität, wenn auch weniger zart als Filet. Zum Grillen, Braten oder für Steaks zu verwenden.

Rollbraten (gerollte Rippe)
Stammt von der Unterseite des Vorderteils. Wird ohne Knochen und aufgerollt verkauft und kann auf dem Rost gebraten oder im Bräter gegart werden.

Querrippe
Ein knochenloses Stück aus dem Mittelteil; zum Kochen oder Dünsten geeignet.

Hochrippe
Wird mit Knochen oder entbeint und aufgerollt verkauft; zum Braten geeignet.

Hinterhesse oder **Beinfleisch**
Das kräftige Fleisch wird ausgelöst und geschnitten gern in Ragouts verwendet und eignet sich mit seinem eingewachsenen Markknochen auch sehr gut als Suppenfleisch.

Brust
Ein Stück aus dem Vorderteil des Tieres – unterhalb der Schulter. Ziemlich fett, wird mit oder ohne Knochen oder gepökelt verkauft. Zum langsamen Kochen geeignet.

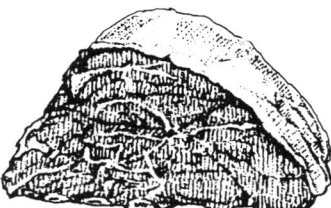

Nacken
Das stark durchwachsene Fleisch wird gewöhnlich als Bratenstück oder Gulasch angeboten und kann im Bräter gegart oder geschmort werden.

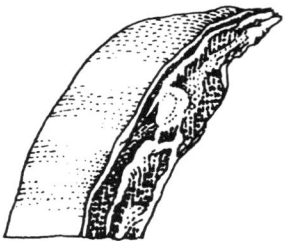

Brustkern
Ein ziemlich knorpeliges Stück ohne Knochen. Wird gewöhnlich geschmort oder zum Kochen verwendet.

Kalbfleisch

Kalbfleisch stammt von Milchkälbern, die gewöhnlich im Alter von drei Monaten geschlachtet werden. Dieses Fleisch ist sehr zart, begehrt und teuer, denn die Jungtiere werden nach ganz speziellen Methoden aufgezogen und viele ausschließlich mit Milch gefüttert. Die Verbindung von Milch mit Kalb reicht in England übrigens mindestens bis in die Zeit der Normannenherrschaft zurück, als nämlich *Blancmange* - Kalbfleisch mit Milch und Mandeln gekocht – zusammen mit allerlei anderen köstlichen Kalbfleischrezepten mit den Eroberern nach England gelangte.

In Ländern, wo Nutzviehhaltung eine große Rolle spielte und Rinder vorwiegend als Zugtiere und Milchlieferanten gehalten wurden, war Kalbfleisch eher ein Nebenprodukt – nämlich von Kälbersterblichkeit. Dennoch war es in Frankreich und Italien sehr früh schon ein hochgeschätztes Fleisch; von François I. wird berichtet, er habe Kalbfleisch täglich auf seiner Tafel gefordert. Es ist zu vermuten, daß die Beliebtheit in Frankreich teilweise auch auf den Einfluß der italienischen Küche zurückzuführen ist, die Caterina de Medici, die Gemahlin von König Henri II., am französischen Hof einführte.

Eine heute überall bekannte Kalbfleischspezialität, die *Scaloppine Milanese*, die aus der Kalbsnuß geschnitten werden, haben übrigens eine bemerkenswerte militärische Geschichte. Sie sind nämlich nach der Pilgermuschel (S. 165) benannt, dem Emblem des spanischen Schutzpatrons San Juan, das die Truppen Karls V. auf ihren Bannern trugen, als sie Mailand im 17. Jahrhundert als Teil des spanischen Imperiums belagerten. Als Mailand später vom österreichischen Heer unter Feldmarschall Radetzky eingenommen wurde, führte dieser die *Scaloppine* am Hofe Kaiser Franz Josef I. in Wien ein, wo schließlich das berühmte Wiener Schnitzel daraus wurde, das man allerdings aus der Oberschale schneidet.

Zu den bekannten französischen Kalbfleischgerichten gehört das bäuerliche *Blanquette de veau* und das noble *Selle de veau Orloff*. Italien mit seinen zahlreichen *Scaloppine*-Rezepten ist berühmt auch für sein kaltes Kalbfleisch mit Thunfischsauce, dem *Vitello tonnato;* für *Stufatino,* einem toskanischen Schmorgericht, für sein Kalbfleisch mit Oliven und das berühmte *Ossobucco,* einer langsam mit Tomaten geschmorten Kalbshaxe. In Rumänien wird Kalbfleisch gehackt und zu einem Auflaufgericht verwendet.

Auswahl und Zubereitung von Kalbfleisch

Im Gegensatz zu Rindfleisch kann man Kalbfleisch nach seiner Farbe beurteilen. Je heller es ist, desto größer war der Anteil von Milch bei der Aufzucht des Kalbes und desto zarter und feiner ist sein Geschmack. Älteres Kalbfleisch ist rosafarben, sein Fett cremig-weiß, und trockenes, braunes oder fleckiges Fleisch ist alt. Wegen seines geringen Fettanteils neigt Kalbfleisch zum Austrocknen und wird daher oft mit Schweinespeck gespickt.

Das geschlachtete Tier wird in Vorder- und Hinterviertel zerlegt, wobei das Vorderviertel aus Hals- bzw. Nackenstück, Schulter, Rücken- oder Kotelettstück und Brust besteht.

Der Hals wird gewöhnlich in einem Stück verkauft, während das mittlere Nackenstück für Kalbsragout verwendet wird. Beide Teilstücke eignen sich am besten für langsames Garen mit Flüssigkeit. Die Schulter wird gewöhnlich im Ganzen gebraten oder entbeint, gefüllt und gerollt zubereitet. Der Rücken wird als Koteletts zum Grillen und Braten oder als ganzes Stück angeboten, kann aber ausgelöst auch für Rollbraten verwendet werden. Kalbsbrust wird entweder in Streifen geschnitten und gedünstet oder geschmort oder entbeint und gefüllt. Die drei Hauptstücke des Hinterviertels – Keule, Haxe und Flanke – liefern den Großteil der besseren Stücke. Die Haxe wird sowohl im Ganzen als auch in Scheiben zum Schmoren und Dämpfen verkauft (wie für *Ossobuco*) oder ausgelöst und gewürfelt für Gulasch- und Eintopfgerichte. Teile der Keule werden als Bratenstücke verkauft, während aus der Oberschale dünne Schnitzel zum Grillen und Braten geschnitten werden (wie für Wiener Schnitzel); der Rest der Keule wird ausgelöst und in kleinere Stücke für Rollbraten zerteilt. Die Flanke (Unterbauchwand) ist meist als Rollbraten zu kaufen, wird aber auch gewürfelt angeboten und zu Wurst verarbeitet.

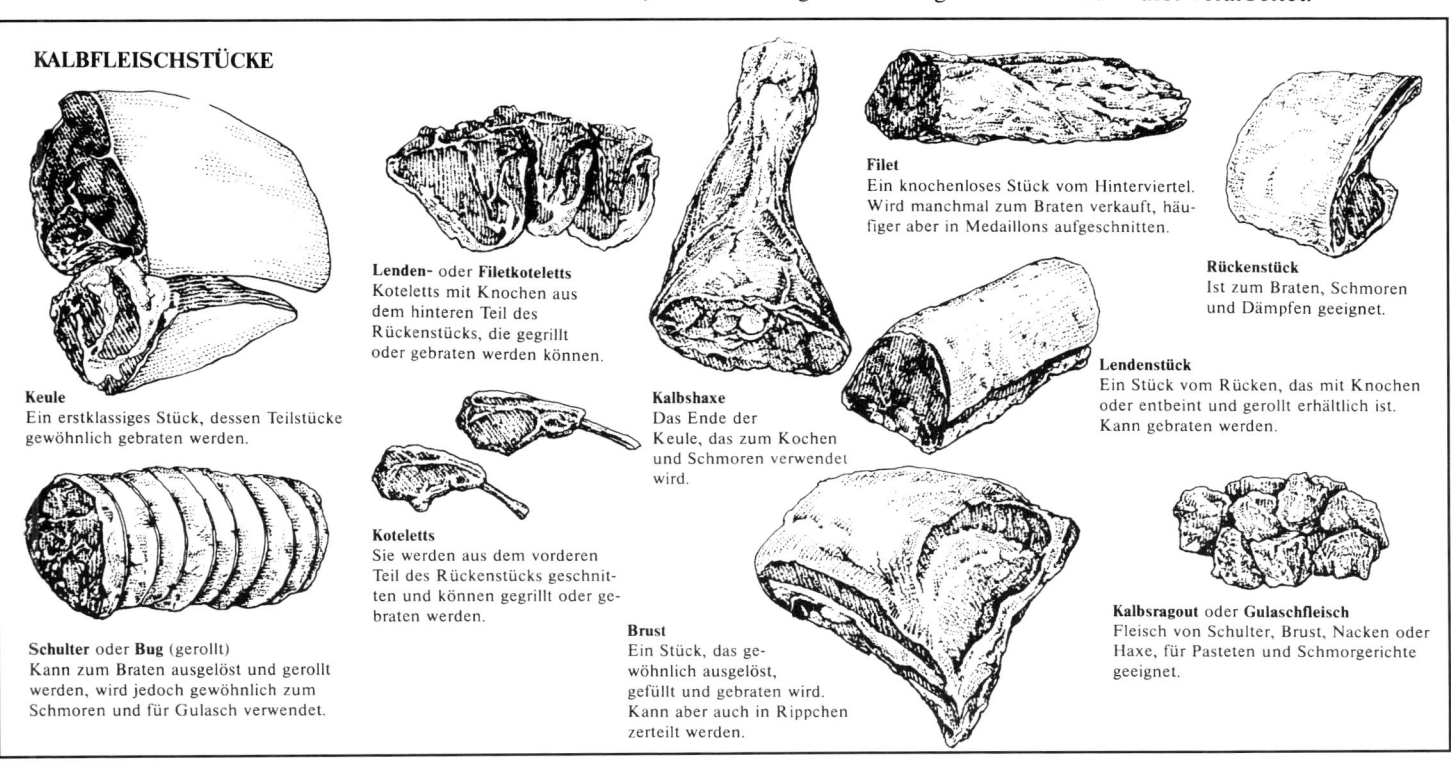

KALBFLEISCHSTÜCKE

Keule
Ein erstklassiges Stück, dessen Teilstücke gewöhnlich gebraten werden.

Schulter oder **Bug** (gerollt)
Kann zum Braten ausgelöst und gerollt werden, wird jedoch gewöhnlich zum Schmoren und für Gulasch verwendet.

Lenden- oder **Filetkoteletts**
Koteletts mit Knochen aus dem hinteren Teil des Rückenstücks, die gegrillt oder gebraten werden können.

Koteletts
Sie werden aus dem vorderen Teil des Rückenstücks geschnitten und können gegrillt oder gebraten werden.

Kalbshaxe
Das Ende der Keule, das zum Kochen und Schmoren verwendet wird.

Brust
Ein Stück, das gewöhnlich ausgelöst, gefüllt und gebraten wird. Kann aber auch in Rippchen zerteilt werden.

Filet
Ein knochenloses Stück vom Hinterviertel. Wird manchmal zum Braten verkauft, häufiger aber in Medaillons aufgeschnitten.

Rückenstück
Ist zum Braten, Schmoren und Dämpfen geeignet.

Lendenstück
Ein Stück vom Rücken, das mit Knochen oder entbeint und gerollt erhältlich ist. Kann gebraten werden.

Kalbsragout oder **Gulaschfleisch**
Fleisch von Schulter, Brust, Nacken oder Haxe, für Pasteten und Schmorgerichte geeignet.

Lamm

Schaf und Ziege haben einen Stammbaum, der sicher noch weiter zurückreicht als der von Rind und Schwein, nämlich bis etwa 9000 v. Chr. Die frühesten Zeugnisse von Haustierhaltung kommen aus dem Norden des Irak, wo langhaarige Mufflonschafe (*Ovis orientalis*) wegen ihrer Wolle gehalten und schließlich wegen ihres Fleisches geschlachtet wurden. Sie wurden vermutlich mit der Bezoarziege *(Capra hircus aegagrus)* domestiziert, von der Überreste bei Jericho gefunden wurden. Bezoarziegen gibt es noch in Südwestasien, und eine Handvoll Mufflonschafe auf Korsika und Sardinien. Direkte Nachkommen dieser uralten Stammformen sind das Soay Schottlands und wahrscheinlich solche Arten wie das Merinoschaf, das holländische Drente-Schaf und das englische »Norfolk Blackface«.

Durch selektive Züchtung haben Schafe ihr langes Haar gegen ein wolliges Fell eingetauscht, und moderne Züchter konzentrieren sich heute darauf, einen beinahe nackten, aber kräftigen Typ zu züchten, den Wiltshire Horn Widder, der fleischig und für Kreuzungen geeignet ist. Wie Rinder, die sowohl Milch als auch Fleisch liefern, werden Schafe sowohl wegen ihrer Wolle als auch ihres Fleisches gehalten, und das Fleisch ist bei weitem das wichtigere Produkt.

Lamm ist das Fleisch von einem Schaf, das noch kein Jahr alt ist; danach nennt man es Hammelfleisch. Lamm wird dem Hammel vorgezogen, weil ein geschlachtetes Lamm kleinere Stücke von zarterer Beschaffenheit liefert. Hammelfleisch muß vor der Zubereitung gut abhängen und reifen; da es gewöhnlich fett ist, muß auch noch viel weggeschnitten werden.

Das beste Lamm kommt auf den Markt, wenn es fünf bis sieben Monate alt ist; es wird dann als Milch- oder Osterlamm angeboten. Eine Menge des Lammgeschmacks geht heute durch moderne Kühlmethoden verloren – eine tiefgefrorene Lammkeule hält keinem Vergleich mit einem frischen Osterlamm stand, doch ist letzteres schwer erhältlich und teuer. Doch ob frisch oder tiefgefroren – die Nachfrage besteht nach Lamm, und Hammelfleisch wird heute wenig verkauft.

Hammel war früher einmal beliebter als Lamm, weil die Bratenstücke größer waren. Jahrhundertelang wurden in ganz Europa riesige Fleischstücke auf offenem Feuer gebraten. Darüber hinaus war es üblich, viele Gänge gleichzeitig zu servieren, und bei einem großen Braten war die Gefahr, daß er auf dem Tisch kalt wurde, geringer. Lamm war ein an Jahreszeiten gebundener Luxus. Später wurde Hammelfleisch in vielen Ländern mit Armut assoziiert, obwohl diese Annahme weitgehend unzutreffend war, denn die Armen kamen selten in den Genuß irgendeiner Art von Fleisch; ihre Ernährung bestand vorwiegend aus Brot, Käse und Wurzelgemüse und gelegentlich aus Fleischbrühe, ganz selten aus gepökeltem Schweinefleisch oder Speck.

Lammfleisch in der Welt
Lamm ist in vielen Teilen der Erde sehr beliebt, und jedes Land hat seine eigenen Lammfleischgerichte; in der angelsächsischen Küche ist *Irish stew* und *Crown roast* beliebt, und im Nahen Osten Lammfleisch mit Linsen sowie *Kebabs* und Schaschlik.

Obwohl Lamm mit Limabohnen geschmort eine Spezialität in Amerika ist, wurde Lamm dort nie so beliebt wie Rindfleisch. Neuseeland und Australien, die Haupterzeugerländer der Erde, exportieren beachtliche Mengen an Lammfleisch nach England, Rußland und den Nahen Osten (wo immer eine starke Nachfrage besteht) sowie bemerkenswerte 100 000 Tonnen jährlich nach Japan. Diese Menge übersteigt nicht nur Japans Rindfleischimporte, sondern macht ein Viertel des Jahreskonsums in England aus, wo heute viermal soviel Lamm verbraucht wird wie in jedem anderen Land der nördlichen Hemisphäre. Frankreichs hochgepriesenes *Pré salé* oder Salzmarsch-Lamm reicht nicht aus, um die Nachfrage im eigenen Land zu befriedigen, und die Preise sind dort hoch. *Pré salé*-Lamm- oder -Hammelfleisch stammt von Herden, die entlang der Küste weideten, und das Fleisch hat einen leicht salzigen Beigeschmack mit einem Hauch von Jod. Auch in England gibt es Salzmarsch-Lamm, während in Holland die eigene reinrassige Texel-Zucht sehr geschätzt wird, die auf den Friesischen Inseln entstand und jetzt auch in England, Frankreich, Südamerika und Südafrika heimisch ist.

Lamm in der Küche
In der Küche des Nahen Osten und Nordafrikas wird Lamm hauptsächlich im Ganzen am Spieß gebraten und *Mechoui* genannt oder *Shish kebab*, was »Lamm am Spieß« bedeutet. In Scheiben geschnitten und auf einen Drehspieß gepackt heißt es *Shawarma* oder *Doner kebab*. Zudem wird überall gehacktes Lamm mit geschrotetem Weizen gegessen, entweder roh, wie im *Kibbi nayya* oder wie in der libanesischen Spezialität *Kibbi* zubereitet. Im Iran wird Hammel geschmort, in Tunesien mit Gewürzen und Rosinen gekocht. In Frankreich ist die gebratene Keule besonders beliebt. Das *Gigot* wird dort gefüllt oder im Teig gebacken (*Gigot en croûte*) oder mehrere Stunden lang in einem Schmortopf gegart (*Gigot à sept heures*). Aus Lamm (ursprünglich aus Hammelfleisch) wird auch das unsterbliche *Irish stew* zubereitet, ebenso wie der englische *Lancashire pot*. In Deutschland ist Hammelfleisch mit Bohnen ein weitverbreitetes Gericht, und Lammspezialitäten erfreuen sich zunehmender Beliebtheit.

Lamm ist mit bestimmten Zutaten und Früchten besonders köstlich: Pfefferminzsauce zu Lamm und Kapernsauce zu Hammel sind in England besonders geschätzt. In Algerien wird es mit Pflaumen und Mandeln zubereitet, in Marokko mit Zitronen und Oliven, in Belgien mit Endivie, in Schweden mit Dill. Weitere Gewürze sind Rosmarin, Majoran, Koriander und Wacholderbeeren. Lammstücke sind kleiner und zarter als die meisten anderen Fleischsorten und sollten so zubereitet werden, daß das Innere noch rosa ist – sie werden sehr dünn geschnitten serviert. Rezepte für Lammkeule oder -schulter sind meist auch für Hammel geeignet.

Auswahl und Zubereitung von Lamm
Lamm von guter Qualität hat feines, weißes Fett und an frischen Schnittstellen eine hellrote Farbe; bei Hammel ist das Fleisch dunkler. Der Lammkörper ist von einer sehr dünnen, pergamentartigen Hülle umgeben, die man gewöhnlich am Braten läßt, damit er bei der Zubereitung seine Form behält (von Koteletts wird sie jedoch entfernt). Das Fleisch jüngerer Lämmer ist gewöhnlich zarter. Einen guten Hinweis für die Altersbestimmung liefert das Gewicht – besonders bei Lammkeulen: Die beste Qualität wiegt ungefähr 2,5 kg und nie mehr als 4 kg. Kleinere Koteletts sind zarter und deshalb teurer. Hammel kommt kaum noch auf den Markt, und wenn, dann ist er wesentlich billiger als Lamm.

Ein ganzes Lamm wiegt zwischen 13 und 24 kg, ein ganzer Hammel 30–47 kg. Beide werden in Vorder- und Hinterviertel eingeteilt und liefern die gleichen Hauptstücke. Das Vorderteil besteht aus Hals, mittlerem Nacken, Schulter, Rückenstück und der Brust. Die Abschnitte Hals und mittlerer Nacken werden gewöhnlich als

Ganzes oder gehackt zum Schmoren oder für Ragouts und Ein-topfgerichte verkauft. Die Schulter wird im Ganzen oder in Schulterblatt und Schlegel zerlegt angeboten, oder ausgelöst für *Kebabs*, Eintopfgerichte und Pasteten. Obwohl sie von beweglichen Teilen des Tieres stammen, sind Lammhals, mittlerer Nacken und Schulter zarter als die vergleichbaren Stücke anderer Tiere, da die Muskulatur des Lamms weniger stark entwickelt ist. Das Rücken-stück (Kotelettstück) wird im Ganzen verkauft – mit oder ohne Knochen – oder als Koteletts. Die Brust wird entbeint und gehackt oder im Ganzen angeboten. Das Hinterviertel umfaßt die Keule mit der Lammnuß. Die Keule wird im Ganzen verkauft, manch-mal auch ausgelöst und gerollt, die Lammnuß – vom dicken oberen Abschnitt der Keule – gewöhnlich in Scheiben geschnitten. Das Lendenkotelettstück wird im Ganzen oder in Scheiben geschnitten angeboten.

Stücke von Hals, mittlerem Nacken und Brust von Lamm und Hammel erfordern langsames Garen mit Flüssigkeit, wenn sie zart werden sollen. Alle anderen Stücke können bei 180°C gebraten werden, bis sie mittel oder gut durchgebraten sind, wie auf dem Bratenthermometer angezeigt. Dicke Nuß- und Kotelettstücke werden mit Öl eingepinselt und 12–15 Minuten gegrillt oder gebraten, andere Scheiben und Koteletts etwa 8–10 Minuten.

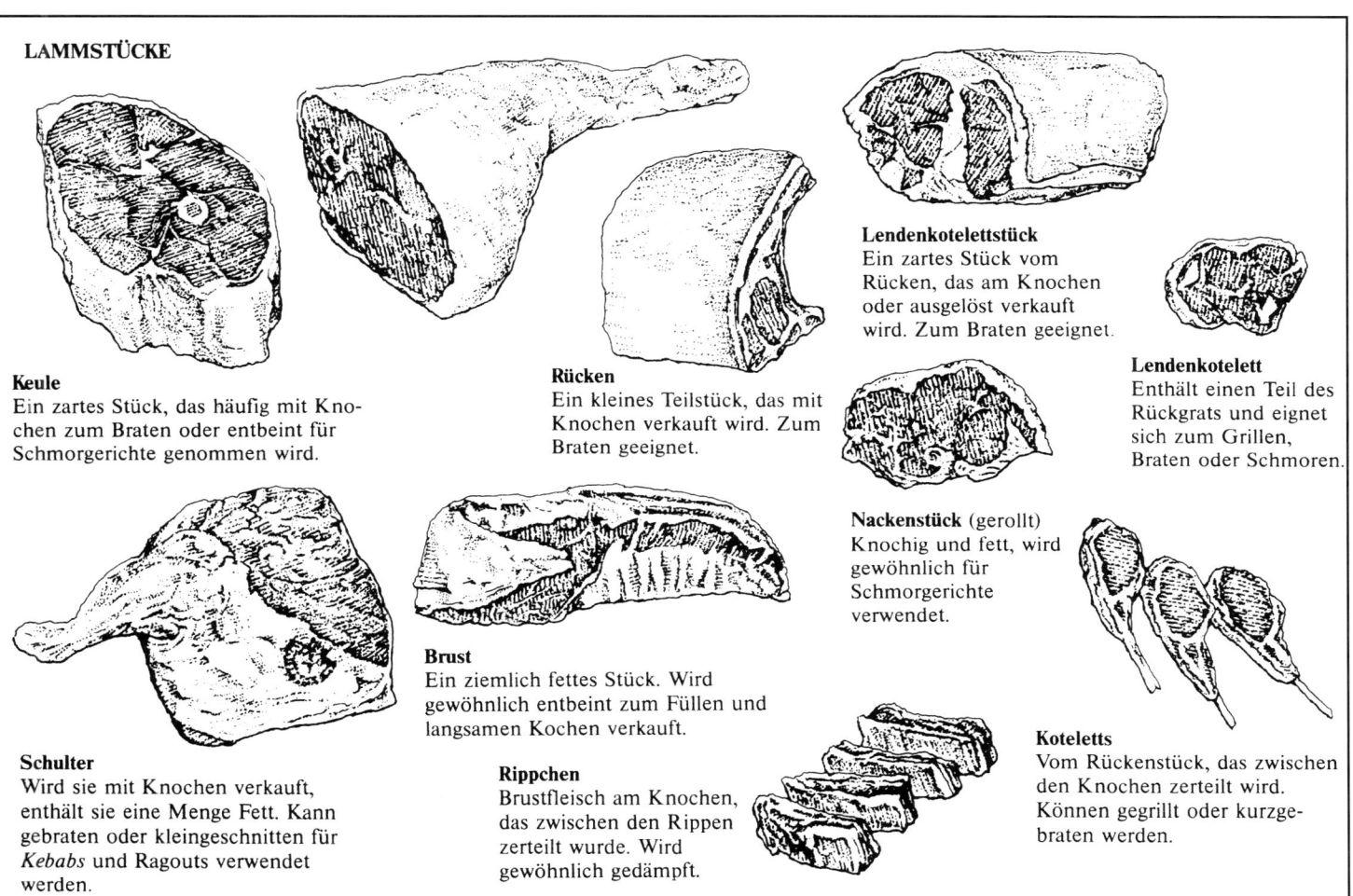

LAMMSTÜCKE

Keule
Ein zartes Stück, das häufig mit Knochen zum Braten oder entbeint für Schmorgerichte genommen wird.

Schulter
Wird sie mit Knochen verkauft, enthält sie eine Menge Fett. Kann gebraten oder kleingeschnitten für *Kebabs* und Ragouts verwendet werden.

Rücken
Ein kleines Teilstück, das mit Knochen verkauft wird. Zum Braten geeignet.

Brust
Ein ziemlich fettes Stück. Wird gewöhnlich entbeint zum Füllen und langsamen Kochen verkauft.

Rippchen
Brustfleisch am Knochen, das zwischen den Rippen zerteilt wurde. Wird gewöhnlich gedämpft.

Lendenkotelettstück
Ein zartes Stück vom Rücken, das am Knochen oder ausgelöst verkauft wird. Zum Braten geeignet.

Nackenstück (gerollt)
Knochig und fett, wird gewöhnlich für Schmorgerichte verwendet.

Lendenkotelett
Enthält einen Teil des Rückgrats und eignet sich zum Grillen, Braten oder Schmoren.

Koteletts
Vom Rückenstück, das zwischen den Knochen zerteilt wird. Können gegrillt oder kurzgebraten werden.

Schweinefleisch

Gebratenes Schweinefleisch wurde vermutlich erstmals von Chinesen verzehrt, und neolithische Funde aus China belegen, daß Schweine, die zur Ernährung gehalten wurden, die einzigen Haustiere waren. Im 18. Jahrhundert wurde das asiatische Bindenschwein (*Sus scrofa vittatus*) in Europa eingeführt, das leichter zu halten und für Kreuzungen geeignet war. Die meisten unserer modernen Schweinerassen stammen von Kreuzungen mit dieser asiatischen Unterart ab.

Schweinefleisch als Nahrungsmittel ist umstritten, weil es in bestimmten Religionen tabu ist. Verschiedentlich wurde die Ansicht vertreten, Schweinefleisch sei im Grunde unhygienisch und in heißen Klimata eine Gefahr für die Gesundheit, oder das Schwein sei einst ein Totem gewesen und deshalb sakrosankt. Eine andere Theorie besagt, daß Schweinefleisch Ähnlichkeit mit menschlichem Fleisch habe – Kannibalen bezeichneten den Menschen (als Kandidaten für den Kochtopf) mitunter als »langes Schwein«. Das Schwein ist, wie der Mensch, ein Allesfresser und anfällig für manche seiner Krankheiten, und es ist möglich, daß es – als aus uralten Riten Religionen entstanden – mit primitiven Menschenopfern assoziiert und dann als Nahrung abgelehnt wurde; in der alten Türkei symbolisierte das Schwein den Tod.

Wie dem auch sei – Schweinefleisch wird von vielen Nationen als erstklassiges und zartes Fleisch sehr geschätzt, und schon früh wurde das Schwein wichtig für den Menschen. Über Jahrhunderte lebten die europäischen Bauern von wenig mehr als einem gelegentlichen Stück gesalzenem oder gepökeltem Schweinefleisch; in der Marine wurde es den Seeleuten zugeteilt, die es mit der Zeit verachteten, ebenso wie der Adel, der Schweinefleisch als Nahrung der Armen ansah. Schweine gehörten zu jedem Anwesen, wie bescheiden es auch sein mochte; Schweine begleiteten die Siedler in die Neue Welt und vermehrten sich so stark, daß Schweinefleisch ein Hauptbestandteil der amerikanischen Küche war, lange bevor es von Rindfleisch verdrängt wurde, und Schweinefleischgerichte gehören somit zu den frühesten Rezepten Amerikas. Schweine wurden in den Wäldern gemästet und ebenso wie heute bis zum letzten Gramm verwertet; nichts wurde weggeworfen, weder Kopf noch Innereien (Innereien, Kopf und Füße, S. 282, und Würste und Fleischkonserven S. 282). Wie jeder weiß, fressen Schweine fast alles – sie sind die Staubsauger der Natur, allesfressend und gierig. Dennoch müssen Schweinezüchter ihre Ernährung überwachen, um die richtige Relation zwischen Fettanteil, Gewicht und Größe zu erzielen. Schweine können nicht von Grünfutter allein leben und werden mit Getreiden, Proteinen, Mineralien und Vitaminpräparaten aufgezogen; das Futter beeinflußt den Geschmack des Fleisches, und wahrscheinlich hatten die einst frei umherlaufenden Stammformen – obwohl vermutlich zäher und fetter als heutige Rassen – einen natürlicheren Geschmack.

Schweinefleisch in der Küche

Dank seiner widerstandsfähigen Natur als Allesfresser gedeiht das Schwein unter den vielfältigsten Klima- und Lebensbedingungen. Schweinefleisch ist im Gegensatz zu Lamm, Rind- und Kalbfleisch kaum in der klassischen Küche vertreten, aber es ist eine der dankbarsten Fleischsorten. Schweinefleisch wird – vielleicht weil es lange mit Salz haltbar gemacht wurde – oft mit Obst zubereitet oder serviert; in England und vielen anderen europäischen Ländern wird es mit Apfelmus serviert; dänische Köche füllen es mit Backpflaumen, ebenso wie die deutschen, die es auch in Bier schmoren und mit Würstchen und Kartoffeln oder mit Sauerkraut essen. In Griechenland und der Türkei ist Schweinefleisch ein Bestandteil der *Moussaka;* in Rußland, Italien, Griechenland und Polen werden Spanferkel im Ganzen am Spieß gebraten, und Spanferkel sind ein wichtiger Bestandteil der polnischen Osterspezialitäten. Aber es sind unbestritten die Chinesen, die sich durch ihre große Vielfalt an Schweinefleischgerichten auszeichnen: Schweinefleisch wird dort meist in Streifen geschnitten und kurz gebraten, mit Pilzen geschmort oder mit Sternanis und Ingwer gewürzt.

SCHWEINEFLEISCHSTÜCKE

Filet
Ein knochenloses mageres Stück vom Hinterviertel. Zum Grillen oder Braten geeignet.

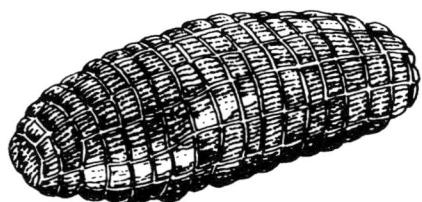

Schulterrollbraten (vom Bug)
Ein zartes Stück vom Vorderteil, das mit oder ohne Knochen erhältlich ist.

Bauch
Liefert gewöhnlich den Speck, wird aber manchmal auch frisch verkauft und zum Wurstmachen verwendet; auch zum Grillen und Kochen geeignet.

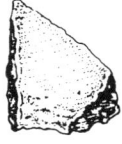

Haspel
Ein kleines, knochiges Stück vom Vorderfuß. Wird geschmort oder in Suppen verwendet.

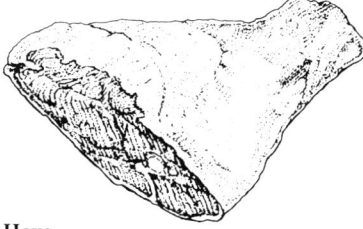

Haxe
Ein mageres, zartes Stück vom Hinterbein, das in Deutschland meist gebraten oder gegrillt wird; gepökelt eignet es sich zum Kochen.

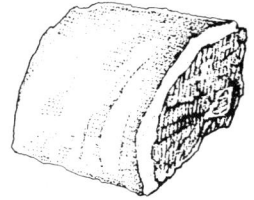

Filetkotelettstück
Als Kotelettbraten (mit oder ohne Filet) zum Braten oder Schmoren geeignet, meist wird es aber in Koteletts unterteilt und gegrillt oder gebraten.

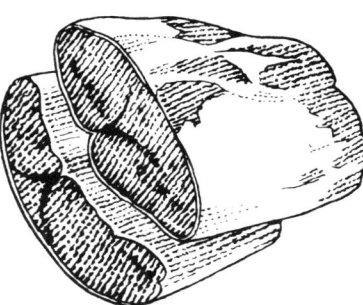

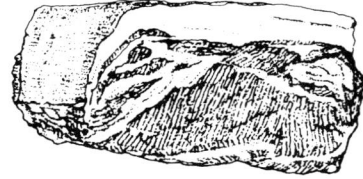

Dicke Rippe
Kommt vom Vorderteil des Tieres, wird im Ganzen verkauft. Eignet sich zum Braten, Grillen oder Schmoren.

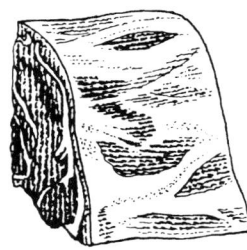

Nacken
Dieses durchwachsene Teilstück eignet sich zum Schmoren oder Garziehen, als Koteletts aufgeschnitten zum Grillen und Kurzbraten. Gepökelt und geräuchert wird es als Kasseler angeboten.

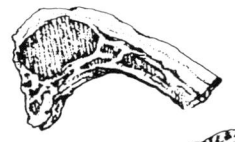

Rippenkotelett
Eignet sich zum Grillen oder Braten.

Spareribs oder **Rippchen**
Rippenknochen von der Unterseite; werden auf dem Holzkohlengrill gegart.

Ober- und Unterschale
Erstklassiges, mageres Fleisch aus der Keule. Zusammen mit Hüfte und Nuß wird es als Schinkenbraten angeboten. Meist jedoch werden diese Teile in Schnitzel geschnitten.

Auswahl und Zubereitung von Schweinefleisch

Schweinefleisch sollte eine blaßrosa Farbe haben und festes, weißes Fett. Fast alle Schweinefleischstücke sind erstklassig, d. h. sie können gebraten oder gegrillt werden, denn Mastschweine werden jung geschlachtet und haben deshalb durchweg zartes Fleisch. Die Mehrzahl selbst der neueren Kochbücher empfiehlt Schweinefleisch sehr gut bis fast trocken durchzubraten, um die Trichinengefahr möglichst gering zu halten: doch raten Wissenschaftler jetzt zu einer neuen, sicheren Innentemperatur für Schweinefleisch, und zwar 76°C, damit das Fleisch zart und saftig bleibt.

Vom frischen Schweinefleisch wird die Schweinebacke an Wurstwarenhersteller verkauft; die beim Metzger angebotenen Stücke sind Keule, Rücken, Bauch, Kamm/Hals sowie Haxe und Schulter (Bug). Die Keule wird im Ganzen oder ausgelöst als Ober- und Unterschale, Hüfte und Nuß angeboten und kann zu Schnitzel geschnitten werden. Das Lendenkotelettstück wird in Scheiben geschnitten oder als ganzer Braten angeboten, oder die Schweinelende wird herausgelöst und separat verkauft. Der Bauch kann in einen ziemlich mageren Teil (aus dem die *Spareribs* stammen) und einen weniger knochigen, aber fetteren Teil (zur Keule hin) zerlegt werden. Das Rückenstück wird meist in Koteletts geschnitten, der Nacken kann im Ganzen oder in Scheiben gebraten werden. Haxe und Schulter ergeben gewöhnlich einen Braten und mehrere Scheiben. Alle Schweinefleischstücke sollten bei 180°C (Stufe 3–4 bei Gasöfen) gegart werden. Koteletts und Schnitzel werden mit etwas Öl bepinselt und ca. 10–15 Minuten gegrillt oder gebraten.

Innereien, Kopf und Füße

Diese Teile sind im Lauf der Jahrhunderte hoch geschätzt und strikt abgelehnt worden; von manchen Teilen – Hirn oder Herz z. B. – glaubte man, daß sie Schwermut hervorriefen, während der Kopf – und besonders der des Keilers – als Symbol des Sieges galt, ähnlich wie die Rute des Fuchses nach der Jagd.

Vielen widerstrebt es noch immer, Hirn, Bries oder Kutteln zu essen, und nur wenige wissen, wo Schweinsnetz, Gekröse und Kaldaunen eigentlich zu finden sind. Bestimmte Innereien wurden aus sozialen, ökonomischen und religiösen Gründen abgelehnt, nach anderen hat stets eine starke Nachfrage bestanden, vor allem nach Leber und Nieren – und besonders nach denen vom Kalb.

Innereien in der Küche

Innereien sollten so frisch wie möglich gekauft werden; sind sie alt, haben sie gewöhnlich eine dunkle Farbe und wirken trocken.

Hirn, Bries und Zunge müssen vor der Zubereitung gewässert werden. Hirn sollte man in kaltes Wasser legen, bis alles Blut herausgewaschen ist; Bries muß eine Stunde oder länger gewässert und dann in Essigwasser blanchiert werden (etwa 7 Minuten bei Lamm, 10 Minuten bei Kalbshirn). Frische Zunge sollte eine Stunde in Essigwasser liegen, gepökelte wird über Nacht in klares Wasser gelegt. Kleine Zungen sollten 10 Minuten, größere 30 Minuten blanchiert und dann in kaltes Wasser getaucht werden, bevor die Haut abgezogen wird.

Rinder- und Schweinenieren können etwa 30 Minuten in Essigwasser gewässert werden. Andere Teile, wie Leber, Kutteln, Füße, Herz und Kopf werden gewöhnlich vom Metzger vorbereitet.

Abgesehen von den bekannteren, unten beschriebenen Teilen, sollen hier auch die etwas weniger bekannten Innereien vorgestellt werden.

Kalbs- und Schafskopf kann ausgebeint oder im Ganzen zubereitet und serviert werden, wird aber meist in Stücke zerteilt und mit passenden Saucen und der in Scheiben geschnittenen Zunge oder dem Hirn dekoriert gereicht. Schweinekopf wird hauptsächlich in Sülzen und Würsten verwendet. Schweine- und Kalbsohren werden gewöhnlich gegrillt oder gefüllt. Schweine- und Kälberfüße sind sehr gallerthaltig und eignen sich zum Eindicken von Saucen. Sie werden auch ausgelöst, gefüllt, gebraten oder in Sülzen verwendet.

Schwänze kann man schmoren oder kochen, aus Hammelschwänzen werden in England Pasteten gemacht. Ochsenschwanz, der reich an Gelatine ist und viel Geschmack hat, wird am besten lange gekocht und zu Eintopfgerichten und Suppen verwendet. Weitere schmackhafte Innereien sind die Milz (Schweinemilz wird zu Würsten verarbeitet, Ochsen- und Kalbsmilz wird mancherorts gefüllt, während die Schweinedärme als Wursthäute verwendet werden). Kaldaunen werden in den Südstaaten von Amerika zu einem berühmten Gericht mit Kohlgemüse verkocht. Kalbsgekröse (ein Teil des Bauchfells) wird ebenfalls in Würsten verwendet, kann aber auch gebraten oder wie Kutteln zubereitet werden, während die Lunge sich zum Schmoren eignet. Das filigranartige Membrangewebe um den Wanst dient als Hülle von *Crépinettes* (kleine Würstchen) oder wird zum Bardieren von Wild verwendet.

Bries oder **Milch**
Bauchspeichel- und Thymusdrüse werden Bries genannt; in Frankreich heißen sie *Ris de veau*. Rezepte für **Kalbsbries** ✦ und **Lammbries** sind mehr oder weniger austauschbar. Die Thymusdrüse liegt in der Kehle, die Bauchspeicheldrüse in den Eingeweiden nahe dem Magen; sie werden allgemein als Magen- und Halsdrüsen bezeichnet. Erstere ist prall und gerundet, letztere länglich. Bries wird meist in Butter gebraten.

Füße ✦
Kälberfüße ✦ und **Schweinsfüße** ✦ sind stark gallerthaltig und werden zum Eindicken und zur Sülzeherstellung verwendet, mitunter auch ausgelöst und gefüllt oder gebraten.

Gekröse
Gekröse sind Membranen (Netz, Magen, Darm). Kalbsgekröse wird in Würsten verarbeitet, kann aber auch gebraten oder wie Kutteln zubereitet werden.

Herz
Rinderherz ist zäh und erfordert langes Garen in Flüssigkeit oder muß angekocht werden, bevor man es langsam im geschlossenen Topf brät. **Kalbs-** und **Lammherz** ✦ sind zarter. Beide eignen sich zum Füllen.

Hoden
Lamm- und Kalbshoden können in Blätterteig gebacken, sautiert oder in einer *Court bouillon* gekocht und mit Vinaigrettesauce serviert werden.

Kaldaunen
Schweinsdärme, die oft zum Wurstmachen verwendet werden; sie sind besonders in Amerika und Frankreich beliebt, wo man sie gern brät oder grillt.

Köpfe ✦

Schweinskopf ✦ wird hauptsächlich für Sülzen und Würste verwendet. Er wird oft auch gekocht – wobei Zunge und Hirn vorher entfernt werden – oder mariniert. **Kalbskopf** ✦ und **Schafskopf** ✦ werden ausgebeint oder im Ganzen meist vom Metzger zubereitet; sie kommen in Stücke zerteilt und mit einer Sauce auf den Tisch. Geräucherte **Schweinebacken** werden gewöhnlich wie Schinken gekocht und kalt gegessen. **Kalbshirn** ✦, mit brauner Butter serviert oder in Blätterteig gebacken, ist eine Delikatesse. **Schweine-** und **Kalbsohren** können gegrillt oder gefüllt werden. In China werden Schweineohren mit Gewürzen gekocht. **Schafsaugäpfel** werden in manchen Ländern des Mittleren Osten gegessen. **Rinderzunge** ✦, ob frisch oder gepökelt, hat einen ausgezeichneten Geschmack. Gepökelte Zunge wird gekocht, in Form gepreßt und kalt in Scheiben geschnitten serviert. Frische Zunge wird mit Wein gedünstet; oder gekocht und mit verschiedenen Garnierungen gereicht. **Kalbszunge** ✦ und **Lammzunge** sind zarter, können aber auf ähnliche Art gepökelt und in Form gepreßt werden.

Kutteln

Es gibt zwei Arten von Kutteln, die aus den Eingeweiden von Rindern und Kälbern kommen. Wiederkäuer besitzen zwei Mägen – der erste, der Netzmagen, liefert die **glatten** Kutteln, der zweite oder Pansen die **zelligen** Kutteln, die im allgemeinen zarter sind. Kutteln werden vor dem Verkauf vom Metzger vorbereitet, erfordern aber dennoch eine langsame Zubereitung. Das vielleicht berühmteste Kuttelrezept ist das französische *Tripes à la mode de Caen*.

Leber

Kalbsleber ✦ gilt in Qualität und Geschmack allgemein als die feinste und ist deshalb die teuerste. Sie sollte in dünne Scheiben geschnitten und kurz gegrillt oder gebraten werden, da sie sonst hart wird. **Lammleber** ✦, obwohl stärker im Geschmack und oft weniger zart, ist zum Grillen oder Braten geeignet. Im Mittleren Osten wird sie am Spieß gebraten. **Rindsleber** ✦ ist billig und von kräftigem Geschmack und meist etwas fester. Sie eignet sich zum Dünsten und Schmoren, während **Schweineleber** ✦, die ebenfalls einen ausgeprägten Geschmack hat, häufig auch zu Pasteten und Wurst verarbeitet wird.

Lunge ✦

Lunge ist nicht sehr gehaltvoll oder nahrhaft, wird mitunter aber in Eintopfgerichten verwendet.

Markknochen

Schulter- oder Röhrenknochen von Rindern oder Kälbern enthalten Mark – eine weiche Substanz, die nach dem Kochen aus dem Knochen herausgelöst und gern in Saucen und Eintopfgerichten verwendet wird.

Milz

Schweinemilz ✦ wird manchmal in Würsten verarbeitet; **Rinder-** und **Kalbsmilz** wird in manchen Ländern gefüllt.

Nieren

Kalbsnieren ✦ sind gewöhnlich am zartesten. Die Franzosen bereiten sie als *Rognons sautés au Madère* zu; in Belgien werden sie mit Gin und Wacholderbeeren gereicht. In England gehören sie ins berühmte *Steak and Kidney Pie*. **Hammelnieren** ✦ sind stärker im Geschmack als Kalbsnieren. Die feine Haut sollte vor der Zubereitung entfernt werden. Sie können in Scheiben geschnitten und dann geschmort oder gebraten werden. **Rinderniere** ✦ ist stärker im Geschmack und grobfasriger und eignet sich gut für Fleischpasteten. **Schweinenieren** ✦ haben die gleiche Form wie Hammelnieren, sind aber größer und ausgeprägter im Geschmack. Sie können gegrillt oder in Schmorgerichten verwendet werden.

Schwänze

Schwänze können geschmort oder gekocht werden; Schafsschwanz wird für Pasteten verwendet. **Ochsenschwanz** ✦, der reich an Gelatine ist und einen kräftigen Geschmack hat, wird am besten lange in Flüssigkeit gekocht und als Suppe zubereitet.

Schweinsnetz

Schweinsnetz, das filigranartige Membrangewebe um den Wanst, wird als Hülle für *Crépinettes*, kleine Würstchen aus gehacktem Füllsel, und zum Bardieren genommen.

Würste und Rauch- und Pökelfleisch

Schon früh in der Geschichte entdeckte man, daß Fleisch über einen bestimmten Zeitraum genießbar blieb, wenn man den Feuchtigkeitsgehalt durch Trocknen, Pökeln oder Räuchern reduzierte. Auf diese Weise wurde die Versorgung mit Fleisch rund ums Jahr gewährleistet, und Schinken, Speck und Würste begannen allmählich einen festen Platz in der Ernährung einzunehmen.

In heißen Klimazonen wurde das Fleisch geklopft, damit der Saft herauslief, und die Streifen in der Sonne oder über einem Feuer getrocknet. Das südafrikanische *Biltong* ist ein Beispiel für diese Technik. Die nordamerikanischen Indianer erfanden *Pemmican* – getrocknetes, mageres Büffelfleisch, geklopft und mit Fett, Gemüsen und Obst (gewöhnlich Preiselbeeren) vermischt, dann in Fellhäute gestopft und mit Talg versiegelt. Fleisch in Fett einzuhüllen ist eine bei der Herstellung von Pasteten und Terrinen noch immer angewendete Technik.

In Mexiko und Mittelamerika wurde Büffelfleisch in Streifen geschnitten und in der Sonne getrocknet. Diese *Charqui* wurde später von den Pionieren übernommen, die es *Jerky* oder *Jerked beef* (in Streifen geschnittenes und gedörrtes Rindfleisch) nannten. Europäische Bauern ernährten sich jahrhundertelang von Speck, Brot und Bier – und Speck war oft ein Luxus. Das meiste Rindfleisch, das auf den Tisch kam, war mit trockenem Salz überzogen. Für die Seefahrt wurde es tonnenweise eingekauft.

Später wurden Zubereitungsmethoden entwickelt, die den Salzgeschmack ausgleichen sollten: dazu gehörte das Hinzufügen von Getreide, wie Gerste, um das Salz zu absorbieren, oder einer Vielzahl von Gemüsen: der französische *Pot-au-feu* und die englischen gekochten Rindfleischgerichte sind so entstanden. Gewürze, vor allem Ingwer und Pfeffer, wurden ausgiebig verwendet, um den Geschmack von Pökelfleisch zu verdecken, und im 17. Jahrhundert wurden in den Küchen wohlhabender Häuser Berge von Orangen vorrätig gehalten, mit deren Saft der Salzgeschmack von Fleischgerichten gemildert wurde.

Obwohl gepökeltes Rindfleisch und sonnengetrocknetes Büffelfleisch regional zweifellos eine wichtige Rolle spielte, geht die Haltbarmachung von Fleisch doch auf das Schwein zurück. Besonders in Frankreich gibt es eine lange Tradition der Schweinefleischverarbeitung – die Schinken Galliens waren so berühmt, daß sie sogar nach Rom exportiert wurden –, und zudem sind es auch die Franzosen, die die Wurst weiterentwickelt haben.

Ein Vorfahre der Wurst (das Wort kommt von dem lateinischen *salsus,* d. h. »gesalzen«) wurde schon früh von Naturvölkern hergestellt, die die Pansen eines Tieres mit anderen Teilen der Eingeweide füllten und dann wohl über dem Feuer garten; Schottlands *Haggis* (Innereien mit Hafergrütze im Schafsmagen gekocht) ist wahrscheinlich so entstanden. Auch die Griechen und Römer befaßten sich mit der Herstellung von Wurst, und vermutlich haben die Deutschen, die behaupten, die Wurst erfunden zu haben, diese Kunst von den Römern übernommen; jedenfalls waren es die Franzosen, die das Produkt so phantasievoll weiterentwickelten.

Nach Frankreich sind es Deutschland und Italien, die die größte Phantasie in der Wurstherstellung beweisen, gefolgt von einigen anderen europäischen Ländern, die ebenfalls bekannte Spezialitäten herstellen.

Die europäischen Schinken- und Wurstspezialitäten breiteten sich mit den Auswanderern in Amerika aus – den Franzosen sind die kreolisch-akadischen *Boudins* und *Andouilles* zu verdanken, die Italiener brachten die Bologna und die Salami nach New York, die Deutschen die Frankfurter und Knackwürste nach Milwaukee, und Spanien und Portugal sind die Heimat der *chorizos* Lateinamerikas.

Im 19. Jahrhundert bestand die amerikanische Ernährung hauptsächlich aus gepökeltem Schweinefleisch. Die Armut gebot, daß auch das letzte Stück des Tieres vewertet wurde, vorzugsweise gepökelt und geräuchert, und dieser Vorrat sich über die mageren Monate nach der Zeit des Schweineschlachtens – gewöhnlich November – hielt. Und an der Tradition, jeden Teil des Tieres zu verwerten, wird bis heute festgehalten: Würste, Leberkäse und Blutwürste werden aus den billigen Teilen gemacht, während die besseren Stücke – Bauch, Lende und Keulen – geräuchert und gepökelt werden und Speck und Schinken liefern.

Verarbeitung

Die früher gebräuchlichen Methoden des Dörrens und Einsalzens waren oft unbefriedigend, weil das Salz grob und unbehandelt und das Fleisch häufig nicht gleichmäßig durchgepökelt war. Zukker, der Fleisch weich macht und ihm zusätzlichen Geschmack verleiht, wurde nur von den wenigen verwendet, die ihn sich leisten konnten. Fleisch war deshalb trocken, hart und sehr salzig, bis es im späten 18. Jahrhundert gelang, die Methoden der Haltbarmachung zu verfeinern.

Wurst- und Schinkensorten unterscheiden sich, weil Geschmack, Zutaten und Methoden regional verschieden sind.In Ungarn fügt man den Würsten Paprika bei, in Deutschland verwendet man wilden Wacholder, der den westfälischen Schinken Aroma verleiht. Auch Pökelrezepte unterscheiden sich, ebenso wie die Räucherverfahren. Die folgenden Methoden sind die gebräuchlichsten:

Naßpökeln ist für dickere Fleischstücke geeignet; hierfür wird eine Beize hergestellt, die meist auch Zucker enthält (außer bei Bayonne-Schinken) und der häufig auch aromatische Gewürze wie Wacholder, Koriander, Ingwer und andere Spezereien hinzugefügt werden. Das im Pökelsalz enthaltene Nitrit stabilisiert das rote Myoglobin des Fleisches und erhält seine appetitliche rote Farbe.

Trockenpökeln ist für flachere Fleischstücke geeignet; hier wird das Fleisch mit trockenem Salz eingerieben und in ein nichtmetallisches Gefäß geschichtet. Die Teile mit Knochen müssen be-

sonders sorgfältig eingerieben werden. Das Salz absorbiert Flüssigkeit und entzieht dem Fleisch Saft.

Räuchern: Dieses Verfahren entwickelte sich zweifellos aus dem Trocknen von Fleisch über einer Glut. Holzrauch enthält verschiedene antiseptische Teerprodukte, und Fleisch wird gewöhnlich über Hartholzspänen und Sägemehl geräuchert. Die Räucherdauer ist sehr unterschiedlich und richtet sich nach Produkt und Rezept; bei der Kalträucherung (17°–26°C) kann sie 4–5 Wochen betragen, bei der Heißräucherung (80°–100°C) wenige Stunden.

Einsalzen (»Körnen«): Im 16. Jahrhundert waren die beiden englischen Wörter *corn* und *grain* (für Getreide- und andere Körner) austauschbar, und mit Salzkörnern (*grains of salt*) eingeriebenes Fleisch war deshalb *corned* (»gekörnt«). In England ließ man den Salpeter weg, und die daher resultierende graue Farbe des Fleisches wird noch immer bevorzugt; dort bezeichnet man deshalb eingesalzenes, gekochtes, gepreßtes Rindfleisch, das in Dosen angeboten wird, als *Corned beef* (»gekörntes Rindfleisch«).

Schinken, Speck und andere Räucherwaren

Schinken sind eingesalzene und geräucherte Teile der Hinterkeule des Schweins, während Speck gewöhnlich eingesalzener und geräucherter Schweinebauch ist, was seinen hohen Fettanteil erklärt. Kanadischer *bacon* (Frühstücksspeck) wird dagegen vom Rückenstück geschnitten und ist folglich viel fleischiger.

Es gibt vermutlich hundert oder mehr verschiedene Schinken, wobei jedes Land seine eigene Spezialität beisteuert; doch die meisten werden mehr oder weniger auf die gleiche Art haltbar gemacht – trocken- oder naßgepökelt, geräuchert und abgehangen. Speck ist geräuchert und ungeräuchert erhältlich, entweder in Scheiben geschnitten oder im Ganzen als dicke Scheibe. In manchen Gegenden werden auch andere Fleischsorten, wie Hammel oder Rind, haltbar gemacht.

Zu den berühmten Schinken zählt der würzige *westfälische,* der mildgeräucherte *Bayonner Schinken* aus Südfrankreich, der nur leicht gepökelte luftgetrocknete *Parma-Schinken* aus Oberitalien und der *Prager Schinken* aus der Tschechoslowakei, der häufig in Brotteig gebacken wird.

Würste

Würste werden aus dem zerkleinerten Fleisch von Schwein, Kalb, Rind, Huhn, Hammel, Kaninchen, sogar aus Pferdefleisch und Gürteltierfleisch gemacht. In manchen Ländern, vor allem England, wird der Mischung ein Anteil an Getreide beigefügt, während dies z. B. in Deutschland verboten ist. Eine reiche Palette an Zutaten findet regional beim Wurstmachen Verwendung: Eier, Sahne, Bier, Wein, Schweineblut, Kutteln, Semmelbrösel, Hafermehl, Kartoffelmehl, Zwiebeln und Knoblauch, Kräuter und Gewürze, Salz und Pfeffer. Manche Würste werden vorgekocht, andere sind frisch, wieder andere eingesalzen, luftgetrocknet und geräuchert.

Wursthäute oder -pellen werden aus den Eingeweiden von Schafen und Schweinen und auch künstlich hergestellt. Würste, die geräuchert werden sollen, werden erst an der Luft getrocknet und dann über Hartholzspänen oder Sägemehl – je nach Produkt – entweder kalt- oder heißgeräuchert.

Es gibt buchstäblich Tausende von Würsten – Deutschland allein produziert etwa 1500 verschiedene Sorten, ganz zu schweigen von der Unmenge italienischer Salamis. In Deutschland werden Würste unterteilt in *Brühwürste:* Gebrühte und leicht geräucherte Würste, die vor dem Verzehr erhitzt werden können; *Rohwurst:* Salamiartige, eingesalzene, luftgetrocknete und geräucherte Würste; *Kochwurst:* Fertig zubereitet, wird meist als Brotbelag verkauft. Französische Sorten werden eingeteilt in große *Saucissons,* die geräuchert sein können (*Saucissons fumées*); frische *Saucisses* und *Saucisses fumées* und die Dauerwurst *Cervelat.* Die vielfältigste und abwechslungsreichste aller Wurstarten ist ganz sicher die italienische Salami. Das Charakteristische dieser Wurstart: sie ist gepökelt und geräuchert und aus rohen Zutaten hergestellt.

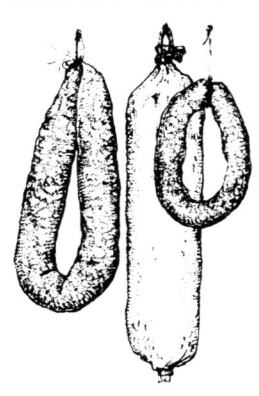

Ganze geräucherte Würste.

WÜRSTE
(siehe auch S. 190–199)

Andouillette ✦
Eine französische Wurst, die, wie die größere *Andouille*, aus Schweinefleisch und/oder Kutteln, Innereien, Kalbsgekröse, Pfeffer und mitunter Wein, Zwiebeln und Gewürzen hergestellt wird. Sie ist manchmal geräuchert und kann gegrillt oder gebraten werden.

Bierschinken ✦
Eine deutsche Wurstspezialität, deren Brät gewürfelte Schinkenstücke enthält und mitunter mit Pfefferkörnern und/oder Pistazienkernen gewürzt ist; sie ist gebrüht und geräuchert.

Bierwurst ✦
Eine deutsche, kräftig gewürzte Wurst aus Schweinefleisch oder Schweine- und Rindfleisch, mit Fett durchsetzt, gebrüht und geräuchert.

Blutwurst ✦
Es gibt viele Variationen dieser Wurst aus Schweineblut. Die englische enthält Hafermehl, Zwiebeln und Gewürze. In Frankreich heißt sie **Boudin noir,** in Spanien **Morcilla** ✦ in Irland **Drisheen,** in Italien **Biroldo;** in Deutschland ist die mit Majoran gewürzte und mit Fleischstückchen durchsetzte **Thüringer Rotwurst** sehr beliebt; die einfachere **Hausmacher-Blutwurst** enthält dagegen Speckwürfel.

Bockwurst
Eine zart gewürzte deutsche Brühwurst aus frischem Rind- und Schweinefleisch, mit Salz, weißem Pfeffer, Paprika, Koriander, Zwiebel und mitunter auch Knoblauch gewürzt.

Bologna ✦
Es gibt verschiedene Variationen, aber meist besteht sie aus einer Mischung aus zubereitetem geräucherten Schweine- und Rindfleisch.

Boudin blanc
Im Gegensatz zu *Boudin noir* ist dies eine frische Wurst, die aus hellem Fleisch gemacht wird, aber auch Schweinefleisch, Eier, Sahne und Gewürze enthalten kann. Sie wird heiß, pochiert oder gegrillt gegessen.

Bratwurst ✦
Eine deutsche rohe Wurst, die entweder gebrüht, gegrillt oder gebraten werden kann. Sie wird aus feingemahlenem, gewürztem rohen Schweine-, Rind- oder Kalbfleisch gemacht.

Breakfast sausage (Cipolatas) ✦
Eine kleine englische Bratwurst aus fein gemahlenem Schweinefleisch, die auch eine Vielzahl von Gewürzen enthalten kann.

Butifara ✦
Eine spanische Wurst aus Schweinefleisch mit Knoblauch und Gewürzen. Sie ist vorgekocht und luftgetrocknet und kann kalt gegessen werden, ist aber auch ein Hauptbestandteil des katalonischen Gerichts *Cazuela à la Catalana.*

Cambridge-Wurst ✦
Eine englische Wurst aus Schweinefleisch, Kräutern und Gewürzen.

Cervelatwurst ✦
Der Name geht auf das lateinische Wort für »Hirn« *(cerebrum)* zurück, aber heutzutage enthält die Cervelatwurst Rind- und Schweinefleisch und Fett und wird meist mit Knoblauch gewürzt. Eine Variante sind die **Landjäger** – eine schwarze, runzelige und stark geräucherte Wurst. Die **Saveloy** ✦, die Salpeter enthält und dadurch leicht rötlich gefärbt ist, ist eine englische Variante.

Chorizo ✦
Eine spanische (und lateinamerikanische), stark gewürzte Wurst aus Schweinefleisch mit Cayenne (oder einem anderen scharfen Pfeffer), gewöhnlich in schmalen Wursthüllen verkauft wird. Manche Chorizos sind frisch, die meisten jedoch getrocknet und geräuchert. Eine portugiesische Version ist die **Longaniza.**

Cotechino ✦
Eine italienische Wurst aus magerem und fettem Schweinefleich. In Italien wird sie frisch angeboten, doch eine teils gepökelte, teils gekochte Sorte wird kommerziell vertrieben und exportiert. Die frische Cotechino muß mehrere Stunden gekocht werden, das kommerzielle Produkt nur etwa 30 Minuten. Sie wird heiß oft mit Bohnen serviert.

Crépinette
Eine allgemeine Bezeichnung für eine kleine Wurst aus gehacktem Fleisch – manche enthalten Lamm-, andere Schweinefleisch. Sie ist in Netz eingewickelt und wird mit zerlassener Butter und Brotkrümeln überzogen.

Cumberland-Wurst ✦
Eine englische mit Pfeffer gewürzte Wurst aus grobgehacktem Schweinefleisch. Wird in lange Därme gefüllt.

Extrawurst ✦
Eine leicht geräucherte und gebrühte österreichische Wurstspezialität aus gehacktem Rind- und Schweinefleisch.

Frankfurter, Wiener ✦
Ein Vorfahre des allgegenwärtigen **Hot Dog.** Wird aus magerem, sehr fein gemahlenem Schweinefleisch gemacht, in schmale Därme gefüllt und geräuchert. Die amerikanischen Frankfurter enthalten Rind- und Schweinefleisch. **Wiener Würstchen** sind gewöhnlich kleine Würstchen (auch Cocktail-Würstchen genannt). Die **Bockwurst** ist eine kleine, pralle Variante aus magerem Rind- und Schweinefleisch.

Haggis
Eine schottische Wurst, die vor allem bei festlichen Gelegenheiten heiß serviert wird. Haggis besteht aus Leber, Lunge und Herz eines Schafs, die mit Zwiebeln, Hafermehl, Petersilie und Gewürzen gemahlen wird; die Mischung wird dann in den Pansen gestopft. Sie muß lange gekocht werden, das kommerzielle Produkt ist jedoch vorgekocht und braucht nur etwa 30 Minuten.

Jagdwurst ✦
Es gibt verschiedene Arten dieser Brühwurst. Sie bestehen aus Rind- oder Kalbfleisch und Gewürzen und sind leicht geräuchert. **Schinkenjagdwurst** ✦ enthält Schinken.

Kabanos ✦
Eine polnische Wurst aus gehacktem Schweinefleisch.

Kalbswurst
Allgemein eine geräucherte deutsche Kalbfleischwurst, die aber auch Schweinefleisch, Schweinefett und Pistazien enthalten kann.

Katenrauchwurst
Enthält geräuchertes Schweinefleisch, ist fest und hat eine dunkle Haut.

Knoblauchwurst ✦
Eine deutsche Wurst aus fettem

und magerem Schweinefleisch, mit Gewürzen und Knoblauch. Kann gegrillt werden.

Kolbasa und Kielbasa ✦

Das erste Wort ist russisch, das zweite polnisch, und beide bedeuten »Wurst«. Aus Rind- und Schweinefleisch, kräftig gewürzt, entweder frisch oder geräuchert.

Lap Cheong ✦

Eine chinesische Wurst aus gehacktem Schweinefleisch, Getreide, Sojabohnen und Paprika.

Leberwurst ✦

Von dieser deutschen Kochwurst gibt es grobe und feine Sorten, die sehr unterschiedlich gewürzt sind. Die meisten werden aus feingemahlenem Schweinefleisch und Schweins- oder Kalbsleber gemacht und können auch Trüffel, Pfefferkörner und Stückchen von Rückenfett enthalten. Sie sind meist leicht geräuchert und werden als Brotaufstrich gegessen.

Linguic

Eine portugiesische Schweinefleischwurst, naß gepökelt und mit Knoblauch, Zimt und Kümmelpulver gewürzt.

Luganeghe ✦

Eine italienische Wurst aus Schweinefleisch in einem fortlaufenden Darm, die gekocht oder gegrillt werden kann.

Merguez ✦

Eine gewürzte Wurst aus Nordafrika aus Ziegen- oder Hammelfleisch, mit *Harissa* gewürzt, einer Mischung aus scharfem Pfeffer und Kümmelpulver. Wird gewöhnlich gegrillt.

Mettwurst

Eine Wurst (regional auch Streichwurst) aus gemahlenem Schweinefleisch, die oft auch Paprika enthält. Sie wird gut gewürzt und geräuchert und bei der Streichwurst als feine oder grobe angeboten.

Mortadella ✦

Eine große, milde, aus Bologna stammende Brühwurst aus Kalb- und Schweinefleisch mit Knoblauch und manchmal mit Pistazien gewürzt. Sie ist geräuchert und gebrüht und eßfertig.

Oxford-Wurst ✦

Eine englische Wurst, die Kalb-

und Schweinefleisch, Talg, Kräuter und Gewürze enthält.

Paprikawurst ✦

Eine grob strukturierte Wurst aus Lamm- und Rindfleisch, die Paprika und andere Gewürze enthält.

Peperoni ✦

Eine italienische Schweine- und Rindfleischwurst mit rotem Pfeffer und Gewürzen.

Plockwurst ✦

Einfache Rindfleisch- oder Rind- und Schweinefleisch-Rohwurstart. Es gibt verschiedene Sorten, darunter die **Pfefferplockwurst ✦** mit Pfefferkörnern.

Salamelle ✦

Der italienische Name einer scharf gewürzten Wurstart.

Salami ✦

Salamis sind in riesiger Auswahl erhältlich. Dazu gehören die **Edel- ✦, Land- ✦,** und **Netzsalami ✦** aus Deutschland, die **Salami Alessandre, Calabrese, Cotto ✦, Felinetti ✦, Genoa ✦, Milano ✦, Napoli ✦, Easter Nola** und **Toscana ✦** aus Italien und Salamis aus Amerika, Dänemark, Ungarn sowie französische Arten wie die **Arles-Salami.** Alle werden aus rohem Fleisch vom Schwein oder Rind (oder beiden) gemacht und unterschiedlich gewürzt. Manche enthalten Pistazien, Pfefferkörner oder Koriandersamen. **Koschere Salami** besteht nur aus Rindfleisch und ist mit Knoblauch, Senf, Koriander und Wacholder gewürzt. Salami wird luftgetrocknet oder geräuchert oder beides. Sie ist eßfertig, wird dünn geschnitten und kalt gegessen, findet sich kleingeschnitten jedoch auch in vielen warmen italienischen Gerichten. **Salamini** sind eine kleinere Version der größeren Salami.

Salsiccie ✦

Italienische Schweinswürstchen, hausgemacht auch *Salsiccie casalinga* genannt. Sie werden gewöhnlich mit Knoblauch und Pfefferkörnern gewürzt und können gebrüht, gegrillt oder gebraten werden.

Saucisson fumé ✦

Saucissons sind groß und werden luftgetrocknet oder geräuchert angeboten. Die typische Saucisson fumé besteht aus Schweinefleisch mit Stückchen von Rückenfett oder Speck, Pfeffer-

körnern, Knoblauch und Kräutern. Manche sind mit getrockneten Kräutern umhüllt.

Schinken-Kalbfleischwurst ✦

Eine Wurstsorte aus Schweine-, Rind- und Kalbfleischmasse, mit Schinkenstücken, die meist mit einer Spur Knoblauch gewürzt sind. Sie wird als Aufschnitt gegessen.

Straßburger

Eine Leber- und Kalbfleischwurst mit Pistazien.

Teewurst ✦

Eine deutsche Rohwurstart aus magerem Schweinefleisch und Fett, gewürzt und leicht geräuchert. Teewurst ist eine Streichwurst.

Toulouser Wurst ✦

Eine Wurst aus Toulouse in Frankreich, aus Schweinefleisch und Schweinefett, grob gehackt und mit Pfeffer und etwas Zukker gewürzt. Diese Würste spielen eine wichtige Rolle in einigen französischen Rezepten, besonders in dem *Cassoulet de Toulouse.*

Weißwurst

Eine Münchner Brühwurstspezialität aus Kalbfleisch und Speck, die mit Petersilie, Zwiebeln und geriebener Zitronenschale gewürzt ist.

Würstchen ✦

Eine allgemeine Bezeichnung für frische kleine Würste zum Heißmachen oder Braten, die aus Schweinefleisch oder Rind- und Schweinefleisch oder Wildbret und Gewürzen hergestellt werden. Es sind viele Arten aus verschiedenen Ländern unter vielen der hier aufgeführten Namen erhältlich. **Hautlose Würstchen** sind Wurstbrät, das nach dem Brühen aus der Pelle gelöst wird.

Zampone ✦

Eine italienische Wurst aus Modena, bei der das Brät in die abgezogene Haut eines Schweinefußes gefüllt wird.

Zungenwurst ✦

Eine große, geräucherte Wurst aus Speck, großen Stücken Schweinezunge, manchmal auch Leber und Blut.

ANDERE DAUERFLEISCH-WAREN
(siehe auch S. 200)

Bauernspeck

Eine Tiroler Spezialität: Schweinebauch wird unter Zusatz von

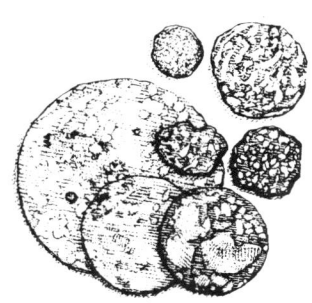

In Scheiben geschnittene geräucherte Wurst.

Wacholderbeeren gepökelt und dann kalt geräuchert.

Bündnerfleisch ✦
Gepökeltes, luftgetrocknetes Rindfleisch aus dem Schweizer Kanton Graubünden. Es wird mit einer würzigen Lake eingerieben und 3–6 Monate an der Luft getrocknet.

Corned beef (Gepökeltes Rindfleisch) ✦
Gepökelte und gewürzte Rinderbrust. **Bresaolo** ist ein trockengepökeltes Rindfleisch aus Italien.

Fenelar
Norwegischer geräucherter Hammel. Die Keule wird mehrere Tage mit einer Mischung aus Salpeter und Zucker eingerieben, danach in eine süße Beize gelegt und dann geräuchert und luftgetrocknet.

Geräucherte Gänsebrust
Deutsche geräucherte Gans. Nur die Brust wird verwendet; sie wird mit Pökelsalz, Zucker und Pfeffer eingerieben und dann geräuchert.

Honey loaf
Eine englische Spezialität aus Schweinefleisch, Rindfleisch, Honig, Gewürzen und Pickles.

Pastrama ✦
Rumänisches, sehr würziges Pökelfleisch von Ziege, Hammel, Rind, Schwein oder Gans. Das Fleisch wird vor dem Räuchern mit einer Mischung aus Salz, Salpeter, schwarzem Pfeffer, Muskatnuß, Paprika, Knoblauch und Nelkenpfeffer eingelegt.

Preßkopf
Eine Sülzwurst aus kleinen Stückchen gepökeltem Schweinskopf und Kalb- und Schweine-fleischmasse, die gebrüht und kalt geräuchert ist.

Scrapple
Eine amerikanische Spezialität aus gekochtem Schweinefleisch und Mehl, die nach dem Erkalten aufgeschnitten und gebraten wird.

Sülze
Kalb- oder Schweinefleischstücke (Kopf und Füße, manchmal auch Schinkenstücke) mit essiggewürzter Gelatine; manchmal wird auch Essiggemüse hinzugefügt.

Geräucherter Truthahn ✦
Das Fleisch wird in Pökellake eingelegt und dann geräuchert.

Zunge ✦
Meist Rinderzunge; kann geräuchert, eingesalzen oder naß gepökelt und gekocht werden.

SCHINKEN
(siehe auch S. 202)

Bayonne
Dieser Rohschinken (*Jambon cru*) wird in Orthez im Südwesten Frankreichs zubereitet. Die Beize enthält Rotwein, Rosmarin und Olivenöl. Nach dem Pökeln wird der Schinken in Stroh gewickelt und geräuchert.

Bradenham ✦
Ein Schinken mit schwarzer Haut aus Chippenham in England. Der Schinken wird trocken gepökelt und dann mit Gewürzen und Melasse behandelt.

Deviled ham ✦
Ein in den angelsächsischen Ländern beliebtes Fertigprodukt aus feingemahlenem Schinken und Gewürzen.

Irischer Schinken
Ein meist trockengepökelter und über Torffeuer geräucherter Schinken. Zwei bekannte Sorten sind **Limerick-** und **Belfast-Schinken.**

Kentucky-Schinken
Ein trockengepökelter Landschinken, der während des gesamten Reifungsprozesses mit der Pökellake behandelt wird.

Parmaschinken ✦
Ein roher Schinken – *Prosciutto crudo* – von ausgezeichneter Qualität, der in Langhirano bei Parma hergestellt wird. Die Schinken werden mit einer Mischung aus Salz, Zucker, Nitraten, Pfeffer, Nelkenpfeffer, Muskatnuß, Koriander und Senf eingerieben. Sie werden 10 Tage lang zusammengepackt, dann wird der Vorgang wiederholt. Schließlich werden die Schinken 10–15 Monate luftgetrocknet.

Seager-Schinken ✦
Ein Schinken aus Suffolk, England, der in einer süßen Beize aus Lake und Sirup gepökelt, dann getrocknet und geräuchert wird und danach ausreift.

Virginia- und Smithfield-Schinken ✦
Diese amerikanischen Schinken werden zweimal mit Salz und Salpeter eingerieben, dann gewaschen und geräuchert. Danach werden sie mit Pfeffer eingerieben und reifen bis zu 18 Monaten.

Westfälischer Schinken ✦
Ein roher Schinken, wie Bayonne und Parma. Die Schinken werden unter Zugabe von Zucker trocken gepökelt, dann zwei Wochen lang gelagert, weitere zwei Wochen gepökelt und dann geräuchert.

York-Schinken ✦
Seine typische Pökellake enthält Salz, Zucker, Wacholderbeeren und Kräuter. Die Schinken werden naß gepökelt und geräuchert.

Kaffee

Kaffee stammt aus Äthiopien, wo *coffea arabica* (Bergkaffee), eine der drei Hauptarten, wild wächst. Die anderen, *robusta* und *liberica*, wuchsen später im Kongo bzw. in Liberia. Der Kaffeebaum erfordert ein heißes, feuchtes Klima und einen fruchtbaren Boden. Während *coffea arabica* am besten in großen Höhen wächst – von 660–2000 m über dem Meeresspiegel –, gedeihen die anderen Arten besser unter 660 m Höhe.

Das Wort »Kaffee« geht auf das arabische Wort *Quwah* zurück, das über seine türkische Form *Kahveh* zum englischen *coffee*, zum französischen und spanischen *Café*, zum italienischen *Caffè* und zum deutschen »Kaffee« wurde – und alle sind sich bemerkenswert ähnlich. *Arabica* wurde um 575 n. Chr. erstmals angebaut, extensiv aber erst im 15. Jahrhundert in Südarabien. Von dort breitete sie sich – vermutlich über Mekka (durch Pilger) – in die gesamte islamische Welt aus. In Wien wurde der Kaffee nach der Belagerung durch die Türken eingeführt. Um die Mitte des 17. Jahrhunderts war der Kaffee über ganz Europa verbreitet, wo zahllose Kaffeehäuser, Vorläufer des modernen englischen Klubs, entstanden. Kaffee war ein solch wichtiges Thema, daß J.-S. Bach sogar eine Kantate zum Lob des Kaffees komponierte. Nordamerika erreichte der Kaffee im Jahr 1668, aber er ersetzte Tee als Getränk erst nach der Boston Tea Party 1773, einer Protestaktion gegen die auf englische Teeimporte erhobenen Steuern. Im frühen 18. Jahrhundert wurde er auf die Französisch-Westindischen Inseln gebracht und von dort verbreitete er sich nach Brasilien und dem restlichen Süd- und Mittelamerika. Heute wird Kaffee auf den

Westindischen Inseln, in Mexiko, Mittelamerika, dem tropischen Südamerika, in Afrika, Indien und Indonesien angebaut. *Arabica*, *robusta* und *liberica* werden gewerbsmäßig angebaut und jede hat ihre eigenen Unterarten.

Das Rohmaterial

Die grünen Kaffeebohnen werden aus den reifen, roten Beeren des Kaffeebaumes oder -strauches geschält, von denen jede zwei Bohnen oder Samen enthält. Die roten Beeren des Kaffeebaumes reifen mehrmals im Jahr und werden gewöhnlich handgepflückt, obwohl bei minderen Güteklassen manchmal die Bäume geschüttelt und die reifen Beeren vom Boden aufgelesen werden, oder die Zweige werden maschinell »gekämmt« und die reifen Beeren aus dem Haufen von Blättern, Blüten und unreifen Früchten herausgeklaubt. Die Beeren werden dann auf zweierlei Weise geschält: entweder im *Trockenverfahren*, bei dem die Beeren drei Wochen lang an der Sonne getrocknet und dann maschinell geschält werden, oder im *Naßverfahren*, wo die Beeren gewaschen, maschinell geschält und dann teilfermentiert werden, bevor man sie ein letztes Mal wäscht. In manchen Ländern, besonders in Costa Rica, werden die Bohnen auch poliert. Für ein Kilogramm Kaffee benötigt man ungefähr 4000 Beeren.

Zubereitung des Getränks

Kaffeebohnen werden in drei Hauptarten unterteilt. Der feinste Kaffee kommt von der *coffea-arabica*-Art und hat einen geringen Koffeingehalt. *Coffea canephora*, die den *robusta* produziert, ist eine starke, koffeinreiche Sorte, jedoch von minderer Qualität. Schließlich gibt es noch *coffea liberica*, der sehr ergiebig, aber mittelmäßig im Geschmack ist.

Das Mischen der vielen verschiedenen Sorten von Bohnen, die überall auf der Welt angebaut werden, ermöglicht es den Kaffeehändlern, eine unbegrenzte Vielfalt von Geschmacksnuancen zu erzielen, und ihr Ruf hängt von ihrer Technik ab.

Geschmack und Aroma entstehen durch das Rösten der rohen, grünen Bohnen. Bei 100°C werden die Bohnen blaßgelb, bei 150°C beginnen sie anzuschwellen und braun zu werden, und bei 230°C schwellen sie beinahe zu doppeltem Volumen an, werden dunkelbraun und schwitzen Öl an der Oberfläche aus, das den Bohnen ein appetitlich glänzendes Aussehen verleiht.

Es gibt vier Hauptröstarten: Die *starke* oder *doppelte* Röstung hat einen starken, bitteren Geschmack und sollte immer schwarz getrunken werden. Die *volle* Röstung hat einen leicht bitteren Geschmack, schmeckt aber nicht »verbrannt« wie die stark gerösteten Bohnen. *Mittlere* Röstung ergibt einen stark schmeckenden Kaffee ohne den bitteren Geschmack, während die *leichte* oder *blaße* Röstung ermöglicht, daß sich Geschmack und Aroma der milderen Bohnen voll und wohlschmeckend entfalten und gut zu Milch passen.

Starke, schwarze Kaffeesorten, besonders die *robustas*, sind wegen ihres Koffeingehalts im allgemeinen anregender. Um koffeinfreien Kaffee zu erzeugen, werden die Bohnen gedämpft, um die Löslichkeit des Koffeinalkaloids zu beschleunigen, das danach mit einem Lösungsmittel behandelt wird.

Kaffee in der Küche

Rohe Kaffeebohnen halten sich an einem kühlen, trockenen Ort unbegrenzt lange. Ist er einmal geröstet und gemahlen, sollte Kaffee so bald wie möglich verbraucht werden; je feiner er gemahlen ist, desto schneller geht der Geschmack verloren. Pulverisierter türkischer Kaffee sollte innrhalb von 24 Stunden nach dem Einkauf getrunken werden.

Die Zubereitung von Kaffee ist lediglich eine Sache des Aufgießens oder Kochens, und obwohl heute viele Arten von Geräten zur Kaffeezubereitung auf dem Markt sind, braucht man im Grunde nur eine Kanne und einen Wasserkessel. Das Aufgießen, und ganz besonders das Filtern, ist heutzutage im Westen die beliebteste Art der Kaffeezubereitung. Bei diesem Verfahren wird kochendes Wasser über den gemahlenen Kaffee gegossen, wobei das Koffein und die aromatischen Bestandteile freigesetzt und die bitteren Bestandteile zurückgelassen werden. Kocht man Kaffee auf, wie beim *türkischen Mokka*, so erhält er einen starken, bitteren Geschmack, da viel von dem Aroma aus dem Getränk herausdestilliert wird und die bitteren Bestandteile darin aufgelöst werden.

Kaffee, den man in Rezepten verwendet, sollte sehr stark und konzentriert zubereitet werden; doch hat sich hierfür auch der *Pulverkaffee* sehr gut bewährt. Kaffee wird oft in Konfekt, Gebäck, Nachspeisen und Eiscreme verwendet. Auch in verschiedenen alkoholischen Getränken spielt Kaffee eine wichtige Rolle. Neben *Irish Coffee* gibt es Liköre wie *Tia Maria, Kahlua, Crème de café, Crème de mokka* und *Kosakenkaffee*, die fast alle aus dem Brei der Kaffeebeere hergestellt werden.

Pulverkaffee

Dieser sofort lösliche Kaffee ist in Pulverform oder in Körnchen erhältlich und seit den dreißiger Jahren im Handel, wo er das Zeitalter der »bequemen« Nahrungsmittel ankündigte. Er wird hergestellt, indem man frisch gerösteten und gemahlenen Kaffee aufbrüht, um ein starkes Konzentrat zu gewinnen, das dann durch einen Zerstäuber in einen heißen Luftstrom gesprüht wird, der das Wasser verdunsten läßt und einen feinen pulverigen Rückstand hinterläßt.

Gefriergetrockneter Kaffee ergibt den aromatischsten Instant-Kaffee. Der Kaffee wird aufgebrüht, zu Blöcken gefroren und in Teilchen zermahlen, die dann unter geringer Hitzezufuhr vakuumverpackt werden. Dadurch wird das Eis direkt in Dampf verwandelt, der die gemahlenen Teilchen trocken, in Klümpchen und gebrauchsfertig zurückläßt.

Costa-Rica-Kaffee

Mild schmeckende, bläulich-grüne *arabica*-Bohnen, die wenig Säure abgeben.

Kolumbianischer Kaffee

Eine Kaffeebohne von kräftigem Geschmack und geringem Säuregehalt.

Jamaika-Kaffee

Eine große, gelbe *arabica*-Kaffeebohne mit feinem Aroma. Eine der berühmtesten Sorten ist der **Blue Mountain**-Kaffee, der in Japan sehr beliebt ist.

Kenia-Kaffee

Die blaßgrünen afrikanischen *arabica*-Bohnen ergeben geröstet einen kräftigen Kaffee mit scharfem Geschmack.

Mokka

Eine *arabica*-Art, die ursprünglich aus dem alten Hafenort Mokka im Jemen stammt und eine der feinsten Kaffeesorten der Welt ist. Mokka ist berühmt für seinen ganz spezifischen Eigengeschmack. Der Anbau ist begrenzt, so daß mit »Mokka« auch Mischungen wie **äthiopischer, Honduras-** und **Nicaragua**-Kaffee bezeichnet werden.

Mysore-Kaffee

Indische, bläulich-graue *arabica*-Bohnen, die einen Aufguß von kräftigem Geschmack ergeben.

Santos-Kaffee

Santos und **Rio** sind ähnliche Sorten, beide aus grün-gelben Bohnen, die einen Kaffee von mildem, weichem Geschmack ohne Säure ergeben.

Türkischer Kaffee

Keine Mischung, sondern ein pulverisierter Kaffee. Der meiste türkische Kaffee wird auf Zypern hergestellt, herkömmlicherweise aus Mokka, heute aber in der Hauptsache aus brasilianischen Bohnen. Eine typische Mischung könnte aus je einem Drittel **Santos, Rio** und **Victoria**, drei brasilianischen *arabica*-Sorten, bestehen.

Tee

Tee ist das beliebteste Getränk der Welt. Seinen Namen verdankt er den Blättern der Teepflanze *Thea sinensis*, einem immergrünen Baum oder Strauch, der in feuchten, tropischen oder subtropischen Gebieten in Höhen bis zu 2300 m wächst. Er ist ein naher Verwandter der Magnolie und würde wie sie sehr hoch wachsen, wenn man ihn zum leichteren Abernten nicht zu einem Busch beschneiden würde. Obwohl die Pflanze vermutlich aus Indien stammt, soll sie in China (wo *Cha,* d.h. Tee, das Nationalgetränk ist) schon um 2700 v. Chr. bekannt gewesen sein; in Japan, wo Tee nicht nur ein sehr beliebtes Getränk ist, sondern in der *Cha-No-Yu*-Tee-Zeremonie große rituale Bedeutung erreicht hat, ist er im 8. Jahrhundert bezeugt. Nach Europa kam der Tee im Mittelalter durch Vermittlung der Araber, wurde aber erst im 17. Jahrhundert zur Handelsware. In Amerika war eine Teesteuer zu Beginn des 18. Jahrhunderts einer der Gründe für den Ausbruch des Unabhängigkeitskriegs. In der Folge verbreitete sich der Tee über die ganze Welt. In Deutschland bürgerte sich das Teetrinken erst im 19. Jahrhundert ein. Tee wird hauptsächlich in China, Taiwan, Indien, Sri Lanka und Südostasien sowie in geringerem Ausmaß in Afrika angebaut.

Es gibt schwarzen und grünen Tee, und die Farbe wird durch verschiedene Behandlungsmethoden der gepflückten Blätter erzielt. Für schwarzen Tee, der bernsteinfarben und von kräftigem Geschmack ist, werden die Blätter fermentiert. Für grünen Tee, der eine grünlich-gelbe Farbe hat und ziemlich bitter im Geschmack ist, wird dieser Schritt ausgelassen. Dann gibt es noch eine andere Teeart – den Oolong, der in China, Taiwan und Japan angebaut wird; er wird halbfermentiert, ist zart im Geschmack und verbindet die Eigenschaften von schwarzem und grünem Tee. Oolong wird oft parfümiert und mit Jasminblüten gemischt.

Der beste Teil des Teestrauchs ist die Knospe, die von zwei flaumigen Blättern eingeschlossen ist (*pekoe* bedeutet auf chinesisch »flaumig«). Die Handelssorten werden nach der Blattqualität unterschieden: Orange Pekoe bezeichnet Knospen und oberstes Blatt, Flowery Orange Pekoe im wesentlichen nur Knospen. Die jungen Triebe werden mit großer Geschicklichkeit und bemerkenswerter Geschwindigkeit handgepflückt, und man benötigt ungefähr 2 kg Blätter, um 450 g schwarzen Tee zu gewinnen. In manchen Gegenden haben die Jahreszeiten beträchtlichen Einfluß auf die Qualität des Endprodukts – die nordindischen Tees beispielsweise werden von April bis Dezember gepflückt, während die besten Ceylon-Tees eine kurze Ernteperiode im April und eine weitere im August haben.

Verarbeitung der Blätter
Die gepflückten Blätter werden schnell in die Fabrik transportiert, wo sie auf Gestellen zum Trocknen ausgebreitet werden; dabei verlieren sie etwa 50 Prozent ihres Feuchtigkeitsgehalts. Nach diesem Prozeß werden die Blätter maschinell gerollt, um die Zellstruktur aufzubrechen. Dadurch werden die Gärungsenzyme freigesetzt und die Sauerstoffaufnahme verstärkt; das Rollverfahren wurde auch entwickelt, um dem Blatt eine dekorative Drehung zu verleihen, ähnlich den in China ursprünglich handgedrehten Blättern. Nach dem Rollen läßt man die breiig gewordenen Blätter bei ungefähr 30°C fermentieren, wobei sie allmählich eine kupferne Tönung annehmen; durch die Fermentation wird der charakteristische Geschmack und die Stärke des Tees erzielt. Das Pflückgut wird unter kontrollierten Bedingungen in Gärkammern fermentiert, wobei ein heißer Luftstrom bei sorgfältig geregelter Temperatur etwa 30 Minuten lang über die Blätter gelenkt wird.

Danach werden die schwarzen und zerbrochenen Blätter mittels einer Maschine gesiebt, um in zwei Hauptsorten unterteilt zu werden – »gebrochene und kleinblättrige« Tees und »Blatt«-Tees. Allgemein gilt: je größer die Teeblätter, desto besser der Geschmack des Getränks, während kleinere Blätter ein stärkeres und dunkleres Getränk ergeben. Die gebrochenen Tees werden durch Sieben von den Blatt-Tees getrennt und dann weiter sortiert in »Broken Orange Pekoe«, »Flowery Broken Orange Pekoe«, »Broken Pekoe« und so weiter bis hinunter zu *fannings* und »Staub«; die Sorten bei Blatt-Tee heißen dagegen »Flowery Orange Pekoe«, »Orange Pekoe« und »Pekoe«.

Tee in der Küche
Tee wird heiß, als Eistee oder als Tee-Punsch (mit Limonensaft, Sherry und Rum) getrunken. Für Eistee oder Tee-Punsch eignet sich Ceylon-Tee am besten, da dies die einzige Teesorte ist, die nicht trüb wird. Schwarzer Tee kann mit Zitronensaft und Zucker oder mit Milch serviert werden, grüner Tee mit Zitronensaft und Zucker oder pur. In Nordafrika wird Tee mit Pfefferminzblättern aufgebrüht und mit viel Zucker getrunken; im Himalaja wird eine Art Teesuppe aus Yakbutter und Salz gebraut.

Tee wird selten in Rezepten verwendet, doch gibt es z. B. Tee-Eiscreme und Tee-Soufflés. Doch beruhigende oder anregende Getränke werden auf der ganzen Welt aufgebrüht und die Rezepte gehen vermutlich auf die medizinische Anwendung von Kräuteraufgüssen zurück. Tee, Kaffee, paraguayischer Maté (*Ilex pape*) und Guarana-Brot (*Paullinia sorbilis*) enthalten alle Tannin, Thein oder Koffein, doch die Mehrzahl der Aufgüsse ist frei von Reizstoffen. Tee sollte in Porzellanteekannen zubereitet werden, da Metall den Geschmack feinaromatischer Tees beeinflussen kann. Kannen aus Metall halten den Tee dagegen heiß. Tee muß in einem luftdichten Behälter oder einer Teedose aufbewahrt werden.

Silberne Teekanne
Eine schwedische Teekanne aus dem frühen 18. Jahrhundert.

Assam-Tee ✦
Ein starker Tee von hoher Qualität aus der nordindischen Provinz Assam.

Ceylon-Tee
Köstliche und duftende Tees, die in Höhen über 1300 m angebaut werden. Hohe Qualität.

Darjeeling-Tee ✦
Gilt als der beste und köstlichste aller indischen Tees; wird um die Stadt Darjeeling im Staat Westbengalen und an den Hängen des Himalaja angebaut.

Earl Grey
Eine weithin bekannte Teemischung von kräftigem Geschmack.

Grüner Tee ✦
Unfermentierter Tee, der in China, Taiwan und Japan hergestellt wird. Zu den grünen Tees zählen Sorten wie **Gunpowder** ✦, **Chun Mee** und **Sow Mee** und die teilfermentierten **Oolong**-Tees. Sie zeichnen sich durch zarten Geschmack und feines Aroma aus.

Jasmin-Tee ✦
Tee, der mit getrockneten Jasminblüten gemischt ist.

Keemun-Tee ✦
Fermentierter Tee aus großen, schwarzen Blättern, der angeblich »den Duft einer Orchidee« besitzt.

Lapsang Souchong ✦
Fermentierter schwarzer Tee mit kleinen Blättern und »rauchigem« Geschmack. Lapsang-Tees kommen aus der Provinz Fukien und aus Taiwan.

Parfümierter Orange Pekoe ✦
Fermentierter schwarzer Tee mit Jasmingeschmack.

Wein, Bier und Spirituosen

Die Verwendung von Alkohol in Rezepten hat sich erst in neuerer Zeit entwickelt. Wahrscheinlich haben zwar schon die alten Ägypter Speisen mit Bier, versetzt mit Alraunwurzel, gekocht, und die Griechen und Römer in ihren Rezepten vermutlich eher Wein als Wasser verwendet oder zähes und gesalzenes Fleisch darin mariniert, doch waren Spirituosen und Liköre noch nicht erfunden.

Schon um 300 v. Chr. brauten die Azteken Pulque aus dem Agavenkaktus, doch wußten sie wahrscheinlich nicht, wie man ihn destilliert. Die glückbringende Erfindung der Destillation wird den Chinesen zugesprochen, die wahrscheinlich schon um 1000 v. Chr. eine Art Reisschnaps herstellten. Der *Alembic* oder Destillierapparat kam erst wieder in Gebrauch, nachdem der arabische Arzt und Alchimist Geber in der zweiten Hälfte des 8. Jahrhunderts über seine Experimente mit Destillation schrieb. Das Ergebnis war Alkohol, ein Wort das von dem arabischen *al'kohl* herrührt, einem schwarzen Kosmetikum (Kohl), das durch ein der Destillation ähnliches Verfahren hergestellt wird.

Schnäpse und Liköre

Gebers Experimente wurden von europäischen Alchemisten fortgesetzt, die Alkohol in der Medizin als Grundflüssigkeit verwendeten, mit der Früchte und Kräuter angesetzt wurden. Im Lauf der Zeit wurden die Destillierverfahren fortwährend verfeinert, bis es im 12. Jahrhundert den Russen und Polen gelang, Getreidemaische (vermutlich aus Roggen) zu destillieren, um ein »Wässerchen« (im Russischen »Wodka«) herzustellen. Zur gleichen Zeit begannen die Iren, einen Schnaps aus Gerste zu brauen, den sie *uisge beatha,* »Wasser des Lebens«, nannten. Diese »Wasser« hatten den scharfen Geschmack von nicht raffiniertem und nicht ausgereiftem Schnaps und erforderten Kräuterzusätze, um sie wohlschmeckend zu machen. Sogar der *usquebaugh* Schottlands – der später zu »Whiskey« anglisiert wurde – enthielt damals neben dem Destillat Süßholz, Rosinen, Nelken und Ingwer.

Kräuter und Gewürze waren die Grundlage der medizinischen Rezepturen und bildeten letztlich die Anregung zu einigen der feinsten Schnäpse und Liköre, deren Ursprünge bis ins 15. und 16. Jahrhundert zurückverfolgt werden können. Das Verfahren zur Herstellung von Likör ist praktisch unverändert geblieben und basiert noch immer auf der Extraktion der ätherischen Öle aus Früchten und Kräutern. Auf die Likörherstellung verstanden sich vor allem die Klöster: Es waren französische Benediktinermönche, die erstmals ein Kräuterelixier – den *Bénédictine* – herstellten, und diese Herausforderung wurde dann von den Karthäusern mit der Erfindung des starken grünen *Chartreuse*-Likörs beantwortet.

Im Südwesten Frankreichs entstanden auch die ersten berühmten Branntweine, als die Weinbauern des Garonne- und Charente-Gebiets begannen, ihre Weine zu destillieren, um »gebrannte Weine« daraus zu machen. Sie wurden später als *Armagnac*- und *Cognac*-Branntweine bekannt. Im 16. Jahrhundert lieferte Holland seinen Beitrag zur wachsenden Vielfalt an Schnäpsen, als ein Professor der Universität Leyden ein *Eau-de-vie* aus Roggen destillierte. Durch den Zusatz von Gewürzen und Wacholderbeeren entstand ein einmaliges und aromatisches Getränk, das die Holländer *Jenever* nannten und die Engländer zu *Gin* abkürzten. In ganz Europa erkannten die Obstbauern nun die Möglichkeiten, die die Destillation gegorener Obstsäfte mit sich brachten. In der Normandie wurde aus Äpfeln *Calvados* gewonnen, elsässische Bauern stellten Birnenschnäpse her, die Jugoslawen machten aus Pflaumen *Slibowitz* und in Deutschland wurde *Kirschwasser* sehr beliebt. Nachdem sich im 16. Jahrhundert in Europa die Kartoffel allmählich ausbreitete, konnten die Russen *Wodka* und die Skandinavier *Aquavit* daraus herstellen.

Schnaps kann aus beinahe jeder Pflanze hergestellt werden – und nahezu jede Pflanze ist ausprobiert worden. Zuckerrohr, das im 17. Jahrhundert auf die Westindischen Inseln gelangte, war die ideale Basis für den dunklen, starken Rum. Siedler in der Neuen Welt, die vom Kürbis bis zur Birne beinahe alles ausprobiert hatten, stellten fest, daß man einen ausgezeichneten Schnaps aus Mais mit Roggen vermischt herstellen konnte – und damit war der *Bourbon Whiskey* geboren.

Inzwischen hatten die Chinesen und Japaner ihre eigenen Weine und Schnäpse (*Pai Chiu*) fabriziert, die auf Reis, Hirse und Weizen basierten. Gelber chinesischer *Reiswein* und *Sake* werden in der orientalischen Küche noch immer ausgiebig verwendet. In Südostasien wurde aus Reis *Arrak* oder *Raki* hergestellt.

Herstellungsverfahren

Wein, Most und Bier sind das Ergebnis von Gärungsprozessen. Apfelwein entsteht aus fermentiertem Apfelsaft und Wein aus fermentiertem Traubensaft, obwohl in Japan und China Wein aus fermentierten Reiskörnern hergestellt wird. Rotwein wird aus blauen Trauben gemacht, wobei die ganze Frucht – Haut, Saft und Kerne – fermentiert wird. Weißwein kann aus weißen und aus blauen Trauben gewonnen werden, doch wird bei blauen Trauben vor der Gärung die Haut entfernt. Champagner ist ein doppelt vergorener Schaumwein. Er wird fermentiert, in Flaschen abgefüllt und noch einmal fermentiert. Wein hat im allgemeinen ca. 10 Prozent Alkoholgehalt.

Bier ist die fermentierte Maische aus gemalzter Gerste und Hopfen. Es gibt leichtes, mittelstarkes und starkes Bier, wobei die verschiedenen Sorten großteils durch unterschiedliche Temperaturen während des Herstellungsprozesses erzielt werden. Bier hat im allgemeinen einen Alkoholgehalt von 3 Prozent.

Aperitif- und Dessertweine wie *Sherry, Madeira* oder *Wermutwein* werden unter Zugabe von Alkohol – häufig Weinbrand – hergestellt, womit sich der Alkoholgehalt bei manchen Produkten bis auf 20 Prozent und darüber erhöht.

Spirituosen werden aus Wein, Obst und Getreide destilliert. Die Weinbrandherstellung geschieht in zwei Phasen – Fermentation und Destillation – während Whiskey drei Schritte umfaßt: die Verwandlung der Getreidestärke in Zucker, Fermentation und Destillation. Weinbrand wird aus Wein destilliert, Rum aus dem Saft des Zuckerrohrs und Wodka aus Roggen, Malz oder Kartoffelstärke, während verschiedene Whiskeysorten sich durch die Art ihrer Herstellung und durch die verwendeten Getreidesorten voneinander unterscheiden.

Liköre sind Extrakte aus Früchten und Kräutern, die mit Spirituosen wie Weinbrand vermischt werden und auch Honig oder Zuckersirup enthalten können. Einige der bekannteren Liköre sind *Maraschino,* ein italienischer Likör aus Kirschen; *Cointreau* mit seinem ausgeprägten Orangenaroma, *Bénédictine* und *Chartreuse.*

Wein, Bier und Spirituosen in der Küche

Rezepte für Spirituosen und Liköre begannen schon früh in Kochbüchern aufzutauchen, und man riet den Hausfrauen – in der Kunst der Weinherstellung und des Brauens bereits erfahren –, ein Destilliergerät in ihrer Küche aufzustellen. In modernen Kochbüchern wurden die alten Rezepte mit Wein und Spirituosen übernommen und verbessert; dies gilt besonders für die Wein produzierenden Länder. Ganz besonders in Frankreich wird Wein in einem solchen Ausmaß verwendet, daß er aus dem Repertoire der Speisen nicht mehr wegzudenken ist. So sind z. B. *Coq au vin* und *Boeuf à la bourguignonne* Gerichte aus Burgund, in denen der dortige Rotwein verwendet wird; *Marchand de vin* bezeichnet Speisen, die mit einer Rotweinsauce serviert werden. Weißweine spielen eine wichtige Rolle in vielen Fischgerichten, und sogar Rotweine werden mitunter verwendet, z. B. in *Sole bordelaise* aus der Weingegend um Bordeaux. Saucen enthalten ihr Aroma durch Cognac oder Madeira, und Liköre sind z. B. in *Crêpes suzette* und *Soufflé au Grand Marnier* wichtig.

Gewöhnliche Tischweine wie Bordeaux, Burgunder, weißer Rheinwein und Mosel werden in vielen Rezepten verwendet, doch ist für manche eine ganz spezielle Sorte erforderlich, wie z. B. Champagner in der *Court bouillon* für Lachs. In der eher alltäglichen Küche wird Apfelwein oft als Kochflüssigkeit verwendet, z. B. um Schinken zu kochen, in Kaninchenragouts und leichten Eierteigen. In der Küche des Fernen Ostens ist Reiswein beliebt: Japanischer *Sake* und *Mirin* wird in *Sukiyaki* und in Saucen verwendet, während chinesischer Reiswein ein Hauptbestandteil des *Tsui-Chi* oder »Betrunkenen Hühnchens« ist.

Bier wird seit langem in deutschen Rezepten verwendet, und im 16. Jahrhundert war Biersuppe besonders beliebt. Bier spielt in den *flämischen Karbonaden* eine wichtige Rolle. In England wird es in flüssigen Teigen verwendet (Bierteig), im *Welsh Rarebit* (überbackene Käseschnitte) sowie in Kuchen und Puddings. *Stout* oder starkes *Ale* gehört traditionsgemäß in den Weihnachtspudding.

Das Aroma von Aperitif- und Dessertweinen wird in vielen englischen Rezepten sehr geschätzt. Sherry wird vor allem in Biskuitaufläufen und *Sillabub* – einer Mischung aus Sherry und Sahne – gebraucht, während Portwein mit Stilton-Käse eine gute Kombination ergibt; dafür wird die Mitte des Käses ausgehöhlt und die Höhlung mit Portwein aufgefüllt. Die Franzosen füllen ihre Charentais-Melonen mit Portwein. Auch Madeira mit seinem charakteristischen, aromatischen Geschmack eignet sich gut für Süßigkeiten und Saucen. Madeira-Sauce wird in der französischen Küche zu Schinken oder Nieren gereicht; Madeira kann auch an Stelle von Sherry verwendet werden. Marsala ist in Saucen und der italienischen Weinschaumcreme *Zabaione* wichtig. Kirschwasser paßt hervorragend zu Ananas, Kirschen und Erdbeeren. Maraschino, der wie Kirschwasser aus Kirschen hergestellt wird, kann an Stelle von Kirschwasser verwendet werden. Der aus Orangen hergestellte Cointreau ist in Gerichten mit Orangenaroma besonders beliebt, vor allem in Soufflés und *Crêpes suzette*. Curaçao ist mit Erdbeeren köstlich.

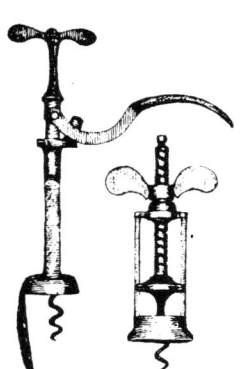

Korkenzieher
Diese frühen Modelle stammen aus dem 19. Jahrhundert.

Tequila-Herstellung
Der Saft des reifen, in Mexiko beheimateten Agavenkaktus wird vergoren und destilliert, um Tequila, das mexikanische Nationalgetränk, zu gewinnen. Im ersten Stadium der Saftgewinnung werden die Blätter entfernt und die Agave gespalten.

LIKÖRE
(siehe auch S. 206)

Advokaat ✦
Ein holländischer Likör aus Weinbrand, Eigelb und Zucker; wird pur oder mit anderen Getränken gemischt getrunken.

Amaretto ✦
Ein italienischer Likör auf Fruchtbasis, der Mandeln enthält und mit Obst und in Desserts verwendet werden kann.

Anis-Liköre ✦
Zu den verschiedenen Sorten gehören der französische **Anisette ✦**, der spanische **Anis** und der italienische **Sambuca ✦**. Alle werden als Liköre oder Cocktails kredenzt.

Bénédictine ✦
Wird nach einem Rezept aus Kräutern, Honig und Weinbrand hergestellt; kann im Kaffee getrunken und zum Flambieren von Früchten verwendet werden.

Chartreuse ✦
Ein französischer Likör auf Weinbrandbasis, der Honig, Kräuter und Gewürze enthält. Es gibt eine gelbe und eine grüne Sorte. Wird in Cocktails, Kuchen und Konfekt verwendet.

Crème de Cassis ✦
Ein Likör auf der Basis von schwarzen Johannisbeeren, der in vielen Ländern hergestellt wird, doch ist der französische der bekannteste. Wird in Cocktails und Desserts verwendet. Es gibt ähnliche Liköre mit anderen Geschmacksnuancen, wie z. B. **Crème de banane ✦**, **Crème de cacao ✦** und **Crème de menthe**.

Drambuie ✦
Ein Likör auf Whiskeybasis mit einem Hauch von Kräutern und Gewürzen; kann pur oder im Kaffee getrunken werden.

Galliano ✦
Ein italienischer Kräuterlikör, der hauptsächlich in Cocktails verwendet wird.

Kümmel ✦
Ein Likör mit Kümmelgeschmack. Wird hauptsächlich in Holland und Norddeutschland hergestellt und wird gern in Desserts verwendet.

Orangen-Liköre
Sie basieren meist auf der bitteren Pomeranze, die oft mit der Schale verwendet wird. Es gibt verschiedene Variationen, die alle in Soufflés, Pfannkuchen und Rezepten für Orangensauce verwendet werden können. Die bekanntesten sind **Cointreau ✦**, **Curaçao ✦** und **Grand Manier ✦**.

Strega ✦
Ein italienischer Likör auf der Basis von in Spirituosen eingelegten Kräutern, der in Desserts und Cocktails verwendet wird.

Tia Maria ✦
Ein Likör aus Jamaika aus Rum und Gewürzen; wird in Desserts, Konfekt und Cocktails verwendet.

WEINE
(siehe auch S. 208)

Aperitif- und Dessertweine ✦
Diese werden während oder nach der Fermentierung mit Spirituosen angereichert. Zu ihnen gehören der **Madeira ✦** (von der gleichnamigen Insel), **Marsala ✦** (von Sizilien), **Malaga** (aus Spanien) und der **Tokayer**, die alle als Dessertweine kredenzt werden; **Sherries ✦** (süß, mittel und trocken) und **Portwein ✦** (aus Portugal) – rot oder weiß – sind Aperitifweine, von denen einige, wie z. B. Marsala und Madeira in Desserts, wie *Zabaione*, unentbehrlich sind.

Tafelweine ✦
Sie werden durch alkoholische Gärung von Traubensaft gewonnen, mitunter jedoch auch aus anderen Früchten und Beeren (Rhabarber, Holunder) oder Reis (wie der japanische **Mirin**). Man unterscheidet **Weißwein ✦**, **Rosé ✦** und **Rotwein ✦**, **Sekt** und **Champagner ✦**. Qualität und Bouquet hängen von zahlreichen Faktoren wie Rebenart, Bodenbeschaffenheit, Klima, Reifegrad der Beeren zum Zeitpunkt der Ernte, Lagerung und Weiterbehandlung ab. Gradmesser der Güte ist der Öchslegrad (Zuckergehalt des Mostes). Die Weingesetze sind von Land zu Land verschieden; in Deutschland wird nach drei Güteklassen unterschieden **(Deutscher Tafelwein, Qualitätswein** und **Qualitätswein mit Prädikat)**. Tafelweine werden meist zum Essen getrunken, während mindere Qualität in Saucen, Beizen und Ragouts Verwendung finden.

Wermut ✦
Es gibt ihn weiß, rot oder rosé. Er ist ein sehr starker Wein, der mit verschiedenen Kräutern hergestellt wird: man trinkt ihn als Aperitif und in Cocktails.

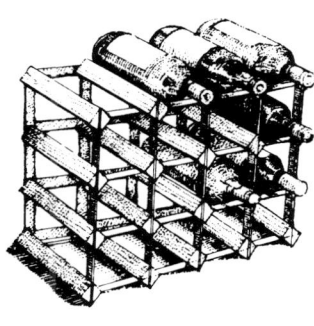

Weingestell

SPIRITUOSEN
(siehe auch S. 208)

Campari
Wird aus in Alkohol eingelegten Kräutern, bitteren Orangenschalen und Chininrinde hergestellt und gewöhnlich mit anderen Getränken gemischt.

Gin ✦
Ein farbloser Schnaps, der aus Mais destilliert, mit angequetschten Wacholderbeeren und anderen Aromastoffen versetzt und nochmals destilliert wird; man trinkt ihn vorwiegend als Cocktail.

Rum ✦
Rum wird aus Zuckerrohr und Melasse destilliert. Er wird vornehmlich auf den Westindischen Inseln hergestellt und ist in farblosen wie in dunklen Varianten erhältlich. Rum wird zum Backen, in Desserts und in Cocktails verwendet.

Weinbrand ✦
Wird aus Traubenweinen destilliert; die berühmtesten sind

Cognac und **Armagnac.** Weinbrand von geringer Qualität eignet sich zum Flambieren von Speisen und für Saucen und Desserts. Echte **Obstwasser** werden aus Obstweinen destilliert. Zu den bekanntesten zählt der **Calvados** ✦ (ein Apfelschnaps) – seine amerikanische Entsprechung ist der **Applejack.** Andere Arten sind **Mirabellenschnaps** und **Slibowitz** ✦ (aus Pflaumen) und **Kirschwasser** ✦. Sie alle werden wie Weinbrand verwendet.

Wodka ✦
Das russische »Wässerchen« ist ein farbloser Schnaps, der aus Roggen, Malz oder Kartoffelstärke destilliert und hauptsächlich in Polen und der UdSSR hergestellt wird. Ähnliche Schnäpse sind: **Aquavit, Arrak** ✦, **Meskal** (Agavenbranntwein), **Ouzo** ✦, **Pastis, Pernod** ✦, **Pulque, Klarer** ✦ und **Tequila** ✦ – sie werden hauptsächlich in Cocktails verwendet.

Whisky oder Whiskey ✦
Es gibt den **Scotch** oder Schottischen (»Whisky« geschrieben), Irischen und Amerikanischen Whiskey, von denen **Bourbon** und **Canadian Rye** (alle »Whiskey« geschrieben) die bekannte-

sten sind. Sie basieren alle auf verschiedenen Getreidearten, die gemalzt, ungemalzt oder ein Verschnitt sein können.

BIERE UND APFELWEIN
(siehe auch S. 208)

Bier ✦
Bier wird aus der fermentierten Maische von gemalzter Gerste und Hopfen hergestellt. Man unterscheidet **obergäriges Bier,** das warm vergoren und dessen Hefe nach oben ausgestoßen wird, und das kalt vergorene **untergärige Bier.** Zur ersten Art gehören z. B. **Berliner Weiße, Altbier,** englisches **Ale** ✦ und **Stout** ✦, zur zweiten bayrische, norddeutsche und tschechische Biere. Für helle Biere werden die Malze enzymschonend abgedarrt (bei etwa 80–85°C), für dunkle Biere sind mehrere Stunden bei 100–110°C erforderlich.

Cidre (Apfelwein) ✦
Wird meist aus fermentiertem Apfelsaft hergestellt; es gibt aber auch eine Art, die aus Birnen gewonnen wird. Wird pur getrunken oder in Schweinefleischgerichten und in Desserts verwendet.

Register

Halbfett gedruckte Zahlen verweisen auf Abbildungen, andere auf den Textteil.

Aal 142, 262
Abalone, Ohrenschnecken 266
Achote s. Orlean
Ackerbohnen 91, 243
Adlerfarn (Pteridium aquilinium) 71, 240
Advokaat 207, 290
Adzuki-Bohnen (Phaseolus angularis) 95, 245
Agar-Agar, Makassargummi 127, 258
Aguinaldo-Honig 226
Ägyptische Zwiebel s. Baumzwiebel
Ahornsirup (Maple syrup) 39, 225
Ajowan (Carum ajowan) 21, 214
Akee, Akipflaume (Blighia sapida) 240
Alcahual-Honig 226
Ale 208, 291
Algenpräparate 217
Alkannawurzel 258
Allis-Shad, Felshering 264
Altbier 291
Amaretto 207, 290
Amberfisch 263
Amerikanische Heidelbeere (Gavlusacia frondosa) 250
Amerikanischer Senf 31, 220
Ammoniumcarbonat 258
Ananas (Ananas comosus) 115, 252
Ananasessenz 24
Ananas-Guava s. Feijoa
Ananaskonfitüre 42
Anchopfefferschoten (Capsicum frutescens) 22
Anchovis s. Sardelle
Anchovisbutter s. Patum Peperium

Anchovissauce 36
Andouillette 192, 284
Anelli 133
Angelika (s. auch Engelwurz) 129
Angostura Bitter 23, 216
Anis (Pimpinella anisum) 21, 214
Anis-, Anisette-Likör 206, 290
Anispfeffer (Xanthoxylum pipesitum) 18, 214
Annatto s. Orlean
Annone, Flaschenbaumgewächs 252
Aperitifweine 208, 290
Äpfel 106 f., 251
    getrocknete- 119, 254
Apfel-Chutney 218
Apfelessig 35, 222
Apfelgelee, gelbes 43
Apfelminze (Mentha rotundifolia) 10, 212
Apfelmus 37
Apfelwein, Cidre 208, 291
Applejack 291
Apricot Brandy 207
Aprikosen (Prunus, spp.) 98, 249
    getrocknete 119, 254
Aquavit 291
Arborio-Reis 257
Arbroath Smokies 171, 268
Arbutus (Arbutus unedo) 250
Archimede s. Fusili
Ardennenschinken 202
Arles-Salami 285
Armagnac 291
Aromastoffe 22–25, 215 f.,
Aromatisierter Essig 222, 34 f.
Arrak 208, 291

Artischocke (Cynara scolymus) 70, 240
Asant (Ferula assa-foetida) 27, 217
Äsche 262, Meer- s. dort
Asiago 234
Aspik, Sülze 200, 286
Assam-Tee 205, 288
Aubergine (Solanum melongena) Eierfrucht 72, 240
Auerhahn 272
Augäpfel 184
    - vom Schaf 281
Augenbohne, Chinesische Bohnen (Vigna sinensis) 95, 245
Austern 165, 266
    - in Dosen 268
Austernfische, Seewölfe 262
Austernpilz 247
Austernsauce 36
Avocado (Persea americana) 73, 240
Avocadoöl 32, 221

Bacalao s. Klippfisch
Bachforelle 262
Backnatron, Natriumcarbonat 126, 258
Backpulver 126, 258
Backpflaumen s. Pflaumen, getrocknete
Backschokolade s. Schokolade
Backzutaten 126 f., 258 f.
Bagoong 269
Bambus (Bambus vulgaris) 70, 240
Bambustee 205
Bananen (Musa nana) 116, 253
    getrocknete- 119, 254
Bantameier 236

Barbe 262
Barbecuesauce, Grillsauce 37, 223
Bären 272, 272
Barsch 262, 262
Basilikum (Ocimum basilicum) 10, 210
Basilikumhonig 226
Basilikumsauce s. Pesto
Basmati-Reis (Oryza sativa, spp.) 122, 257
Bauchspeck 201
Bauernsalami 199
Bauernspeck 285 f.
Baumzwiebel, Ägyptische Zwiebel 241
Baumzucker 225
Bayonneschinken 202, 286
Bayrischer Kräutersenf 31
Bayrischer Edelpilzkäse, Bavaria Blue 59, 235
Beaufort s. Gruyère
Beerenobst 100 f., 250 f.
Beinfleisch vom Rind, Hinterhesse 276
Beinwell (Symphytum officinale) 14, 211
Belfast-Schinken 286
Beli Sir 231
Bel Paese 231
Bénédictine 206, 290
Bentoo no tomo 26, 217
Berberitzenhonig 226
Bergamott (Monarda didyma) 210
Bergamotte-Orange (Citrus bergamia) 251
Bergkäse 234
Berliner Weiße 291
Bier 208, 289, 290
Bierschinken 194, 284
Bierwurst 194, 284

Bijon-Nudeln 261
Birkhahn 272
Birnen **105**, 251
  getrocknete- 118, 254
Birnenessenz **25**
Bismarckhering 268
Blattgemüse **62–65**, 238 f.
Blattkohl s. Krauskohl
Blaubeere s. Heidelbeere
Blaue Erbse (Pisum sativum) 92
Blauer Wels 262
Blauholzhonig 226
Bleu d'Auvergne 235
Bleu de l'Aveyron 235
Bleu de bresse **58**, 235
Bleu de Causses 235
Bleu de Corse 235
Bleu de Gex 235
Bleu de Laqueuille 235
Bleu de Sassenage 235
Bleu de Septmoncel 235
Bleichsellerie s. Staudensellerie
Bloaters 268
Blocksalz **26**, 217
Blue Castello **58**
Blue Cheshire **59**, 235
Bluecreme 235
Blue Shropshire **59**, 235
Blumenkohl (Brassica oleracea) **66**, 239
Blutorange 251
Blutwurst **192**, 284
Bockwurst **193**, 284
Bohnen **91**, 243
  getrocknete- **93**, 245
Bohnenkeimlinge (Phaseolus aureus) **91**, 243
Bohnenkraut (Satureja montana) 211
Bologna **200**, 284
Bombay duck, Bombil **168**, 268, **269**
Bonito 262
Bordeaux-Senf 220
Borlotte-Bohnen, Saliga-Bohnen (Phaseolus vulgaris) **94**, 245
Borretsch (Borago officinalis) **9**, 210
Boudin **192**, 284
Bouquet garni **16**
Boursin aux fines herbes **48**
Bovril 217
Bowles Mint (Mentha villosa alopecuroides) **10**, 212
Bozzoli **132**
Brache 262
Bradenham-Schinken **203**, 286
Brandyaroma **24**
Brandys **207 f.**
Branntweinessig **35**, 222
Bratensaucenpulver **26**
Brathuhn, -hähnchen **174**, 270
Bratwurst, -würstchen **190**, 284
Braune Forelle 262
Brauner Zucker **38**, 225
Brechbohnen **91**
Breitling s. Strömling
Brennessel (Urtica dioica) **64**, 238
Brenza, Bryndza 231
Bresaola **200**
Brie 47, 231
Bries, Milch **187**, 281
Briesling 264
Broccoli **66 f.**, 239
Brombeere (Rubus ulmifolius) **101**, 250
Brombeergelee **43**
Brotfrucht (Artocarpus communis) 240
Brühe, gekörnte **26**
Brühwürfel **27**, 217
Brunnenkresse (Nasturtium officinale) 63
Buchweizen (Fagapyrum esculentum) **122**, 257
Buchweizenhonig 226
Buchweizenmehl **125**
Bückling **170**, 268
Büffelbeere, Büffeljohannisbeere (Shepherdia argentea) 250
Bulghur s. Weizenschrot
Bündnerfleisch 286
Buntzucker **38**, 128
Burgul s. Weizenschrot

Butifara **192**, 284
Butter **44**, 228 f.
Buttermilch **45**, 228 f.
Butternuß s. Walnuß
Butternußkürbis (Caryoka nuciferum) **77**, 241
Buttersalat 62
Butterschmalz **44**, 228 f.
Butterscotcharoma **24**

Caboc **49**, 231
Cabrales **50**
Caciocavallo **56**, 234
Caerphilly **55**, 232
Calalou (Colocasia, spp.) 238
Calvados **208**, 291
Cambridge-Wurst 284
Camembert **47**, 231
Campari 291
Cannellini-Bohnen (Phaseolus vulgaris), Fisolen **94**, 245
Cannelloni 137
Cantal **55**, 232
Cantaloupe-Melone (Cucumis melo) **113**, 252
Capolnevere s. Capellini
Cappelletti **134**
Capellini, Vermicelli, Capolnevere **130**
Caprino 231
Cardamom s. Kardamom
Casabamelone 252
Casareccia **132**
Cashewnuß (Anacardium occidentale) **121**, 255, 255
Cassave s. Maniok
Cavatappi **132**
Cayennepfeffer (Capsicum annuum var. frutescens) **18**, **21**, 214
Cervelatwurst **194**, **197**, 284
Ceylon-Tee 288
Chabichou 231 f.
Champagner **208**, 290
Champignon **96**, 246 f.
Chaource 232
Charentais-Melone (Cucumis, spp.) **111**
Chartreuse **206**, 290
Chayote (Sechium edule) **240**, 241
Cheddar **52**, 232
Cherimoya-Frucht **252**, 252
Cherry Brandy **207**
Cheshire 232
  Red- **53**
Chevret 232
Chicorée (Cichorum intybus) **71**, 240
Chilliessig **34**
Chillipulver (Capsicum frutescens) 214
Chillisauce **36**, 223
Chillies (s. auch Cayennepfeffer, Pfefferschoten) **21**, **73**, 240
  getrocknete- **22**, 216
Chinawürze **16**, 214
Chinesische Datteln s. Jujubes
Chinesische Nudeln 260
Chinesischer Senf 220
Chinesische Stachelbeere s. Kiwi
Chinook-Lachs 262
Chorizo **200**, 284
Chufa-Nuß (Cyperus esculentus) 120
Chunk-comb-Honig 227
Chun-Mee-Tee 288
Chutneys **28** f., 218 f.
Cidre s. Apfelwein
Cipolatas s. Frühstückswürstchen
Clementine (Citrus, spp.) **104**, 251
Cocktail Seafood Sauce **37**
Cognac 291
Cohu-Lachs 262
Cointreau **207**, 290
Cola 216
Colby **51**, 232
Colwick **46**
Conchigle rigate **134**
Coon 232
Corned beef 286
Costa-Rica-Kaffee **204**, 287
Cotechino **193**, 284

Coulommiers **47**
Couscous **124**
Cranberry (Vaccinium macrocarpon) **100**
Crème de banane **206**, 290
Creme de cacao **206**, 290
Crème de Cassis **206**, 290
Crème de menthe **206**, 290
Crème double **45**
Crème fraîche 228 f.
Crépinette **193**, 284
Cresti di Gallo **132**
Cumberlandsauce 223
Cumberland-Wurst **190**, 284
Curaçao **207**, 290
Curryblatt (Chalcas koenigii) **14**, 211
Currypulver **16**

Dal s. Mungobohnen
Danbo 232, 234
Dänischer Edelpilzkäse, Danablu **59**, 235
Dänische Salami **198**, 285
Darjeeling-Tee **205**, 288
Datteln (Phoenix, spp.) **98**, 249
  getrocknete 118, 254
Demerara-Zucker **38**, 225
Demisel 231
Derby 232
Dessertweine **208**, 290
Deutscher Senf **31**, 220
Deutsche Salami **199**, 285
Deviled ham 286
Diamanti **134**
Dicke Bohne s. Saubohne
Dicke Rippe vom Schwein 280
Dickes Bugstück vom Rind 276
Diditali, Ditalini **135**
Dijon-Senf **30 f.**, 220
Dill (Anethum graveolens) **14**, 211
  - samen 17
Dillessig **34**
Döbel 262
Dolcelatte **58**, 235
Doppelrahmkäse **48**, 231
Dorade, echte 263
Dörrobst s. getrocknete Früchte
Dorsch 263
Dotterblume (Calendula officinalis) 211
Double Gloucester **52**, 233
Dragees **128**
Drambuie **207**, 290
Dungeness-Krabbe 266
Dunlop **50**, 232
Durian (Durio zibethinus) Zibetfrucht **253**, 253
Durra s. Sorghum
Düsseldorfer Senf **31**

Easter-Nola-Salami 285
Eau-de-Cologne-Minze (Mentha citrata) **10**, 212
Ecrevisse s. Flußkrebs
Edamer **54**, **232**, 232 f.
Edelkastanie s. Kastanie
Edelsalami **197**, 285
Egerling s. Champignon
Eichelkürbis (Cucurbita pepo) 74
Eier **60 f.**, 236 f.
Eierfrucht s. Aubergine
Eiernudel **138 f.**, 260
  -produkte **138 f.**, 260 f.
Eingelegtes **28** f., 218 f.
Einmachgewürz **16**
Einmachzucker **38**, 225
Eisenkraut (Verbena officinalis) 211
Eissalat **63**, 238
Elbo **234**
Elch 272
Elicoidali **135**
Emmentaler **55**, 233
  geräucherter- **57**
Endivien (Cichorium endivia) **65**, 238
Engelwurz (Angelica officinalis; archangelica) **15**, **210**, 211
Englischer Blockzucker **39**
Englischer Honig **40**
Englischer Senf **31**, 220

Enten (Anas, spp.) **176**, 270
Enteneier **60**, 236
Entenleber 189
Ententerrine **200**
Entrecôte s. Rumpsteak
Epazote (Chenopodium ambrosiodes) 211
Epoisses 232
Erbsen (Pisum sativum) **90**, 243
  getrocknete- **92**, 244
Erbsenbohne s. Straucherbse
Erdbeere (Fragaria, spp.) **101**, 250
Erdbeeressenz **25**
Erdbeerkonfitüre **43**
Erdkirsche (Physalis fruinosa) 250
Erdmandel (Cyperus esculenta) **120**, 255
Erdnuß (Arachis hypogaea) **120**, 255
Erdnußbutter **29**, 220
Erdnußöl **33**, 221
Esrom 233
Essenzen **24 f.**
Essig **34 f.**, 222
Essiggemüse **28 f.**, 218 f.
Estragon (Artemesia dracunculus) **9**, 211
Estragonsenf, französischer **30**
Eukalyptushonig **42**, 227
Extrakte **26 f.**, 217 f.
Extrawurst **195**, 284

Fächermuschel s. Jakobsmuschel
Fan-Yong-Tee **205**
Farbstoffe **127 f.**, 258
Farfalle **134**
Farfallini, Tripolini **134**
Farinzucker **39**
Fasan **180**, 272
Fasaneneier **60**, 236
Fedeli, Fedelini **131**
Federwild s. Wild
Feige (Ficus carica) **116**, 253
  getrocknete- 118, 254
Feijoa (Feijoa sellowiana), Ananas-Guava **115**, 252
Feldhase **181**, 272
Feldsalat (Valerianelle olitoria) 238
Felinetti **198**, 285
Felshering s. Allis-Shad
Fenchel (Foeniculum vulgare) **15**, **71**, 211, 240
  -samen 17
Fenelar 286
Festonati **132**
Feta **49**, 232
Fette **44 f.**, 228
Fettucini s. Tagliatelli
Filbert-Nuß s. Haselnuß
Finnan haddie s. Schellfisch, geräucherter
Fisch **142–155**, 261–264
Fischkonserven (s. auch Konservierter Fisch) **167–172**, 268 f.
Fischprodukte 269
Fischrogen s. Rogen
Fisolen s. Cannellini-Bohnen
Flageolet-Bohne (Phaseolus vulgaris) **94**, 245
Flaschenbaumgewächs s. Annone
Fleisch 273–281
  Kalb- s. dort
  Lamm- s. dort
  Rind- s. dort
  Schwein- s. dort
Fleischextrakt **27**
Fleischpilz s. Leberpilz
Flochetti **134**
Floridasenf **31**, 220
Flunder 263
Flußbarbe 262
Flußkrebs, Ecrevisse **157**, 266
Fontina **53**, 233
Forelle **171**, 262
  geräucherte- **170**, 268
Fourme d'Ambert **58**, 235
Frankfurter Würstchen **193**, 284
Französische Gewürzbratwurst **191**

Französische Kräutersalami **198**
Französische Pfeffersalami **198**
Französischer Senf **31**, 220
Frauenminze *(Chrysanthemum balsamita)* **10**, 211 f.
French Dressing 224
Frischkäse (s. auch Quark) **46–48**, 231
Frischrahmkäse 231
Froschschenkel **162**, 266 f.
Fruchtgemüse **72** f., 240 f.
Fruchtsauce 37
Fruchtsirup 225
Frühjahrskohl, -grünkohl 239
Frühkartoffeln *(Solanum tuberosum)* 87
Frühlingszwiebel *(Allium cepa)* **83**, 241
Frühstücksspeck **201**
Frühstückswürstchen, Cipolatas **190**, 284
Ful medames *(Lathyrus sativus)*, Saatplatt- erbse **95**, 245
Fusili, Archimede 134
Füße **185**, 282
Fussili Bucati 132
Futterrübe 242
Fynbo 234

Galgant *(Alpinia officinarum)* **16**, 214
Galliano **207**, 290
Gambas s. Garnelen
Gamberetti s. Garnelen
Gammelobst 233
Gänse *(Anas, spp.)* **177**, 270
Gänseeier **60**, 236
Gänsefuß s. Epazote, Guter Heinrich
Gänseleber **188**
Garam Masala **16**
Garnelen, Shrimps, Gamberetti **158**, 266
Gartenbohne 243
Gartenerbsen **243**, 243
Gartenkresse *(Lepidium sativum)* **63**, 239
Gartenkürbis *(Cucurbita pepo)* **241**, 241
Gartenlattich *(Lactuca sativa)* 238
Gartenthymian *(Thymus vulgaris)* **12**, 212
Gefärbter Zucker 225
Gefleckter Kattfisch 262
Gefleckter Wels 262
Geflügel **174–180**, 269–272
Gefriersalz 218
Gekröse 281
Gelatine **127**, 258
Gelbe Linse *(Lens esculenta)* **93**, 244
Gelber Zentner *(Cucurbita pepo)* **76**, 241
Gelbwurzel *(Curcuma longa)*, Kurkuma **20**, 214
Geleefrüchte **128**
Gelees **42** f., 227
Gelierstoffe s. Quellstoffe
Gemeiner Bockshornklee *(Trigonella foenum-graecum)* **14**, **21**, 210, 214
Gemeiner Kümmel *(Carum carvi)* 214
Gemüse **62–91**, 237–244
Gemüsebananen s. Planten
Gemüsekürbis *(Cucurbita pepo)* **78** f.
Genueser Salami **199**, 285
Geräucherte Gänsebrust 286
Germknödel s. Hefeknödel
Gerste *(Hordeum vulgare)* **122**, 257
Roll- **124**, 257
Gerstenmehl **125**
Getreide **122–125**, 256 f.
Getreidekörner **122** f., 257
Getreideprodukte **124** f., 257
Getrocknete Früchte **118** f., 253 f.
Getrocknete Hülsenfrüchte **92–95**, 244 ff.
Gewürze **16–21**, 213 ff.
Gewürzgurken **29**, 219
Gewürzmyrte *(Pimenta officinalis)* 214
Gewürznelken *(Eugenia aromatica)* **18**
Gewürzsalz **26**, 218
Gewürzte englische Wurst **191**
Gin **208**, 291
Gjetost **52**, 233
Glaskraut *(Salicornia europaea)* 239
Glasnudeln **140**, 261
Glattbutt, Kleist **155**, 263
Gloucester 233
Glutamat, Ve-tsin **26**, 217
Gnocchetti Sardi 133
Gnocchi **133**

Goldbrasse 263
Goldbutt **154**, 263
Goldgelber Sirup (Goldensyrup) **39**, 226
Goldmakrele **147**, 263
Goldsalbei *(Salvia officinalis aureum)* **11**
Gombo s. Okra
Gorgonzola **57**, 235
Gouda **54**, 233
Gramigna 132
Granatapfel *(Punica granatum)* **117**, 253
Grand Marnier **206**, 290
Grapefruits *(Citrus paradisi)* **102** f., 251
Green-Goddes-Salatsauce 223
Grenadine **23**, 216
Griechische Wurst **192**
Grieß **124**, 257
Grießnockerl 261
Grillsauce s. Barbecuesauce
Grober Zucker 225
Großaugenköhlerfisch 263
Große Goldmakrele 263
Große Kapuzinerkresse *(Tropoleolum majus)* **14**
Großer Schirmling s. Parasol
Gründling 262
Gründorsch s. Köhler
Grüne Bohnen **91**
Grüne Bohnenkerne s. Flageolet-Bohne
Grüne Feigenkonfitüre **43**
Grüne Linsen *(Lens esculenta)* **92**, 244
Grüner Tee **205**, 288
Grüne Zwiebel 241
Grünkohl *(Brassica oleracea)* **67**, 239
Gruyère **52**, 233
Guava *(Psidium guajava)* **114**, 252
Guineapfeffer s. Paradieskörner
Gummiarabikum 258
Gunpowder s. Grüner Tee
Gurke *(Cucumis sativus)* **75**, 241
Gemüse- oder Ginkg- 241
Salat- **75**, 241
Gurken-Chutney **28**
Gurkengemüse **29**
Gurkenkraut *(Borago officinalis)* **9**
Guter Heinrich *(Chenopodium bonus-henri- cus)* **65**, 238

Haarwild s. Wild
Hafer *(Avena sativa)* **122**, 257
Hafermehl **124**
Haferwurzel *(Tragopogon porrifolius)* 242
Hagebuttensirup **39**
Hagebuttentee **205**
Hagelzucker 225
Haggis 284
Haifischflossen **169**
Hammelniere s. Lammniere
Handkäse 234
Harzer-Käse 234
Haselhuhn 272
Haselnuß *(Corylus avellana)* **120**, 255
Havarti 233
Hecht **142**, 262
Hechtbarsch 263
Hechtdorsch, Seehecht **153**, 263
Hefe **126**, 258
Hefeextrakt **27**
Hefeknödel, Germ- 261
Heidekrauthonig **41**, 227
Heidelbeere *(Vaccinium, spp.)*, Blaubeere 250
Heilbutt **155**, 263
geräucherter- **172**
Helmbohne s. Lablab-Bohnen
Hering **151**, 263
Herusane s. Glasnudeln
Herz **184**, 281
Herzmuscheln **165**, 266 f.
Hibiskustee **205**
Himbeere *(Rubus idaeus)* **101**, 250
Himbeeressenz **24**
Himbeerkonfitüre **42**
Hinterhesse s. Beinfleisch vom Rind
Hirn **186**, 281
Hirse *(Panicum miliaceum)* **122**, 257
Hochrippe vom Rind 276
Hoden 282
Holzapfelgelee **43**

Holzohr *(Auricularia polytricha)* 96
Honey loaf 286
Honig **40** f., 226 f.
Honigbeere *(Rubus, spp.)* 250
Honigmelone *(Cucumis melo)* **112**, 152
Hopfen *(Humulus lupulus)* **9**, 211
Hornhecht, Seenadel 263
Hühner **174** f., 270 f.
Hühnerei **60**, 236
Hühnerherz **184**
Hühnerleber **188**
Hummer **156**, 266
Hummerkrabben **159**, 266
Hüttenkäse **46**, 231
Hymetus-Honig **41**, 226 f.

Indische braune Linse *(Lens esculenta)* Masoor Dal **93**, 244
Indische Feige s. Kaktusfeige
Indonesischer Relish **29**
Ingwer *(Zingiber officinale)* **21**, 214
Innereien **184**, 186 ff., 281 f.
Instant-Kaffee s. Kaffee
Irischer Schinken 286
Islandmuscheln **164**, 267
Italian Dressing 223
Italienische rote Zwiebel *(Allium cepa)* **82**, 241

Jackfrucht 240
Jackmakrele 263
Jagdwurst **195**, 284
Jakobsmuschel, Fächer-, Kamm-, Pilger- **165**, 267
Jamaika-Honig **40**
Jamaika-Kaffee 287
Jamaikapfeffer **20**, 214
Japanische Brasse 263
Japanische Mispel s. Loquat
Japanischer Rettich, eingelegter **29**
Jarlsberg **54**, 233
Jasmin-Tee **205**, 288
Jerusalemartischocke s. Topinambur
Jerusaleme iche 211
Joghurt **45**, 228
Johannisbrot 216
Jonah-Krabbe 266
Judasohr 247
Jujubes, Rote oder Chinesische Datteln 254
Junghennenei **61**
Jupneh 231

Kabanos **200**, 284
Kabeljau **149**, 263
Kaffee **204**, 286 f.
Instant- **204**
koffeinfreier- **204**
Naßverfahren 287
Pulver- 287
-Röstung 287
-Sorten **204**
Trockenverfahren 287
Kaffee-Extrakt **24**
Kaisergranat, Kronenhummer, Meeres- krebs, Scampi, Prawn **157**, 266
Kakao **216**, 216
-butter 216
-pulver 216
Kaki *(Diospyros kaki)* **116**, 253
Kaktusfeige *(Opuntia ficus-indica)* Indische Feige **116**, **253**, 253
Kälberfüße **185**, 282
Kalbfleisch 277
Kalbsbries 281
Kalbsbrust 277
Kalbsfilet, -koteletts 277
Kalbshaxe 277
Kalbsherz 281
Kalbshirn **186**, 281
Kalbsboden 282
Kalbskeule 277
Kalbskopf **183**, 282
Kalbskoteletts 277
Kalbsleber **188**, 282
Kalbslende, -nkotelett 277
Kalbsmilz 282
Kalbsnieren **189**
Kalbsohren 281

Kalbsragout, -gulasch 277
Kalbsschulter, -Bug 277
Kalbswurst 284
Kalbszunge **184**
Kaldaunen (s. auch Kutteln) **186**, 282
Kalifornische Makrele 263
Kalmar **162**, 267
Zubereitung 265 f.
Kamille *(Matricaria recutita)* **15**, 211
Kammuschel s. Jakobsmuschel
Kammstück vom Kalb 277
Kanalgelber Wels 262
Kandierte Früchte **128** f., 258
Kandiszucker **38**, 225
Kaneel s. Zimt
Kantoon-Nudeln 261
Kanyo-Tee **205**
Kapaun **175**, 271
Kapern *(Capparis spinosa var. rupestris)* **28**, **219**, 219
Kapstachelbeere *(Physalis peruviana)* 250
Kapuzinerkresse *(Tropaeolum majus)* 211
Karausche 262
Kardamom *(Elettaria cardamomum)* Carda- mom **20**, 214
Karden *(Cynara cardunculus)* 240
Karolinareis s. Langkornreis
Karpfen **143**, 262
Karpfenfische 262
Kartoffelmehl 125
Kartoffeln *(Solanum tuberosum)* **87** ff., 243
Käse **46–59**, 230–235
Kasnudeln 261
Kassiazimt *(Cinnamomum cassia)* **17**, 215
Kastanie *(Castanea sativa)* **120**, 255,
Katenrauchwurst **196**, 284
Katzenwels 262
Katsuoboshi 268
Kaviar **172** f., 269
Keemun-Tee **205**, 288
Kefalotyri 231
Kenia-Kaffee 287
Kerbel *(Anthriscus cerefolium)* **15**, 211
Kesong Puti 231
Keta-Lachs 262
Ketchup s. Tomatenketchup
Kichererbsen *(Cicer arietinum)* **92**, 244
Kiebitzeier 266
Kielbasa, Kolbasa **197**, 285
Kippers **170**, 268
Kirsche *(Prunus, spp.)* **98**, 249
Kirschwasser **208**, 291
Kiwi *(Actinidia sinensis)* Chinesische Stachelbeere **115**, 252
Kleehonig **41**, 227
Kleie **125**, 257
Kleist s. Glattbutt
Kliesche, Scharbe **155**, 264
Klippfisch, Barcalao **168**
Klöße s. Knödel
Knedliky-Knödel 261
Knoblauch *(Allium sativum)* **18**, **83**, **239**, 241
Knoblauchessig **34**, 222
Knoblauchsalz **26**, 218
Knoblauchwurst **195**, 284 f.
Knödel, Klöße **260** f.
Knollen **87** ff., 242
Knollensellerie *(Apium graveolens)* **86**, 242
Knollenzeist s. Stachys
Knurrhahn, Seehahn 263
Kochbananen s. Planten
Koffeinfreier Kaffee s. Kaffee
Kohl **66** ff., 239
Kohlrübe *(Brassica napobrassica)* **86**
Köhler, Gründorsch 263
Kohlrabi *(Brassica oleracea)* **66** f., 239 f.
Kohlrübe *(Brassica napobrassica)* 242
Kokosflocken, -raspeln **128**
Kokosnuß *(Cocos nucifera)* **121**, 255, 255
Kokosöl 221
Kolumbianischer Kaffee 287
Kombu **166**, 269
Kome-Reis 257
Konfitüren **42** f., 227
Kongoerbsen s. Taubenerbsen
Königskrebs 266

Konservierter Fisch (s. auch Fischkonserven) 166–172, 267 ff.
Konservierungsmittel **26 f.**, 217 f.
Köpfe **182 f.**, 282
Kopfsalat *(Lactuca sativa)* **62**, 238
Koriander *(Coriandrum sativum)* **9, 19**, 211, 214
Koriander-Chutney 219
Korinthen **118**, 254
Koschere Salami 285
Koschinelle-Rot 258
Krabben **160**, 266
Krachsalat 238
Krake s. Sepia
Kratzbeere *(Rubus caesius)* 250
Krause Minze *(Mentha spicata)* **10**
Krauskohl, Blattkohl, Winterkohl **67**, 239
Kräuter **9–17**, 210–213
    Trocknen 210, **212**
Kräutermischung **16**
Kräutersenf **30**
Kresse *(Sinapis alba)* 239
Kretischer Kümmel s. Ajowan
Krickente 272, **272**
Kreuzkümmel *(Cuminum cyminum)* **19**, 214
Kristallraffinade **38**
Kronenhummer s. Kaisergranat
Kronsardine s. Sardine
Krusten- und Schaltiere **156–161**, 264 ff.
Küchensalz s. Blocksalz
Kümmel *(Carum carvi)* **20**
Kümmel-Schnaps **207**, 290
Kumquat *(Fortunella japonica)* Zwergpomeranze **103**, 251
Kürbisgewächse **74–81**, 241
Kürbiskerne *(Cucurbita maxima)* **17**
Kurkuma s. Gelbwurzel
Kutteln, Kaldaunen **186**, 282
Kuzu, Kudzu **127**, 258

Lablab-Bohnen, Helmbohne *(Dolichos lablab)* **95**, 245
Lachs **145**, 262
    geräucherter- **171**, 268
Lachsforelle, Meer-, Weiß- **145**, 262
Lachsschinken **201**
Lakkabeere s. Torfbeere
Lakkabeerenkonfitüre s. Moltekonfitüre
Lakritze *(Glycyrrhiza glabra)* **23**, 216
Lammbries 281
Lammbrust 279
Lammfleisch **278 f.**
Lamm-Halsende 279
Lammherz **184**, 281
Lammhirn **186**
Lammhoden 282
Lammkeule 279
Lamm-Koteletts 279
Lammleber **188**, 282
Lamm-Lendenkotelett, -stück 279
Lammlunge **187**
Lammniere, Hammelniere **189**, 282
Lammnüßchen 279
Lammrippchen 279
Lammrücken 279
Lammschulter 279
Lammzunge **184**
Lancashire **53**, 233
Landsalami **197, 199**, 285
Langkornreis *(Oryza sativa, spp.)* Patna-, Karolina- **123**, 257
Languste, Panzerkrebs **159**, 266
Lap Cheong **191**, 285
Lapsang-Souchong-Tee **205**, 288
Lasagna, Lasagne **136**
Lasagnette **137**
Lauch *(Allium porrum)* **82**, 241
Lavendelhonig 227
Lebensmittelfarbe **127**
Leber **188 f.**, 282
Leberpastete **201**
Leberpilz, Fleischpilz *(Fistulina hepatica)* **96**
Leberwurst **200**, 285
Leicester **55**, 233
Leiden, Leyden **54, 233**, 233
Liebstöckel *(Levisticum officinale)* **13**, 211
Liederkranz 232
Liköre **206 f.**, 290 f.

Limabohne *(Phaseolus lunatus)* **94**, 245
Limande, Rotzunge **154**
Limburger 233
Limerick-Schinken 286
Linguic 285
Linsen, getrocknet **92**, 244
Liptauer 232
Litschipflaume s. Lychee
Livarot 232
Löffelente 272
Loganbeere *(Rubus loganobaccus)* **101**, 250
Loquat *(Eriobotrya japonica)* Japanische Mispel 249
Lorbeer *(Laurus nobilis)* **11**, 211, 212
Lotos *(Nelumbium nuciferum)* 242
Lotoswurzelmehl **125**
Löwenzahn *(Taraxacum officinale)* **238**, 239
Löwenzahnkaffee **204**
Luganeghe **190**, 285
Lumache medie **133**
Lunge **187**, 282
Lungo-Vermicelli coupe **132**
Lutefisk 268
Lychee *(Litchi chinensis),* Litschipflaume 255

Macadamia-Nuß *(Macadamia ternifolia),* Queensland-Nuß **121**, 255
Macis s. Muskatblüte
Madeira 208, 290
Mailänder Salami **198**, 285
Mainzer-Käse 234
Mais *(Zea mays)* **90, 122, 257, 243**, 243
Maismehl, Polenta **124 f.**, 257
Maisöl **33**, 221
Maisstärke **126**, 250
Majoran *(Origanum majorana)* **13**, 212
Makassargummi s. Agar-Agar
Makkaroni **135**
Makrele **150**, 263
    geräucherte- **170**
Makrelenhecht 263
Malaga 290
Maleguetapfeffer s. Paradieskörner
Malzextrakt **27**, 217
Malzessig **35**, 222
    destillierter- **34**, 222
Malzmilch 218
Manchego **50**, 233
Mandarine *(Citrus reticulata)* s. auch Tangerine 251
Mandel *(Prunus dulcis)* **120**, 255
Mandelaroma **25**, 216
Mandelöl 221
Mandelpaste s. Nougat
Mango *(Mangifera indica)* **114**, 252
    getrockneter- **23**, 216
Mango-Chutney **28**, 219
Mangohonig 227
Mangold *(Beta vulgaris var. cicla)* **64**, 239
Mango-Pickle **29**
Maniok, Cassave *(Manihot utilissima)* **242**, 242 f.
Manuka-Honig **40**, 227
Maraschino **206**
Maraschinoaroma **25**
Margarine **44**, 228 f.
Maribo 234
Markknochen **185**, 282
Markkürbis **76**, 241
Marmeladen **42 f.**, 227
Marmite 217
Maronenpüree **128**
Marrons glacés **128**, 258
Marrow **78**, 241
Marsala 208, 290
Marshmallow **128**, 258 f.
Marzipan, -früchte **128**, 259
Mascarpone 231
Masoor Dal s. Indische braune Linse
Masthühner 271
Matjeshering **167**, 268
Matsutake *(Tricholoma matsutake)* 247
Matzenmehl **124**
Maulbeere *(Morus, spp.)* 250
Mayonnaise **36**, 223
Meagre 263
Meeraal s. Muräne

Meeräsche **147**, 263
Meerbrassen 263
Meereskrebs s. Kaisergranat
Meerespflanzen **166**, 269
Meerfenchel *(Crithmum maritimum)* 239
Meerforelle s. Lachsforelle
Meerkohl *(Crambe maritima)* 240
Meerrettich *(Armoracia rusticana)* **16**, 214, 219, 242
Meerrettichsauce **28, 37**, 223
Meersalz **26**, 218
Mehl **138 f.**, 256
Mekabu **166**, 269
Melasse **39**, 225 f.
Melasse-Zucker **39**, 225
Melbasauce **37**
Melisse s. Zitronenmelisse
Melonen *(Cucumis melo)* **110–113**, 252
Merguez **191**, 285
Merlan s. Wittling
Meskal 291
Mettwurst 285
Mexikanischer Tee s. Epazote
Miesmuschel, Pfahlmuschel **164**, 267
Migaki-mishin 268
Mignonnette-Pfeffer 215
Miki-Nudeln 261
Milch **45**, 228 f.
    evaporierte- **228 f.**
    H- 228 f.
    homogenisierte- **228 f.**
    Kondens- 228 f.
    Mager- 228 f.
    pasteurisierte- 228 f.
    -pulver 228 f.
    sterilisierte- 229
    Voll- 228 f.
Milchprodukte **44 f.**, 228
Milchreis *(Oryza sativa, spp.)* **123**, 257
Milz **186**, 282
Mint Jelly s. Pfefferminzgelee
Mintsauce s. Pfefferminzsauce
Minze *(Mentha, spp.)* **10**, 212
Mirabelle 249 f.
Mirabellenkonfitüre **42**
Mirabellenschnaps 291
Miso s. Sojapaste
Mispel *(Mespilus germanica)* 249
Misua-Nudeln 261
Mixed Pickles **29**
Mohn *(Papaver somniferum)* **19**, 214
Mohnöl 221
Möhren *(Daucus carota)* **87**, 242
Mokka 287
Molbo 234
Moltebeere s. Torfbeere
Moltekonfitüre, Lakkabeerenkonfitüre **42**
Mondfisch s. Sonnenfisch
Monguette-Bohnen **91**
Montery 233
    -Jack **51**, 233
Moong Dal s. Mungobohnen
Moorenhirse s. Sorghum
Moorschneehuhn, schottisches **178**, 272
Moosbeere *(Vaccinium oxycoccus)* 250
Morchel *(Morchella esculenta)* **96**, 247
Morcilla **192**
Morning-Glory-Honig 226
Mortadella **194 f.**, 285
Moutarde de Meaux **30**, 220
Möweneier **61**, 236
Mozzarella **46**, 231
Mukovade s. Farinzucker
Mulatopfefferschote *(Capsicum frutescens)* **22**
Mungobohnen *(Phaseolus aureus),* Dal; Moong Dal **93**, 245
Münster, Petit Munster **48**, 232
Muräne, Meeraal 263
Muskat *(Myristica fragrans)*
    -blüte **19, 214**, 214
    -nuß **18, 214**, 214
Mycella **57**, 235
Mysore-Kaffee 287
Mysost 233

Nam pla 269
Napfschnecken 267

Natriumcarbonat s. Backnatron
Natron s. Backnatron
Natto 218
Navelorange *(Citrus)* **104**, 251
Navette *(Brassica rapa)* **84**
Neapolitanische Salami **199**, 285
Nektarine *(Prunus, spp.)* **98 f.**, 249
Nelken *(Eugenia caryophyllata)* **214, 215**
Nelkenpfeffer *(Pimenta officinalis)* **20**
Nepalpfeffer 214
Netzmelone 252
Netzsalami **197**, 285
Neufchâtel **49**, 232
Nieren **189**, 282
Nori 166
Norwegischer Rotbarsch 263
Nougat, Mandelpaste **129**, 259
Nudeln **138–141**, 260 f.
Nuoc-mam 269
Nüsse **120 f.**, 254 ff.

Oblaten 259
Obst **98–119**, 248–252
    Sorten und Hybriden 248
Obstwasser **208**, 290
Ochsenherz-Frucht 252
Ochsenschwanz **185**, 282
Ogenmelone *(Cucumis melo)* **111**, 252
Ohrenschnecke s. Abalone
Oktopus **163**, 267
Okra *(Hibiscus esculenta),* Gombo **90**, 243
Öle **32 f.**, 220 f.
Oliven *(Olea europea)* **28**, 219, **221**
Olivenöl **33**, 221, 221
Ölsardinen **167**, 269
Oolong-Tee **205**, 288
Orangen *(Citrus sinensis)* **102, 104**, 251
    -blütenessenz **25**
    -blütenwasser **25**
Orangenblütenhonig **40**, 227
Orangen-Liköre 290
Orangenmarmelade **43**
Orangenminze s. Eau-de-Cologne-Minze
Orange-Pekoe-Tee, parfümierter **205**, 288
Orecchiette 133
Oregano *(Origanum vulgare)* **13**, 212
Orlean *(Bixa orellana),* Achote, Annatto **16, 215**, 259
Ouzo **208**, 291
Oxford-Wurst 285

Paddy-Straw-Pilz s. Reisstroh-Pilz
Pak-choi-Kohl *(Brassica chinensis)* **69**, 239
Palmenherzen **70**
Palmöl 221
Palmzucker 225
Pampelmuse *(Citrus glandis),* Pomelo 251
Pandorabrasse 263
Panzerkrebs s. Languste
Papaya *(Carica papaya)* **114, 252**, 252
Paprika, Pfefferschoten *(Capsicum annuum, C. tetragonum)* **19, 73, 215**, 240
Paprikawurst **191**, 285
Paradieskörner *(Amonum meleguetta),* Guineapfeffer, Maleguetapfeffer 215
Parasol *(Macrolepiota procera),* Großer Schirmling, Schirmpilz **97**, 247
Paranuß *(Bertholletia excelsa)* **120**, 255
Parmaschinken **202**, 286
Parmesan **56**, 234
Parmigiano Reggiano s. Parmesan
Pasillapfefferschote *(Capsicum frutescens)* **22**
Passionsfrucht *(Passiflora edulis)* **114**, 252
Pasta **130–137**, 259 f.
Pasten **28 f.**, 218 f.
Pastina **137**
Pastinaken *(Pastinea sativa)* **85**, 242
Pastis 291
Pastrami **200**, 286
Paté de forestier **201**
Patna-Reis s. Langkornreis
Patum Peperium **29**, 223
Peach Brandy **207**
Pecorino **56**, 234
Pedah 268 f.

Pekannuß (Carya illionensis) 120, 255
Pektin 126, 227, 258
Penne 135
Peperoni-, Pepperoni-Wurst 196, 285
Périgord-Trüffel (Tuber melanosporum) 96, 247
Perlbohne s. Weiße Bohne
Perlhuhn (Numida, spp.) 177, 271
Perlhuhneier 61, 236
Perltang, Irischer Knorpeltang 166, 269
Perlzwiebel (Allium cepa) 82
Pernod 208, 291
Pesto 36
Petermännchen 263
Petersfisch 263
Petersilie (Petroselinum crispum) 12, 212
Petit Munster s. Münster
Petit pois 90, 243
Petit-Suisse 231
Pe-tsai-Kohl (Brassica pekinensis) 69, 239
Pfahlmuschel s. Miesmuschel
Pfeffer (Piper nigrum) 18, 215
Pfefferminze (Mentha piperita) 212
Pfefferminzessenz 24
Pfefferminzöl 216
Pfefferminzgelee, Mint Jelly 36, 223
Pfefferminzsauce, Mintsauce 36, 223
Pfefferplockwurst 197, 285
Pfefferschoten (s. auch Chillies)
    Ancho- 22
    Mulato- 22
    Pasilla- 22
Pfeifente 272
Pfeilkraut (Sagittaria sagittifolia) 242
Pfeilwurz 127, 258
Pferdeminze (Mentha longifolia) 212
Pfifferlinge (Cantharellus cibarius) 97, 247
Pfirsiche (Prunus, spp.) 98, 249
    getrocknete- 118, 254
Pflaumen (Prunus, spp.) 98 f., 249
    getrocknete- 118, 254
Pflaumenkonfitüre 42
Pflaumenschlehe 249
Piccalilli 29, 219
Piemonteser-Trüffel (Tuber magnatum) 96, 247
Pilchard s. Sardine
Pilgermuschel s. Jakobsmuschel
Pilze 96 f., 246 f.
Piment s. Nelkenpfeffer 20, 214
Pimpinelle (Poterium sanquisorba), Pimper-nell 11, 212
Pinienkerne (Pinus pinea) 121, 255
Pipe rigate 133
Pipo Crem' 58, 235
Pistazie (Pistacia vera) 120, 255 f.
Planten (Musa paradisica), Gemüse- oder Kochbananen 117, 241, 253
Plattrochen 154, 263
Plockwurst 197, 285
Pohutakawa 237
Pökelfleisch s. Rauch- und Pökelfleisch
Polenta s. Maismehl
Pollack 152, 263
Pomelo s. Pampelmuse
Pomeranze (Citrus aurantium) 104, 251
Pomeranzenessenz 216
Pont l'Evêque 233
Porree s. Lauch
Port Salut 50, 233
Portwein 208, 290
Preiselbeersauce 37
Poularden 270 f.
Poussins s. Stubenküken
Prachtbrombeeren (Ribis spectabilis) 250
Prahoc 125
Prawn s. Kaisergranat
Preßkopf 286
Prinzeßbohnen 91
Provolone 56, 234, 234
Puderzucker 38, 225
Puffbohne s. Saubohne
Pulque 291
Pulverkaffee s. Kaffee
Purpurtang 269
Puten s. Truthahn
Puy-Linse (Lens esculenta) 93

Quahog-Muschel, amerikanische 267
    cherry stones 267
    chowders 164, 267
    little hecks 267
    mediums 267
Quakfisch 263
Qualle 166
Quark 46, 231
Queensland-Nuß s. Macadamia-Nuß
Queller s. Meerfenchel
Quell- und Gelierstoffe 126, 258
Queso blanco 231
Quitte (Cydonia vulgaris/oblonga) 116, 253

Raclette 55, 233 f.
Radieschen (Raphanus sativus) 86, 242
Rahmfrischkäse 231
Rainfarn (Chrysanthemum vulgare) 9, 212
Rambutan (Nephelium lappaceum) 252
Rapsöl 221
Rapunzel s. Feldsalat
Räucheraal 170, 268
Rauch- und Pökelfleisch 200-203, 282 f., 285 f.
Ravioli 137
Rebhuhn 179, 272
Rebhuhneier 60, 237
Reblochon 234
Red herring 268
Regenbogenforelle 142, 262
Reineclaude 99, 249
Reineclaudekonfitüre 42
Reis 122 f., 256, 256
Reisbohne (Phaseolus calcaratus) 95, 245
Reisessig 222
Reiskleieöl 221
Reismehl 125
Reisnudeln 140 f.
Reispapier 129, 259
Reisstroh-Pilz (Volvariella volvacea), Paddy-Straw-Pilz 247
Rentier 272
Rettich (Raphanus sativus)
    eingelegter japanischer- 29
    Daikon- 85, 242
    schwarzer- 242
    weißer- 84
Rhabarber (Rheum rhaponticum) 117, 253
Riccini 132
Ricotta 46, 231
Riesenbovist (Lycoperdon giganteum) 247
Rigatoni 135
Rillettes 200
Rinderbrust 276
Rinder-Brustkern 276
Rinderfilet, -steak 276
Rinderherz 184, 281
Rinderlende 276
Rindermilz 282
Rindernacken 276
Rinderniere 189, 282
Rinder-Oberschale, Rouladenstück 276
Rinder-Querrippe 276
Rinderrollbraten 276
Rinderrouladenstück s. Rinder-Oberschale
Rinderzunge 184, 281
Rindfleisch 274 ff.
    gepökeltes- 200, 286
Rindsleber 282
Ringelblume (Calendula officinalis) 9
Rippchen, Spareribs 280
Ritterling 247
    lilastieliger- 97
Roastbeef 276
Rogen 173, 268 f.
Roggen (Secale cereale) 122, 257
Roggenmehl 125
Röhrenpilz (Boletus granulatus) 96
Rohrzucker 225
Rollgerste s. Gerste
Rollmops 167, 269
Römischer Kümmel s. Kreuzkümmel
Römischer Salat 63, 238
Roquefort 57, 235
Rosa Lachs 262
Rosé 208, 290
Rosella (Hibiscus sabdariffa) 212
Rosenkohl (Brassica oleracea) 67, 239, 240

Rosenwasser 24
Rosinen 119, 254
Rosmarin (Rosmarinus officinalis) 13, 212
Rosmarinhonig 41, 227
Roßmakrele 263
Rotalge 166, 269
Rotaugen 262
Rote Bete (Beta vulgaris) 86, 242
Rote Datteln s. Jujubes
Rote Johannisbeere (Ribes sativum) 100, 250
Rote Kidneybohnen (Phaseolus vulgaris) 94, 245
Rote Linsen (Lens esculenta) 92, 244
Rotfeder 262
Rothuhn 272
Rotkohl 68, 239
    eingelegter- 29, 219
Rotkopfwels 262
Rot-Lachs 262
Rotwein 208, 290
Rotwild 272
Rotzunge s. Limande
Rübenzucker 225
Rum 208, 291
Rumaroma 24
Rumpsteak, Entrecôte 276
Rundkornreis (Oryza sativa, spp.) 123
Ruoti, Ruotini 134
Russian Dressing 223

Saatplatterbse s. Ful medames
Safran (Crocus sativus) 19, 215
Safranöl (Carthamus tinctoria) s. Safl003
Safloröl, Safranöl 221
Sago 124, 257
Sahne 45, 228
Saibling 262
Saint Paulin 51, 233
Salamelle 191, 285
Salami, Salamini 196 ff., 285
Salami Alessandre 285
Salami Calabrese 285
Salami Cotto 285
Salami nach Mailänder Art 198
Salami-Toscana 285
Salatsaucen 36 f., 223 f.
Salbei (Salvia officinalis) 11, 212
Saligia-Bohnen s. Borlotte-Bohnen
Salsiccie Casalinga 191, 285
Salz 26, 217 f.
Sambalas 36
Sambuca 206, 290
Samen 16-21, 213 f.
Samso 234
Sandelholz 216
Santos Kaffee 287
Sapote (Achras sapota) 250
Sardellen, Anchovis 263
    -in Öl 167, 268
Sardine, Pilchard 150, 263
Sarsaparille 216
Sassafras (Sassafras albidum) 216
Satsuma (Citrus, spp.) 104, 251
Saubohne (Vicia faba), Puffbohne, Dicke Bohne 91, 243
    getrocknete- 94, 245
Sauce Béarnaise 37
Saucenbräuner 218
Saucenpulver 218
Saucisson fumé 197, 285
Sauerampfer (Rumex acetosa) 64, 239
Sauerkraut 219
Sauermilchkäse 234
Saure Limette (Citrus aurantifolia) 103, 251
Saure Sahne s. Sahne
Saveloy 193
Sbrinz 56, 234 f.
Scamorza 231
Scampi s. Kaisergranat
Schabziger 56, 234
Schafegerling (Agaricus arvensis) 247
Schafgarbe (Achillea millefolium) 15, 212
Schafskopf 183, 282
Schalotte (Allium ascalonicum) 83, 241
Schaltiere s. Krustentier
Scharbe s. Kliesche
Scharlachmonarde (Monarda didyma) 14

Schellfisch 153, 264
    geräucherter- 171, 268
Schichtkäse 231
Schildkröteneier 237
Schinken 283, 202 f., 286
    -mit Apfelglasur 202
    -mit Zuckerglasur 202
Schinkenjagdwurst 195, 284
Schinken-Kalbfleischwurst 194, 285
Schinkensülzwurst 194
Schirmpilz s. Parasol
Schlangenkürbis (Trichosanthus cucumeria-na) 77, 241
Schlehe 99, 250
Schleie 262
Schnapper 146, 264
Schnaps 208, 291
Schnecken 266 f.
Schneckenmuschel 267
Schnepfe 272
    Sumpf- 179
Schmalz 44
Schnittlauch (Allium schoenoprasum) 12, 212
Schokolade 129, 216, 259
    Back- 129, 216, 256
    Borken- 129
    -enchips 129
    -en-Chrunch 129
    Trink- 216
Scholle 154, 264
Schoten und Samen 90-92, 243
Schwänze 185, 282
Schwarzbrasse 263
Schwarze Bohnen (Phaseolus vulgaris), Gartenbohne 94, 245
Schwarze fermentierte chinesische Bohnen (Glycine max) 95, 245
Schwarze Johannisbeeren (Ribes nigrum) 100, 250
Schwarzer Johannisbeersirup 39
Schwarzer Zuckersirup 39
Schwarzkirschenkonfitüre 42
Schwarzkümmel (Nigella sativa) 17, 215
Schwarznüsse s. Walnuß
Schwarzwurzel (Scorzonera hispanica) 85, 211, 242
Schweinebacken 281
Schweinebauch 280
Schweinefilet 280
Schweinefleisch 279 f.
Schweine-Haspel 280
Schweineherz 184
Schweineleber 189, 282
Schweinelunge 187
Schweinemilz 282
Schweinenacken 280
Schweineniere 189, 282
Schweine-Ober- und -Unterschale 280
Schweineohren 281
Schweineschmalz 44, 228 f.
Schweine-Schulterrollbraten 280
Schweineschwanz 185
Schweinsfiletkotelettstück 280
Schweinsfüße 185, 282
Schweinshaxe 280
Schweinskopf 182, 282
Schweinskotelett 280
Schweinsnetz 282
Schwertfisch 264, 264
Scrapple 286
Seager-Schinken 286
Seebarbe 146, 264
Seebrasse 263
Seefische 146-155, 262 ff.
Seeforelle 262
Seehahn s. Knurrhahn
Seehecht (s. auch Hechtdorsch) 148, 263 f.
Seeigel 267, 267
Seelachs 152
Seenadel s. Hornhecht
Seeschildkröte 267
Seespinne 161, 266
Seeteufel 153, 264
Seewolf (s. auch Austernfische)
    Atlantischer- 262

Seezunge **154**, 264
Sekt 290
Sellerie *(Apium graveolens)* 212
Selleriesalz **26**, 218
Selleriesamen *(Apium graveolens)* **17**
Semmelknödel 261
Semmelstoppelpilz *(Hydnum repandum)* 97
Senf **20**, **30f.**, **219**, **219f.**
Senfessig 222
Senfsauce 37
Sepia, Krake **163**, 267
Sesamkörner *(Sesamum indicum)* **17**, 215
Sesamöl **32**, 221
Sesampaste 220
Seto Fuumi **26**, 217
Shad **263**, 264
Sherries **208**, 290
Shiitake *(Lentinus edodes)* **96**, 247
Shirataki 261
Shrimps s. Garnelen
Siam-Ingwer 214
Siedesa z 218
Sirup **38 f.**, 224 f.
Sliwowitz **208**, 291
Smithfield-Schinken **203**, 286
Smoked haddock s. Schellfisch, geräucherter
Soba-Nudeln 261
Sojabohnen *(Glycine max)* **95**, **245**, 245 f.
Sojabohnenöl 221
Sojamehl **125**
Sojapaste 218
  -fermentierte, Miso **27**, 218
Sojasauce **36**, 223 f.
Somen-Nudeln 261
Sonnenblumenhonig **41**, 227
Sonnenblumenkerne *(Helianthus annuus)* **17**
Sonnenblumenöl **33**, 221
Sonnenfisch, Mond- 263 f.
Sorbetfrucht s. Cherimoya
Sorghum, Moorenhirse, Durra 257
Southern Comfort **207**
Sow-Mee-Tee 288
Spaghetti **130**
Spaghetti-Kürbis *(Cucurbita pepo)* **75**, 241
Spanische Gemüsezwiebel *(Allium cepa)*
  82, 241 f.
Spanische Makrele 263
Spareribs s. Rippchen
Spargel *(Asparagus officinalis)* **70**, 240
Spargelkohl s. Broccoli
Speck **201**, 283, 285 f.
Spinat *(Spinacea oleracea)* **62**, 239
Spirale **133**
Spirituosen **206 ff.**, 289 ff.
Spitkäse 234
Spliterbsen *(Pisum sativum)* **92**
Sprotte **150**, 264
  geräucherte- **172**, 269
Stachelbeere *(Ribes grossularia)* **101**, 250
Stachelbeerkonfitüre **42**
Stachys, Knollenziest *(Stachys affinis)* 242
Stahlkopf 262
Stangenbohnen 243
Stangenkäse 234
Stangensellerie s. Staudensellerie
Stärkesirup (Corn syrup) 226
Staudensellerie, Bleichsellerie, Stangen-
  sellerie *(Apium graveolens)* **71**, 240
Stechpalmenhonig 227
Steinbutt **155**, 264
Steinhuhn 272
Steinobst **98 f.**, 249
Steinpilz *(Boletus edulis)* **97**, 247
Steinsalz **26**, 218
Stengel- und Blattstielgemüse **70 f.**, 240
Steppenhuhn 272
Sternanis *(Illicum verum)* **20**, 215
Stilton **59**, **235**, 235
Stint **151**, 264
Stockente **180**, 272
Stöckerfische 263
Stoppelrübe, Wasserrübe, Weiße Rübe
  (Brassica rapa) **85**, 242
Stör 264
  geräucherter- **172**
Stout **208**, 291
Straßburger Wurst 285

Straucherbse, Erbsenbohne *(Cajanus cajan)*
  95
Straußeneier **61**, 237
Strega 290
Streuzucker 225
Strömling, Breitling **150**, 262 f.
Stubenküken, Poussins **175**, 270
Suffolkschinken **202**
Sülze s. Aspik
Sultaninen **119**, 254
Suppenhuhn **174**, 271
Süße Saucen 224
Süßholz s. Lakritze
Süßkartoffeln *(Ipomoea batatas)* **88 f.**, 242
Süß-saure Sauce **36**, 224
Süßwasserfische **142–146**, 262
Surati Panir 231
Szechwan-Pfeffer s. Anispfeffer
Sweet-Pickles **28**, 218

Tabasco **36**, 223 f.
Tafelente 272
Tafelmargarine 44
Tafelsalz **26**
Tafelweine 290
Tagliarini **131**
Tagliatelli, Fettucini **130**
Tahina-Paste **29**
Talg **44**, 228 f.
Tamarindensamen *(Tamarindus indica)* **17**,
  215
Tangelo *(Citrus, spp.)* 251
Tangerine *(Citrus reticulata)* s. auch Manda-
  rine **104**, 251
Tapioka **124**, 242, 257
Taro *(Colocasia antiquorum)* 243
Taschenkrebs **160**, 266
Tatarsauce **37**, 224
Taube, Täubchen 271
Taubenerbsen, Kongoerbsen *(Cajanus
  cajan);* Toor dal 246
Tauchente 272
Tausendjährige Eier **60**, 237
T-bone Steak 276
Tee **205**, 288
Teewurst **193**, 285
Tellmuscheln **164**, 267
Teltower Rübchen 242
Tempeh 218
Tequila **208**, 291
Terrine de Pyrenées **201**
Teufelsdreck s. Asant
Thousand Island Dressing **37**, 223
Thunfisch **264**, 264
  -in Öl **167**
Thymian *(Thymus vulgaris)* **12**, 212
Tia Maria **206**, 290
Tilsiter **52**, 234
Tofu **218**
Tokayer 290
Tomaten *(Lycopersicum esculentum)* **72 f.**,
  241
Tomaten-Chutney **28**, 219
Tomatenketchup **37**, 224
Tomme au raisin 48
Toor dal s. Taubenerbsen
Topinambur *(Helianthus tuberosus)*,
  Jerusalemartischocke **89**, 243
Torf-, Lakka-, Moltebeere *(Rubus chamae-
  morus)* 250
Tortellini **137**
Toscana-Salami **198**
Toulouser Wurst **191**, 285
Toute-épice 214
Tragant-Gummi 258
Trassi, Trasi-udang 269
Trauben **108 f.**, 251
Traubenkernöl **33**
Traubenzucker **38**
Treacles 226
Tripolini s. Farfallini
Trockenmilch **45**
Trockenobst s. getrocknete Früchte
Tropische Früchte **114 f.**, 252
Trüffeln *(Tuber magnatum melanosporum)*
  96 f., 246 f.
Truthahn *(Meleagris, spp.)* **176**, **271**, 271

geräucherter- 200, 286
Truthahnleber **188**
Truthenneneier 237
Tubetti lunghi **135**
Tulpenbaumhonig 227
Türkischer Kaffee 287
Twait-Shad 264
Tybo 234

Udon-Nudeln 261
Ugli *(Citrus, spp.)* **104**, 252
Ungarischer Akazienhonig **40**, 227
Ungarische Salami **199**
Urdbohne *(Phaseolus mungo),* Urd Dal **93**
Uszka-Nudeln 261

Vanille *(Vanilla planifolia)* **22**, **216**
  -essenz **25**, 216
Veilchenwurzel 216
Venusmuscheln **164**, 267
Verbene *(Alovsia citriodora)* 213
Vermicelli s. Capellini
Ve-tsin s. Glutamat
Vinaigrette **223**
Virgina-Schinken 286
Vollweizenmehl **125**

Wacholder *(Juniperus communis)* **21**, 215
Wachtel **179**, 272
Wachteleier **60**, 237
Walderdbeeren **100**, 250
Waldhuhn 272
Waldmeister *(Asperula odorata)* **11**, 213
Waldschnepfe **178**, 272
Walnüsse *(Juglans regia)* 120, 256
  eingelegte- **29**, 219
Walnußöl **32**, 221
Wasserkastanie s. Kastanie
Wassermelone *(Cucumis citrullus)* **110**, 252
Weichtiere **162–165**, 266 f.
Wein **208**, 289 f.
Weinbergschnecken (s. auch Schnecken)
  162
Weinblatt *(Vinis vinifera)* **65**, 239
Weinbrand **208**, 291
Weinessig **35**, 222
Weinstein **126**, 258
Weißdorn *(Crataegus, spp.)* 250
Weiße Bohne *(Phaseolus vulgaris),* Perl-
  bohne **94**, 245
Weiße Johannisbeere *(Ribes sativum)* 250
Weißer Senf *(Lepidium sativum)* s. Garten-
  kresse
Weißer Zucker 225
Weiße Walnuß s. Walnuß
Weißfische s. Karpfenfische
Weißforelle s. Lachsforelle
Weißkohl *(Brassica oleracea)* **68 f.**, 239
Weißwein **208**, 290
Weißwurst 285
Weizen *(Triticum aestivum/durum)* **122**,
  256 f.
Weizenkeime **124**, 257
Weizenmehl **125**
Weizennudeln **141**
Weizenschrot, Burgul, Bulghur **124**, 257
Wellhornschnecke **164**, 267
Welschkohl s. Wirsing
Wensleydale **55**, **234**, 234
Wermut **208**, 290
Westfälischer Schinken **202**, 286
Westindischer Kürbis *(Cucurbita, spp.)* **81**
Whisky, Whiskey **208**, 291
Wiener Würstchen 284
Wiesenchampignon, Egerling *(Agaricus
  campestris)* **96 f.**, 247
Wild **178–181**, 271 ff.
  Feder- **178–180**, 271 f.
  Haar- **181**, 271 f.
Wildenten **180**, 272
Wilder Majoran s. Oregano
Wildhuhn 272
Wildkaninchen **181**, 272
Wildschwein 272
Wildtaube 272
Winkles-Schnecken **164**, 267
Winter-Bohnenkraut *(Satureja montana)* **11**
Winterkohl s. Krauskohl

Winterkresse *(Barbarea verna)* 239
Winterkürbis s. Westindischer Kürbis
Wirsing *(Brassica oleracea),* Welschkohl
  67, 239
Wittling, Weißfisch, Merlan **149**, 264
Wodka **208**, 291
Wood ear *(Auricularia polytricha),* Cloud
  ear 247
Worcesterbeere *(Ribes divaricatum)* 251
Worcestershiresauce **36**, 223 f.
Würfelzucker **39**, 225
Wurmsamen s. Epazote
Würstchen 285
Würste **190–200**, 282–285
Wurzelgemüse **84–87**, 242
Wurzelpetersilie *(Petroselinum hortense)* 242
Würzsaucen **36 f.**, 223 f.
Würzstoffe **26 f.**, 217 f.

Yamswurzel *(Dioscorea batatas)* **89**, 243
Ylang-ylang 216
Ysop *(Hyssopus officinalis)* **15**, 213
Yorkschinken **202**, 286

Zackenbarsch (s. auch Seewolf) **147**, 264
Zampone **193**, 285
Zibetfrucht s. Durian
Zimt *(Cinnamomum zeylanicum)* **19**, 215
Ziti **135**
Zitronatzitrone *(Citrus medica)* **103**, 252
Zitrone, saure *(Citrus limon)* **103**, 252
Zitronenessenz 25
Zitronengras *(Cymbopogon citratus)* 213
Zitronenmelisse *(Melissa officinalis)* **10**, 213
Zitronenthymian *(Thymus citriodorus)* **12**,
  212
Zitronenverbene *(Lippia citriodora)* 12
Zitrusfrüchte **102 ff.**, 251 f.
Zucchini *(Cucurbita pepo)* **79**, 241
Zuchtchampignon *(Agaricus bisporus)* **96**
Zucker **38 f.**, 224 f.
  -couleur **27**
Zuckererbsen **90**, 243
Zuckermais s. Mais
Zuckerrohrsirup **39**
Zuckerrübe 242
Zuckersirup; Einfacher Sirup 226
Zuckerstreusel **128**
Zuckerverzierungen **128**, 259
Zuckerwerk **128 f.**, 258 f.
Zungen **184**
  gepökelte- **200**, 280
Zungenwurst **194**, 285
Zwerghuhneier **61**
Zwergpomeranze s. Kumquat
Zwetschge *(Prunus occonomica)* **99**, 249
Zwetschgenkonfitüre **42**
Zwiebeln *(Allium cepa)* **82 f.**, 241
  eingelegte- **29**, 219
Zwiebelgewächse **82 f.**, 241